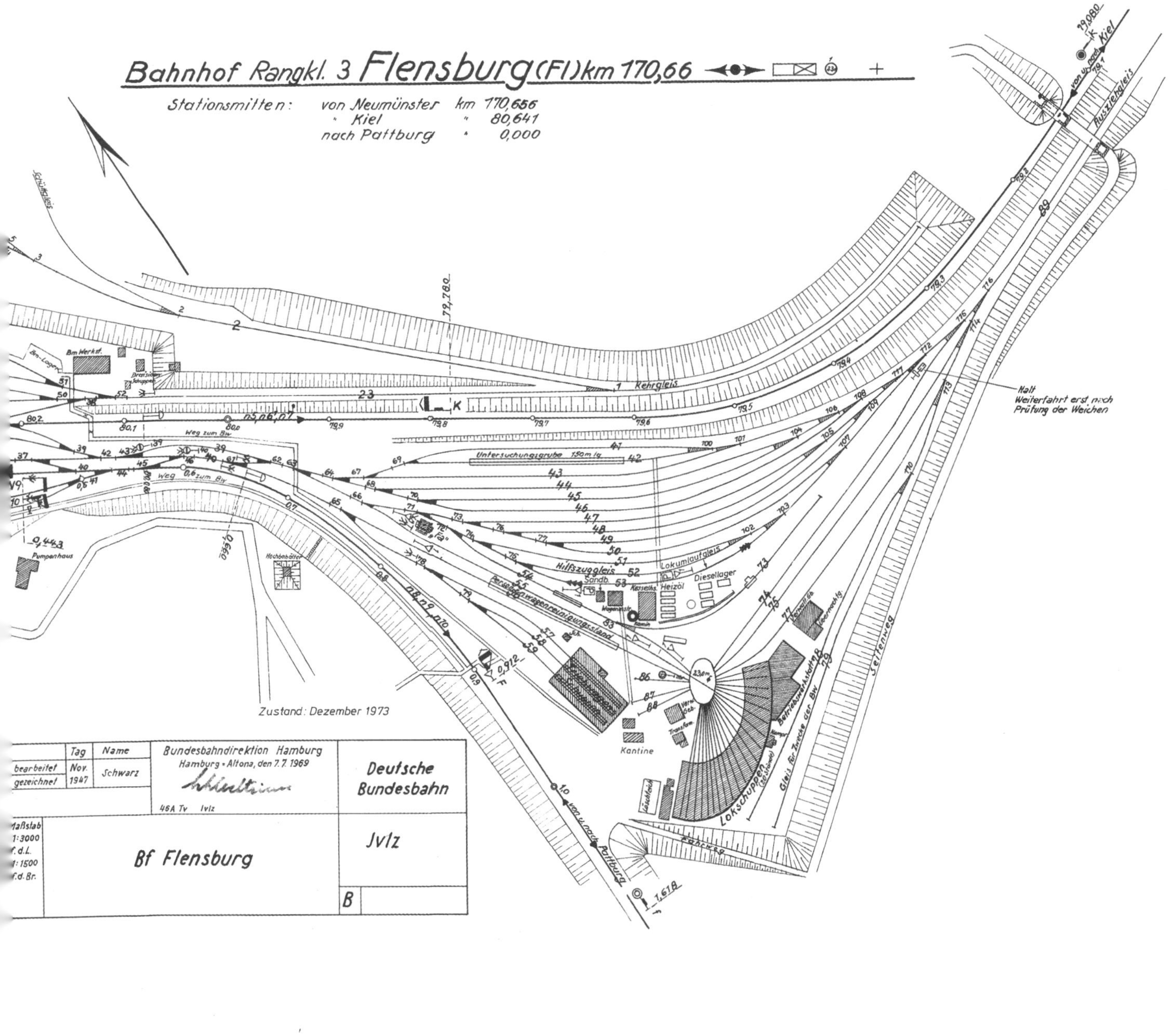

Bahnhof Rangkl. 3 Flensburg (Fl) km 170,66
Stationsmitten: von Neumünster km 170,656
Kiel " 80,641
nach Pattburg " 0,000
Rehrgleis
Untersuchungsgrube 150 m lg.
Hilfszuggleis
Lokumlaufgleis
Diesellager
Heizöl
Kesselhs.
Sandb.
Kantine
Lokschuppen
Betriebswerkstatt
Gleis für Zwecke der Bw
Seitenweg
Pumpenhaus
Hochbehälter
Weg zum Bw
Ausziehgleis
von u. nach Kiel
von u. nach Pattburg
Halt Weiterfahrt erst nach Prüfung der Weichen
Zustand: Dezember 1973
bearbeitet Nov. 1947 Schwarz
gezeichnet
Bundesbahndirektion Hamburg
Hamburg-Altona, den 7.7.1969
46A Tv Jvlz
Deutsche Bundesbahn
Maßstab 1:3000
Bf Flensburg
Jvlz
B

Holger Kaufhold
Eckhard Klein
Detlef Schikorr

150 Jahre Eisenbahn in Flensburg

Von der Südschleswigschen Eisenbahn zur Deutschen Bahn AG

Gesellschaft für Flensburger Stadtgeschichte

Schriftenreihe Band 58

Titelbild:
Östliche Ausfahrt des Bahnhofs Flensburg am 15. Februar 2002. Der nur freitags verkehrende Leerreisezug aus Hamburg-Langenfelde ist von den Lokomotiven 101 014, 103 224 und 110 180 nach Flensburg befördert worden. Während der Rangierarbeiten konnten 101 014 und 103 224 nebeneinander vor der Kulisse des Reiterstellwerkes „Fo" aufgenommen werden.
Foto: Detlef Schikorr

Rückseite:
Oben: Die Neumünsteraner 38 1551 befördert im Sommer 1959 einen Eilzug nach Kiel die Steigung zur Peelwattbrücke hinauf. Links sind die Anlagen des Bw Flensburg gut zu erkennen.
Foto: Herbert Lewin
Mitte: „Ausfahrt frei!" Der Triebwagen 612 506 verläßt am 13. Mai 1982 den Bahnhof Flensburg als N 5651 nach Neumünster.
Foto: Frank Garbe
Unten: Der AEG Benzol-Triebwagen T 2 der Flensburger Kreisbahn steht abfahrbereit im Bahnhof Glücksburg. Die Glücksburger Bahnhofsanlagen sind vom Fahrdraht überspannt. Das Foto ist in der Zeit von 1925 bis 1929 aufgenommen worden, als man in Glücksburg von den Flensburger Straßenbahnwagen in die Züge (bzw. Triebwagen) der Kreisbahn umsteigen musste.
Foto: unbekannt - Sammlung Karl Wilhelm Lönneker

Karte auf dem Vorsatz:
Gleisplan des Bahnhofs Flensburg (Stand Dezember 1973)
Sammlung Holger Kaufhold

Karte auf dem Nachsatz:
Gleisplan des Verschiebebahnhofs Flensburg-Weiche (Stand November 1938)
Sammlung Eckhard Klein

Impressum:

Kaufhold, Holger und Klein, Eckhard und Schikorr, Detlef:

150 Jahre Eisenbahn in Flensburg.
Von der Südschleswigschen Eisenbahn zur Deutschen Bahn AG.
Berlin, 2004

Bildredaktion: Holger Kaufhold
Layout: Holger Kaufhold
Druckerei: Meiling Druck, Haldensleben

ISBN 3-935909-22-5

Inhaltsverzeichnis

Inhaltsverzeichnis

Grußwort

Die zivilisatorische Bedeutung des Eisenbahnwesens ist für die ab 1830 heraufziehende und sich rasch entwickelnde Industriegesellschaft kaum zu überschätzen. Über Jahrhunderte gewachsene Generationserfahrungen von „Zeit" und „Raum" wandelten sich gleichsam über Nacht: mit bislang ungeahnter Geschwindigkeit vermochten nun mittels der Eisenbahn Mensch und Ware über Land von Ort zu Ort zu eilen.

Am 4. Oktober 1854 begann auch für die alte Seestadt Flensburg dieses neue Infrastrukur- und Entwicklungszeitalter. Mit der Inbetriebnahme der Querbahntrasse von der Fördespitze über den Geestrücken nach den nordfriesischen Hafenstädten Husum und Tönning erlangte Flensburg für einige Jahrzehnte eine bedeutende Umschlagposition im Handel zwischen den Ostsee- und Nordseemärkten.

Die Querbahn ersparte oftmals die gefährliche Seefahrt durch Kattegat und Skagerak. Dort waren von jeher, etwa in der berüchtigten Jammerbucht, hunderte von Schiffen gesunken und tausende Seeleute ertrunken. Der Querbahntransport aber verkürzte die Transferzeit, sicherte die Ware und bewahrte zahllose Menschenleben vor dem nassen Tod.

1900 war Flensburg längst in das reichsweite und auch Skandinavien anbindende mitteleuropäische Eisenbahnnetz integriert. Mächtige Dampfzüge trugen die Passagiere in ferne Metropolen und ließen einst unerreichbare Märkte näher rücken.

Gleichzeitig erschlossen Klein- und Nebenbahnen das Umland und den regionalen Nahbereich, wodurch Flensburgs zentralörtliche Stellung gestärkt wurde.

Im Ersten Weltkrieg wurden mittels der Eisenbahn auch die Flensburger Soldaten an die männermordenden Fronten in Ost und West transportiert, zur Abstimmung 1920 reisten die binnendeutschen Stimmberechtigten mit der Bahn in die Fördestadt.

In den 1930er und 1940er Jahren bildete die Bahn abermals das Rückgrat der ökonomischen und militärischen Logistik, diente nun aber auch dem Holocaust, dem Transport von Zwangsarbeitern und Kriegsgefangenen. Ihnen folgten nach 1945 die Flüchtlings- und Vertriebenentransporte sowie die Hamsterfahrten hungernder Städter hinaus auf das Land.

Die 1950er und 1960er Jahre zeigen nochmals ein aufblühendes Eisenbahnwesen. 1954 kehrten nicht nur die „Helden von Bern" mit dem Zug nach Deutschland zurück, sondern reiste auch der äthiopische Kaiser Haile Selassie per Salonwagen von Bonn über Flensburg nach Stockholm.

Der wachsende PKW-Verkehr, der Autobahnbau und die einhergehende Lastverkehrs-Verlagerung von der Schiene auf die Straße ließen seit den 1970er Jahren Flensburgs Bedeutung als Bahnort schwinden. Neue Warenströme durch die deutsche Wiedervereinigung nach 1990, die EU-Osterweiterung 2004 und zukünftige Verkehrsmagistrale, etwa die geplante Fehmarn-Belt-Brücke, erhöhen die Gefahr einer „Abkoppelung" Flensburgs von der Bahnverkehrsplanung – mit allen negativen Folgewirkungen für unsere Fördestadt..

Dem Autorenteam Dr. Holger Kaufhold, Eckhard Klein und Detlef Schikorr sowie allen Unterstützern gilt daher der herzliche Dank der Gesellschaft für Flensburger Stadtgeschichte für die fundierte und reichbebilderte Jubiläums-Schrift zur Flensburger Eisenbahngeschichte, die das wohl bedeutsamste Kapitel der jüngeren Flensburger Infrastrukturgeschichte würdigt.

Flensburg, 4. Oktober 2004

Dr. Broder Schwensen

Grußwort

Die Verkehrspolitik, die lange Zeit vor allem Eisenbahnpolitik war, hat in der Arbeit der Industrie- und Handelskammer zu Flensburg schon immer einen hohen Stellenwert gehabt. Die Diskussion über Verkehrswege hatte im 19. Jahrhundert eine gewichtige politische Dimension. So kämpften die dänisch gesinnten Kaufleute in Flensburg für eine Eisenbahnverbindung von Flensburg nach Husum - Tönning und die deutschen Kaufleute für eine „Längsbahn" mit Anschluss nach Hamburg. Ein Spiegel unterschiedlicher Interessen eines Anschlusses an das deutsche bzw. dänische Wirtschaftsgebiet. Der Konflikt führte im Jahre 1849 sogar zu einer Spaltung des Handelsvereins, der Vorgängerorganisation der Industrie- und Handelskammer.

Auch Anfang des 20. Jahrhunderts gab der Eisenbahnverkehr immer wieder Gelegenheit zu Stellungnahmen der IHK. So wurde 1914 eine Linie von Flensburg über Apenrade nach Hadersleben gefordert, um eine bessere Anbindung dieser Städte an die Hauptlinie Fredericia - Flensburg - Hamburg zu bekommen. Mit Erfolg, denn der Reichskanzler erklärte am 26. Mai 1914, dass man dieser Forderung nachkommen wolle. Zu einer Ausführung dieser Planungen ist es dann aber wegen des Ausbruchs des Krieges nicht mehr gekommen. In den 30er Jahren setzte sich die IHK Flensburg für einen bis dahin fehlenden durchgehenden Nachtverkehr ein. Dadurch konnten endlich Frühverbindungen von Flensburg nach Berlin und Mitteldeutschland eingerichtet werden.

Der Siegeszug des Straßenverkehrs machte auch vor dem Bahnangebot in der Region Flensburg nicht Halt. So wurden verschiedene Kleinbahnen stillgelegt und Güterabfertigungsstellen im ländlichen Raum geschlossen. Die IHK hat sich den notwendigen Maßnahmen durch die Deutsche Bundesbahn aus wirtschaftlichen Gründen nicht verschlossen. Sie hat jedoch stets darum gekämpft, dass die Interessen der Randgebiete gebührend berücksichtigt wurden.

Die „Neuzeit" war von zwei großen Themen bestimmt: zum einen der Kampf um die Elektrifizierung der Strecke Hamburg - Flensburg und zum anderen die Bemühungen um den Erhalt einer durchgehenden und qualitativ angemessenen Eisenbahnverbindung mit durchgehenden Zügen. Schleswig-Holstein war bis in die Mitte der 90er Jahre ein Land ohne elektrifizierte Eisenbahnstrecken. Alle Züge waren gezwungen, in Hamburg–Altona zu halten, um dann mit einer Diesellokomotive bespannt zu werden. Durchgehende Züge nach Schleswig-Holstein waren wegen des Lokwechsels undenkbar. Es war deshalb das Ziel der schleswig-holsteinischen Industrie- und Handelskammern, die DB zu veranlassen, die Hauptstrecke von Hamburg nach Kiel und Dänemark zu elektrifizieren. Bei der Bahn gab es absolut keine Konzessionsbereitschaft, da Schleswig-Holstein ohnehin als Bahnland ohne große Kundenströme und somit als völlig uninteressant angesehen wurde. Nach einem jahrelangen politischen Kampf war die DB bereit, die Strecken unter Strom zu nehmen. Aber erst, als die Landesregierung eine erhebliche finanzielle Beteiligung an der DB-Investitionsmaßnahme aus Haushaltsmitteln zusagte.

Nachdem die DB Ende 2002 die InterRegio-Züge in Deutschland einstellte, wurde unter anderem mit der Einstellung der Strecke Flensburg - Hamburg die gesamte Region nördlich von Kiel mit einem Schlag vom deutschen Fernverkehrsnetz abgehängt. Als die NVAG der IHK Flensburg ihr Konzept für den FLEX vorstellte, war die IHK gerne bereit, diese Möglichkeit bei der Landesregierung zu propagieren. Mit Erfolg, denn die FLEX AG bekam den Auftrag, eine durchgehende Verbindung in InterRegio-Qualität aufzubauen. Dies wurde einige Zeit mit Erfolg gemacht, bevor wirtschaftliche Zwänge zu einer Einstellung der Verkehre führten. Immerhin war die Strecke für private Eisenbahnunternehmen so interessant geworden, dass sich viele bundesweit tätige Unternehmen an der erforderlichen Neuausschreibung für die Strecke beteiligten. Gewonnen hat die NOB, eine Tochter der Connex, einer europaweit tätigen privaten Gesellschaft.

Es bleibt eine wichtige Aufgabe der IHK Flensburg, für die Stadt und die gesamte Region eine leistungsfähige und komfortable Eisenbahnverbindung nach Hamburg zu erhalten. Hoch aktuell, auch in heutiger Zeit, ist die Forderung der IHK Flensburg nach einer Förderung des Durchgangsverkehrs nach Dänemark und den übrigen skandinavischen Ländern, um dem Wettbewerb einer etwa zur Ausführung kommenden Vogelfluglinie begegnen zu können.

Walter Braasch
Präsident der IHK Flensburg

Vorwort

Ein mutiger englischer Unternehmer, Sir Morton Peto, sorgte dafür, dass 1854 die erste private Eisenbahn von Flensburg über Husum nach Tönning fuhr. Ab 1885 kam die Eisenbahn in staatliche Regie. 140 Jahre nach der ersten Fahrt schließt sich wieder der Kreis, der Staatsbetrieb Deutsche Bundesbahn wird privatisiert. Die jahrelang in Flensburg vorhandenen Ängste, vom Fernverkehr abgehängt zu werden und Befürchtungen, dass der Nahverkehr reduziert würde, haben sich erledigt. Schleswig-Holstein fährt im Stundentakt und das mit verschiedenen privaten Unternehmen. Der Wettbewerb macht es möglich. Allerdings, wo 1964 1130 Eisenbahner in zehn selbständigen Dienststellen einen Arbeitsplatz hatten und 1979 noch 788 Mitarbeiter beschäftigt waren, verlieren sich im einhundertundfünfzigsten Jubiläumsjahr nur noch einige Beschäftigte in wenigen Aufgabenbereichen. Privatisierung, Zentralisierung und eine rasant fortschreitende Technik fordern ihren Tribut . Die „Eisenbahnerfamilie" alten Zuschnitts gibt es nicht mehr, auch keine selbständigen Dienststellen. Alle Bereiche haben sich getrennt, bereichsüberschreitende Gemeinsamkeiten sind rein zufällig. Die Eisenbahn selbst scheint im 21. Jahrhundert ihre ehemalige Bedeutung als wichtigster Verkehrsträger auf dem Transportsektor gewollt oder ungewollt zusehends einzubüßen.

Ohne das Eisenbahnwissen der drei mittlerweile verstorbenen Autoren des 1979 erschienenen ersten Buches zur Eisenbahngeschichte Flensburgs, Kurt Boljahn, Hermann Harbeck und Hans Wegner, wären nie so viele Daten und Fakten zusammen gekommen, auf denen dieses Buch in wesentlichen Teilen basiert. Stellvertretend für alle anderen, die uns in oft vielfältiger Weise halfen, danken wir dem Stadtarchivdirektor und Geschäftsführer der „Gesellschaft für Flensburger Stadtgeschichte", Dr. Broder Schwensen, für seine fachkundige Unterstützung und kooperative Begleitung unseres Buchprojektes, dem sh:z-Verlag, Flensburg, hier insbesondere Herrn Gerhard Nowc, der uns den Zugang zum sh:z Verlagsarchiv ermöglichte sowie Herrn Frank Garbe, der in der letzten Phase das Manuskript kritisch begleitete und uns in den neueren Fahrplanteilen sehr unterstützte. Zahlreiche Mitarbeiter der unterschiedlichsten Archive, Museen und Bibliotheken halfen uns in unkomplizierter Art und Weise bei den Recherchen zu diesem Buch. Die Bereitschaft, Fotos für dies Buchprojekt uneigennützig zur Verfügung zu stellen, war überwältigend und hat einmal mehr bewiesen, dass das Netzwerk der Eisenbahnfreunde funktioniert und Lücken in der Überlieferung der staatlichen Archive zu füllen vermag. Nicht zuletzt sei dem Präsidenten der Gesellschaft für Flensburger Stadtgeschichte, Herrn Dr. Volker Willandsen, und deren Mitgliedern für die Förderung des Buchprojektes gedankt.

Dieses Buch erhebt nicht den Anspruch, vollständig zu sein und Schwerpunkt des Buches ist der Eisenbahnbetrieb über die verschiedenen Epochen. Nicht alles konnte berücksichtigt werden und vieles wird nur gestreift. Die zur Thematik gehörende Geschichte von Bahnpolizei, Grenzschutzdienst, Zoll, Bahnpost und Bahnhofsmission muss einer späteren Publikation vorbehalten bleiben. Für Hinweise und Ergänzungen sind wir jederzeit dankbar.

Gewidmet ist dieses Buch den Eisenbahnern Flensburgs, die während der vergangenen 150 Jahre durch ihr Engagement besonderen Anteil daran hatten, dass den Menschen der Region Flensburgs - und zwar allen Bevölkerungsschichten - Mobilität in einem zuvor nicht vorstellbaren Umfang angeboten werden konnte. „Zug um Zug" gelang es der Eisenbahn, einer sich entwickelnden industriellen Gesellschaft die erforderlichen Ressourcen bereitzustellen und die produzierten Güter zu den sowohl im Inland, als auch im Ausland gelegenen Kunden zu befördern

Kiel, Flensburg und Handewitt im Oktober 2004

Dr. Holger Kaufhold
Eckhard Klein
Detlef Schikorr

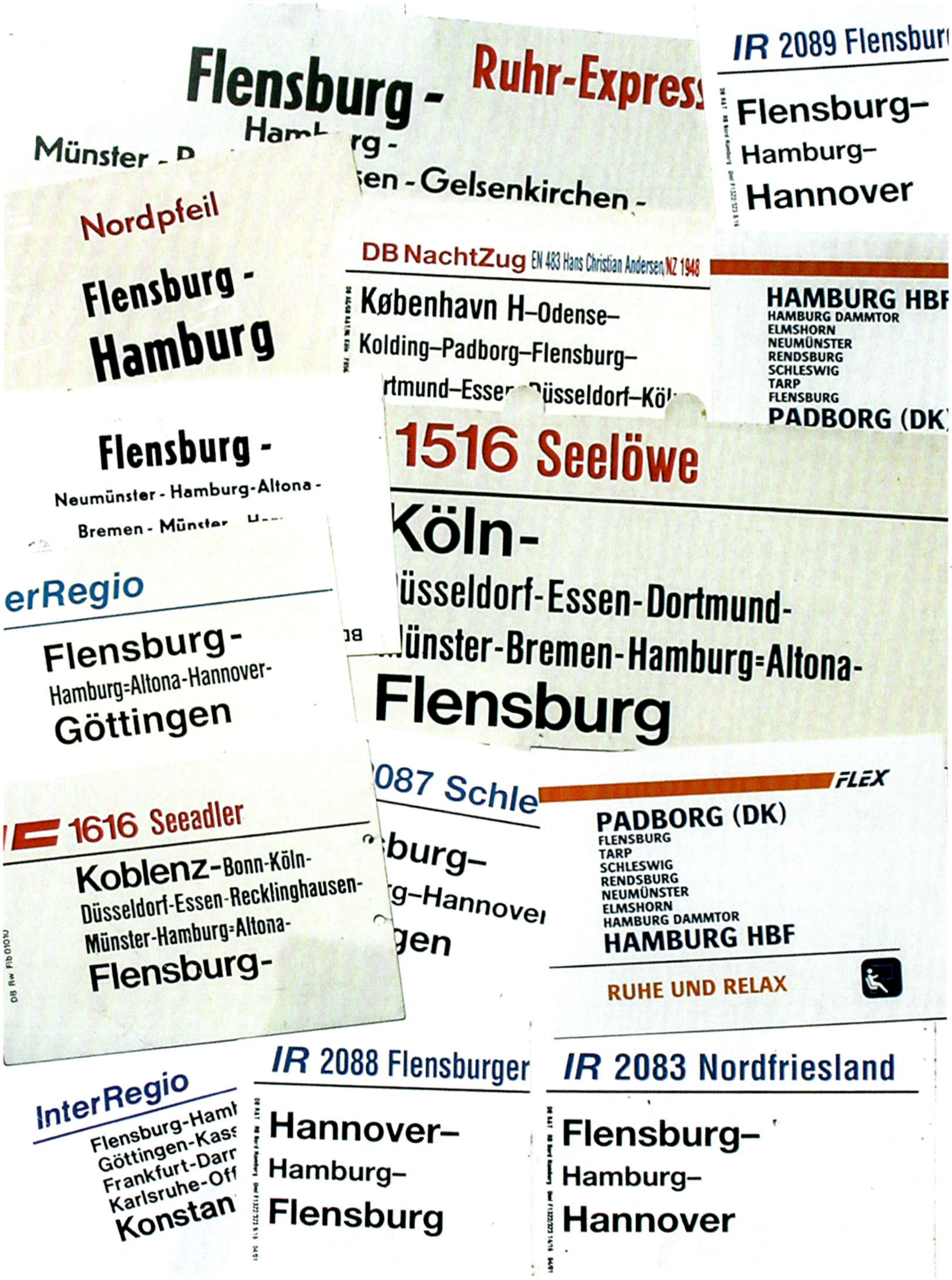

Zuglaufschilder

1 Vom Pfad zum Gleis - Verkehrsentwicklung bis ins Jahr 1854

Viele frühgeschichtliche Siedlungsplätze verdanken ihren Ursprung einer besonderen verkehrsgeografischen Situation. Für Flensburg war dies eine weit ins Inland greifende Meeresbucht, ein Relikt der eiszeitlichen Gletscher. Diese Naturform war ideal, den Meeresarm als geschützten Hafenplatz zu nutzen. Transporte über See ermöglichten den Warenaustausch mit anderen Handelsplätzen an der Ostsee, und das Meer ließ sich als Nahrungsquelle nutzen.

Westlich von Flensburg verlief der Heer- oder Ochsenweg, ein Landverkehrsweg mit überregionaler Bedeutung, der Jütland mit Zentraleuropa verband und dessen Ursprünge bis in die Bronzezeit zurückweisen. Die Landverbindungen waren zunächst einfache Pfade. Später, als es den Bewohnern nicht mehr ausreichte, sich auf ihre eigenen, menschlichen Kräfte zu verlassen, wurden diese Pfade durch besser ausgebaute Wege ersetzt. Erst jetzt ließen sich mit Hilfe von Tieren und ersten Wagen sowohl der Mensch selbst, als auch die von ihm hergestellten oder benötigten Produkte schneller von Ort zu Ort transportieren. Aber jeder Transport war unmittelbar von den Witterungsverhältnissen und damit dem Wegstreckenzustand abhängig. Besonders in der niederschlagsreichen Zeit, bzw. nach der Frostperiode, waren bestimmte Abschnitte wegen ungünstiger Bodenverhältnisse - wenn überhaupt - nur unter großen Mühen passierbar.

Die anfängliche Bedeutung des 1784 fertig gestellten Eiderkanals, einer Ost - West - Verbindung in der Mitte Schleswig-Holsteins, nahm in dem Maße ab, wie der Faktor Zeit immer wichtiger wurde und Passagen von 8 bis 14 Tagen Dauer zunehmend untragbar wurden. Hinzu kam eine Tiefgangsbegrenzung, und damit eine Limitierung der Frachtvolumen, die sich im Laufe der Zeit immer hemmender auswirkte.[1]

In den Herzogtümern Schleswig und Holstein, die bis 1864 zum dänischen Gesamtstaat gehörten, vollzog sich im frühen 19. Jahrhundert eine erste Verkehrswege-Revolution, die 1832 mit dem Bau gepflasterter und in den Folgejahren systematisch ausgebauter Landstraßen, den „Chausseen", begann. Sie verbanden die größeren Orte miteinander und minderten die Witterungsauswirkungen auf die Transporte. Als 1832 die Chaussee von Altona nach Kiel angelegt wurde, benötigte die Extrapost für diese Strecke nur noch 9 Stunden, Kuriere brauchten sogar nur noch 6 Stunden.[2] Es blieben immer noch schlechte Wegstrecken, und damit eine Gefährdung des Transportgutes, eine hohe Witterungsabhängigkeit sowie eine von der Zugkraft der Tiere bestimmte Grenzlast. Von Reisekomfort für Personen konnte nur eingeschränkt die Rede sein und es reiste wirklich nur der, der dazu finanziell in der Lage war und zudem einen wichtigen Grund dafür hatte.

Die Husumer Chaussee war 1844 fertiggestellt, die Schleswiger 1846 und die Apenrader 1847.[3] Transportmittel auf diesen Straßen waren Karren, Wagen und Kutschen, der Transport selber blieb mühsam und zeitaufwendig. Es gab verschiedene Möglichkeiten zu reisen: Günstig mit der „ordinären Post" oder mit dem „Wochenwagen".[4] 1840 konnten Reisende von Flensburg aus täglich zweimal nach Schleswig, Husum, Apenrade, Hadersleben und täglich einmal nach Sonderburg fahren, viermal wöchentlich fuhr ein Wochenwagen nach Tondern und Glücksburg. Kappeln, Eckernförde und Kiel wurden ebenfalls per „Wochenwagen" angefahren. Daneben fuhren wöchentlich Frachtfuhrwerke in die Nachbarorte. Eine schnellere, aber auch teurere Reise war die mit der Post. Für die zwei Postverbindungen, die Schleswig-Holsteinische und die Hamburg-Kopenhagener war Flensburg Hauptstation. Die schleswigholsteinische Post fuhr nur bis Hadersleben. Samstagmittag ging sie von Hamburg ab und war, vorausgesetzt alles verlief problemlos, Montagnachmittag in Hadersleben. Von der Posthalterei fuhren im Anschluss an diese Postkurse Nebenposten nach Tondern und Sonderburg. Daneben gab es noch die komfortable „Extra-" oder „Kurierpost", die nur auf Bestellung verkehrte.[5]

Mit der beginnenden Industrialisierung im 19. Jahrhundert reichte der Seeweg für eine sich entwickelnde Stadt wie Flensburg und das Straßennetz allein nicht aus, um mit anderen Orten konkurrenzfähig zu bleiben. Innovationen gingen zur damaligen Zeit von England aus, das in der Industrialisierung, insbesondere auch auf dem Transportsektor, eine führende Rolle, anfangs sogar nahezu eine Monopolstellung, einnahm. Den entscheidenden Fortschritt beim Transport über Land brachte neben dem Ausbau von Kanälen die Eisenbahn, die ihnen gegenüber wesentlich günstiger und schneller realisierbar war und den Anforderungen einer immer heftiger pulsierenden Gesellschaft eher gewachsen war. Sechs Jahre, nachdem Robert Stephenson bei

Rainhill die Überlegenheit seiner Lokomotive „Rocket" demonstriert hatte, wurde mit englischer Unterstützung in Deutschland 1835 die erste Eisenbahnlinie von Nürnberg nach Fürth eröffnet. Es gelang englischen Ingenieuren und Unternehmern lange Zeit, ihren Vorsprung auf dem Eisenbahnsektor zu halten und die Technologien stetig zu verbessern. Entsprechend sind englische Einflüsse auch für die schleswigschen Eisenbahnen von größter Bedeutung. Erst relativ spät erkannten auch die deutschen Maschinenbaufabriken die Möglichkeiten, die dieser Markt mit sich brachte.

Der kostenintensive Eisenbahnbau, die Unterhaltung und Durchführung des Verkehrs war kein Selbstzweck, sondern diente primär der Befriedigung der elementaren Verkehrsbedürfnisse und nicht zuletzt der Erzielung von Erträgen für die Kapitalgeber. Erst als der Staat die Bedeutung der schienengebundenen Infrastruktur für Wirtschaft und Militär erkannte, engagierte er sich im Bahnbau bzw. verstaatlichte die bis dahin bestehenden größeren Linien. Als Nebenprodukt der zentralisierten Lenkung ergab sich eine stetig wachsende Normung des Betriebes und Vereinheitlichung der Betriebsmittel mit einer dadurch wesentlich kostengünstigeren Betriebsführung.

Die Altona-Kieler Eisenbahn-Gesellschaft war die erste Eisenbahngesellschaft in Schleswig-Holstein - damals im Einflussbereich des Dänischen Königreiches - der es gelang, eine Strecke zu realisieren. Seit 1844 waren die holsteinischen Seehandelstädte Kiel und Altona durch eine Eisenbahn verbunden. Von einem Netz, dem wesentlichen Vorteil dieses Transportsystemes, war man auch 1844 noch weit entfernt. Erst im Verlauf der nächsten Jahrzehnte entwickelte sich das, was den Visionären wie Friedrich List vorschwebte: ein durchgehendes, leistungsfähiges Eisenbahnnetz. Auch der Ursprung der Eisenbahn in Flensburg, die Strecke zum Nordseehafen Tönning, war zum Zeitpunkt ihrer Eröffnung eine Einzelstrecke, die erst später eine direkte Verbindung mit den sich entwickelnden Eisenbahnen der Nachbarregionen bekam und so die Vorteile kurzer Aufenthalte für Fahrgäste und Ladung beim Wechsel zwischen den einzelnen, zunächst privatrechtlich organisierten Linien, ermöglichte.

Kutsche und Eisenbahn in Flensburg um 1866. Ausschnitt aus der getönten Lithographie „Flensburg" (Flensburg von der Südseite) von Wilhelm Heuer nach einer Zeichnung von Claus Anton Kölle. Links das Überführungsbauwerk über die Schleswiger Chaussee und rechts der durch den Kleinen Mühlteich führende Streckenabschnitt der Bahn.
Inv. Nr: K 61: Nr: 16 (40) **SHLB Landesgeschichtliche Sammlung**

2 Das Dampfross erreicht die Förde – Das Zeitalter der Privatbahngesellschaften (1854 – 1885)

2.1 König Frederik VII. Südschleswigsche Eisenbahn

Planung und Projektierung

Bereits wenig mehr als ein Jahr nach Eröffnung der ersten deutschen Eisenbahn von Nürnberg nach Fürth gab es im Herzogtum Schleswig die ersten Pläne für den Bau einer Eisenbahn von Flensburg nach Tönning. Am 16. Januar 1837 wurde im Husumer Wochenblatt diese Idee erörtert und am 18. April 1837 ein Komitee gegründet. Einen Monat später richtete man ein Gesuch an den dänischen König Frederik VI., um diese Bahn konzessionieren zu lassen.

Einer der wesentlichen Initiatoren der Eisenbahn in der Stadt Flensburg war Christian Hansen jun., der seine Vision einer Eisenbahn zwischen Flensburg und Tönning publizierte und aus dessen 1837 anonym herausgegebener Schrift: „Chr. Hansen's jun. Idee einer Flensburg - Husum - Tönninger - Eisenbahn" (Januar 1837) die folgenden Zitate entnommen wurden:

„Eisenbahnen und Dampfwagen sind Losungsworte der Zeit; in der That giebt es kaum eine Erfindung, die folgenreicher für den Verkehr, für den Wohlstand, die Bildung und das Glück der Völker werden dürfte, als diese; schon zur Gnüge bezeugen dies die Vereinsstaaten Nordamerika's. Lange Zeit unbeachtet in Deutschland, ist jetzt ein allgemeiner Eifer für die Anlage der Eisenbahnen erwacht, und mit Recht giebt sich der Speculationsgeist den schönsten Hoffnungen hin; die denn auch da, wo man schon die Hand an's Werk legt, mit dem vollkommensten Erfolg gekrönt wurden. - Auffallend nur muß es daher erscheinen, daß nicht auch schon längst die Anlegung einer Eisenbahn zwischen hier, Husum und Tönningen in Anregung gebracht worden ist; denn wo wäre wohl ein solches Verbindungswerk anpassender und rentirender als gerade hier? das wie? ist so ins Auge fallend, daß es eigentlich gar keiner speciellen Aufzählung der einzelnen Vortheile bedarf. …

Wie viele Vortheile würden sonst noch aus dieser Unternehmung entspringen. Flugschneller Transport der Waaren und Reisenden, gedankenschnelle Mittheilung von und nach drei Städten an der Ost- und Westsee; schneller Austausch der Producte, neue Erwerbszweige für Gewerbe, Fabriken, Arbeiter: es würde dem Kaufmann leicht sein, an allen drei Orten zu gleicher Zeit Geschäfte zu treiben und die drei Städte würden durch diese Verbindung gleichsam in ein Gemeinwesen verschmelzen. - Die dadurch entstehende Vermehrung des Handels und der Industrie, das größere Zusammenströmen von Waaren und Menschen, würde auf alle Geschäfte wohlthätig wirken; die Landleute würden dadurch in den Stand gesetzt, ihre Erzeugnisse und Producte, z.B. Obst, Gemüse, Milch, Schlachtvieh, Torf, Holz, Steine u. dgl. mit geringen Unkosten nach den Seestädten zu schaffen; es wird, nach allen Erfahrungen, die man in England, Nordamerika und Frankreich gemacht hat, die Anlegung einer Eisenbahn den Werth des in ihrem Bereich liegenden unbeweglichen Eigenthums um mehr als das Zehnfache der Anlagekosten vermehren; auch die Fuhrleute und Gastwirthe werden dadurch nicht brodlos, sondern es ist bewiesen, daß überall, wo Eisenbahnen angelegt worden sind, der Seitenverkehr sich so außerordentlich vermehrt hat, daß die Fuhrleute den vollständigen Ersatz, die Wirthe aber, durch vergrößerte Reiselust volle Entschädigung, ja noch lebhafteren Verkehr und dadurch größeren Gewinn als bisher gefunden haben. - Die ganze Wegelänge der anzulegenden Bahn mag etwa, in möglichst grader Richtung, 8¼ Meilen betragen, nämlich 5½ von Flensburg nach Husum und 2¾ von da nach Tönning. Der Ankauf von Ländereien zur Anlegung der Bahn würde von Flensburg bis Husum wenig oder nichts kosten, indem die ganze Strecke zum Theil aus unbebauten und unfruchtbaren Ländereien besteht. Es ist freilich schwer eine Berechnung zu machen, wie theuer die Bahn mit Zubehör kommen kann, ein desfälliger Versuch schadet aber nicht. Sachkundige machen vielleicht andere Berechnungen, zuletzt kommt doch das ungefähre Resultat heraus.

Da die ganze Strecke möglichst flach ist und wir nicht mit solchen Hindernissen und Schwierigkeiten zu kämpfen haben, wie es in England, Nordamerika und selbst in Deutschland gewöhnlich der Fall ist, so würden die Kosten für eine mit einfachem Geleise gelegte Eisenbahn etwa 60,000 Mark Ct. pr. Meile

kommen, also für 8¼ Meilen	*495,000 Mark.*
Zwei Dampfwagen wären hinreichend; jeder davon, mit gehöriger Kraft versehen, wäre im Stande, die ganze Strecke der Eisenbahn in etwa 2 Stunden zurückzulegen und eine Last von wenigstens 400 Zentner zu ziehen, mithin würden die zwei Dampfwagen eine ganze Schiffsladung in einem Tage von und nach der Ost- und Westsee fortschaffen können. Diese Dampfwagen würden ca. 7,500 Mark Ct. pro Stück kosten, also zusammen	*15,000 Mark*
4 elegante Wagen für Reisende 1. Classe a 2000 Mark	*8,000 Mark*
4 ordinaire do. do. 2. Classe a 500 Mark	*2,000 Mark*
24 do. für Frachtgüter, a 300 Mark	*7,200 Mark*
für Grund und Boden	*40,000 Mark*
für Gebäude und Brücken	*40,000 Mark*
Direction und diverse Ausgaben	*42,800 Mark*
Courant	*650,000 Mark*

Die wahrscheinliche Brutto=Einnahme würde betragen:

a) Personentransport:	
16,000 Reisende, a 2 Mark	*32,000 Mark*
8,000 do. a 1 Mark	*8,000 Mark*
b) Gütertransport:	
50,000 Tonnen Korn, a 5 Schilling	*15,625 Mark*
300,000 Zentner Güter, a 4 Schilling	*75,000 Mark*
Transp.	*130,625 Mark*
Schlachtvieh, sowie Holzwaren, Salz und andere schwere Sachen	*14,000 Mark*
Court.	*144,625 Mark*
(ohne die Posteinnahme zu rechnen.) Davon würden abgehen, für Verwaltung, Reparaturen und sonstige Kosten ca.	*40,000 Mark*
bliebe ein Netto=Ertrag von Court.	*104,000 Mark*

welcher auf das Anlage=Capital 16 pCt. beträgt.

Wie sehr auch diese Berechnungen sich verändern mögen, so dürfte dennoch eine reichliche Verzinsung des Anlage=Capitals nach Abzug aller Ausgaben gesichert sein. Man darf ja nicht grade die engländische und amerikanische Bauart zum Muster und ihre Anschläge zum Maaßstab nehmen. Das Terrain ist durchaus verschieden; die Herstellung des Weges, als Abgrabung der Höhen, große Brücken verursacht dort große Kosten, hier sind diese Ausgaben dagegen sehr unbedeutend. Der Tagelohn ist bei uns zwei bis dreimal geringer und da derselbe bei der Anlage von Eisenbahnen die Hauptausgabe ist, so bauen wir hier wenigstens um die Hälfte wohlfeiler als die Nordamerikaner und Engländer.

Hier ist nur die Frage zu beantworten: woher das Geld nehmen? Wir haben Beweise genug, wie die Regierung gerne zu gemeinnützigen Unternehmungen die Hand bietet; es wäre zu wünschen, daß sie auch die Anlegung und Leitung der Eisenbahn übernehmen und die Arbeiten durch einige hundert Mann Militair beschaffen lassen würde; dadurch wird nicht allein die Vollendung beschleunigt, sondern der Ausgaben auch bedeutend weniger. - Schwer würde es halten, die erforderliche Summe auf Actien in den drei Städten zusammen zu bringen; wenn aber alle dahin gehenden Versuche scheitern sollten, so bleibt uns noch: die Eisenbahn-Gesellschaft in London um Geld anzusprechen; da ist Überfluß an Kapital, und sie wird bald einsehen, daß diese Unternehmung einen bedeutenden Vortheil bringen kann.

Hiermit glaube ich, bewiesen und das Mittel angegeben zu haben, wodurch Flensburg, Husum und Tönning zu ihrem frühern Glanz und Wohlstand aufblühen können, und es ist kaum denkbar, daß diese drei Seestädte so lange die Hände in den Schoß legen, bis die Hamburger und Lübecker ihnen den Markt vergraben haben; sie schreiten vorwärts, ob wir auch stehen bleiben und nachher haben wir nur um so schneller zu laufen um ihnen nachzukommen."

Bereits in diesem frühen Stadium verweist Hansen jun. auf die Möglichkeiten, sich von einer international tätigen englischen Eisenbahn-Gesellschaft in London Kapital und Fachwissen zu beschaffen.[6]

Die Antwort auf das Gesuch vom Frühjahr 1837 ließ auf sich warten, und der Antrag wurde 1839 in einer Audienz beim König erneuert. Die Flensburger Idee wurde aus dem fernen Kopenhagen zurückhaltend kommentiert. In der „Kjøbenhavnsposten" des Jahres 1839 fand der Leser unter der Überschrift „Über Eisenbahnen" folgende Zeilen auf der Titelseite (Übersetzung):[7]

„In den letzten Tagen hat man hier in der Stadt eine Abordnung von Flensburg, Husum und Tönning gesehen, die nach dem, was man hörte bei der Regierung eine Zulassung für die Anlage einer Kunststraße (Eisenbahn) zwischen obengenannten Städten ersuchte. Bei dieser Gelegenheit denke ich unwillkürlich an Äsops Fabel über den Frosch und Ochsen. Paris, London, Birmingham, Manchester und mehrere große Städte haben Eisenbahnen, nun will Flensburg, Husum und Tönning zusammen mit einer Bevölkerung von kaum über 20,000 Einwohnern auch eine haben. Entweder mögen die guten Flensburger durchaus nicht den Umfang von Waren- und Perso-

nenverkehr kennen, der ausgeführt werden muß; um eine Eisenbahn zu bezahlen, was jedoch kaum angenommen wird, oder sie mögen im höchsten Grad sanguinisch sein, um hoffen zu können, daß ihr Handel je im Entferntesten so ausgeweitet werden kann, daß er mit Europas ersten Handelsstätten vergleichbar ist. Deren Hoffnung mag sicher davon ausgehen, daß aller Warentransport, der nun zwischen Hamburg und der Ostsee läuft, auf die Eisenbahn gezogen wird, aber das kann und wird unmöglich je geschehen, denn die erste Bedingung dafür wäre nämlich, daß die Waren billiger und schneller auf diesem Weg sind als auf dem anderen, der Chaussee nach Kiel, wird nie erfüllt werden können. ..."

Am 31. Oktober 1839 erließ Frederik VI. dennoch eine Resolution, in der die Vermessung der Strecke auf Staatskosten angeordnet und einem Bahnbau Vergünstigungen eingeräumt wurden.

Mit einer Resolution vom 28. April 1840 übertrug man dem obersten Chef des Ingenieurcorps, v. Prangen, die technische Leitung zum Bau einer Eisenbahn. Unter dem Ingenieurcapitain v. Küker wurden dann bis zum Herbst 1840 Nivellierungsarbeiten durchgeführt. Eine Neuwahl des Komitees am 20. Dezember 1840 hatte zur Folge, dass vorerst lediglich die Bahn zwischen Flensburg und Husum zu planen sei. Die Konzession zur Gründung einer Aktiengesellschaft wurde vom dänischen König am 26. Februar 1841, also noch vor der Konzession der Altona-Kieler Bahn, erteilt. Sie war somit die erste Konzession für eine Eisenbahn im dänischen Einflussbereich überhaupt. Es bereitete aber Schwierigkeiten, das benötigte Geld für diese Bahnlinie aufzubringen. Deshalb versanken diese Pläne in den wirtschaftlich schlechten Zeiten und den politischen Wirren von 1848.[8]

In diese Phase fiel die erste wesentliche Veröffentlichung, die das „Comitee der Flensburg - Husumer Eisenbahn" am 21. Mai 1841 herausgab: „Prospectus betreffend die Flensburg - Husumer Eisenbahn". Die Autoren beschreiben den Handel des dänischen Staates, vergleichen die Hafen- und Fahrwasserverhältnisse in Husum und Tönning und werben für den Endpunkt Tönning. Die Kosten des Gütertransportes auf den verschiedenen Land- und Wasserwegen werden gegenübergestellt und der auf der Eisenbahn zu erwartende Güter- und Personenverkehr prognostiziert. Zum Schluss folgt eine Kosten- und Betriebskostenabschätzung - man erwartete eine Verzinsung des Kapitals von jährlich 9 ½ % - sowie ein Ausblick auf die technische Ausführbarkeit.

Ein erneuter Aufruf zur Zeichnung von Aktien datiert aus dem Jahr 1844. Auch wenn sich die Pläne zunächst zerschlugen, gab es trotzdem weiterhin Stimmen für den Bau einer Eisenbahn. So die Schrift

Samuel Morton Peto (4.8.1809 - 13.11.1889) gestaltete die Südschleswigsche Eisenbahn in wesentlichen Teilen mit. Er leitete das englische Eisenbahnunternehmen Peto, Brassey & Betts, zu dem die kurzzeitig bestehende Lokomotivfabrik „Canada Works" in Birkenhead/England gehörte. Der aus der Mittelschicht stammende Peto war gelernter Maurer und Zimmermann. Peto übernahm den Firmenteil der Baufirma seines Onkels, der sich mit dem Eisenbahnbau befasste. Im Zusammenhang mit Bauarbeiten im Krimkrieg wurde er 1855 geadelt.
Foto: Rye SHLB Landesgeschichtliche Sammlung

„Ein paar Worte über die angebliche Gefährlichkeit der Rendsburg-Schleswig-Flensburger Eisenbahn" des Flensburgers H. C. Jensen vom März 1845. Die Gefährlichkeit bezieht sich nicht auf die Technik der Eisenbahn, sondern auf die wirtschaftlichen Auswirkungen. 1845 war die Altona - Kieler Bahn bereits in Betrieb und die Zweigstrecke Neumünster - Rendsburg stand vor ihrer Fertigstellung. Es bildeten sich zwei Lager. Das eine vertrat den Bau einer Querbahn Flensburg - Husum - Tönning, das andere setzte sich für eine Längsbahn zwischen Flensburg und Rendsburg ein. Querbahnverfechter, meist treu der dänischen Krone ergeben, fürchteten, dass das handelsmächtige Hamburg den ganzen auswärtigen Handel Dänemarks, insbesondere den der Städte Flensburg und Kopenhagen, an sich ziehen könnte. Man erwartete von der Querbahn einen florierenden Transithandel über die Ostseehäfen, selbst mit dem Nachteil eines zweimaligen Umladens und außerdem eine Steigerung des bedeutenden Viehhandels über Tönning nach England. Seit 1851 importierte England zur Versorgung seiner wachsenden Bevölkerung Mastvieh aus Schleswig-Holstein über die Häfen von Husum und Tönning. Ziel des Bahnbaues war die Umgehung des gefahrvollen Weges um Skagen und des teuren Sundzolls.

In den „Bemerkungen über die projectierten Eisenbahnen im Herzogthum Schleswig" von Chr. Hansen jr.", Flensburg 1852, wird auch der englische Eisenbahnunternehmer Samuel Morton Peto erwähnt. Dieser stand bereits wegen einer Konzession für eine Eisenbahn zwischen Flensburg und Tönning mit der dänischen Regierung in Verbindung. Aus der Schrift von Hansen ging hervor, dass die Diskussion um eine ideale Streckenführung noch nicht beendet war. Immerhin sollte dem Unternehmer in seiner Konzession auferlegt werden, den Bau einer Bahnstrecke nach Süden erst in Angriff zu nehmen, wenn die Strecke nach Tönning fertig gestellt sei. Dass die Linie Flensburg - Tönning gebaut wurde, war inzwischen weniger ein Verdienst der Querbahnfreunde als das Ergebnis wirtschaftlicher Überlegungen.

Samuel Morton Peto erhielt am 8. September 1852 vom dänischen König die Konzession zum Bau und Betrieb einer den südlichen Teil des Herzogtums Schleswig in weitem Bogen durchziehenden Bahn von Flensburg über Husum nach Tönning und einer hiervon abzweigenden Anschlussstrecke von Oster-Ohrstedt über Klosterkrug nach Rendsburg. Diese Konzession übertrug er am 20. März 1854 an die von ihm gegründete „Flensburg - Husum - Tönninger Eisenbahngesellschaft".[9] Die Linienführung sprach sowohl für das Verhandlungsgeschick Petos, als auch für dessen Einsicht in wirtschaftliche und bauliche Zweckmäßigkeit. Er berücksichtigte sowohl die Befürworter der Querbahn, als auch die der Längsbahn. Das Aktienkapital der Eisenbahngesellschaft betrug 450 000 £ Sterling. Eine Vision war nach beharrlicher Verfolgung der Idee Realität geworden. Damit war es in der Mitte des 19. Jahrhunderts vorausschauend denkenden Bürgern gelungen, ein Projekt zu initiieren, das wegen seiner politischen, wirtschaftlichen und gesellschaftlichen Bedeutung eigentlich eine staatliche Aufgabe gewesen wäre. Nicht der Staat, sondern die Bürger organisierten und finanzierten ihre Infrastruktur - natürlich auch in der Erwartung vernünftiger Renditen.

Bereits im „Prospectus" von 1841 gab es zwei Vorschläge für die Streckenführung in die Stadt Flensburg sowie den Standort des Bahnhofs. Über die nördliche Linie bemerkte der Ingenieurcapitain v. Kücker: *„Sie mündet auf dem Schiffswerfte vor dem Norderthor, unmittelbar am Hafen aus. Von hier an wird dieselbe in westlicher Richtung durch die große, sich vom Marienholz nach dem Meer herabziehende Schlucht, nach der nördlichen Spitze des Holzes geführt. Für den Betrieb mit Dampfkraft hat sie den wesentlichen Nachteil, daß der Transport auf der Steigung 1 : 28 nur durch eine feststehende Maschine bewerkstelligt werden kann."*

Über die südliche Linie äußert er sich: *„Sie nimmt am inneren Theil des Flensburger Hafens, auf dem sogenannten blanken Mai, ihren Anfang, durchschneidet den kleinen Mühlenteich, folgt dem Papiermühlenthale, so daß die neue Oelmühle an der östlichen Seite derselben liegen bleibt und erreicht in einer Entfernung von 1050 Ruthen von Flensburg - Hafen den Scheitelpunkt der Bahn."*

Beiden Endpunkten war als wesentliche Randbedingung die Hafennähe gemeinsam. Diese und der Wunsch, den Bahnhof trotz aller Trassierungsprobleme so zentral wie möglich anzulegen, gaben in Flensburg den Ausschlag für die Wahl der Streckenführung durch das Papiermühlental. So fand der Standort des Bahnhofs auf dem damals unbebauten Plankemai überall Zustimmung.

In den Jahren der Planung des Bahnbaus hatte der zwischen Tönning und Friedrichstadt an der Eider gelegene Nordseehafen Rothenspieker noch eine Bedeutung, die sich auf den Streckenverlauf auswirkte. Man legte die Station Harblek dichter an diesen Hafen als an das große Dorf Oldenswort. Die Engländer wollten sowohl der Bahn als auch dem Hafen Tönning ein möglichst großes Einzugsgebiet erschließen. Deshalb war ihnen auch daran gelegen, einen Anschluss nach Süden, d.h. nach Rendsburg zu bauen. Dass der eher unbedeutende Ort Ohrstedt den Abzweigbahnhof bekam, hatte auch wirtschaftliche Gründe. Eine Strecke direkt von Tönning nach Rendsburg hätte eine technisch aufwendige Überbrückung des Flusses Eider erfordert. Außerdem hätte die Bahn auf längeren Abschnitten über wenig tragfähigen Mooruntergrund geführt werden müssen. Ein weit nach Osten in Richtung Flensburg geschobener Abzweig bot außerdem den Vorteil einer kürzeren, schnelleren, vor allem betrieblich wesentlich einfacheren Nord-Süd-Verbindung von Flensburg nach Rendsburg.[10]

Bau und Eröffnung, Streckenführung

Die Vorbereitungsarbeiten für die insgesamt 112 km langen Streckenabschnitte Flensburg - Tönning und Ohrstedt - Rendsburg hatten sich immer wieder verzögert, so dass viele der für die Erdarbeiten angestellten Arbeiter wieder abreisen mussten. Im Oktober 1852 erwartete man die Ankunft der englischen Ingenieure in Tönning und von hier aus erfolgte der Bau der Hauptstrecke.[11] Fast das ganze Material kam aus England und wurde in Tönning angelandet. Einen ersten Spatenstich scheint es nicht gegeben zu haben. Mit dem Bau der 41,4 km (5,50 Meilen) langen Strecke Oster-Ohrstedt - Rendsburg über Klosterkrug bei Schleswig wurde am 27. November 1853 begonnen.[12]

Am 1. Juni 1854 konnte Samuel Morton Peto den „Landwirtschaftlichen Verein zu Flensburg" zu einer ersten Sonderfahrt von Holzkrug, der südwestlich Flensburgs gelegenen Station am Ochsenweg, bis Tönning einladen.

Die Aufnahme des öffentlichen Betriebes, ursprünglich am 6. Oktober 1854 zum Geburtstag des dänischen Königs geplant, erfolgte dann auf Weisung des Ministeriums für Schleswig auf dem 70,8 km (9,4 Meilen) langen Abschnitt Flensburg - Tönning ohne Feierlichkeiten am 4. Oktober 1854:[13]

„Flensburg, den 4. Oktober. Wie öffentlich angezeigt war, ging heute morgen um 8 Uhr der erste regelmäßige Eisenbahnzug von hier nach Tönning. Derselbe bestand aus 4 Personen- und einigen Transportwagen. Es fanden keine anderen Feierlichkeiten statt, als daß die Lokomotive mit zwei Danebrogsfahnen geziert war. So lange keine regelmäßigen

Das Netz der Südschleswigschen Eisenbahn im Eröffnungsjahr 1854. Die Endpunkte der ersten Strecke im Herzogtum Schleswig waren die Hafenstädte Tönning an der Nordsee und Flensburg an der Ostsee. Von Oster-Ohrstedt führte eine Zweigstrecke nach Rendsburg. Um möglichst viele Ortschaften und Städte anzubinden, ergab sich manchmal eine Abweichung von der Ideallinie. Es wird deutlich, dass die Einwohner Schleswigs und Friedrichstadts größere Wegstrecken zurückzulegen hatten, bevor sie ihren Bahnhof erreichten.
Kartographie: Garnet Hofmann

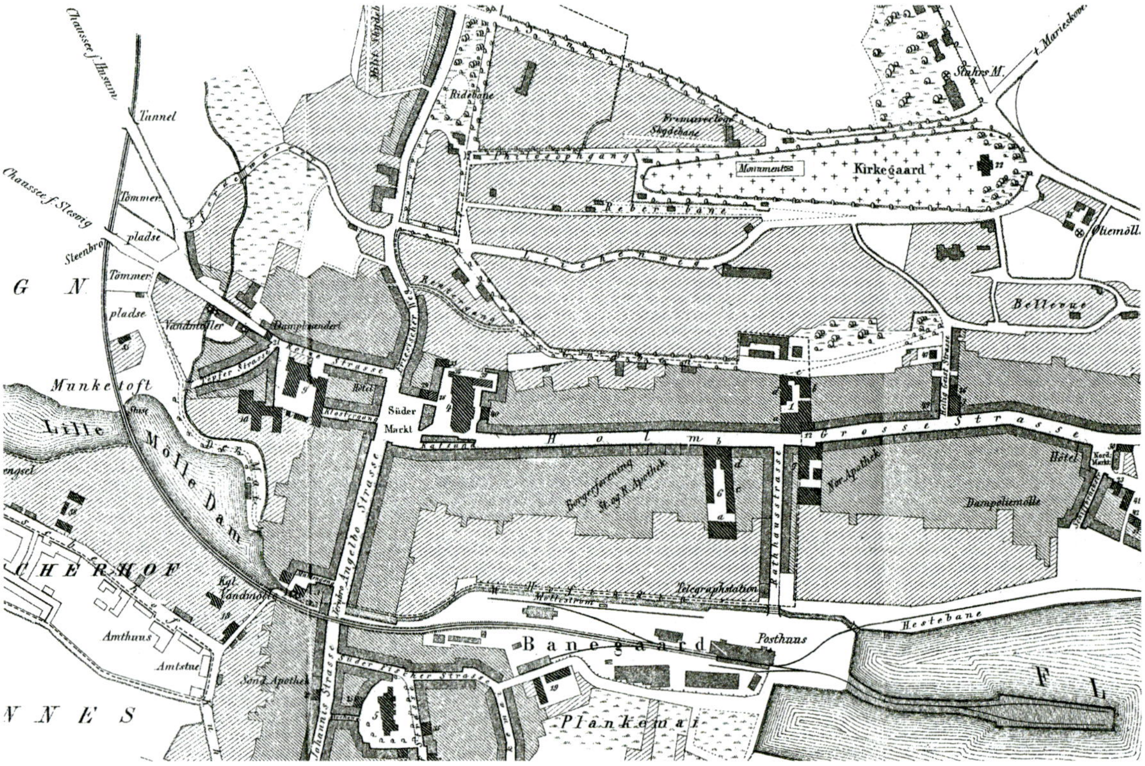

Die Südschleswigsche Eisenbahn im Zentrum der Stadt. Die Abbildung zeigt einen Ausschnitt aus dem Plan der Stadt Flensburg von TRAP 1864. Am linken oberen Bildrand ist die aus Tönning kommende Strecke mit den Überführungsbauwerken für die Husumer und Schleswiger Chaussee erkennbar. Sie führt über einen Damm durch den kleinen Mühlenteich und überquert die Angelburger Straße bevor der Bahnhof (Banegaard) am Plankemai mit den zugehörigen Werkstättenanlagen erreicht wird. Rechts vom Bahnhof ist die in das Hafenbecken vorgebaute „Englische Brücke" und das Hafenbahngleis eingezeichnet.

Dampfschiffsrouten von Tönning über die Nordsee und von Flensburg nach verschiedenen Häfen der Ostsee etabliert sind, dürfte der Personenverkehr auf der jetzt eröffneten Flensburg - Tönninger Bahn ziemlich beschränkt bleiben. Dagegen werden Viehtransporte und andere Güter, die in England ihren besten Absatz finden, wahrscheinlich bald diesen neuen Handelsweg aufsuchen." Lediglich die Lokomotive des ersten Zuges war mit zwei Fahnen geschmückt. Er beförderte nur sechs Reisende. Am 6. Oktober 1854 waren es schon zehn. Die offizielle Einweihung fand am 25. Oktober 1854 in Anwesenheit des dänischen Königs Frederik VII. statt, der an diesem Tag von Flensburg nach Tönning und zurück fuhr. Historisch betrachtet handelt es sich also um eine Visite des Königs und nicht um die Streckeneröffnung, da zu diesem Zeitpunkt bereits drei Wochen lang fahrplanmäßiger Regelbetrieb abgewickelt wurde. Aber an diesem Tag erhielt die Bahn den Namen „König Frederik VII. Süd - Schleswigsche Eisenbahn".[14] Mit dem Bau eines Bahnhofsgebäudes in Flensburg wurde erst im Frühjahr 1855 begonnen. Aus diesem Grund hatte man in Höhe der Angelburger Straße einen provisorischen Bahnhof errichtet. Nicht ganz so sicher kann die Eröffnung des Abschnitts Ohrstedt - Rendsburg angegeben werden. Ein mögliches Datum ist der 15. Oktober 1854.[15]

Die „Flensburger Zeitung" Nr. 252 berichtete ausführlich über den Besuch von König Frederik und die Feierlichkeiten am 25. Oktober 1854 (hier Auszüge):
Die erste Schleswiger Eisenbahn wurde heute von dem erhabenen Monarchen, dessen Namen sie trägt, feierlich eröffnet, indem Se. Maj. geruhten, nebst hoher Gemahlin und mehreren hohen Würdenträgern des Reichs dieselbe von Flensburg nach Tönning und zurück zu befahren. Morgens 9 ½ Uhr erschien Se. Maj. nebst Gemahlin und Gefolge mit mehreren Wagen am Eingange zum provisorischen Bahnhofe. Das Corps der Offiziere, die englischen Bauherren und die Zivilbeamten der Stadt empfingen hier den König, welcher seine Gemahlin auf dem mit kostbaren Teppichen belegten Gange zum königlichen Wagen führte. Dieser Wagen vereinigt alles, was Eleganz und Komfort nur erfinden können. An beiden Seiten ist oben eine Königskrone angebracht und die äußeren lackierten Wände mit ihren Dekorationen glänzen wie Spiegel. Der Königszug ging bald nach 9 ½ Uhr von dem sehr geschmackvoll verzierten Bahn-

hofe ab. Es hatten sich große Volksmassen auch auf mehreren Höhen vor der Stadt versammelt. Von einer Anhöhe vor der Stadt wurde der Zug mit Kanonendonner begrüßt. Am Husumer Bahnhof angelangt, wurde der Zug mit Kanonendonner, dem Geläute der Glocken und dem lange anhaltenden Jubel großer versammelter Volksmassen empfangen. Der Wagenzug aus zahlreichen Equipagen ging nun langsam unter Geläute der Glocken durch die Stadt zum Schlosse, woselbst ca. eine Stunde zugebracht ward. Majestät begab sich in Tönning vom Bahnhofe unmittelbar auf das Dampfschiff des Bauunternehmers, Herrn Peto. Er empfing, wie man erfährt, aus der Hand des Königs das Kommandeurkreuz des Danebrogordens. Herr Peto brachte zuerst auf das Wohl seines hohen königlichen Gastes ein Hoch aus. Ein zweiter Toast des Herrn Peto galt der Gemahlin Sr. Majestät des Königs, worauf Allerhöchstderselbe den glücklichen Unternehmer der Südschleswigschen hochleben ließ. Um vier Uhr begab sich Se. Majestät unter dem Jubelruf der Einwohner wieder zum Bahnhofe und war schon gegen sechs Uhr in Flensburg zurück, um später 7½ Uhr das im Theater versammelte Publikum mit seiner allerhöchsten Gegenwart zu beglücken. Damit war denn dieses seltene Fest beendet.

Vom Bahnhof in Flensburg, dem so genannten „Englischen Bahnhof" unmittelbar am Endpunkt der weit ins Land eingeschnittenen Flensburger Förde, verlief die Strecke langsam ansteigend etwa dort, wo heute die Gleise der Güterbahn liegen. Die Angelburger Straße wurde auf einer Brücke überquert, durch den kleinen Mühlenteich war ein Bahndamm aufgeschüttet worden. Ein Orts- oder Stadtteil „Flensburg-Weiche" existierte 1854 noch nicht. Erste Station in südlicher Richtung war Holzkrug, mit anfangs großer Bedeutung, da sich dort die Bahn und der „Ochsenweg" kreuzten. Von hier wurde im großen Umfang Vieh versandt. Mit dem Bahnbau war ja unter anderem beabsichtigt, den Viehexport nach England zu erleichtern. Dieses Vieh - vorwiegend Rinder - wurde auf dem alten „Ochsenweg" nach Süden getrieben. Nächste Station war Tarp. Eggebek wurde, im Gegensatz zu heute, westlich umfahren. In Oster-Ohrstedt zweigte die Strecke nach Rendsburg von der Flensburg - Husum - Tönninger Strecke ab. Die Bahnhofsanlagen waren deshalb als Abzweigbahnhof angelegt, es war sogar eine Drehscheibe vorhanden. Richtung Husum hat sich die Streckenführung bis heute nicht geändert. Die in der Anfangszeit an dieser Strecke errichteten Bahnhofsgebäude von Schwesing und Husum sind heute noch vorhanden und zeigen den damaligen Baustil. Hinter Husum verlief die Bahn küstennah in einem weit nach Westen führenden Bogen und traf erst wieder in der Nähe des Haltepunktes Platenhörn auf die heutige Strecke. Weitere Bahnhöfe waren Friedrichstadt-Chaus-

Am 25. Oktober 1854, drei Wochen nachdem die Südschleswigsche Eisenbahn dem öffentlichen Verkehr übergeben wurde, beehrte deren Namenspatron, der dänische König Frederik VII., die Bahn mit seiner Anwesenheit. Der provisorische Bahnsteig war festlich geschmückt und beflaggt. Der König fuhr mit dem Zug bis nach Tönning und zurück. Zu diesem Zeitpunkt war der „Englische Bahnhof" noch in der Planungsphase. Die Abbildung basiert auf einem altkolorierten Stahlstich aus der englischen Zeitschrift „The Illustrated London News" No. 711 vom 11. November 1854, S.468.
Sammlung Holger Kaufhold

see (Büttel) und Harblek, bevor der Endpunkt Tönning erreicht wurde.

Von Ohrstedt führte die Zweigstrecke über Holm, Ellingstedt, Klosterkrug, Owschlag, Duvenstedt nach Rendsburg und endete dort anfangs in einer eigenen Station nördlich der Stadt in der Gemarkung Büdelsdorf. Das Bahnhofsgebäude der am 18. September 1845 von der Altona - Kieler Eisenbahngesellschaft in Betrieb genommenen Zweigstrecke von Neumünster nach Rendsburg, lag im Süden der Stadt außerhalb der Festungsanlagen. Reisende aus Flensburg mit dem Ziel Altona mussten deshalb, um von einem Bahnhof zum anderen zu kommen, zunächst einen Fußmarsch oder eine Droschkenfahrt durch das Rendsburger Stadtgebiet machen. Die durchgehende Verbindung wurde am 22. Januar 1856 für den Güterverkehr und am 17. Mai 1856 für den Personenverkehr hergestellt.[16] In Zeitungsnotizen wird erwähnt, dass die südschleswigschen Viehtransport-Güterwagen nach Fertigstellung der Verbindung bis Altona durchliefen, Stückgüter aber nach wie vor in Rendsburg umgeladen werden mussten.

Bei der Südschleswigschen Eisenbahn und der Nachfolgegesellschaft gab es noch kein ausgeklügeltes Eisenbahnorganisationssystem, es fehlte die Ämterebene. Das lag an der vergleichsweise geringen Größe der damaligen Verwaltung. Oberster Vertreter der Gesellschaft war ein Generalbevollmächtigter (Justizrat Dr. Poulsen), der dem von der Regierung eingesetzten „Königlichen Commissair" rechenschaftspflichtig war. Die Direktion der Gesellschaft „herrschte" über ein kleines „Eisenbahnimperium". Die technischen und betrieblichen Angelegenheiten leitete der „General Manager" (John

Die Schnellzuglokomotive Nr. 9 der Südschleswigschen Eisenbahn mit einem Zug aus Gepäck- und Personenwagen in Flensburg kurz hinter der Überführung über die Angelburger Straße. Der Lokomotivpark der Südschleswigschen Eisenbahn bestand aus relativ kleinen Lokomotiven. Lediglich die beiden unter den Betriebsnummern 9 und 10 angeschafften Maschinen sind wegen ihres Treibraddurchmessers von 1828 mm als Schnellzuglokomotiven einzuordnen. Das Foto verdeutlicht die Arbeitsbedingungen des Lokomotivpersonals Mitte des 19. Jahrhunderts: bis auf das Schutzschild (die so genannte Brille) hinter dem Stehkessel war das Personal der Witterung tagtäglich ungeschützt ausgesetzt. Rechts neben der Lok befindet sich ein Telegrafenmast.
Foto: unbekannt Danmarks Jernbanemuseum Odense

No 9.

Spiking Louth), der während der südschleswigschen Zeit Betriebs-Dirigent und später Betriebsdirektor genannt wurde. Die Leitungsebene der Südschleswigschen Eisenbahn war mit englischem Personal besetzt und auch die ersten Lokomotivführer kamen aus England. Der Betriebsdirektor war für alle Dienstzweige zuständig. Sein Vertreter war der „Betriebsinspector" und für den Betriebsdienst verantwortlich. Als Leiter der Maschinenabteilung fungierte der „Maschinenmeister", und für den Baudienst war der „Bahninspector" zuständig.

John Spiking Louth war General Manager und oberster Betriebsleiter der Bahn. Ursprünglich war er Kaufmann und ging später in den Eisenbahndienst zur Eastern Countys R. R.. Louth wurde Stationsvorsteher in Norwich, danach Verkehrsinspektor und kam mit Peto nach Flensburg, wo er 1856 Bürger von St. Marien wurde. Er wird als tüchtiger und korrekter Mann geschildert und baute sich in Flensburg ein komfortables Haus. Es ist heute eine Klinik in der Reepschlägerbahn. Der Heiliggeistgang wurde „Lausegang" genannt, weil Mr. Louth ihn oft benutzte und auf eigene Rechnung pflastern ließ.
Foto: unbekannt Sammlung FSF

2.2 Bauten und Anlagen der König Frederik VII. Südschleswigschen Eisenbahn

Der „Englische Bahnhof"

Mit der Eröffnung der Südschleswigschen Eisenbahn wurden auch die von dem dänischen Architekten M. G. B. Bindesbøll (1800 - 1856) entworfenen Bahnhofsbauten samt Nebengebäuden entlang der Strecke ihrer Bestimmung übergeben. Der Flensburger Bahnhof war jedoch noch nicht einmal im Bau. Die Gebäude beruhten auf einem von Bindesbøll entworfenen Grundschema, variierten aber vor allem in der Größe und der Außengestaltung. Hauptbaustoff und Gestaltungsmittel für die Fassaden war für den dänischen Architekten roter Backstein. Bindesbøll war königlicher Bauinspektor an unterschiedlichen Orten des dänischen Königreiches und auch Professor an der Königlichen Bauakademie in Kopenhagen. Um 1849 war er für kurze Zeit auch in Flensburg tätig, ging dann aber bald in die dänische

Der Bahnhof lag am Ende der Flensburger Förde. Die vom Kirchturm St. Marien nach Südosten gerichtete Aufnahme zeigt die beidseitig offene Bahnhofshalle, hinter der die Werkstattgebäude der Südschleswigschen Eisenbahn liegen. Am linken Bildrand ist die Jepsen´sche Eisengießerei und der Anfang der „Englischen Brücke" erkennbar.
Foto: unbekannt Stadtarchiv Flensburg XIV Fot C.2 1f1f

Der nach einem Entwurf des Architekten M. G. B. Bindesbøll erst ein Jahr nach der Betriebseröffnung 1855 fertig gestellte „Englische Bahnhof“, aufgenommen aus erhöhter Position in der Nähe der Straßenecke Norderhofenden / Rathausstraße. Das Hauptgebäude des Bahnhofs besaß drei kleinere Satteldächer und wurde von der dahinterliegenden Bahnhofshalle deutlich überragt. Im Vordergrund ist die in Verlängerung der Rathausstraße liegende Brücke über den Mühlenstrom sichtbar.
Foto: unbekannt **Arkivet ved Dansk Centralbibliotek for Sydslesvig, Flensburg**

Hauptstadt. Zu seinem Hauptwerk zählt das Thorvaldsenmuseum in Kopenhagen im klassizistischen Stil. Darüber hinaus hat er zahlreiche Wohn- und Zweckbauten entworfen, die von seiner Fähigkeit im Umgang mit lokalen Baumitteln und -stilen zeugen.[17] Dies zeigte sich auch an dem Flensburger „Englischen Bahnhof“.[18]

Der Bauplan des Bahnhofs wurde am 13. August 1854 genehmigt. Die Bauarbeiten begannen aber erst im Frühjahr 1855 und wurden im selben Jahr beendet, d. h. erst ein Jahr nach der Betriebseröffnung der Bahn. Der ebenerdige Bau mit einer Länge von 94 Ellen, ca. 54 m, beeindruckte durch die schlichte Fassadengestaltung aus rotem Backstein, von mehreren horizontalen Sandsteinbändern durchzogen. Vertikal wurde die Fassade mittels wahrscheinlich rustikal behauener Sandsteine, wie sie auch im Fundamentbereich erkennbar waren, in fast quadratische Felder gegliedert. Diese senkrechten Steinaufmauerungen wurden am Dach durch fialenähnliche Verzierungen aufgenommen. Die Gliederungselemente verwiesen möglicherweise auf das ansonsten nicht sichtbare Eisengerüst des Bahnhofs. Auf ein weiteres Stockwerk verzichtete Bindesbøll, denn ein höherer Stockwerksbau wäre bei dem Baugrund, nacheiszeitliche Sedimente, ohne besondere Gründung wohl kaum möglich und auch nicht erforderlich gewesen, da freie Flächen ausreichend vorhanden waren. Das Gebäude trug drei parallel in Querrichtung angeordnete flache, mit einfachem Schiefer gedeckte Satteldächer.[19] Im Inneren befand sich links neben der Eingangshalle das Zimmer des Stationsvorstehers und rechts der Warteraum sowie ein „Ladies-Room“. Der im Norden gelegene Teil war für die Post bestimmt, die am 24. November 1855 vom Nordermarkt aus dem Hotel Rasch (später Meesenburg) in den Bahnhof umzog. An der Ostseite des Gebäudes schloss sich eine hohe und zu beiden Seiten offene, zwei Gleise überdachende, hölzerne Bahnhofshalle an. Durch deren nördliche Öffnung konnte später ein Gleis direkt zur „Englischen Brücke“, einer Verladeanlage für den Gütertransport von der Bahn aufs Seeschiff, verlängert wer-

Detailaufnahme des nördlichen Teils des „Englischen Bahnhofs" (Aufnahmestandort Norderhofenden), bei der die Schmuckelemente des Gebäudes gut zur Geltung kommen. Hinter den Satteldächern des Hauptgebäudes beginnt die schiefergedeckte Bahnhofshalle. Im Vordergrund der Mühlenstrom.
Der Photograph Friedrich Brandt (1.7.1823 - 3.6.1891) lebte und wirkte lange Zeit in Flensburg, wo er verarmt starb. Er war einer der bedeutendsten Lichtbildner Schleswig-Holsteins und der bedeutendste der 1860er Jahre. Viele anonyme Fotos aus der Frühzeit der Bahn dürften ihm zuzuschreiben sein.
Foto: Friedrich Brandt (Album von Schleswig) SHLB Landesgeschichtliche Sammlung

den. Auch eine „Güterexpedition" war von Anbeginn vorhanden. Zwei weitere Gebäude lagen parallel zum Mühlenstrom. Diese wurden bis zu ihrem Abbruch 1934 als Güterschuppen und Zollpackhaus genutzt.

Die Rundbögen über den beiden Portalen an der zur Altstadt ausgerichteten Längsfront des Bahnhofsgebäudes waren durch geschwungene Mauersteingiebel erhöht, die an Bauten niederländischer oder norddeutscher Renaissance erinnerten, in Dänemark aber durchaus ihre eigenen Vorbilder hatten. Zu Beginn des 17. Jahrhunderts entstanden unter König Christian IV. in und um Kopenhagen einige Bauten im Stile norddeutscher Renaissance, an denen sich Bindesbøll u. a. bei der Fassadengestaltung des Bahnhofs orientiert zu haben schien. Schloss Rosenborg, im Herzen Kopenhagens, stammte aus dieser Bauperiode und war in Dänemark stilprägend für die Zeit, so dass man auch vom Rosenborg-Stil spricht. Im Zuge des Historismus in der zweiten Hälfte des 19. Jahrhunderts nahm man diesen Stil wieder auf. Der „Englische Bahnhof" von Bindesbøll war ein frühes Beispiel für diesen Baustil. In Flensburg gab es einige Neubauten in den 1850er-Jahren, die an die niederländische Renaissance erinnerten, aber nur wenige zeigten wie der „Englische Bahnhof" die dänische Variante dieses Stils.

Entgegen der ursprünglichen Forderung musste die Generalpostdirektion den Nordflügel des Bahnhofsgebäudes selber ausstatten. Zum Vorsteher der Schleswigschen Bahnposten ernannte sie am 1. Dezember 1855 Friedrich von Moltke.

Vom 11. Dezember 1854 an erfolgte die Umstellung der Postbeförderung von der Postkutsche auf die Eisenbahn. Durch eine amtliche Bekanntmachung in der Flensburger Zeitung vom 12. Dezember 1854 wurde die Postbeförderung für die drei täglichen Züge genau geregelt. Weitere „Postkomtoires" gab es in Tönning und Rendsburg. Die Änderung in der Postbeförderung führte in allen Bereichen zu Umstellungen. So musste die Flensburger Zeitung statt bisher um 17 Uhr schon um 14 Uhr herausgegeben werden, um den Anschluss nach Süden zu erreichen. In Tönning stellte ein Berichterstatter fest, dass man jetzt täglich 2 bis 3 mal Briefe absenden und erhalten könne, während vorher an einigen Wochentagen gar keine Post ankam. Die häufigen Postverbindungen nach Süden führten dazu, dass sich auch der Telegrafenverkehr in Flensburg nicht recht durchsetzen konnte. Die Post blieb aber nur bis 1880 im Bahnhofsgebäude und bezog dann mit dem Telegrafenamt ihr eigenes Dienstgebäude an der Rathausstraße.[20]

Der „Englische Bahnhof" wurde 1883 abgerissen und durch den so genannten „Staatsbahnhof" ersetzt. Die Flensburger sahen den ersten Bahnhof nicht gerade als Zierde ihrer Stadt an, eher als niedriges und bescheidenes, aber zweckmäßiges Gebäude. Zeitgenossen dachten mit Unbehagen an die zugige Empfangshalle zurück.

Blick zur Mittagszeit in die untere Rathausstraße auf den Nordteil des Bahnhofs. Hinter dem Eingangsportal wird die zwei Gleise überdachende Hallenkonstruktion sichtbar, die sich deutlich über die ebenerdig gelegenen Funktionsräume des Bahnhofs erhebt und architektonisch dominiert.
Foto: Friedrich Brandt (Album von Schleswig-Holstein) **SHLB Landesgeschichtliche Sammlung**

Die Pferdebahn und Hafenbahn

Da eine wesentliche Aufgabe der Bahn der Gütertransport war, wurden die Bahnanlagen schon bald erweitert, um mehr Kunden zu erreichen. Auf dem an der Westseite des Hafens verlegten Gleisen durften aber keine Lokomotiven fahren. Für den Betrieb waren Pferde vorgesehen und noch 1882 erwähnt der Geschäftsbericht Rangierpferdeführer. Das Pferdehaus lag am südlichen Bahnhofsende neben dem Mühlenstrom. Nach den wenigen Unterlagen über die Pferdebahn hat die Eisenbahngesellschaft diese 1855 auf eigene Kosten gebaut. Die Stadt stellte den Grund und Boden kostenlos zur Verfügung. Die Gesellschaft hatte auch die Unterhaltung und Pflasterung zwischen den Gleisen übernommen. Die Pferdebahn wurde auch gelegentlich mit Lokomotiven befahren. Anscheinend so häufig, dass 1864 der Polizeimeister nach einem Unfall das „fortwährende Fahren auf den Hofenden und der Schiffbrücke" als Übergriff der Bahn ansah.[21] In einem Vertrag zwischen der Eisenbahndirektion Altona und der Stadt Flensburg vom 13. Juni 1885 erklärte sich die Stadt damit einverstanden, dass das Rangieren, Zuführen und Abholen der Wagen auf den Hafengleisen in Zukunft auch mit Lokomotiven erfolgen sollte. Damit ging das Zeitalter der Pferdebahn zu Ende. Die Eisenbahndirektion wollte ihrerseits das Hafengleis bis zum Grundstück der Flensburger Aktienbrauerei verlängern und ein zweites Gleis verlegen.[22] Für die Hafenbahn wurde am 14. Januar 1886 eine eigene Polizeiverordnung erlassen. Hierin wurde u. a. unter Punkt 5 bestimmt: *„Beim Ertönen der Glocke der Locomotive oder der Pfeife des dem Zug vorangehenden Wärters, haben Reiter und Führer von Fuhrwerken, welche sich neben den Kaigleisen bewegen, ihre Pferde scharf in die Zügel zu nehmen und, wenn sie der Ruhe ihrer Tiere nicht ganz gewiß sind, abzusteigen und diese beim Kopfe zu halten."*

Als man 1897/98 die Norderhofenden erneuerte, d. h. das Planum am Dampfschiffspavillon um ca. 40 cm erhöhte und umpflasterte, wurden bei dieser Gelegenheit die Gleise der Hafenbahn an die östliche Seite der Straße verlegt, um das lästige mehrfache Überqueren der Straße zu beseitigen.

Auch Mitte des 19. Jahrhunderts war Flensburg noch eine bedeutende Seehandelsstadt. Ein Grund für die Anlage der Bahn war ja letztlich der kombinierte Transport zwischen Seeschiff und Eisenbahn gewesen. Das Bild zeigt abgestellte Güterwagen auf dem Hafenbahngleis am Westufer der Förde vor den an der Schiffbrücke festgemachten Segelschiffen. Links neben den Güterwagen befindet sich das Kompagnietor.
Foto: Friedrich Brandt (Album von Schleswig-Holstein) **SHLB Landesgeschichtliche Sammlung**

Die Englische Brücke

Schon vor Inbetriebnahme der Bahn bestand bei Peto der Plan, vom Plankemai aus eine Landungsbrücke ca. 1000 Fuß in den Hafen hinein anzulegen. Hauptgrund war die starke Verlandung des Hafens. Im Jahre 1857 wurde diese Planung mit dem Bau der „Englischen Brücke" verwirklicht. Sie war 257 m lang und das Zufahrtgleis gabelte sich ursprünglich in zwei Ladegleise, die später (vermutlich 1861) um ein drittes Gleis erweitert wurden. An den beiden Enden befanden sich Wagendrehscheiben. Dominierendes Element der Brücke war ein am Nordkopf errichtetes großes Packhaus.

Blick vom Nikolaikirchturm auf den spiegelglatten Flensburger Hafen mit der „Englischen Brücke". Diese Verladebrücke ermöglichte den direkten Umschlag von der Eisenbahn auf das Seeschiff oder umgekehrt. Auf der Brücke sind einige Güterwagen und ein Schneepflug abgestellt. Die Aufnahme muss zwischen 1858 und ca. 1880 entstanden sein. Friedrich Brandt hat seine Kamera Richtung Norden ausgerichtet und rechts im Vordergrund auch noch zwei in der beschaulichen Altstadt von Flensburg nistende Weißstörche auf die Platte gebannt.
Foto: Friedrich Brandt (Album von Schleswig-Holstein) **SHLB Landesgeschichtliche Sammlung**

Dieses Brandt - Foto zeigt das landseitige Ende der „Englischen Brücke" und das zwischen „Englischer Brücke" und Mühlenstrom verlaufende Gleis der Hafenbahn. In der Bildmitte befinden sich zwei offene und ein gedeckter Güterwagen mit Bremsersitz. Nahe des Krans ist ein auf der Brücke abgestellter Schneepflug erkennbar. Im Hintergrund Ballastberg und Jürgensby. Aufnahmestandort ist die Verlängerung der Rathausstraße, bevor diese den Mühlenstrom quert und den Bahnhofsvorplatz erreicht.
Foto: Friedrich Brandt (Album von Schleswig-Holstein) SHLB Landesgeschichtliche Sammlung

Ladegeschäft auf der Brücke.
Foto: unbek. Stadtarchiv Flensburg XIV Fot C 325f9007

Das Packhaus am äußersten Teil der Brücke war aufgeständert und hatte vier hydraulische Hebewerke und Schwingkräne auf jeder Seite. Die großen Kräne konnten 5 - 6 Tonnen heben, die anderen 2 - 3 Tonnen bis in die zweite Etage. Der Wasserdruck wurde mittels einer großen Dampfmaschine mit zwei liegenden Zylindern erzeugt. Die Maschinenanlage befand sich auf dem Stationsgelände in der Nähe der Werkstatt. Die gusseiserne Druckwasserleitung verlief unter der Brücke zum Speicher, der mit Gasbeleuchtung versehen war.[23] H. H. A. Rambusch berichtet: *„Es gab nirgendwo anders eine so flotte und gute Ladeanlage im ganzen Norden."* Die Kräne waren zu ihrer Zeit eine echte Sensation und stellten wirklich das Neueste dar, was es auf diesem Gebiet gab. Ebenso bemerkenswert war die umgeschlagene Gütermenge. *„Schon im Verlauf der Monate Juli und August 1856 hatte die Bahn etwa 20 Millionen Pfund Transitgüter befördert, davon etwa 15 Millionen Pfund auf Flensburg - Tönning. Dazu 200 000 Tonnen Steinkohle, teils für die Stadt, teils zur Versorgung sämtlicher Dampfschiffe, die von Flensburg aus fahren"*. Ein erwähnenswertes Detail war die Möglichkeit, die Güterwagen direkt ins Packhaus zu fahren, sie konnten dort also witterungsgeschützt entladen werden (vgl. die Abb. auf der gegenüberliegenden Seite). In einem zeitgenössischen Zeitungsartikel vom 8. Oktober 1857 wird das Packhaus detaillierter beschrieben: *„Der neue im hiesigen Binnenhafen von der Eisenbahngesellschaft erbaute Speicher, welcher vor kurzem fertig geworden ist, verdient wegen der Großartigkeit der Dimensionen und Einrichtung in Augenschein genommen zu werden. Sowohl das Bauwerk wie auch die zu demselben führende Brücke ist auf Pfählen von schweren pommerschen Balken erbaut, welche für den Speicher bei einer Wassertiefe von 18 bis 22 Fuß in den Grund eingerammt worden sind.*

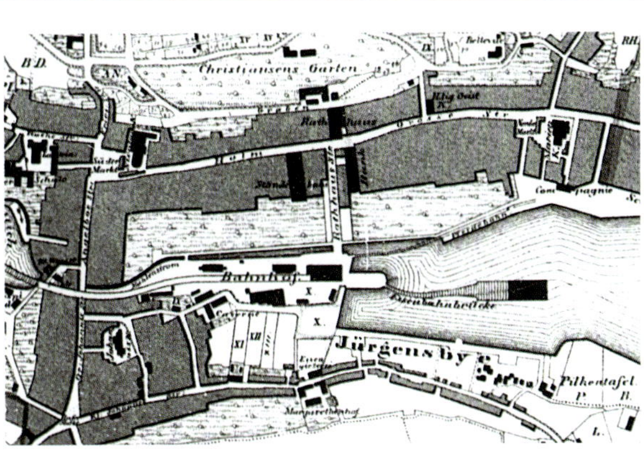

Stadtplanausschnitt mit der Brücke und dem Packhaus. Sammlung FSF

Das „Englische Packhaus" am Nordkopf der „Englischen Brücke". Das große Gebäude war auf der Brücke aufgeständert worden, so dass sich der eigentliche Stauboden eine Ebene über dem Niveau der beplankten Brücke befand und ein fast freier Durchblick unter dem Packhaus bestand. Dadurch konnten die Güterwagen unter das Packhaus rangiert werden und witterungsgeschützt be- oder entladen werden. Außerdem war das Lagergut vor dem im Winterhalbjahr häufig auftretenden Hochwasser sicher. Das Foto zeigt mehrere Güterwagen auf der Brücke und unter dem Packhaus sowie einen vor dem Packhaus querstehenden Güterwagen auf einer der sechs Wagendrehscheiben. Am linken Bildrand ist das wuchtige Kirchenschiff der Marienkirche, hier noch mit dem bis 1878 bestehenden alten Kirchturm, und das Kompagnietor sichtbar. Das Foto ist zu späterer Zeit rückseitig mit der Jahreszahl 1862 versehen worden.
Foto: unbekannt **Danmarks Jernbanemuseum Odense**

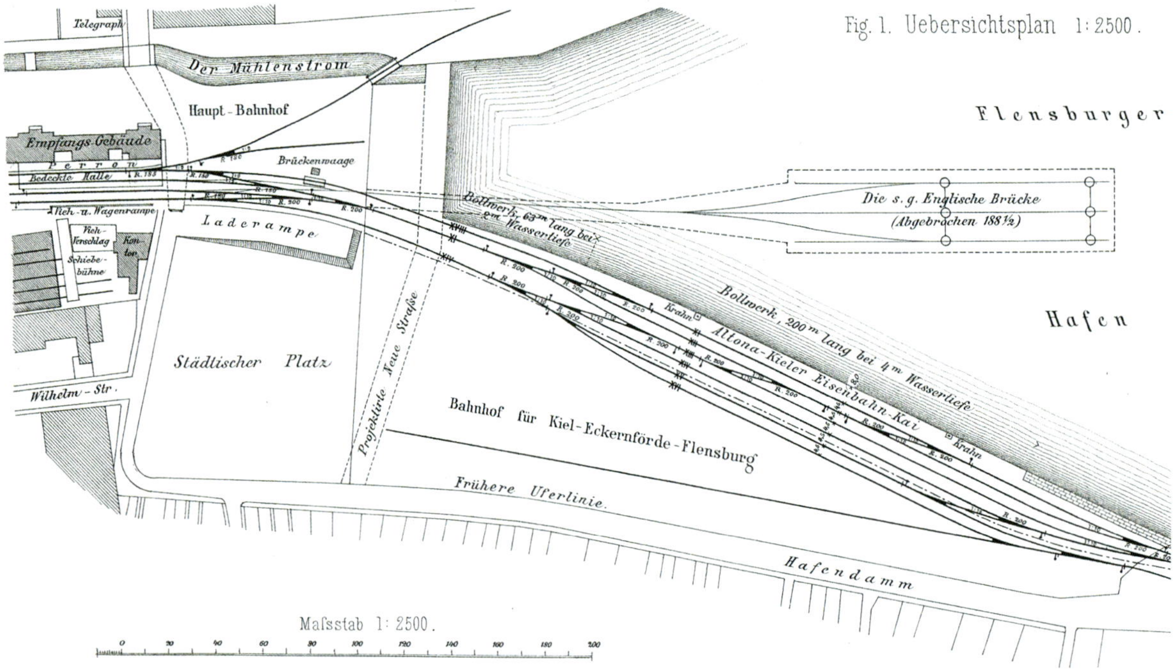

Plan der Gleisanlagen am Nordende des „Englischen Bahnhofs" und dem 1884 neu errichteten Bollwerk an der Hafenostseite mit der Lage der „Englischen Brücke". Am oberen Bildrand ist das Hafengleis erkennbar. Aus Tellkampf (1884).

Entladener oder zur Beladung vorgesehener Güterzug der SSE auf der „Englischen Brücke". Bemerkenswert sind neben den üblichen offenen und gedeckten zweiachsigen Güterwagen einige gedeckte dreiachsige Güterwagen mit wesentlich größerem Ladevolumen als bei der zweiachsigen Bauart. Der Aufnahmestandort ist die Hafenwestseite und der Blick geht zum nördlichen Gebiet von St. Jürgen mit dem Lautrupsbachtal am linken Bildrand. Dieser natürliche Einschnitt wurde später von der Kiel - Eckernförde - Flensburger Eisenbahn und der Flensburger Kreisbahn genutzt, um ohne größere Erdarbeiten auf die höher gelegenen Hügelflächen der Umgebung zu gelangen.

Foto: unbekannt

Städtische Museen, Flensburg

Vom Bahnhof zum Speicher führt zuerst ein Erddamm von etwa 80 Schritt Länge, dann folgt die hölzerne Brücke, welche eine Länge von reichlich 270 Schritt hat. Diese in etwas gekrümmte Richtung nach Norden fortlaufende Brücke, hat anfänglich nur ein Gleis aber nach Norden hin folgen dann zwei Gleise, die über den etwa 50 Schritt breiten Vorhof und das ganze Gebäude laufen, auf dessen beiden Enden Querspuren und Drehscheiben zum Wenden der Lokomotive angebracht worden sind. Das Gebäude selbst ist zwei Stockwerke hoch. ... Die Waren können von den Schiffen unmittelbar in die Wagons übergeladen werden. ... Das Laden und Entladen wird mit hydraulischen Kränen durchgeführt. Die Dampfmaschine, welche den Wasserdruck bewirkt, steht neben dem Bahnhof. Die gusseisernen Röhren, welche das Wasser zuführen, laufen unter der Brücke zum Speicher hin. ... Der Speicher wird mit Gasbeleuchtung versehen. Nach allgemeinem Urteil von Fachleuten, soll es sich um ein bedeutendes Gebäude handeln."

Mit der Abschaffung des Sundzolls noch im Jahre 1857 ging der erwartete Verkehr allerdings drastisch zurück. Die Hydraulik wurde 1861 entfernt und die Kräne nach England transportiert; sie wurden durch handbediente ersetzt. Die „Englische Brücke" bestand bis 1883. Ein Plan der „Englischen Brücke" mit den darauf befindlichen Gleisen aus der Zeit kurz vor ihrem Abriss findet sich bei Tellkampf 1884.[24] Die Idee des direkten Güterumschlages von der Bahn auf das Seeschiff, bzw. der Zwischenlagerung am Kai, war ihrer Zeit weit voraus und wurde in abgewandelter Form wesentlich später in Form des Container-Terminals erneut als Innovation gefeiert.

2.3 Zeitzeugenbericht eines Eisenbahners der König Frederik VII. Südschleswigschen Eisenbahn

Hartvig H. A. Rambusch, ein Eisenbahner der ersten Stunde, schildert die Betriebsverhältnisse aus der Frühzeit der Südschleswigschen Eisenbahn folgendermaßen:[25]

Endstation der Südschleswigschen Eisenbahn war die Hafenstadt Tönning an der Nordsee. Tönning war ein wichtiger Hafen für die nach England gehenden Schiffe mit den Im- und Exportgütern, die die Bahn von und nach Flensburg transportierte. im Bahnhof Tönning steht ein Personenzug . Die Zuglok hat die Betriebsnummer 1, eine von E. B. Wilson aus Leeds 1854 gelieferte 2 B Tenderlokomotive. Der Treibraddurchmesser der ersten Lokomotiven betrug 1676 mm.
Foto: unbekannt Arkivet ved Dansk Centralbibliotek for Sydslesvig, Flensburg

Personenzug der Südschleswigschen Eisenbahn auf der Treenebrücke bei Holm.
Foto: unbekannt Danmarks Jernbanemuseum Odense

„Zu Betriebsbeginn gab es noch keine Telegrafen entlang der Bahn. Auf jeder kleinen Landstation war auch nur ein Stationsverwalter eingesetzt. Die Weichen wirkten selbständig (Anm.: wurden aufgeschnitten)*. Die Stationen waren klein und einfach und mit Einfahrsignalen auf hohen Masten ausgestattet, die 900 Ellen vor der äußersten Weiche standen. Das war eine ausgezeichnete Sicherung, aber eine schlimme Arbeit für die Stationen; denn sie mußten sie rausbringen und jeden Abend wieder holen. Das war eine Wanderung von über 7200 Ellen. Auf den meisten 3. Klasse-Stationen war nur der Verwalter. Besonders im ersten Winter war es ein unglücklicher Zustand, daß es noch keinen Telegrafen gab und die Züge u.a. durch Schneefall so verspätet waren, daß die Signallampen oft nicht mehr brannten, wenn der Zug kam. Es gab auch viele Unannehmlichkeiten durch die langen Seilzüge von der Station zu den Signalen. Diese wurden auf Einfahrt gestellt bis sie wieder in Ordnung waren und der Lokführer unterrichtet, daß das Signal unzuverlässig sei. Der erste Winter 1854-55 war sehr hart mit Frost und Schnee. Das Personal war fremd, die Maschinen ohne Gebäude und es gab keinen Wetterschutz für die Mitarbeiter.*[26]

Die Kessel der Lokomotiven besaßen keine Druckmesser, und das Wasser wurde mit Treibwellen angetriebenen Pumpen in den Kessel gepumpt. Es gab also nur Wasser, wenn die Maschine fuhr. Den englischen Lokomotivführern war eine solche Kälte total unbekannt. Die Maschinen waren nicht sehr kräftig und fuhren sich oft im Schnee fest. Dabei litten sie oft unter Dampfmangel. Die Stationen mußten warten, bis sich der Zug endlich zeigte. Häufig dauerte das die ganze Nacht oder in Einzelfällen auch mehrere Tage. Für die Passagiere waren solche Verspätungen eine Qual. Die Personenwagen hatten weder Licht noch Heizung. In der Regel gab es auch kein Haus in der Nähe und somit keine Lebensmittel gegen den Hunger.[27]

Bei regelmäßigem Betrieb fuhren anfangs zwei, später drei Züge je Richtung.[28]

Das Verkehrsaufkommen war im ersten Winter so gering, daß man nach einem halben Jahr resolut drei der kleinen Stationen schloß, eine auf der Tönningbahn. In diesem Winter wurden die Lokomotiven mit Koks befeuert, aber schon 1855 fing man mit Kohle an. Anfangs wurde Kohle und Koks gemischt, dann ging man ganz auf Kohle über. Es gab viele Verspätungen bis die passenden Kohlensorten gefunden waren. Im ersten Winter war es nicht selten, daß die Lokomotiven zu wenig Feuer und damit zu wenig Dampf am Schluß der Fahrten hatten. Der Lokführer mußte Hilfe holen vom Brennstoffbehälter der Station. Unglücklicherweise hatten die Stationen nur schlechten und nicht ganz trockenen Torf für den Eigenbedarf und das war eine schlechte Hilfe für eine Lokomotive.

Die Südschleswigsche Eisenbahn hatte vollständig die englische Betriebsart übernommen. Alle Formulare, Fahrkarten und Drucksachen waren in englischer Sprache. Das Zugpersonal bestand aus einem Oberschaffner und einem Unterschaffner. Diese hatten mit den Fahrkarten nichts zu tun. Auf den Zwischenstationen sollten die Verwalter oder seine Helfer die Fahrkarten der aussteigenden Passagiere einsammeln. Dafür gab es so genannte „Billetperrons" vor der äußersten Weiche. Zur Ankunftszeit wanderten die Stationsverwalter und Assistenten dorthin. Der Zug hielt am „Billetperron" bis alle Fahrkarten eingesammelt waren.

Im Frühjahr 1855 erhielt die Südschleswigsche Eisenbahn den Telegrafen entlang der ganzen Strecke. Das bedeutete eine große Erleichterung und Sicherheit für den Betrieb. Es war der englische Wheatstone Nadeltelegraf, der beste, den man damals kannte. Er erforderte zwei Leitungen und ständig zwei Apparate, je für eine Hälfte des Alphabets. Die beiden Leitungen verliefen über der Erde und waren an blauen Glasglocken an Pfählen aufgehängt. Der Telegrafenverwalter aus Rendsburg, Zimmermann, erhielt für die Inspektion der Leitungen eine besonders konstruierte Draisine mit Seil und Winde.

Allmählich nahm der Güterverkehr zu, insbesondere der Kohlentransport von Tönning und der mit Pferden und Rindern. Diese wurden in der Regel in Holzkrug verladen. Die Pferde gingen nach Altona und die Rinder nach Tönning, um dort mit englischen Dampfschiffen nach England transportiert zu werden. Diese Transporte machten am Tag oft 30-40 Wagenladungen aus. Dies führte zu Extrazügen - Spezialtrains - wie sie immer genannt wurden. Für die Transporte zwischen Tönning und England wur-

Personenzug der Südschleswigschen Eisenbahn auf der Treenebrücke bei Holm, dessen Gehöfte im Hintergrund erkennbar sind. Es handelt sich um den Streckenzweig von Oster-Ohrstedt nach Klosterkrug, der bereits 1869 durch eine Abkürzungsstrecke entbehrlich wurde und wahrscheinlich zu einer der am frühesten stillgelegten Strecken Deutschlands zählt. Der Zug fährt Richtung Oster-Ohrstedt. Die Lokomotive hat die Betriebsnummer 6. Mit insgesamt sechs baugleichen Tenderlokomotiven dieser Gattung nahm die Südschleswigsche Eisenbahn 1854 ihren Betrieb auf. Sie war die erste deutsche Bahngesellschaft, die Streckentenderloks einsetzte. Bei dem ersten Wagen hinter der Lok handelt es sich offensichtlich um einen Abteilwagen 1. oder 2. Klasse, während die beiden letzten Wagen eher die schlichtere Klasse repräsentieren. Die Aufnahme entstand um 1860, die Fußstapfen des Photographen sind an der frisch aufgeschütteten linken Rampenböschung deutlich erkennbar.
Foto: Friedrich Brandt bezeichnet: Treene Bridge **Danmarks Jernbanemuseum Odense**

Abschnitt 2.

Das Signal-System.

A. Hand-Signale.

§ 18.

1. Bei Nachtzeit: — Ein weißes Licht;
2. Am Tage: — Ein Arm horizontal ausgestreckt, ist:

„Bahn frei!“

§ 19.

1. Bei Nachtzeit: — Ein grünes Licht;
2. Am Tage: — Eine grüne Flagge, oder — Ein Arm senkrecht in die Höhe gestreckt, wenn keine grüne Flagge vorhanden, zeigt, daß die Locomotive sich bewegen muß, mit:

„Vorsicht! Langsamfahren!“

„Dienst-Reglement für König Fredrik des Siebenten Süd-Schleswigsche Eisenbahn“. Sammlung Holger Kaufhold

den viele Jahre lang die beiden Dampfschiffe „Swallow“ und „Florence Nightingale“ eingesetzt. Jede Woche eines. Für eine kurze Zeit entstand ein überwältigender Verkehr von Tönning nach Flensburg. In England wurde die „North of Europe Steam Navigation Company“ gegründet. Das Ziel war, den englischen Ostseeverkehr über Tönning - Flensburg zu leiten, um den Sundzoll zu sparen. In Tönning und Flensburg wurden große Lagerhäuser gebaut. In Flensburg lag dieses auf einer Brücke am Ende der Förde direkt am Bahnhofsplatz.

Es wurden relativ große Schiffe in 2-3 Tagen gelöscht, obwohl der überwiegende Teil der Ladung Stückgut war. Da fuhren natürlich Züge in Mengen. Hier waren die beiden alten dreigekuppelten Maschinen Nr.7 und Nr.8 (gebaut 1844) von besonderem Nutzen, da sie viele Wagen ziehen konnten. Es gab insgesamt 8 Lokomotiven und 200 – 300 Güterwagen und nicht zu reichlich Personal.

Die beiden Städte waren natürlich besonders froh über den großen Verkehr. Die vielen Dampfschiffe kauften viel und verbrauchten auch viel Geld für die Instandhaltung. Anfangs wurden die Rechnungen vor der Abfahrt bar bezahlt. Später leider nicht mehr, zum Schaden der Lieferanten. Bereits 1856 wurde ein Übereinkommen zur Aufhebung des Sundzolles beschlossen und schon 1857 angewandt. Somit waren die fetten Zeiten für die NESN vorbei. Man versuchte trotz der veränderten Bedingungen eine Zeitlang zu konkurrieren. Aber es gab nichts mehr zu verdienen und sie mußten aufhören. Der Kassierer und der Sekretär Hunt verschwanden mit der Kasse und die Kapitäne der Schiffe kauften auf Kredit alles was sie bekommen konnten als sie das letzte Mal im Hafen waren. Dann ging die Firma mit wehenden Fahnen in den Konkurs. Kein Geldgeber bekam eine Øre und die Besatzungen der Schiffe wurden um ihre Heuer betrogen.

Die Südschleswigsche Eisenbahn vermißte zwar die großen Transitfrachten, aber der allgemeine Verkehr wuchs rasch. Der Personenverkehr war gering. Lange Zeit gab es Montag und Donnerstag kaum Passagiere. Touristenverkehr war total unbekannt. Mr. Louth ließ daher am Sonntag Einzelfahrkarten verkaufen, die auch für die Rückfahrt galten, so genannte „Extrafahrkarten“.[29] Daraus entstand ein beachtlicher Sonntagsverkehr.

Außer dem Verkehr mit Pferden und Kühen kamen mit der Zeit mehr und mehr andere Transporte hinzu, u. a. Steine und Kies aus Lottorf. Dort gab es einen großen Steinbruch östlich der Bahn. Dicht daneben, westlich der Strecke, lag ein Torfmoor. Zum

Steinbruch und Moor wurden Nebengleise gelegt. Man brauchte den Torf als Brennstoff für Lokomotiven in Bayern und kaufte daher in Bayern eine Maschine, die 1861 ankam und vom bayerischen Ingenieur, Koch aufgestellt wurde".

2.4 Ausbau und Weiterentwicklung des privaten Eisenbahnnetzes um Flensburg sowie Krieg 1864

Die Schleswig - Klosterkruger Zweigbahn

Mit Eröffnung der Südschleswigschen Eisenbahn Flensburg - Husum - Tönning und deren Zweiglinie von Oster-Ohrstedt nach Rendsburg geriet Schleswig etwas ins eisenbahngeografische Abseits, da die Strecke nach Rendsburg in 5 km Abstand südlich an Schleswig vorbei führte. Bereits im September 1854 reiste eine Schleswiger Abordnung nach Flensburg, um die Unternehmer der Südschleswigschen Eisenbahn zur Anlage einer Stichbahn vom nächstgelegenen Bahnhof Klosterkrug nach Schleswig bis hinunter an die Schlei zu veranlassen. Sir Morton Peto erklärte sich bereit, bei Vorliegen der „landesherrli-

Bahnhof Klosterkrug der Südschleswigschen Eisenbahn, aufgenommen vor 1869. Rechts ein Wasserbehälter, der zur Ergänzung der Lokomotivvorräte diente. Am Ausfahrtsignal steht ein Güterzug mit Viehwagen und einigen anderen Güterwagen. Beachtenswert ist die damals übliche einfache Sandbettung des Gleiskörpers. Klosterkrug war bis zum 1. Juni 1858 die Schleswig am nächsten gelegene Station der Südschleswigschen Eisenbahn und wurde Ende 1869 in Folge der Streckenverkürzung überflüssig.
Foto: Friedrich Brandt (Album von Schleswig-Holstein) **SHLB Landesgeschichtliche Sammlung**

chen" Genehmigung ein Viertel der erforderlichen Aktien selbst zu übernehmen, um das Projekt zu unterstützen.

Die erste Generalversammlung der Aktionäre konnte am 30. August 1856 einberufen werden. Am 28. März 1857 erhielt die Schleswig - Klosterkruger Eisenbahngesellschaft die Konzession für den Bau und Betrieb. Nach einigen bautechnischen Schwierigkeiten wurde die Strecke Klosterkrug - Schleswig am 1. Juni 1858 eröffnet.

Mit der Baufirma Peto, Brassey & Betts war am 1. März 1858 ein Vertrag abgeschlossen worden, wonach diese auch den Betrieb der Bahn übernehmen sollte. Nach Ablauf dieses Kontraktes mit der Firma Peto übernahm die Schleswig - Klosterkruger Eisenbahngesellschaft den Bahnbetrieb ab 1. Februar 1866 wieder selbst. Zu diesem Zeitpunkt kamen für die Dauer von zwei Jahren zwei Lokomotiven hinzu, die Lok 2 der Südschleswigschen (SSE) und die Lok 11 der Nordschleswigschen Eisenbahn (NSE).

Am 29. Oktober 1868 schloss die Schleswig - Klosterkruger Eisenbahngesellschaft mit der Schleswigschen Eisenbahngesellschaft (SE), der aus SSE und NSE entstandenen Nachfolgegesellschaft, einen Vertrag, wonach die SE zum 13. Februar 1869 Eigentümerin der Schleswiger Zweigbahn wurde. Durch die Inbetriebnahme der weiter unten beschriebenen so genannten „Abkürzungsbahn" am 29. Dezember 1869 wurde die Zweigbahn auf dem Teilstück Klosterkrug - Schleswig-Friedrichsberg überflüssig und der Betrieb eingestellt.[30]

Die Nordschleswigsche Eisenbahn

Seit 1844 gab es immer wieder Vorstellungen für eine Bahnlinie über Flensburg hinaus nach Norden, mit unterschiedlichen Linienführungsvarianten. 1855 empfahl der Flensburger Christian Hansen jun., dem man wegen seines Einsatzes für den Bau von Eisenbahnen den Beinamen „Eisenbahn-Hansen" gegeben hatte, folgende Route: von der Station Holzkrug bei Flensburg ausgehend über Bülderup, Ries, Nieder-Jersdal und Gram nach Norden. Tondern, Apenrade, Hadersleben und Riepen sollten über Seitenzweige erreicht werden. Daneben gab es noch weitere Varianten. Um diesen Plänen Nachdruck zu verleihen, wurden zahlreiche Versammlungen abgehalten, Gesuche eingereicht und es reisten sogar etliche Delegationen zur Audienz beim zuständigen Minister oder König nach Kopenhagen.

Es war wiederum Peto, der 1852 eine Konzession für die Nordschleswigsche Bahn beantragte. Er sah Flensburg als Ausgangspunkt vor, dann quer hinüber nach Ballum und im Zickzack durch Jütland weiter nach Norden.[31] Die erforderlichen Geldmittel wollte Peto selber beschaffen. Es waren 2,7 Millionen Reichstaler erforderlich. Da man sich nicht über die Linienführung einigen konnte, schien die Verwirklichung in weite Ferne zu rücken, zumal von Seiten der Regierung auch noch kommerzielle und militärische Gesichtspunkte zu berücksichtigen waren. So erklärt es sich, dass Peto erst sieben Jahre später, im Oktober 1859 die Konzession für den Bau und Betrieb einiger Bahnen in Jütland erhielt und nach weiteren zwei Jahren endlich eine Einigung über die Streckenführung für den Rest der jütischen Längsbahn erzielt wurde. In der Konzession für den Bau und Betrieb dieser Bahn vom 1. Mai 1862 wurde festgelegt, dass die Stammbahn von Vamdrup über Woyens, Rothenkrug und Tingleff führen und auf Flensburger Grund an die Südschleswigsche Eisenbahn angeschlossen würde. Alle Strecken sollten mit elektrischen Telegrafen versehen, je Meile 10 Meilensteine gesetzt und das Gelände der Stammbahn für zwei Gleise vorgesehen werden, die Seitenlinien für ein Gleis. Für den Bau und Betrieb gründete Peto die „Nordschleswigsche Eisenbahngesellschaft" und übernahm am 26. August 1863 die Rechte und Pflichten des Konzessionsnehmers. Am 15. April 1864 wurde der erste Teil der Nordschleswigschen Bahn von Süden bis Rothenkrug provisorisch und noch ohne Zwischenstationen eröffnet.

Pläne für die Einführung der Nordschleswigschen Bahn in die Südschleswigsche Stammbahn und Entstehung des Bahnhofs „Nordschleswigsche Weiche"

Schon während der Planung zum Bau der Nordschleswigschen Bahn lebte die Diskussion um die günstigste Einführung der Strecke nach Flensburg und in die Stammbahn wieder auf. Einig war man sich darin, dass eine direkte Verbindung des Bahnhofs mit dem Hafen von größter Wichtigkeit sei. Hierbei kam wieder die früher beschriebene nördliche Version durch die Marienhölzung ins Gespräch. Die großen Höhenunterschiede machten das Projekt abenteuerlich kompliziert und teuer. So wurden auch die Vorschläge, die Bahn von der vorhandenen Station über Jürgensby und mittels einer Drehbrücke über den Hafen nach Kupfermühle oder, wie es die Stadt wünschte, „längs der Brücke" (Schiffbrücke) nach Norden zu verlegen,

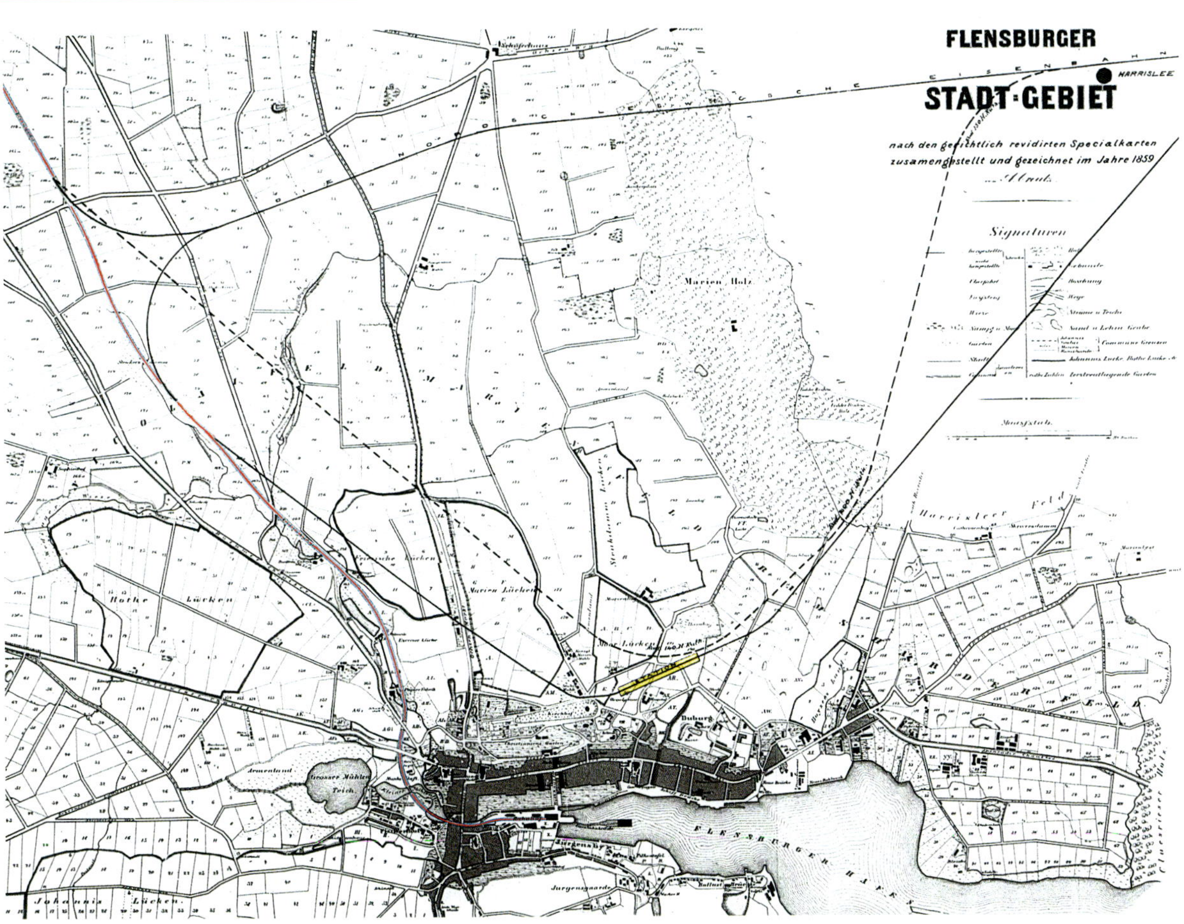

Varianten der Anbindung Flensburgs an die geplante Nordschleswigsche Eisenbahn. Der projektierte Bahnhof hätte in Nähe der Duburg gelegen. Die bestehende Trasse ist rot markiert. Veränderter Plan aus dem Jahr 1859. Sammlung FSF

als undurchführbar aufgegeben. Wesentlich ausdauernder verfolgte man den Gedanken einer Linienführung auf der westlichen Höhe. Das Projekt sah einen Personenbahnhof in der Nähe des „Gebhard- und Anna-Hansen-Hospitals" (heute Diakonissenanstalt) auf der Höhe von Oevelgönne (Wrangelstraße - Selckstraße - Marienhölzungsweg) vor, durch eine „Curvenbahn" mit dem Bahnhof verbunden.

Nun musste auch die Anschlussmöglichkeit an die vorhandene Bahn im Süden der Stadt untersucht werden. Hierzu fertigte im März 1861 der Bahningenieur Oesau aus Neumünster ein technisches Gutachten an. Er schlug die Einführung etwas südlich von Buntzens Mühle vor, etwa 2/5 Meilen (3,03 km) vom Bahnhof entfernt. Damit nicht alle Züge zwangsläufig in die Stadt fahren müssten, wie z.B. weitergehende Güterzüge, entwarf er ein Gleisdreieck. Mit einem „bei den Weichen" bereitzuhaltenden Pferd, drei Weichenwärtern und den Zuglokomotiven wollte er die nicht direkt in die Stadt fahrenden Züge derart umrangieren, dass nur die Lok - „zur Einnahme von Wasser und Kohlen" - und die für Flensburg bestimmten Post-, Güter- und Personenwagen zum „Englischen Bahnhof" gelassen würden. Alle übrigen Wagen sollten in dem geplanten Gleisdreieck stehen bleiben.[32]

Die Firma Peto, Brassey & Betts schlug eine auf die Station Holzkrug hinführende Linie vor. Die Stadt Flensburg trat für eine Streckenführung parallel zum Ochsenweg ein, so nahe wie möglich an der Stadt.[33] Diese Vorstellungen wurden offensichtlich von der Gesellschaft nicht akzeptiert; denn sie erreichte, dass die Regierung den Verlauf der Bahn nach den Vorstellungen der Firma genehmigte. So kam es zu einem kostspieligen Halteplatz am Ochsenweg, wenn man so will „an den Weichen", der so genannten „Nordschleswigschen Weiche".

Als am 15. April 1864 der erste Teil der Nordschleswigschen Bahn provisorisch bis Rothenkrug eröffnet wurde, gab es noch keinen Bahnhof, sondern nur eine Abzweigung vor den Toren der Stadt und angeblich eine Wasserstation für Lokomotiven. Am 3. Oktober 1864 wurden der Regierung Pläne für das erforderliche Gelände, die beabsichtigte Gleislage, die des „Perrons" und sonstiger Gebäude zur

Genehmigung vorgelegt.[34] Dem „Hochverehrlichen Eisenbahncommissariat" versuchte der Generalbevollmächtigte deutlich zu machen, dass nach Eröffnung der Nordschleswigschen Eisenbahn die Genehmigung der Pläne für den Bahnhof keinen Aufschub mehr duldete. Zwei Jahre vergingen mit den Bauarbeiten. Es entstanden, wie durch den von Herzbruch 1869 veröffentlichten Gleisplan dokumentiert ist, auf einem überdachten Inselbahnsteig das Hauptgebäude mit Wartezimmern 2. und 3. Classe und dem Damenzimmer. Außerhalb der Überdachung Richtung Flensburg befand sich das „Comptoir" (Kontor); der Abort und die Wasserstation mit Brunnen und Pumpe lagen südlich des Hauptgebäudes. Der Wagenschuppen, das Maschinenhaus sowie ein Wohnhaus für zwei Beamtenfamilien und ein Stall vervollständigten die Bahnhofsanlagen.[35] Dieser Gleisplan des Bahnhofs Nordschleswigsche Weiche zeigt, dass der Station schon relativ früh große Bedeutung zukam. Auf Höhe der Wagen- und Lokomotivschuppen in der südlichen Ausfahrt befanden sich allein acht parallele Gleise. Der Wagenschuppen verfügte über drei Gleise, während der Lokschuppen mit zwei Ständen ausgestattet war.[36]

Der Bahnhof lag etwa 150 m weiter südwestlich als das spätere Bahnhofsgebäude. Lange Zeit nutzte man noch dessen nordöstlichen Teil als Aufsichtsgebäude auf Bahnsteig 1. Im April 1867 erhielten vier Weichenverbindungen im Bahnhof Nordschleswigsche Weiche neuartige Tag- und Nachtsignale, und zwar dort, wo die Strecken aus Oster-Ohrstedt, Flensburg und Rothenkrug einmündeten. Im August desselben Jahres stellte man in den Weichenbereichen der Bahnhöfe weiße Markierungspfähle (mit schwarz markierter Spitze) auf, davon allein 14 in Nordschleswigsche Weiche. Diese heute Grenzzeichen genannten Markierungspfähle geben bei zusammenlaufenden Gleisen an, bis wohin ein Gleis besetzt werden kann, ohne dass die Bewegungen auf den anderen Gleisen behindert werden.[37]

Fig. 1. „Nordschleswigsche Weiche". 1 : 3000.

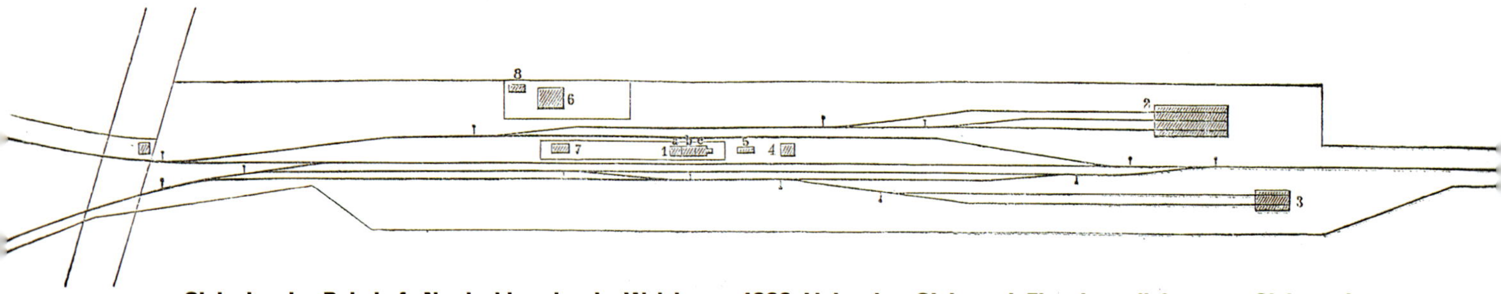

Gleisplan des Bahnhofs Nordschleswigsche Weiche vor 1869. Links oben Gleis nach Flensburg, links unten Gleis nach Tingleff/Rothenkrug, rechts Gleis nach Oster-Ohrstedt/Husum. Plan aus Herzbruch 1869.
Legende: 1) Hauptgebäude [a. Wartezimmer 3. Cl., b. Wartezimmer 2. Cl., c. Damenzimmer], 2) Wagenschuppen, 3) Maschinenhaus, 4) Wasserstation, 5) Abort, 6) Verwalter-Wohnung, 7) Comptoir, 8) Stall

Die Eisenbahn im Krieg 1864

Der Krieg 1864 brachte naturgemäß eine große Zahl von Veränderungen für die Bahn mit sich. Die Südschleswigsche Bahn endete in Rendsburg. Die dänischen Truppen zogen sich nach Norden bis Rendsburg zurück. Die preußisch-österreichischen Truppen kamen von Süden und die Berührung erfolgte in Rendsburg. Der nach Süden gehende Güterverkehr war natürlich stark in Mitleidenschaft gezogen. In Rendsburg wurde südlich des Büdelsdorfer Bahnhofs, neben der auf einer Insel in der Mitte der Eider gelegenen Altstadt, ein provisorischer Bahnhof mit einem 2880 Fuß langen Nebengleis von den Bundestruppen angelegt. Dieser Bahnhof lag außerhalb der Reichweite dänischer Geschütze und brachte auch nach Abzug der Dänen für den Betrieb große Vorteile. Die Gleise auf dem nördlichen Bahnhof waren so kurz, dass bei einem einzigen langen Zug, der damals auch schon 80 bis 100 Achsen haben konnte, der gesamte Bahnhof gesperrt war. Das Behelfsgleis konnte jedoch zwei Züge ungeteilt aufnehmen.[38]

Als sich die dänischen Truppen am 1. Februar 1864 hinter das Dannewerk zurückzogen, sprengten sie zwischen Rendsburg und Klosterkrug zwei Brücken. Die behelfsmäßige Reparatur soll jedoch nur wenige Tage gedauert haben. Über den Rückzug des dänischen Heeres unter Berücksichtigung der Eisenbahntransporte berichtet Bram (1980), der die sich aus Mißverständnissen ergebenden überstürzten Ereignisse ausführlich schildert.[39]

Größere Erschwernisse für die nachrückenden Truppen ergaben sich daraus, dass die dänischen

Truppen mehrere hundert Meter Schienen aufgenommen und abtransportiert hatten. Für diese Reparatur wurde der Abschnitt Oster-Ohrstedt - Tönning stillgelegt und von dort Oberbaumaterial ab- und auf den betreffenden Abschnitten wieder eingebaut. Das gesamte Lokomotiv- und Wagenmaterial war von den dänischen Truppen ebenfalls mit nach Norden genommen worden und stand für den Betrieb anfangs nicht zur Verfügung. Immerhin gab es ab dem 15. Februar 1864 wieder einen regelmäßigen Personenverkehr von Rendsburg nach Flensburg. Ab dem 23. Februar wurde die nach Norden weiterführende Strecke der Nordschleswigschen Eisenbahn bis nach Rothenkrug von Militärzügen befahren.

Die Betriebsführung lag zu dieser Zeit noch bei der englischen Gesellschaft und die Bundestruppen rechneten mit dieser korrekt ab. Der Krieg verschlug die österreichischen Lokomotiven „Böhmerwald“ und „Radbuza“, die für den Transport von Munition, Geschützen und Proviant vorgesehen waren, nach Schleswig-Holstein. Die vorhandenen Lokomotiven waren wegen ihrer geringen Leistung für schwere Transporte weniger geeignet.

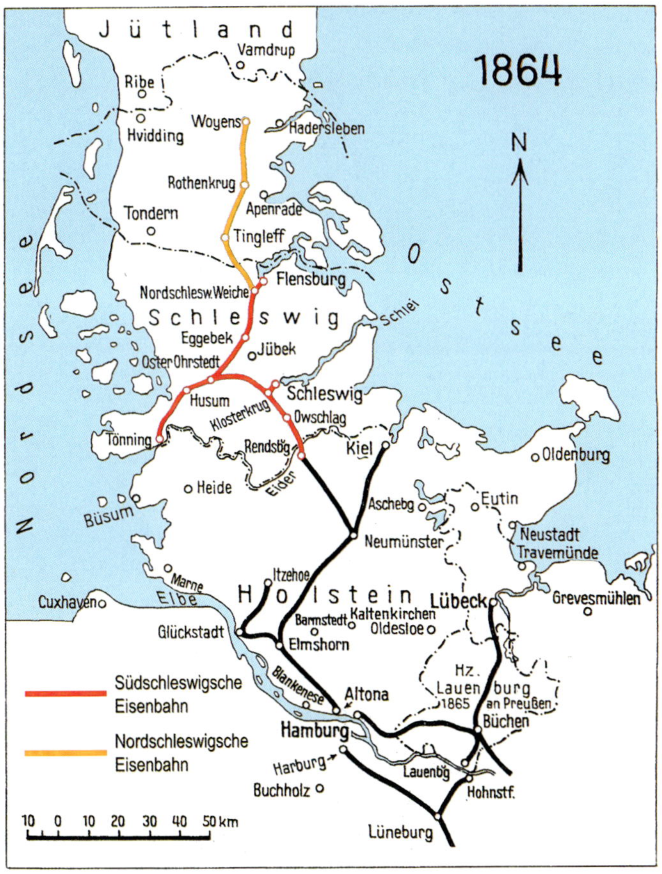

Netz der Südschleswigschen und der Nordschleswigschen Eisenbahn im Jahr 1864. Verändert nach Overmann 1938.

2.5 Zusammenführung der Einzelgesellschaften zur Schleswigschen Eisenbahn

Die Abkürzungsbahn (Eggebek – Klosterkrug)

Die politischen Veränderungen nach dem Krieg des Jahres 1864 hatten zur Folge, dass das schleswigsche Eisenbahnnetz umgestaltet und der Knotenpunkt Oster-Ohrstedt überflüssig wurde. Unter Vermittlung des Bankhauses Erlanger & Sohn in Frankfurt/Main kam der Verkauf der Südschleswigschen und Nordschleswigschen Eisenbahn aus englischem Besitz an die neu gegründete Schleswigsche Eisenbahn Aktiengesellschaft mit Sitz in Flensburg zustande. Diese hatte bereits am 20. März 1865 eine Konzession unter der Auflage erhalten, aus der Querverbindung eine durchgehende Verbindung von Flensburg nach Rendsburg über Schleswig herzustellen.[40] Unter den verschiedenen Vorschlägen wurde die gerade Verbindung zwischen Eggebek und Schleswig ausgewählt und im August 1867 von Klosterkrug aus in Angriff genommen. Die Umbauarbeiten wurden noch von der englischen Firma Peto, Brassey & Betts ausgeführt. Unter Berücksichtigung der Geländeschwierigkeiten wie Moore, Seen und Unebenheiten erbaute die Firma die heute noch bestehende Trasse. Ausgehend von Eggebek, erfolgte über Jübek, Schuby und Schleswig (Friedrichsberg) bis Klosterkrug eine Neutrassierung. Der bis dahin am Westrand von Eggebek gelegene ursprüngliche Bahnhof wurde stillgelegt und ein neuer etwa 500 m östlich des Ortes gebaut. Der Knotenpunkt wurde von Oster-Ohrstedt nach Jübek verlegt. In den folgenden Jahren nahm die Bedeutung der Strecke Jübek - Husum - Tönning ab. Von Jübek verlief die neue Strecke südöstlich über Schuby (erst 1893 Bahnstation) nach Schleswig. Schleswig erhielt einen neuen Bahnhof bei Friedrichsberg. Die neue Strecke über Busdorf fand südlich vom Bahnhof Klosterkrug Anschluss an die bestehende Strecke nach Rendsburg. Sie wurde am 29. Dezember 1869 in Betrieb genommen. Durch den Umbau wurde die Strecke Flensburg - Rendsburg 16,8 km kürzer, Flensburg - Husum 14,9 km länger

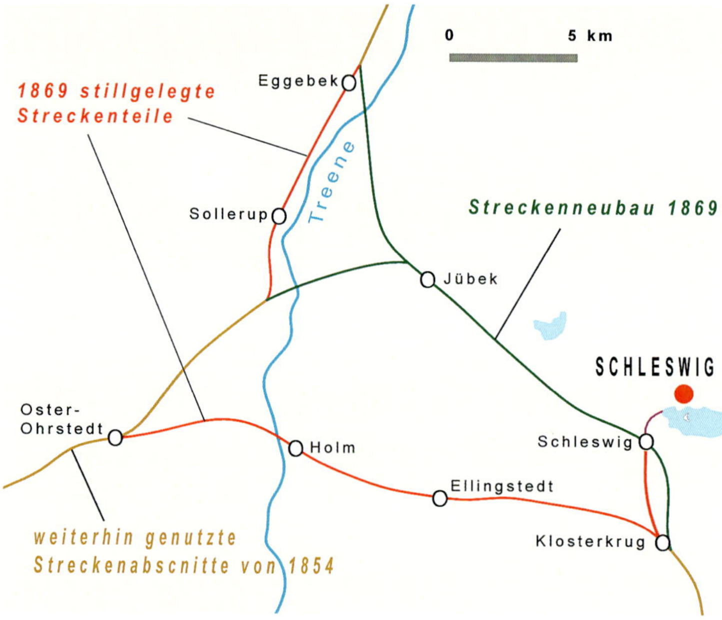

Streckenneubauten und Streckenstilllegungen der schleswigschen Eisenbahn zum Jahresende 1869. Kartengrundlage: Königlich Preußische Landesaufnahme 1 : 25 000. Blätter Eggebek, Jübek, Viöl, Schleswig, Hollingstedt und Kropp
Kartographie: Garnet Hofmann

und die 4,8 km lange Klosterkrug - Schleswiger Zweigbahn entbehrlich.

Durch die verkürzte Linienführung waren die Streckenabschnitte von Eggebek bis Sollerup und von Oster-Ohrstedt über Holm und Ellingstedt nach Klosterkrug überflüssig geworden. Diese Teilstücke und die Strecke Klosterkrug - Schleswig-Friedrichsberg wurden stillgelegt und abgebaut.[41] Der in der Stadt Schleswig liegende Teil der ehemaligen Klosterkruger Bahn wurde vom neuen Bahnhof in Schleswig-Friedrichsberg bis zur Schlei weiterhin als Güterbahn benutzt.[42]

Nachdem die englische Baufirma auch die Nordstrecke bis Vamdrup (1. November 1866) und die Seitenlinien Woyens - Hadersleben am 2. Mai 1866 und Tingleff - Tondern am 26. Juni 1866 fertig gestellt hatte, übergab die Firma der neuen Schleswigschen Eisenbahn Aktiengesellschaft am 1. Januar 1870 das gesamte Eisenbahnnetz Schleswigs. Die Altona - Kieler Eisenbahn übernahm aufgrund des Betriebs- und Überlassungsvertrages vom 4. August 1865, der erst nach Vollendung der Um- und Neubauten in Kraft treten sollte, den Betrieb der Schleswigschen Bahnen.[43] Die Schleswigsche Eisenbahn Aktiengesellschaft blieb Eigentümerin des Streckennetzes. Aufgrund des Gesetzes vom 23. Februar 1885 ging die Bahn unter gleichzeitiger Auflösung der Gesellschaft am 1. April 1885 in das Eigentum des Staates Preußen über.[44]

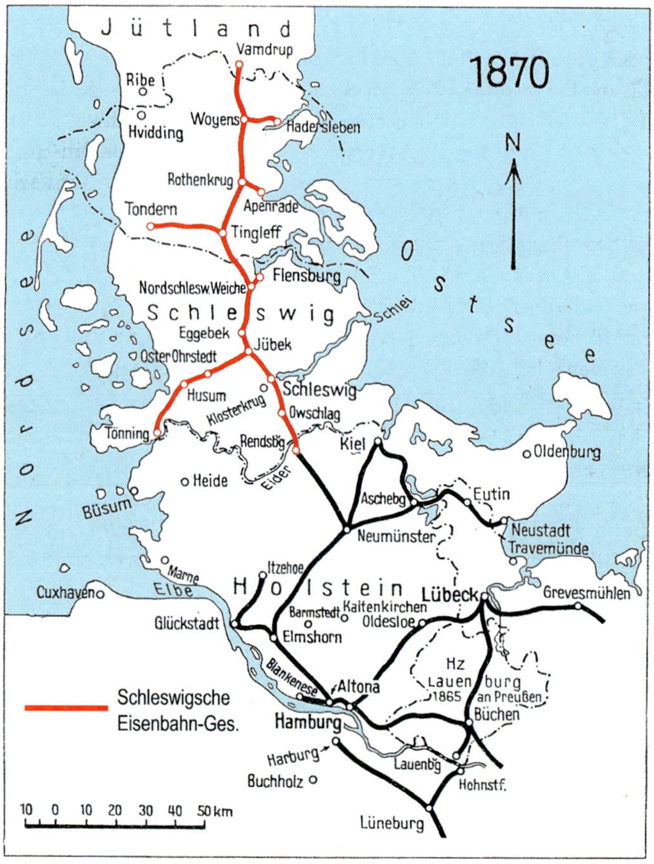

Das Gesamtnetz der Schleswigschen Eisenbahn im Jahr 1870, nach der Eröffnung der Neubaustrecken. Den Schleswigschen Eisenbahnen gehörten alle Eisenbahnen im Landesteil Schleswig. Die mit Abstand wichtigste Strecke war die Nord-Süd-Verbindung von Vamdrup an der damaligen dänischen Grenze bis Rendsburg, wo das Netz der Altona - Kieler Eisenbahn den Verkehr Richtung Hamburg aufnahm.
Verändert nach Overmann 1938.

Erste Gedanken über einen Bahnhof außerhalb des Zentrums

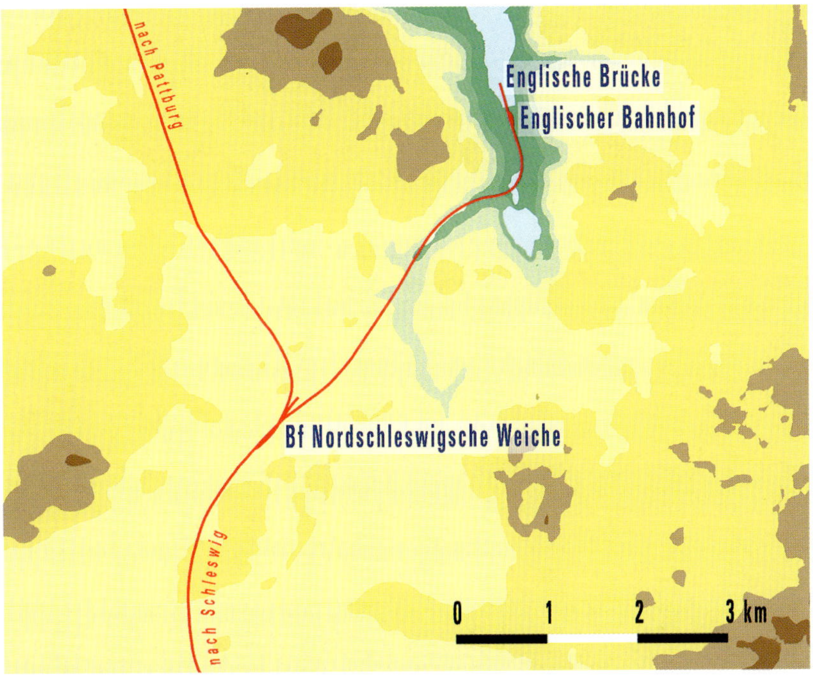

Strecken der Schleswigschen Eisenbahn in der Umgebung Flensburgs um 1879 (Kartenhintergrund: Höhenschichten). Kartengrundlage: Königlich Preußische Landesaufnahme - Topographische Karte 1 : 25 000, Blatt Flensburg, Ausgabe 1879. Kartographie Garnet Hofmann

Nach Vollendung der Schleswigschen Hauptstrecken war Flensburg plötzlich nicht mehr Endstation, ja nicht einmal mehr Zwischenstation an einer Hauptbahn, sondern nur noch Bahnhof an einer Zweigbahn. Diese Erkenntnis hatte die Gemüter lange Zeit beschäftigt und zu mancherlei Änderungsvorschlägen geführt. So kam man auch wieder auf das Projekt einer Station auf der westlich von Flensburg gelegenen Höhe zurück, der so genannten Oevelgönne-Linie. Die Direktion der Schleswigschen Eisenbahn AG glaubte, dass die technischen Schwierigkeiten und die Kosten der Anlage unterschätzt würden. Direktor F. v. Warnstedt bot deshalb im April 1866 eine gründliche Untersuchung mit eigenen Ingenieuren an und schlug außerdem vor, die Entwicklung des durchgehenden Verkehrs zwischen Hamburg und Kopenhagen abzuwarten, sowie auch den Zeitpunkt, an dem die Altona - Kieler Eisenbahngesellschaft den selbständigen Betrieb übernommen hätte.[45]

Inzwischen wurde der Plan einer direkten Bahnstrecke von Hagenow über Kiel und Eckernförde nach Flensburg bekannt. Die „Zeitung des Vereins deutscher Eisenbahnverwaltungen" spekulierte im Juli 1867, dass damit die Weiterführung der Bahn nach Düppel / Sonderburg in Verbindung gebracht werden könnte und folgerte daraus die Notwendigkeit der Anlage eines Bahnhofs auf den Höhen westlich von Flensburg. Angeblich waren es höchst eigensüchtige Pläne der Admiralität, die eine durchgehende Schnellzugverbindung von Sonderburg über Flensburg - Eckernförde nach Berlin wünschte.

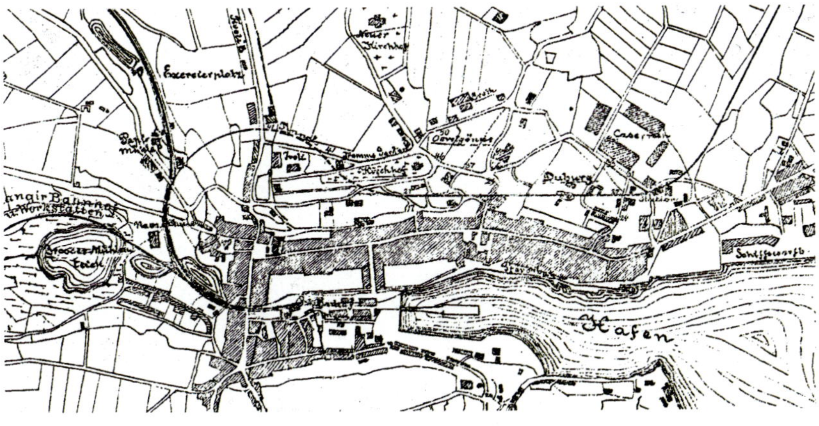

Die „Curvenbahn" war eine der unrealistischen Ideen, den Bahnhof zu verlegen. Ausschnitt aus dem Plan in der „Flensburger Norddeutschen Zeitung" Nr. 69 vom 22.3.1878. Sammlung Eckhard Klein

In der „Flensburger Norddeutschen Zeitung" Nr. 69 erschien am 22. März 1878 ein Plan „Die Flensburger Eisenbahn", der alle bisherigen Gedanken erneut aufgriff. Die westliche Höhe sollte über die bereits erwähnte „Curvenbahn" erreicht werden, die, vom Innenstadtbahnhof kommend, vor der Papiermühle abzweigte und ab Friesische Straße in einen Tunnel bis hinter den alten Mühlenfriedhof verlief, dann vorbei am Hospital (später Diakonissenanstalt) über Duburg mit einer Station an der Duburger Straße/Ecke Junkerhohlweg und weiter durch die Marienhölzung.[46]

2.6 Die Kiel - Eckernförde - Flensburger Eisenbahn - Gesellschaft

Pläne und Realisierung

Die Pläne zum Bau einer Eisenbahn zwischen Kiel und Flensburg reichten bis ins Jahr 1844 zurück und basierten auf einer Strecke Kiel - Schleswig. Ausgehend vom Bahnhof der Altona - Kieler Eisenbahn, waren folgende Haltepunkte angedacht: Gettorf, Eckernförde und Missunde. In Schleswig, dessen Bahnhof bei den so genannten Königswiesen errichtet werden sollte, hätte ein Anschluss an eine projektierte Bahnlinie Rendsburg - Schleswig - Flensburg erfolgen sollen.

Das bereits erwähnte Projekt über Kiel geht auch aus dem Schreiben des Ministers für Handel, Gewerbe und öffentliche Arbeiten vom 25. Februar 1867 an den Magistrat der Stadt Flensburg hervor: *„ ... daß, nach Neugestaltung der politischen Verhältnisse in Deutschland"*, eine Linie von Hagenow nach Flensburg über Lübeck und Kiel geplant sei.

Inzwischen war dem „Kiel - Eckernförde - Flensburger Comitee" am 13. Juni 1865 die Erlaubnis zur Nivellierung erteilt worden. 1874 wurden die Vorarbeiten für das Bauvorhaben aufgenommen. Mangels Kapitals sollte vorerst nur der Abschnitt Kiel - Eckernförde als Sekundärbahn gebaut werden.

Von Kiel sollte die Strecke aus dem Tal der Förde auf höhere Bereiche geführt werden, in gerader Linie nach der kleinen Haltestelle Levensau führen und dann den Schleswig-Holsteinischen Kanal kreuzen. In Gettorf war eine größere, in Altenhof wieder eine kleinere Haltestelle vorgesehen. In Eckernförde erhielt die Station eine besonders günstige Lage. Für die Fortsetzung Richtung Flensburg gab es verschiedene Varianten - eine über Missunde - Satrup, eine weitere über den Schleiübergang bei Bonert nach Satrup und die schließlich realisierte über Süderbrarup

Blick vom Nikolaikirchturm auf das Gelände des „Kieler Bahnhofs" an der Ostseite des Hafens um 1883. Die „Englische Brücke" und der „Englische Bahnhof" sind noch nicht abgerissen, das Bollwerk für die Abstellgruppe und die Kaigleise der Schleswigschen Eisenbahn befinden sich noch im Bau. Die Anlagen der Kiel - Eckernförde - Flensburger Eisenbahn sind neu errichtet und die Bahndämme im Lautrupsbachtal gut erkennbar.
Foto: unbekannt **Sammlung FSF**

und Sörup. Erste Überlegungen, die Bahn im Flensburger Stadtbereich am kleinen Mühlenteich vor der Navigationsschule (heute Universität) abzuzweigen und um den Teich herumzuführen, mit einem Bahnhof im Gebiet der heutigen Waitzstraße, wurden als undurchführbar verworfen und nicht weiter verfolgt. Der für die Genehmigung zuständige Minister verlangte für die Zustimmung des im Mai 1879 vorgelegten Plans zusätzlich noch den Nachweis, dass die Bahn zur Westküste (Flensburg - Leck - Dagebüll) fortgeführt werden konnte.

Endlich wurde am 19. August 1878, 34 Jahre nach bekannt werden der ersten Pläne, die Konzession für den Bau und Betrieb der Bahn erteilt, die am 2. November 1878 nach Hinterlegung der vorgeschriebenen Kaution wirksam wurde.[47] Sitz der „Kiel - Eckernförde - Flensburger Eisenbahn-Gesellschaft" war Kiel. Am 18. April 1879 erfolgte bei Eckernförde der erste Spatenstich und abgesehen von den Übergängen über die Schlei bei Lindaunis und der Klappbrücke über den Kanal gab es keine großen Hindernisse. Die Schleiüberquerung mit einer Drehbrücke war ebenso aufwendig wie die Baustelle am Kanal. Die Schlei war an dieser Stelle 450 m breit. Durch beiderseits aufgeschüttete Sanddämme wurde diese auf 114 m verengt. Beim Bau der Pfeiler ergaben sich jedoch unvorhergesehene Schwierigkeiten. Die Teilstrecke Kiel - Eckernförde konnte schon am 1. Juli 1881, die Reststrecke bis Flensburg erst am 21. Dezember 1881 eröffnet werden. Die Einführung ins Flensburger Stadtgebiet erfolgte, von Maasbüll kommend, über Adelby und das Lautrupsbachtal; an dessen Ende bog die Strecke in einer engen Kurve südwärts und verlief annähernd uferparallel in Richtung des als Sackbahnhof konzipierten „Kieler Bahnhofs".

Von Anfang an wurden täglich drei Züge in jede Richtung eingesetzt. Soweit möglich, hatten alle Züge in Kiel und Flensburg Anschluss an die Züge der Altona - Kieler Bahn bzw. der Schleswigschen Eisenbahn, in Süderbrarup an die Züge der Schleswig - Angeler Bahn und in Lindaunis an die Schleidampfer zwischen Schleswig und Kappeln.

Lokomotivschuppen und Werkstätten für die Lokunterhaltung der Bahn befanden sich in Eckernförde. Die KEFE beschaffte zwischen 1879 und ihrer Verstaatlichung am 1. Juli 1903 insgesamt 13, mit Namen versehene Tenderlokomotiven der Achsfolgen B, B1 und C, die alle die Lokomotivfabrik Hohenzollern lieferte.

Die Kiel - Eckernförde - Flensburger Eisenbahn setzte nur Tenderlokomotiven, zumeist Zweikuppler, ein. Das Foto zeigt die zuletzt beschaffte Tenderlok mit der Achsfolge B1, die von der Lokomotivfabrik Hohenzollern gefertigt wurde.
Foto: Werkfoto **Sammlung Helmuth Hinze**

Der Bahnhof der Kiel - Eckernförde - Flensburger Eisenbahn - Gesellschaft

Nach einem Entwurf von Zivilingenieur C. J. Hansen sollte der Flensburger Personenbahnhof der KEFE zwischen der heutigen Viktoriastraße/Waitzstraße und dem Bahndamm liegen, mit Zugang zum Empfangsgebäude von der Angelburger Straße aus, gegenüber der Süderfischerstraße. Auch für einen Zentralbahnhof lagen vier Standortvarianten vor: der erweiterte alte Platz, am Mühlenteich, der Marienhof und die kleine Exerzierlücke.

Nach anfänglichen Bestrebungen, einen Gemeinschaftsbahnhof zu konzipieren, setzte sich die Variante an der östlichen Fördespitze durch. Die Festlegung des Standortes machte große Schwierigkeiten. Den ersten Plan von 1879, etwa an der später gewählten Stelle, genehmigten die Stadtverordneten zunächst nicht, um die Gelegenheit eines gemeinsamen Zentralbahnhofs mit der Schleswigschen Bahn am „Fischerhof", wie das Gebiet um die jetzige Waitzstraße hieß, nicht ungenutzt verstreichen zu lassen. Erst als der Nachweis der Undurchführbarkeit erbracht worden war, schloss man sich im Prinzip dem vorgelegten Plan an.

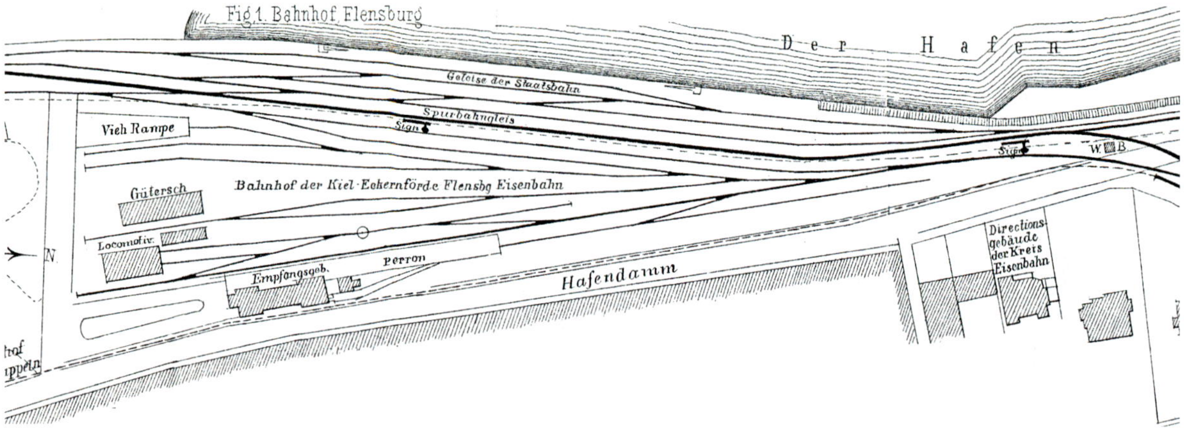

Gleisplan des „Kieler Bahnhofs" um 1887. Der Bahnhof verfügt neben Empfangsgebäude, Lokomotiv- und Güterschuppen auch über eine Viehrampe und eine Drehscheibe. Aus KUHRT (1887).

Die Anlagen der Kiel - Eckernförde - Flensburger Eisenbahn in Flensburg unmittelbar nach der Fertigstellung. Links das Empfangsgebäude („Kieler Bahnhof"), vor dem sich die Drehscheibe befindet. In der rechten Bildhälfte sind das zweiständige Maschinenhaus, ein Schuppen und der im gleichen Fachwerkstil wie der Bahnhof erbaute Güterschuppen mit Laderampen erkennbar. Im Hintergrund die Gebäude und Schornsteine der Jepsen´schen Eisengießerei und der Kirchturm von St. Johannis. Neben dem Empfangsgebäude steht ein abgestellter Personenwagen (BCi) der KEFE.
Foto: unbekannt **SHLB Landesgeschichtliche Sammlung**

Das Gelände für den Bahnhof und die übrigen Gebäude wurde durch Aufschütten eines Teiles des Hafenbeckens gewonnen. Aufgrund der schlechten Baugrundverhältnisse musste auf eine leichtere Bauweise zurückgegriffen werden. Das Gebäude bestand aus zwei zweistöckigen, pavillonartigen Flügeln, die durch einen einstöckigen Riegel miteinander verbunden waren. Es war eine nahezu schmucklose Fachwerkkonstruktion, bei der die Füllung aus Backsteinen bestand, und die im Dachbereich mit Holzlatten verkleidet war. Das Satteldach war mit dunkler Dachpappe gedeckt.

Zu diesem einfachen Zweckbau, in dem auch ein Postlokal und im Obergeschoß eine Beamtenwohnung untergebracht waren, gehörten nach dem Geschäftsbericht vom 1. April 1883 noch ein freistehendes Nebengebäude, ein Güterschuppen, ein Maschinenhaus mit Wasserstation, ein Kohlenlager mit Ladebühne sowie eine feste Kopf- und Parallel-Laderampe.

Das Bahnsteiggleis endete zunächst an einem Prellbock, später war hier eine Drehscheibe. Es gab noch keine Verbindung zum Bahnhof der Schleswigschen Eisenbahn. Die „Flensburger Nachrichten" berichten am 19. Mai 1883 über den Ausbau des Südhafens. Durch Aufschütten sollte eine Gleisverbindung zwischen beiden Bahnhöfen ermöglicht werden. Das Gleis entstand zwischen 1883 und 1885 und erfüllte somit die Forderung nach einer denkbaren Verlängerung nach Leck - Dagebüll.

Außer den Endstationen Kiel und Flensburg gab es drei Bahnhöfe: Gettorf, Eckernförde und Süderbrarup, sowie die Haltestellen Neuwittenbek, Altenhof, Rieseby, Mohrkirch, Sörup und Husby. Später kamen noch hinzu: Lindaunis (20. Mai 1882), Maasbüll (10. Januar 1884), Winderatt (10. Dezember 1887), Levensau (1. Mai 1895), Kronshagen (1. September 1903), Hassee (15. Mai 1905), Fahrtoft (1. November 1905) und Suchsdorf (1. Oktober 1911). Die alte Drehbrücke über die Schlei war 1924 nicht mehr zeitgemäß, langsam im Öffnen und Schließen und ohne die Möglichkeit, den Straßenverkehr mit aufzunehmen. Sie wurde durch eine neue Klappbrücke ersetzt.[48] Die Verstaatlichung der Kiel - Eckernförde - Flensburger Eisenbahn - Gesellschaft erfolgte mit Wirkung vom 1. Juli 1903.

2.7 Zugangebot der Südschleswigschen und Schleswigschen Eisenbahn

Im Eröffnungsjahr 1854 nahm die Südschleswigsche Eisenbahn den Betrieb mit drei Zugpaaren je Richtung auf. Der auf jeder Station haltende Morgenzug verließ Flensburg um 8.00 Uhr, erreichte um 9.08 Uhr Oster-Ohrstedt und kam um 10.20 Uhr in Tönning an. Um 9.18 Uhr verließ der Anschlusszug nach Rendsburg Oster-Ohrstedt, wo er um 10.40 Uhr eintraf. Der Mittagszug war deutlich schneller. Er verließ Flensburg um 12.35 Uhr mit einem Halt in Tarp, war um 13.30 Uhr in Oster-Ohrstedt und fuhr um 14.40 Uhr in Tönning ein. Der um 13.40 Uhr in Oster-Ohrstedt abfahrende Anschlusszug erreichte Rendsburg nach einem Halt in Klosterkrug um 14.40 Uhr. Der letzte Zug verließ Flensburg schon um 16.00 Uhr, er war deutlich langsamer und traf erst um 18.20 Uhr in Tönning ein. Der Anschlusszug war um 18.40 Uhr in Rendsburg. Alle Züge führten die 1., 2. und 3. „Classe".[49]

1855 änderte sich an den Zeiten nichts. 1857 legte man den Morgenzug auf 7.30 Uhr mit Ankunft des Anschlusszuges in Rendsburg um 10.15 Uhr, der Mittagszug verließ die Fördestadt um 12.25 Uhr, der Anschlusszug ab Oster-Ohrstedt kam aber erst um 15.55 Uhr in Rendsburg an. Der Abendzug war im

Ausgangspunkt für Flensburgs Bahnreisende war der „Englische Bahnhof". Im Hintergrund St. Nikolai. Foto vor 1880.
Foto: unbek. Stadtarchiv Flensburg XIV Fot C2.240f01

Fahrplan als Güterzug mit Passagierbeförderung in der 2. und 3. „Classe" ausgewiesen. Dieser Zug fuhr um 16.45 Uhr aus Flensburg ab und traf um 19.30 Uhr in Rendsburg ein.

Dem „Eisenbahn-, Post- und Dampfschiff-Coursbuch Nr. 5" von 1860 sind als Abfahrtszeiten aus Flensburg Richtung Süden 4.30 Uhr, 7.30 Uhr und

König Frederik VII. Süd-Schleswigsche Eisenbahn.

Ankunft und Abgangszeit der Züge.

Vom October 1854 an bis auf Weiteres.

Es wird alle mögliche Sorgfalt angewandt werden, um die Präcision der Züge in Gemäßheit mit den hierauf verzeichneten Zeiten zu erlangen; die hiemit übereinstimmenden Abgangs- und Ankunfts-Zeiten werden jedoch nicht von der Compagnie garantirt, sowie dieselbe auch nicht für die durch eine Verspätung erwachsenden Folgen in irgend einer Weise verantwortlich sein wird.

Etwanige Veränderungen sollen rechtzeitig publicirt werden.

Meilen.	Von	1., 2., 3. Classe. Vormittag	1., 2., 3. Classe. Mittags	1., 2., 3. Classe. Nachmitt.
	Flensburg, Abgang	8	12 35	4
0,90	Holzkrug	8 15		4 15
2,00	Tarp	8 30	1 —	4 30
2,80	Eggebek	8 38		4 38
3,60	Sollerup	8 48		4 48
5,00	Oster-Orstedt, Ankunft	9 8	1 30	5 8
	Abgang	9 18	1 40	5 18
[illegible]	Schwesing	[illegible]		5 30
6,60	Husum	9 40	1 58	5 40
7,90	Friedrichstadt Gh.	9 58	2 13	5 58
8,70	Harbleck	10 6		6 6
9,04	Tönning, Ankunft	10 20	2 30	6 20
Meilen.	Oster-Orstedt, Abgang	9 18	1 40	5 18
1,00	Holm	9 31		5 31
1,70	Ellingstedt	9 43		5 43
2,90	Schleswig Gh. (Klosterkrug)	9 59	2 10	5 59
4,10	Owschlag	10 16		6 16
4,90	Duvenstedt	10 27		6 27
5,50	Rendsburg, Ankunft	10 40	2 40	6 40

Zweigbahn. (Meilenlänge von Oster-Orstedt berechnet)

Meilen.	Von	1., 2., 3. Classe. Vormittag	1., 2., 3 Classe. Mittags	1., 2., 3. Classe. Nachmitt.
	Rendsburg, Abgang	7 45	12 30	3 45
0,60	Duvenstedt	7 55		3 55
1,40	Owschlag	8 7		4 7
2,60	Schleswig Gh. (Klosterkrug)	8 24	12 56	4 24
3,80	Ellingstedt	8 40		4 40
4,50	Holm	8 54		4 54
[illegible]	Oster-Orstedt, Ankunft	9 8	1 30	5 [illegible]
Meilen.	Tönning, Abgang	8 5	12 40	4 5
0,80	Harbleck	8 18		4 18
1,50	Friedrichstadt Gh.	8 28	12 58	4 28
2,80	Husum	8 44	1 15	4 44
3,60	Schwesing	8 55		4 55
4,40	Oster-Orstedt, Ankunft	9 8	1 30	5 8
	Abgang	9 18	1 40	5 18
5,90	Sollerup	9 34		5 34
6,70	Eggebek	9 44		5 44
7,40	Tarp	9 54	2 10	5 54
8,50	Holzkrug	10 9		6 9
9,40	Flensburg, Ankunft	10 25	2 35	6 25

Zweigbahn. (Meilenlänge von Rendsburg berechnet)

NB. Die resp. von Flensburg, Tönning und Rendsburg abgehenden Züge, müssen alle drei in dem Vereinigungspunkt der Haupt- und Zweigbahn, Station Oster-Orstedt, angekommen sein, bevor irgend einer der Züge von der genannten Station nach Flensburg, Tönning oder Rendsburg abgehen darf.

Flensburg, im October 1854.

John S. Louth, Betriebs-Dirigent.

Fahrplan der Südschleswigschen Eisenbahn aus dem Eröffnungsjahr 1854. Sammlung Eckhard Klein

15.00 Uhr zu entnehmen. Die entsprechenden Ankunftszeiten in Rendsburg waren 6.45 Uhr, 10.15 Uhr und 17.30 Uhr. Verbindungen Richtung Altona waren eigentlich nur abends möglich, denn dann hätte der Reisende den Rendsburg um 17.40 Uhr verlassenden Personenzug erreichen können, der um 21.00 Uhr in Altona eintraf. Die Reise von Flensburg nach Altona dauerte somit 6 Stunden. Der morgendliche Personenzug von Rendsburg nach Altona fuhr um 6.45 Uhr ab, genau zu der Zeit, als der aus Flensburg kommende Zug gerade einlief. Eine Übergangsmöglichkeit für Reisende erscheint bei dieser Fahrplanlage unmöglich gewesen zu sein. Der Zug aus Rendsburg wäre um 10.00 Uhr, also nach 3 ¼ Stunden, in Altona gewesen. Eine realistische Möglichkeit für Flensburger bot allerdings die Abfahrt um 10.50 Uhr, dies war ein Güterzug mit Personenbeförderung. Allerdings erreichte der Reisende Altona erst um 15.00 Uhr, 7 ½ Stunden nach der Abfahrt in Flensburg. Anhand dieser Zeiten wird deutlich, dass das Reisen mit der Eisenbahn 1860 immer noch zeitaufwendig war.

Ab 1. Juni 1864 galt folgender Fahrplan: der Morgenzug („Combinierter Zug") verließ Flensburg um 4.15 Uhr mit Ankunft in Rendsburg um 6.35 Uhr. Morgens verkehrte ferner ein Güterzug mit Abfahrt 7.30 Uhr, der um 10.25 Uhr in Rendsburg ankam. Der letzte Zug („Combinierter Zug") verließ Flensburg nunmehr bereits um 14.50 Uhr und traf um 17.20 Uhr in Rendsburg ein. 1864 hatte der

No. 91. Zwischen **Brüssel, Namur und Arlon,** *über Ottignies.*

aus Brüssel	—	7·—Fr.	9·25Vm.	—	2·—Nm.	6·30Ab.
in Ottignies	—	7·45Fr.	10·5Vm.	—	2·50Nm.	7·20Ab.
in Namur	—	8·50Fr.	10·55Vm.	—	3·55Nm.	8·40Ab.
aus Namur	—	9·20Vm.	11·5Vm.	—	5·15Nm.	—
in Jemelle	—	11·45Vm.	12·45Nm.	—	7·25Ab.	—
aus Jemelle	6·—Fr.	—	12·50Nm.	3·—Nm.	—	—
in Arlon	9·30Vm.	—	3·—Nm.	7·—Ab.	—	—

aus Arlon	6·—Fr.	—	9·45Vm.	—	4·15Nm.
in Jemelle	9·30Vm.	—	11·45Vm.	—	7·45Ab.
aus Jemelle	—	6·15Fr.	11·50Vm.	3·30Nm.	—
in Namur	—	8·30Fr.	1·30Nm.	5·40Nm.	—
aus Namur	6·40Fr.	9·5Vm.	2·—Nm.	6·15Ab.	—
aus Ottignies	7·50Fr.	10·15Vm.	3·—Nm.	7·30Ab.	—
in Brüssel	8·45Fr.	11·—Vm.	3·30Nm.	8·15Ab.	—

Personengeld: I. Cl: 15 Fr. 60 Ct. II. Cl. 11 Fr. 70 Ct. III. Cl. 7 Fr. 80 Ct.

Zwischen **Cöln-Lüttich-Namur, Erquelines** und **Paris** Seite 68.

No. 91 a. Zwischen **Arlon und Luxemburg.**

aus Arlon	6·30Fr.	10·30Vm.	3·5Nm.
aus Bettingen	6·55Fr.	10·55Vm.	3·20Nm.
in Luxemburg	7·40Fr.	11·40Vm.	4·—Nm.

aus Luxemburg	8·25Fr.	12·20Nm.	7·10Ab.
aus Bettingen	8·55Vm.	1·25Nm.	7·55Ab.
in Arlon	9·40Vm	1·52Nm.	8·30Ab.

Personengeld: I. Cl. 2 Fr. 80 Ct. II. Cl. 2 Fr. 10 Ct. III. Cl. 1 Fr. 50 Ct.

Dänemark.

Zwischen **Altona** und **Kiel (Rendsburg)** siehe Seite 20.

No. 92. Zwischen **Rendsburg und Flensburg** *(Tönningen)*, 10½ Meilen.

aus Rendsburg	7·5Fr.	11·—Vm.	7·50Ab.	—
aus Schleswig	7·35Fr.	11·15Vm.	8·—Ab.	—
in Oster-Orstedt	8·38Fr.	12·10Nm.	9·—Ab.	—
aus Oster-Orstedt	8·52Fr.	12·20Nm	9·10Ab.	—
in Flensburg	10·15Vm.	1·40Nm.	10·20Ab.	—

aus Flensburg	4·30Fr.	7·30Fr	—	3·—Nm.
in Oster-Orstedt	5·30Fr.	8·42Fr.	—	4·12Nm.
aus Oster-Orstedt	5·35Fr.	8·52Fr.	—	4·20Nm.
aus Schleswig	—	9·10Vm.	—	4·30Nm.
in Rendsburg	6·45Fr.	10.15Vm.	—	5·30Nm.

Zwischen **Oster-Orstedt und Tönningen,** 4,4 Meilen.

aus Oster-Orstedt	8·52Fr.	4·22Nm.	9·10Ab.
in Tönningen	10·15Vm.	5·50Ab.	10·20Ab.

aus Tönningen	7·30Fr.	2·50Nm.	7·40Nm.
in Oster-Orstedt	8·38Fr.	4·10Nm.	8·55Nm.

Personengeld: Zwischen Rendsburg und Flensburg I. Cl. 3 Rchsbkrtl. 24 Sch. II. Cl. 2 Rchsbkrtl. 32 Sch. III. Cl. 1 Rchsbkrtl. 40 Sch.
Zwischen Ober-Orstedt und Tönningen I. Cl. 1 Rchsbkrtl. 52 Sch. II. Cl. 1 Rchsbkrtl. 12 Sch. III. Cl. — Rchsbkrtl. 64 Sch.

No. 93. Zwischen **Korsör und Kopenhagen** *(über Ringstedt und Roeskilde)*, 14½ Meilen.

aus Korsör	7·15Fr.	12·45Nm.	7·15Ab.
in Kopenhagen	10·15Vm.	5·30Nm.	10·30Ab.

aus Kopenhagen	7·—Fr.	12·—Mt.	7·—Ab.
in Korsör	10·15Vm.	4·45Nm.	10·30Ab.

Personengeld: I. Cl. 4 Rchsbkrtl. 24 Sch. II. Cl. 3 Rchsbkrtl. 32 Sch. III. Cl. 2 Rchsbkrtl. 40 Sch.

76

Fahrplanauszug der nach Norden gehenden Strecke zwischen Rendsburg und Flensburg aus dem „Eisenbahn-, Post- und Dampfschiff-Coursbuch Nr. 5" von 1860. Da das Herzogtum zu dieser Zeit unter dänischer Verwaltung war, erschien der Fahrplan im Auslandsteil unter Dänemark. Sammlung Helmuth Hinze

Reisende im Wartesaal des Bahnhofs Klosterkrug um 1860. Bleistiftzeichnung mit Kreide von Christian Nikolaus Schnittger (1832 - 1896) Landesmuseum für Kunst und Kulturgeschichte Schleswig-Holstein 1957/438

Fahrgast die Möglichkeit, mit dem Frühzug und Umsteigen in Rendsburg um 10.00 Uhr nach 5 ¾ Stunden Reisezeit an der Elbe zu sein. Die Verbindung um 7.30 Uhr dauerte wie 1860 noch 7 ½ Stunden. Und nachmittags konnte der Reisende nach 6 Stunden Altona erreichen. Man hatte ausreichend Zeit und Muße, die Landschaft zu genießen. 1865 gab es auf 4.30 Uhr, 8.35 Uhr und 15.55 Uhr verschobene Abfahrtszeiten, wobei der Nachmittagszug als „Eilzug" geführt wurde, der Rendsburg nach genau zwei Stunden erreichte. Diese Reisezeit beinhaltet die Zeit, die in Oster-Ohrstedt aus betriebstechnischem Grund entweder für das Umsteigen oder das „Kopf machen" notwendig war.

Nach dem Krieg 1864 verschob sich die Grenze Preußens bis an die Königsau, der begonnene Streckenneubau in Nordschleswig wurde von der Fa. Peto, Brassey & Betts dennoch unvermindert weiter betrieben.

Am 1. November 1866 nahm die NSE die Strecke von Nordschleswigsche Weiche nach Vamdrup, dem neuen preußisch - dänischen Grenzbahnhof, in Betrieb. Ab diesem Datum war erstmals

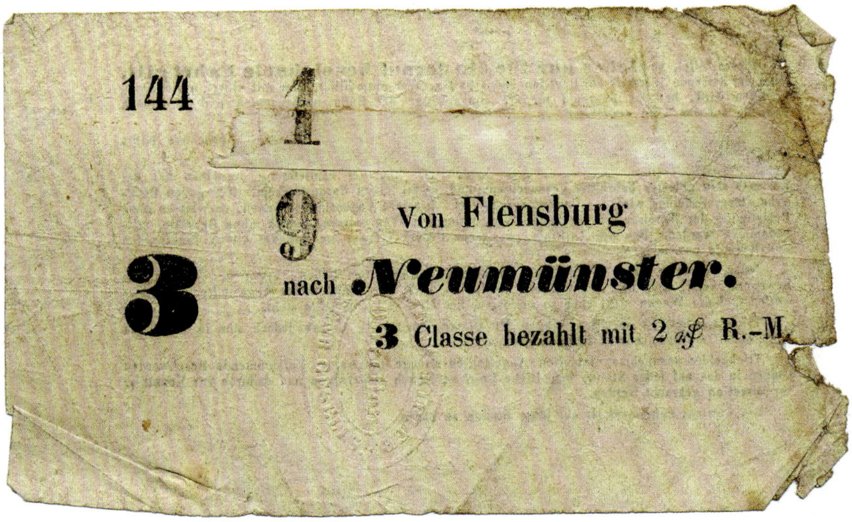

Fahrkarte „3. Classe" von Flensburg nach Neumünster. Nach 1865. 7 cm x 11,5 cm. SHLB Landesgeschichtliche Sammlung

eine internationale Verbindung zwischen Preußen und Dänemark möglich. Der aus Vamdrup um 15.15 Uhr abgehende „Eilzug", verließ Flensburg um 16.38 Uhr und erreichte Altona um 21.30 Uhr. Die Reisezeit Kopenhagen - Altona betrug insgesamt 14 Stunden und 50 Minuten.[50] Der Fahrplan wies 4 Zugpaare auf. Der Frühzug („Combinierter Zug"), der Flensburg um 4.30 Uhr verließ, traf um 6.55 Uhr in Rendsburg ein. Ihm folgte der Vormittagszug, ein Güterzug mit Personenbeförderung (GmP), der um 8.30 Uhr den „Englischen Bahnhof" verließ und um 11.50 Uhr in Rendsburg eintraf. Ein weiterer GmP fuhr um 9.15 Uhr ab und war um 13.05 Uhr in Rendsburg. Der Abendzug, die Eilzugverbindung, verließ um 16.38 Uhr Flensburg und war um 19.02 Uhr in Rendsburg. Ab dem 15. April 1869 wurde morgens um 6.00 Uhr ein zusätzlicher Güterzug Richtung Süden eingelegt.[51]

Mit der Inbetriebnahme der Abkürzungsbahn von Eggebek nach Klosterkrug - dadurch entfiel das Umsteigen bzw. „Kopf machen" in Oster-Ohrstedt - kam es ab dem 29. Dezember 1869 zu den bis dahin deutlichsten Fahrtzeitverkürzungen. Der Frühzug (Zug II) verließ Flensburg jetzt um 5.30 Uhr und war bereits um 7.10 Uhr in Rendsburg. Der „Combinierte Zug" IV ging um 9.10 Uhr ab und traf um 11.40 Uhr in Rendsburg ein. Der Eilzug VIII verließ die Stadt um 16.58 Uhr und war um 18.45 Uhr in Rendsburg.

Ab 15. Mai 1877 umfasste das Angebot vier Züge: Schneller Frühzug 4 ab Flensburg um 5.20 Uhr mit Ankunft in Rendsburg um 7.10 Uhr, Zug 6 ab Flensburg 8.45 Uhr und Ankunft in Rendsburg um 11.02 Uhr. Am Nachmittag verließ Zug 10 Flensburg um 15.20 Uhr, der Rendsburg um 17.11 Uhr erreichte. Der schnelle Spätzug 12 verließ die Fördestadt um 17.25 Uhr und war um 19.10 Uhr in Rendsburg.

Ab Juli 1880 verkehrten fast alle Züge nach dem gleichen Fahrplan, waren aber einige Minuten länger Richtung Rendsburg unterwegs. Der schnelle Spätzug wurde geringfügig vorverlegt. Die Reisezeit der Verbindung Kopenhagen - Berlin war auf 12 Stunden und 45 Minuten gesunken.

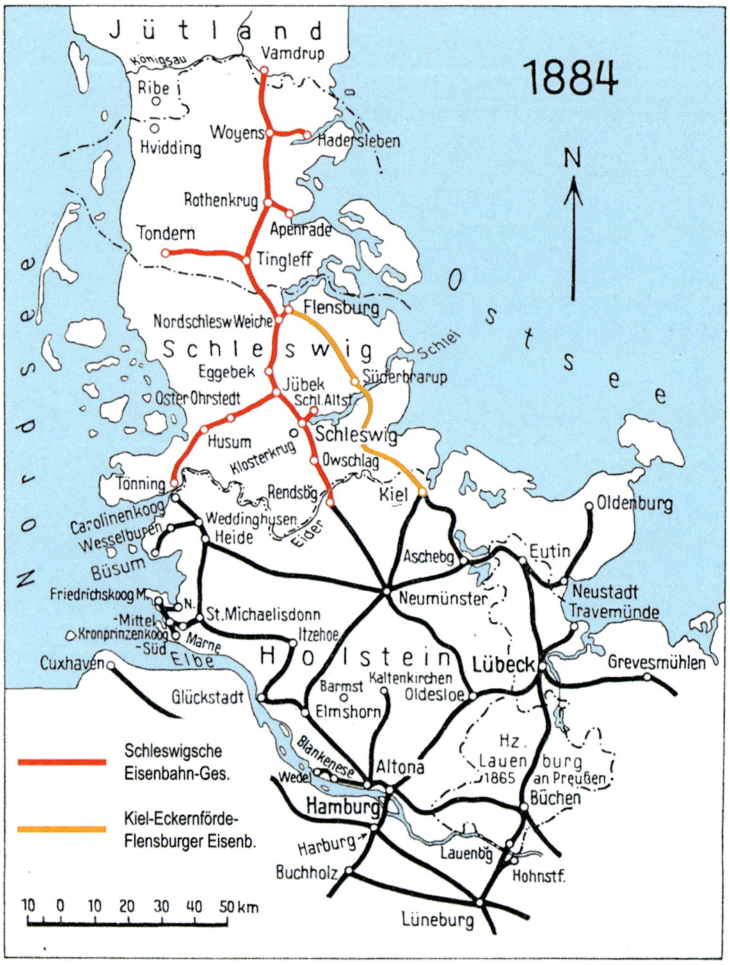

Das Eisenbahnnetz im Landesteil Schleswig im Jahr 1884. Ein Jahr später erfolgte die Verstaatlichung der Schleswigschen Eisenbahn. Verändert nach Overmann 1938.

2.8 Betriebswerkstätte und beheimateter Lokomotivpark der Südschleswigschen Eisenbahn sowie der Nachfolgebahnen

Der bereits erwähnte „Prospectus" von 1841 sah für Flensburg nur „Drehscheiben, Remisen für die Maschinen und Wagen sowie ein Magazin" vor, dagegen in Husum eine „Reparationsanstalt für die Maschinen und Wagen". Schließlich erhielt Flensburg mit der Inbetriebnahme 1854 doch eine Maschinen- und Wagenwerkstatt. Die Jubiläumsschrift „50 Jahre Eisenbahndirektion Altona" tut dies mit dem einzigen Satz ab: "Flensburg erhielt eine kleine Werkstatt".[52] Das mag räumlich gesehen richtig sein, wird jedoch der erstaunlichen Leistungsfähigkeit der ersten Flensburger Betriebswerkstatt in keiner Weise gerecht.

Die Südschleswigsche Eisenbahn (SSE) konzentrierte ihre Lokomotivunterhaltung und -behandlung in Flensburg in unmittelbarer Nähe des „Englischen Bahnhofs", ca. 250 m südöstlich der Spitze der Flensburger Förde am Plankemai (Karlstraße), neben der Eisengießerei Jepsen. Unter der anfänglichen Leitung der englischen Maschinenmeister James Hall und später Robert Constantine wurde der Betrieb mit zunächst 8 Lokomotiven aufgenommen. Die östlich des Bahnhofs gelegenen baulichen Anlagen zur Wartung und Unterhaltung von Lokomotiven bestanden aus: Lokomotivwerkstatt, kleiner Gießerei für Eisen und Metall, Dreherei, besonderer Malerwerkstatt, Bürogebäude mit Magazin, Drehscheibe, Wasserturm, einem hölzernen Schuppen für den Salonwagen des dänischen Königs und einer Lokomotivremise. Die erste Werkstatt hatte nur zwei Gleise und war kaum lang genug für eine Maschine ohne Tender. Mit einem Holzkran konnte nur auf einem Gleis das eine Ende der Lokomotive abgehoben werden. Mussten alle drei Achsen ausgebaut werden, wurde das andere Ende mit Winden angehoben. Die Antriebskraft für die Werkzeugmaschinen lieferte eine alte Lokomotive mit innen liegenden Zylindern. Draußen stand eine große Presse, um Bandagen für Räder rund zu pressen und eine andere mit Druckpumpe, um Achsen auszupressen, dazu ein Torffeuer, um Bandagen aus gewöhnlichem Schmiedeeisen anzuwärmen. Nahtlose Bandagen konnte man damals noch nicht herstellen. In der Werkstatt wurden nicht nur Reparaturen an Eisenbahnfahrzeugen ausgeführt, sondern auch Auftragsarbeiten. So zum Beispiel eine Lokomobile zum Betreiben der großen Torfpresse aus Bayern für das Moor bei Lottorf. 1860 stellte die Flensburger Betriebswerkstätte ihre Leistungsfähigkeit auch im Hochbau unter Beweis, als die alten Holzbrücken der Bahn durch Stahlblechkonstruktionen ersetzt wurden.

Rambusch beschreibt die Verhältnisse in der Betriebswerkstatt sehr detailliert:

„1860 erhielt die Werkstatt viel Arbeit mit dem Zusammenbau von Eisenbrücken für die gesamte Bahn. Die alten Holzbrücken von 1854 mußten nämlich eingezogen werden. Die neuen Brücken wurden als Balkenträger aus Eisenblechen konstruiert und die Nietungen beaufsichtigte ein Kopenhagener Kesselschmied Hansen, ein sehr tüchtiger Mann. Er ging von und zur Arbeit in feiner Kleidung mit Seidenhut, etwas, das damals völlig unbekannt war. Alle anderen gingen in speckigem Arbeitszeug und die, die am schlimmsten aussahen wurden als beste Arbeiter angesehen. Das Waschen war in der Werkstatt streng verboten. Ebenso wenig gern gesehen wurde es, ei-

Blick von Osten auf das Gelände der Südschleswigschen Eisenbahn. Links ist ein Teil der Betriebswerkstätte, die Wagenreparaturwerkstätte, erkennbar. In der Bildmitte verdeckt die Bahnhofs- oder Perronhalle das dahinterliegende Empfangsgebäude. Über dem rechten Hallendach ist die Rathausstraße sichtbar und rechts ragt die Spitze der Flensburger Förde ins Bild.
Foto: unbekannt **Stadtarchiv Flensburg XIV Fot C2.240f03**

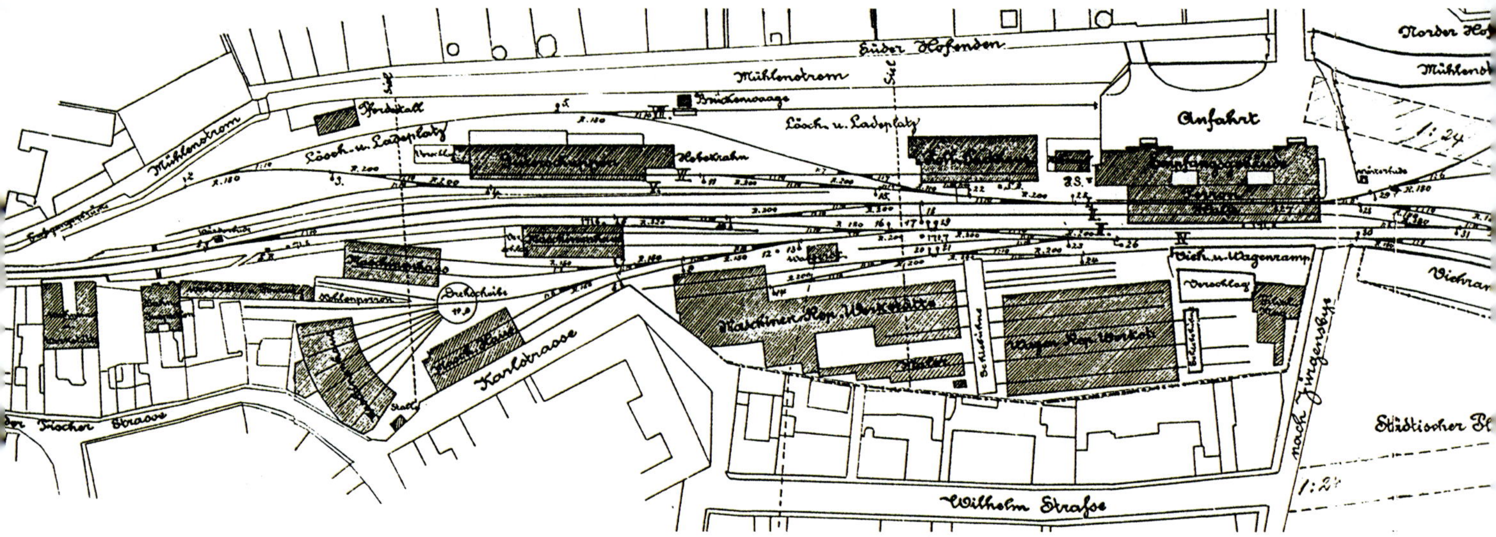

Gleisplan des Bahnhofs Flensburg und der Betriebswerkstätte Flensburg der Schleswigschen Eisenbahn kurz vor dem Abriß des „Englischen Bahnhofs" ca. 1883. In der unteren Hälfte befinden sich die an der Karlstraße gelegenen maschinentechnischen Anlagen, in der oberen Hälfte liegen am Mühlenstrom von links nach rechts Güterschuppen, Zollschuppen und Empfangsgebäude. Links liegt das Richtung Nordschleswigsche Weiche führende Ausfahrtgleis. Sammlung Holger Kaufhold

nen Vorgesetzten zu grüßen, der in die Werkstatt kam. Neulinge, die das am Anfang schwer lassen konnten, erhielten einen Wink, das zu unterlassen.

Das war ein echt englischer Zug. Noch 1884 sah ich am Eingang mehrerer großer englischer Fabriken angeschlagene gedruckte „Rules and regulations" für Arbeiter mit einer Menge Bestimmungen darunter „Whoever washes himself in the companys premises will be immediately be discharged." Das paßt gut zu dem ständigen Gerede über den Englischen Liberalismus, das hier zu hören ist.

Die 6 Tendermaschinen hatten, wie bereits erwähnt, nur von vorne eine Öffnung im Schieberkasten, so daß das gesamte Abrichten des Schieberspieles durch den engen Vorderdeckel geschehen mußte. Das war selbstverständlich eine schwierige und langwierige Arbeit, denn man konnte nur eine Hand gebrauchen, für das linke Spiel die Linke, und man konnte kaum sehen was die Hand mit Feile und Schaber ausrichtete. Um die notwendige Beleuchtung zu schaffen, wurde eine kleine Lampe mit Olivenöl in den Schieberkasten gestellt. Es wurden ausnahmslos tüchtige Leute hierfür gestellt und ein Mann hatte mehrere Wochen für eine solche Arbeit zu tun. Sehr genau mußte gearbeitet werden, denn mit allen diesen Dingen war Constantine sehr genau und besah sich danach die Arbeit. Schieber und Spiel mußten überall passen und Kolbenringe mit Schloß mußten wasserdicht sein nach dem man 12 bis 14 Stück übereinander legte auf einer Richtplatte und sie mit Wasser füllte. Da jeder Ring mit einem besonderen Schloß an der Schnittstelle verschlossen war, war für diese Probe genaueste Arbeit notwendig.

Unmittelbar an der Werkstatt stand ein Wasserturm aus Holz und Balken, wie die anderen der Bahn, nur hielt sich dieser automatisch gefüllt, denn die Bahn hatte ein Bassin mit Quellen oben auf den Höhen von Jürgensby. Ein kleines Stück von der Werkstatt zur Stadt hin lag der Lokomotivschuppen. Dieser war viereckig und hatte Platz für 4 Lokomotiven. Das Gebäude war ursprünglich ein öffentlicher Tanzsalon gewesen und hieß „Colosseum", wurde dann zusammen mit dem Grundstück jedoch für die Bahn expropiirt. Als Lokomotivschuppen behielt das Gebäude seine beiden Galerien und auch den Namen.

Dicht beim Lokomotivschuppen war ein Gebäude aus Holz errichtet worden für den Königswagen. Das Haus war sehr gut und dicht und die großen Fenster waren alle mit schweren Rolläden versehen, damit die Sonne dem Wagen und seinen eleganten Dekorationen keinen Schaden anhaben konnte.

Die Arbeiter der Werkstätten waren, wie schon gesagt von verschiedener Nationalität, Engländer, dänische und deutsche Schleswiger, Hannoveraner, Sachsen, Norweger, 2 Helgoländer, die England haßten, obgleich die Insel damals Englisch war, Kopenhagener und andere Dänen aus dem Königreich. Die Engländer hielten es meistens mit den Schleswigern, teilweise gewiß als Auswirkung ihrer Zeitungen, die es damals wie immer schon mit den unzufriedenen in anderen Ländern hielten. Im Gan-

Blick in die Betriebswerkstätte Flensburg der Schleswigschen Eisenbahn mit dem versammelten Werkstattpersonal um 1878. Auf der Drehscheibe steht die 1864 zur Bahn gekommene österreichische Lok „Böhmerwald", die 1863 von der Lokomotivfabrik G. Sigl in Wien hergestellt wurde. Hinter der Lok liegt der vier Stände umfassende Lokschuppen.
Foto: unbekannt **Arkivet ved Dansk Centralbibliotek for Sydslesvig, Flensburg**

zen war doch ein gutes Verhältnis zwischen allen Angestellten der Werkstätten und politische Uneinigkeiten wurden meist recht humorvoll aufgefasst."

Als Lokschuppen fungierte das enteignete Gebäude des Tanzsalons „Colosseum", welches insgesamt vier Lokomotiven Platz bot. Der Verkehr wurde mit sechs fabrikneuen Tenderlokomotiven des englischen Herstellers E. B. Wilson & Co., Railway Foundry, Leeds aufgenommen. Daneben gab es zwei ältere, von der berühmten Lokomotivfabrik Robert Stephenson in Newcastle-on-Tyne hergestellte Schlepptenderlokomotiven des Long-Boiler Typs. Alle Maschinen besaßen außenliegende Zylinder.

Im Jahre 1858 erhielt der Fahrzeugpark durch zwei von den Canada Works in Birkenhead/England gelieferte 2B Schnellzuglokomotiven mit zweiachsigem Tender (Betriebsnummern 9 und 10) Verstärkung.

Noch im Jahre 1863 bezog die SSE von Hawthorn aus Newcastle zwei leichte 1B Tenderlokomotiven, die die Betriebsnummern 8^2 und 11 erhielten. Zu Beginn des Krieges gegen Dänemark kamen mit österreichischen Truppentransporten im Jahre 1864 erstmals Lokomotiven kontinentaleuropäischer Hersteller ins Herzogtum Schleswig, bei denen es sich um die beiden 1863 von der Lokomotivfabrik Sigl in Wien für die Böhmische Westbahn gebauten Güterzuglokomotiven „BÖHMERWALD" (NSE Nr. 12) und „RADBUZA" (NSE Nr. 13) der Achsfolge 1 B mit Schlepptender handelte. Sie verblieben auch nach dem Truppenabzug im Herzogtum und waren bis zur Verstaatlichung die leistungsstärksten Lokomotiven der Bahngesellschaft. Weitere Zugänge verzeichnete die NSE im Kriegsjahr 1864 mit der von Manning, Wardle & Co. in Leeds abgelieferten Tenderlokomotive Nr. 14 der Achsfolge C (später umgebaut in 1B) sowie zwei 1B Lokomotiven mit zweiachsigem Tender mit den Betriebsnummern 15 und 16, die ebenso wie die 1865 gebauten typgleichen 1B Lokomotiven unter den Betriebsnummern 17 und 18 von den Canada Works geliefert wurden.

Am 1. November 1866 war der gesamte Abschnitt bis zur nördlichen Grenze des Herzogtums bei Farris betriebsbereit. Dadurch entwickelte sich der Betriebsmaschinendienst an der neuen Station „Nordschleswigsche Weiche" kontinuierlich fort. Da kein Gleisdreieck angelegt werden sollte, mussten die aus Flensburg kommenden Züge Kopf machen, umrangiert und die hierfür erforderlichen Lokomotiven behandelt werden. Die Rangier- und Streckenlok wurden von „Nordschleswigsche Weiche" aus eingesetzt. Deshalb wurden bis 1867 ein zweiständiges Maschinenhaus und eine dreiständige Wagenremise, in denen kleinere Reparaturen an den Fahrzeugen ausgeführt werden konnten, und ein Wasserbehälter errichtet. Dazu kam eine Wagenmeisterunterkunft und ein Imprägnierhaus, das als Schwellenimprägnieranstalt noch im Stationsbuch von 1892 erwähnt wird.

Lokomotivpark der Schleswigschen Eisenbahnen (SSE, NSE und SE)

Betriebs-Nr.	*Achsfolge*	*Hersteller*	*Baujahr*	*Bahngesellschaft*	*ausgemustert*
1 - 6	2Bt	E. B. Wilson, Leeds	1854	SSE	1886 - 1890
7	B1	Stephenson, Newcastle	1847	SSE	1886
8[II]	1Bt	Hawthorne, Newcastle	1863	NSE	1881
9 - 10	2B	Canada Works, Birkenhead	1858	SSE	1891 - 1892
11	1Bt	Hawthorn, Newcastle	1863	NSE	1894
12 - 13	1B	Sigl, Wien	1863	NSE	1887 - 1893
14[II]	Ct	Manning, Wardle & Co., Leeds	1864	NSE	1887
15 - 18	1B	Canada Works, Birkenhead	1864 - 65	NSE	1887 - 1889
19 - 21	1A1	Canada Works, Birkenhead	1866	SE	1887 - 1892
22 - 25	1B	Canada Works, Birkenhead	1868/73	SE	1887 - 1891
26 - 29	B1	Hanomag, Hannover	1874	SE	1901 - 1905
30 - 32	1B	Hohenzollern, Düsseldorf	1877/80	SE	1898 - 1905
33 - 34	1B	Hanomag, Hannover	1884	SE	1906 - 1910

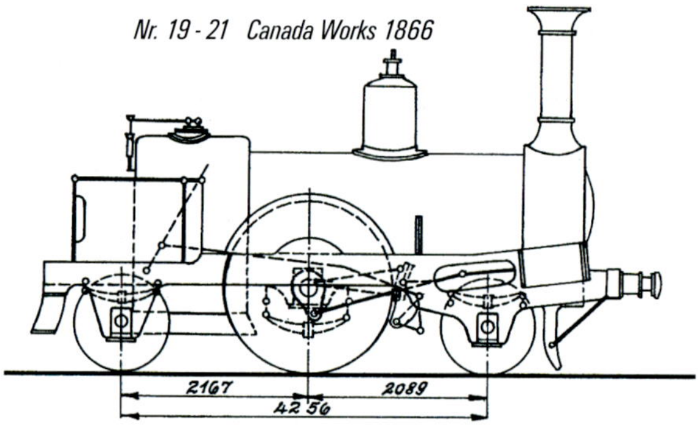

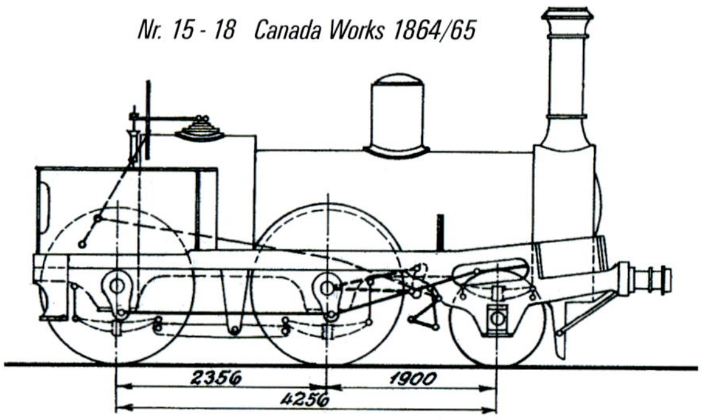

Skizzen der 1 A 1 und 1 B „Canada"- Lokomotiven mit den Betriebsnummern 15 - 21. Aus Bombe (1956)

1866 beschaffte die Schleswigsche Eisenbahn (SE) drei 1A1 Eilzuglokomotiven mit zweiachsigem Tender (Canada Works), Betriebsnummern 19 bis 21, 1868 nochmals zwei 1B Lok mit zweiachsigem Tender, Betriebsnummern 22 und 23 und 1873 zwei Lokomotiven des gleichen Typs, die die Betriebsnummern 24 und 25 erhielten. Erst 1874 setzen Lieferungen aus deutschen Lokomotivfabriken ein, die der Tabelle zu entnehmen sind.[53]

Die Schleswigsche Eisenbahn AG verfügte Anfang des Jahres 1866 über folgende Betriebsmittel:[54]

18 Lokomotiven (davon zwei an die Schleswig-Klosterkruger Zweigbahn abgegeben)
33 Personenwagen
2 Postwagen
10 Gepäckwagen
89 gedeckte Güterwagen
176 offene Güterwagen, zu denen im laufenden Jahr 1866 noch 20 gedeckte Güterwagen hinzukamen.

Die Vergrößerung der Werkstätten und Lokbehandlungsanlagen der Schleswigschen Eisenbahn an der Hafenspitze erfolgte in mehreren Ausbaustufen. 1878 bestand bereits ein vierständiger Ringlokschuppen, der ca. 1883 auf sechs Stände erweitert wurde und dem eine Drehscheibe mit 12,9 m Durchmesser vorgelagert war, für die der Königswagenschuppen abgerissen wurde. Zu diesem Zeitpunkt gab es zwischen Karlstraße und dem Güterschuppen noch drei weitere Rechteckschuppen, bei denen es sich um den bereits erwähnten „Colosseum"-Schuppen sowie um zwei zweiständige, parallel zu den Bahnhofsgleisen angeordnete Maschinenhäuser in der Nähe der Drehscheibe handelte.

Winterdienst war für die Südschleswigsche Eisenbahn ein Problem, insbesondere Schneeverwehungen legten den Verkehr manchmal tagelang lahm. Herzbruch (1868) schildert die Verhältnisse folgendermaßen:[55] *„Die Schleswigschen Bahnen durchschneiden meistens den Mittelrücken des Herzogthums und liegen auf einer freien Hochebene in der Richtung von Süden nach Norden. Wenn bei dem sehr günstigen Terrain auch keine größeren Erdarbeiten beim Bau nothwendig waren, so kamen*

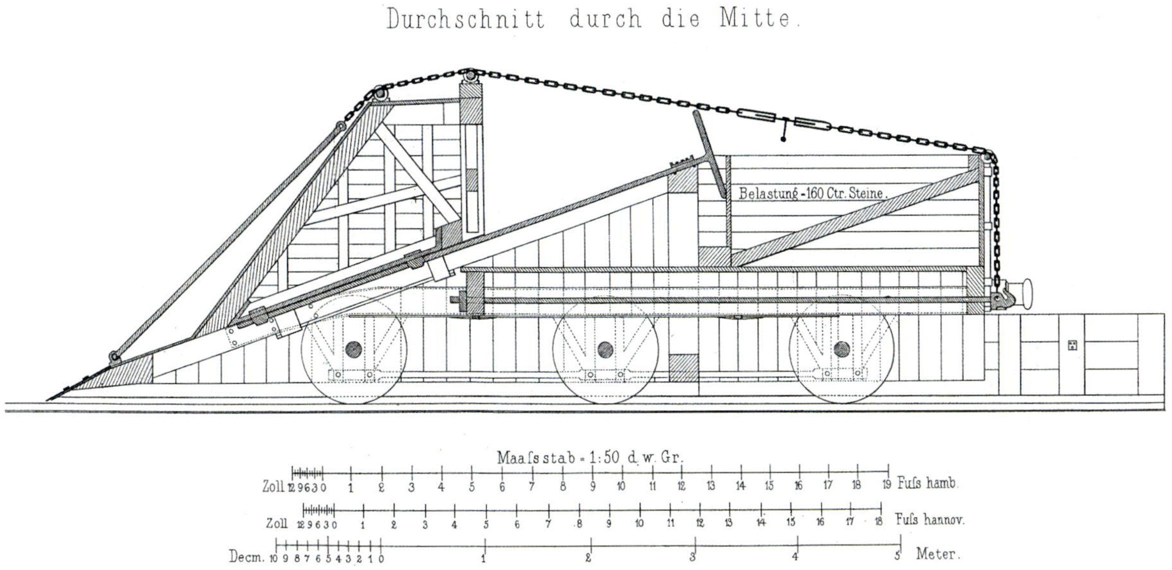

Querschnittszeichnung des ca. 1867 durch den Maschinenmeister Robert Constantine konstruierten und in der Betriebswerkstätte Flensburg der Schleswigschen Eisenbahn hergestellten schweren Schneepflugs. Das stabil gebaute Fahrzeug war mit 160 Zentnern Steinen beschwert. Aus Herzbruch 1868.

Ausschnitt aus dem Foto „Flensburg vom Ballastberge aus", mit dem auf der „Englischen Brücke" abgestellten Schneepflug. Im Hintergrund das Kompagnietor. Foto: Friedrich Brandt (Album von S.-H.) SHLB Landesgeschichtliche Sammlung

doch viele kleinere Einschnitte von 4 - 6 Fuß Tiefe vor, welche bei jedem Schneetreiben in kurzer Zeit auf der meilenweiten Ebene von Schnee gefüllt werden." Mit normalen Schneepflügen bekam die Bahn die Schneemassen zeitweise nicht geräumt. Der Maschinenmeister Constantine konstruierte deshalb einen verbesserten Schneepflug, der von Herzbruch 1868 beschrieben wurde und sich im rauhen Einsatz gut bewährte. Hier einige Details, des fast 10 m langen Schneepfluges: *„ ... ruht auf 3 Räderpaaren mit starken 6zölligen Achsen, ist überhaupt sehr stark in allen seinen Theilen construiert und wird mit 160 Centner Steine belastet. Seine*

Breite beträgt 9¾ Fuß und seine ganze Länge 37½ Fuß. ... Dieser Schneepflug hat sich bei den großen Schneemassen des vorigen Winters durchaus bewährt. Es wurden 3 schwere Lokomotiven hinter denselben gesetzt, welche die kleineren Einschnitte bis zu 6 und 8 Fuß Höhe mit einer Geschwindigkeit von 15 Minuten per Meile, oft auf 1 engl. Meile Länge mit Leichtigkeit durchfuhren und das Geleise vollständig reinigten; auch tiefere Einschnitte und höhere Schneemassen sind mit Leichtigkeit durchschnitten. Die Schneemassen flogen in einem furchtbaren Schneewirbel in die Höhe und zur Seite, welches namentlich bei Sonnenschein einen prächtigen Anblick gewährte." Über die Arbeitsbedingungen der Lokpersonale auf den ungeschützten Führerständen, ein Teil der Schneemassen wird sicherlich auch auf den Lokomotiven gelandet sein, gibt Herzbruch keine Auskunft.

Seit Anfang 1873, als die Altona - Kieler Eisenbahn den Betrieb der Schleswigschen Bahnen schon übernommen hatte, gab die Direktion tüchtigen Werkstättenarbeitern Gelegenheit, auf Vorschlag des Maschinenmeisters in die Eisenbahnpensionskasse aufgenommen zu werden. Mit dieser Maßnahme wollte man einen festen Arbeitsstamm bilden und ihnen Gelegenheit geben, sich und ihren Familien die Zukunft besser zu sichern, als es bisher möglich war. Die „Zeitung des Vereins Deutscher Eisenbahnverwaltungen" kommentierte hierzu am 19. Januar 1874: *„Die vorstehende kurze Mitteilung mag deshalb vielleicht von allgemeinem Interesse sein, weil die Theilname an einer Eisenbahn Pensionscasse jedenfalls ein sehr wirksames Mittel ist, um die Arbeiter der Eisenbahn-Werkstätten vor einer Verlockung zu Streik-Versuchen zu schützen".*

Das Altona - Kieler Eisenbahnunternehmen war auch auf anderen Gebieten recht fortschrittlich. Es hatte schon 1869 ein System von Ersparnisprämien und Beteiligung der Eisenbahnbeamten am Reingewinn eingeführt und bei der Übernahme der Schleswigschen Bahnen auf die Werkstättenverwaltung und später auf die allgemeine Verwaltung ausgedehnt. Für das Lokomotivpersonal gab es schon fast auf allen Bahnen Brennmaterial- und Ölprämien. Es erhielt außerdem in der Regel Meilengelder.

Die praktische Führungsarbeit in der Betriebswerkstätte leisteten Werkführer, Betriebswerkmeister und später Werkstättenvorsteher. Die Bezeichnung „Betriebswerkmeister" und danach „Werkstättenvorsteher" findet sich als Dienstbezeichnung von Unterschriftsberechtigten der Betriebswerkstätte.

3 Klein, aber fein – Die Flensburger Kreisbahn (1885 – 1953)

3.1 Eröffnung der Strecke Flensburg - Glücksburg - Kappeln

Die meterspurige „Kreis-Eisenbahn Flensburg – Kappeln" von Flensburg über Glücksburg und Gelting nach Kappeln - im folgenden Flensburger Kreisbahn genannt - wurde von dem bekannten Eisenbahn-Betriebsdirektor Emil Kuhrt, der auch am Bau der Kleinbahnen der Kreise Apenrade und Hadersleben beteiligt war, nach dem Grundprinzip „billiger Bau und billiger Betrieb" konzipiert.[56] Die Schmalspurbahn wurde im Auftrag des Landkreises Flensburg als Ersatz für sonst erforderlich gewesene Chausseen erbaut und in ihrer Gesamtlänge von 51,5 km am 1. Juli 1886 eröffnet und war im Sinne des Gesetzes die erste „richtige" Kleinbahn im Königreich Preußen.[57] Bei der Trassierung wurde Wert darauf gelegt, dass möglichst viele Ortschaften einen Bahnanschluss erhielten. Deshalb war die Bahnstrecke wesentlich länger (166%) als die direkte Entfernung zwischen den Endpunkten. Sie war hauptsächlich für den Personenverkehr geplant, aber die im Einzugsgebiet gelegene Landwirtschaft sollte über die An- und Abfuhr ihrer Erzeugnisse im Güterverkehr durch Erschließung neuer Absatzmärkte ebenfalls wirtschaftlichen Aufschwung nehmen.

Emil Kuhrt (1848 – 1909), Erbauer und erster Betriebsdirektor der Flensburger Kreisbahn. Als Eisenbahnfachmann war er bereits beim Bau der Kiel - Eckernförde - Flensburger Eisenbahn tätig gewesen und unter seiner Mitwirkung entstanden fast alle Kleinbahnen im Landesteil Schleswig, wie die Haderslebener und Apenrader Kreisbahnen sowie die Kleinbahnen Niebüll - Dagebüll und Munkmarsch - Westerland.
Foto: unbekannt GA SL-FL XC 3.8.1.2.78

Um Kosten zu sparen, wurden 9 m lange und 85 mm hohe Schienen aus Bessemerstahl verlegt, die am Kopf 40 mm, am Steg 10 mm und an der Basis 70 mm breit waren und ein Gewicht von 15,2 kg/m hatten.[58] Mit Rücksicht auf die geringe Geschwindigkeit von 20 km/h wurde ein leichter Oberbau in Kiesbettung gewählt, der für einen Achsdruck der Lokomotiven von 2,5 t und eine jährliche Betriebsfrequenz von 3 000 Zügen ausgelegt war. Außerdem wurde durch die Anpassung der Trasse an das Gelände kostspielige Erdbewegungen weitgehend vermieden. Dies hatte aber Neigungen bis 1 : 40 und zahlreiche Bögen und Gegenbögen mit Krümmungs-

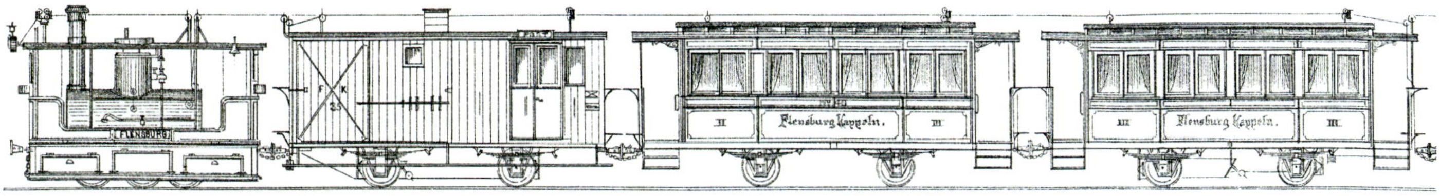

Zug aus den ersten Betriebsjahren der Flensburger Kreisbahn. Hinter der von der Schweizerischen Lokomotiv- und Maschinenfabrik in Winterthur gelieferten Kastenlok laufen ein Packwagen mit Postabteil und zwei Personenwagen. Als Bremssystem fungierte in der Anfangszeit die Heberlein´sche Seilzugbremse, deren Bremszug über den Wagendächern erkennbar ist. Aus Kuhrt 1887.

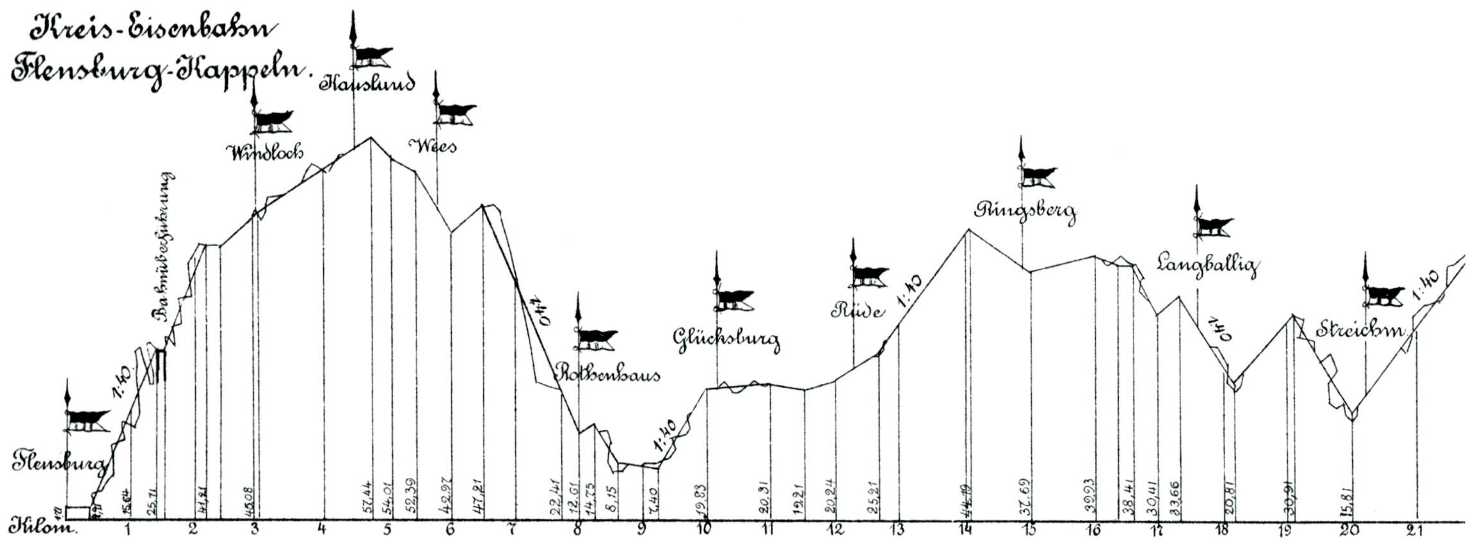

Längenprofil der Kreisbahnstrecke von Flensburg bis Streichmühle. Die Trassierung der Strecke im Östlichen Hügelland führte zu beachtlichen Steigungen, so die Ausfahrt aus Flensburg oder der „Weeser Berg", dem Abschnitt zwischen Rothenhaus und Wees, die den Lokomotivpersonalen einiges abverlangte. Aus Kuhrt 1887.

halbmessern bis zu 150 m, an einigen Stellen bis zu 70 m, zur Folge.

Bereits am 20. August 1885 wurde der Streckenabschnitt bis Glücksburg in Betrieb genommen und von dort aus bis Kappeln weitergebaut. An diesem Eröffnungstag standen an Betriebsmitteln zur Verfügung: die drei dreiachsigen von der Schweizerischen Lokomotiv- und Maschinenfabrik in Winterthur gebauten Lokomotiven Nr. 1 „Flensburg", Nr. 2 „Glücksburg" und Nr. 4 „Kappeln" sowie acht zweiachsige Personenwagen. Bis zur Inbetriebnahme der Reststrecke kamen noch die Lokomotiven Nr. 3 „Gelting" und Nr. 5 „Steinberg" und weitere acht Personenwagen hinzu. Außerdem gehörten zu der Erstausstattung der Kreisbahn 20 gedeckte Güterwagen, zwei Gepäckwagen mit Postabteil, 12 offene Güterwagen sowie zwei Langholzwagen. Alle Personenwagen waren von der Wagenbauanstalt Heinrich Heine & Söhne in Preetz geliefert worden.

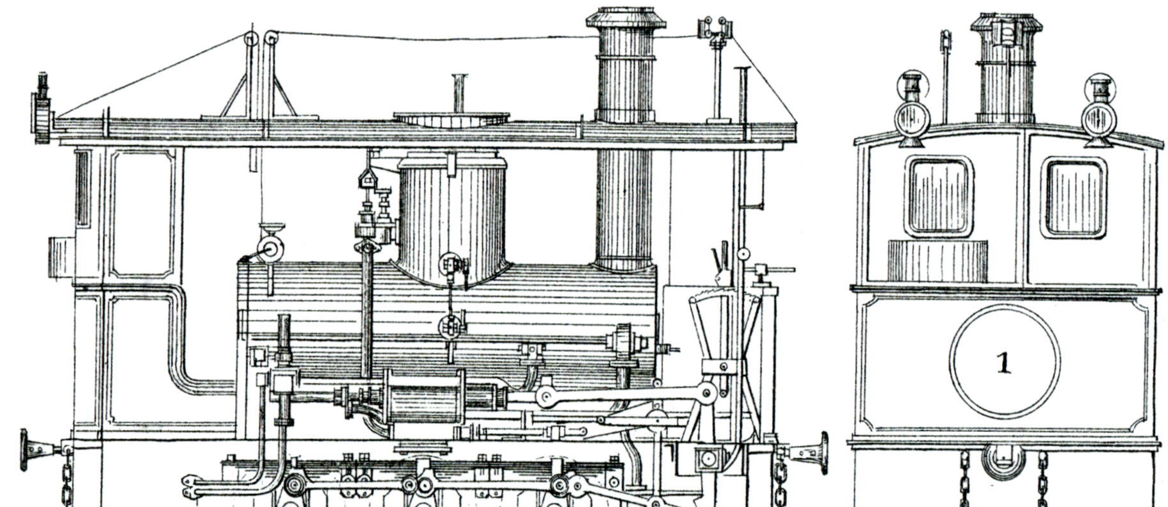

C - gekuppelte Kastentenderlok mit Triebwerksverkleidung, geliefert von der Schweizerischen Lokomotiv- und Maschinenfabrik in Winterthur. Treibraddurchmesser: 750 mm, Zylinderdurchmesser 240 mm, Kolbenhub 350 mm, Heizfläche 25 m², Rostfläche 0,45 m², Dienstgewicht 15 t, Radstand 1 800 mm, Wasservorrat: 1,6 m³, Bremssystem: Heberlein'sche Seilzugbremse. Die maximale Zugkraft bei 1 : 40 betrug 45 t. Aus Kuhrt 1887.

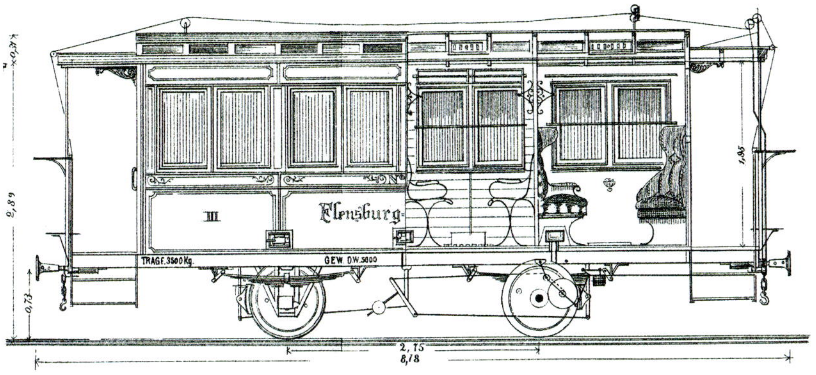

Die ersten Personenwagen hatten eine Länge über Puffer von 8,78 m und ein Gesamtgewicht von 5 t. Aus Kuhrt 1887.

Der Betrieb der Bahn wurde mit folgendem Personal eröffnet:

a) Betriebsamt:
  1 Betriebskontrolleur, 2 Gehilfen, 1 Rendant (gleichzeitig Rendant der Kreiskasse), 1 Telegraphenaufseher
b) Bahnhofsdienst:
  2 Bahnhofsvorsteher, 1 Stationsassistent in Flensburg, 22 Bahnhofsaufseher im Nebenamt, 5 Bahnhofsarbeiter
c) Fahrdienst:
  1 Oberlokomotivführer, 4 Lokomotivführer, 4 Heizer, 4 Zugführer
d) Bahnunterhaltung:
  3 Bahnmeister, 18 Streckenarbeiter.[59]

Die Flensburger Kreisbahn war sowohl in baulicher als auch in betriebstechnischer Hinsicht hochinteressant. Sie war auf einer Länge von 37,5 km neben den vorhandenen Straßen angelegt worden, weshalb das Triebwerk der ersten Lokomotiven zur Unfallverhütung durch eine Verkleidung abgedeckt wurde. Der Versuch, den Bahnhof der Kieler Bahn mitzubenutzen, war ebenso wie der Plan, einen eigenen Bahnhof in den Anlagen zwischen dem „Kieler Bahnhof" und dem „Staatsbahnhof" zu errichten, an der Stadt Flensburg gescheitert, die sich weigerte, das Gelände dort zur Verfügung zu stellen. Deshalb wurde das Angebot der Königlichen Eisenbahndirektion Altona angenommen, den „Staatsbahnhof" an den Süderhofenden mitzubenutzen.

Die Anlage der schmalspurigen Gleise im „Staatsbahnhof" war recht aufwendig, da sowohl die Rangiergleise der Staatsbahn als auch einige Weichen durchschnitten werden mussten, so dass der Einbau sehr vieler Kreuzungsstücke und Weichen mit einer, zwei oder drei Zungen erforderlich war. Durch das Einlegen einer dritten Schiene in die bestehenden Normalspurgleise wurde das Schmalspurgleis gebildet und dadurch ermöglicht, dass die Züge der Kreisbahn von dem zweiten Bahnsteig des „Staatsbahnhofes" abfahren konnten.[60] Für die Mitbenutzung des Bahnhofs und den inneren und äußeren Stationsdienst, der von den Bediensteten der Staatsbahn besorgt wurde, zahlte die Kreisbahn zu Beginn einen jährlichen Betrag in Höhe von 3 000 Mark an die Staatsbahnverwaltung.[61]

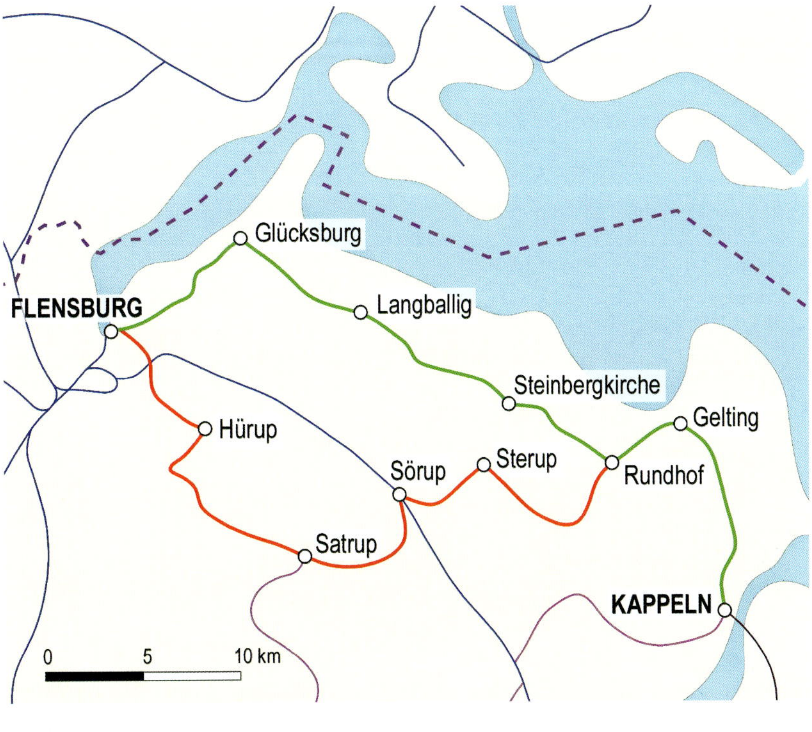

Streckennetz der Flensburger Kreisbahn 1930. Die 1885 zuerst eröffnete Strecke Flensburg - Glücksburg - Kappeln (grün) erschloss den Norden der Landschaft Angeln. 1902 wurde der südliche Teil über die Strecke Flensburg - Satrup - Sörup an die bestehende Nordstrecke in Rundhof angebunden (rot). In Satrup bestanden Übergangsmöglichkeiten zur Schleswiger Kreisbahn, in Sörup zur Reichsbahn und in Kappeln zur Schleswiger und Eckernförder Kreisbahn. Zusammen mit der Staatsbahn sorgte die Flensburger Kreisbahn für eine optimale Verkehrsinfrastruktur im Ostteil des Kreises Flensburg. Kartographie: Garnet Hofmann

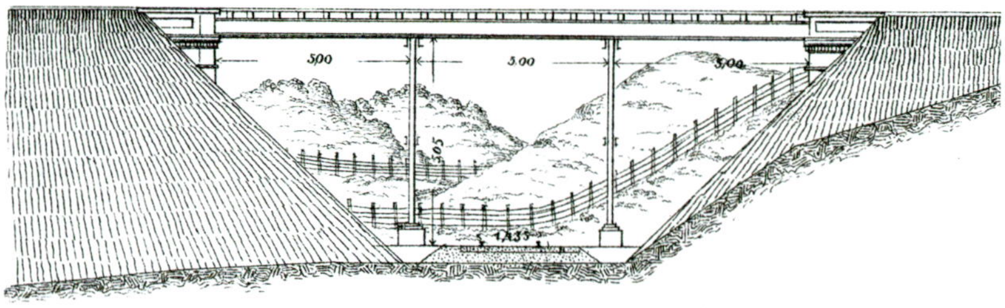

Auch der Oberbau wurde stets so kostengünstig wie möglich ausgeführt. Die Abbildung zeigt die Überführung der Kreisbahn über die normalspurige Strecke der Kiel - Eckernförde - Flensburger Eisenbahn. Aus Kuhrt 1887.

Weil die Strecke der Kreisbahn am „Staatsbahnhof" begann, musste die schmalspurige Kreisbahn Flensburg - Kappeln das Ausfahrgleis der ebenfalls normalspurigen Kiel - Eckernförde - Flensburger Eisenbahn in Nähe der Friedastraße niveaugleich kreuzen. Diese Kreuzung wurde durch eine ausgeklügelte Signaltechnik mit Weichen, Signalen und Stutzgleisen gesichert.

Die Sicherung wurde vom „Kieler Bahnhof" aus übernommen. Da die Bedienung der Sicherungstechnik sehr kompliziert war, musste die Kreisbahn anfänglich ca. 2 500 Mark an die Kiel - Eckernförde - Flensburger Eisenbahn zahlen.[62] Nach dieser komplizierten Kreuzung bog die Strecke der Kreisbahn wegen der beengten Platzverhältnisse mit einem Kurvenradius von 70 m in das Lautrupsbachtal ein, wo dann der Güterschuppen mit Freiladegleis, der zunächst zweiständige Lokomotivschuppen mit einer kleinen angebauten Schmiede

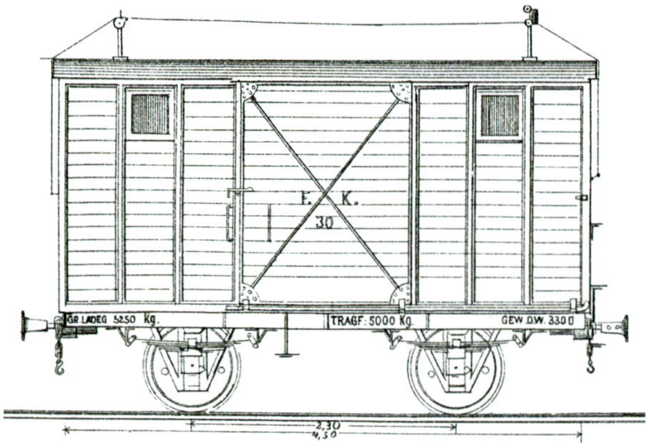

Güterwagen Nr. 30. Aus Kuhrt 1887.

Bahnanlagen am Lautrupsbachtal, aufgenommen im April 1896. Im Vordergrund sind Güterwagen der Kiel - Eckernförde - Flensburger Eisenbahn zu sehen. Am linken Bildrand verläuft die in einer Kurve langsam ansteigende Strecke nach Kiel. In der Bildmitte biegt die Kreisbahnstrecke in einem engen Bogen in das Lautrupsbachtal ein, wo der Güterschuppen und der Rechtecklokschuppen der Kreisbahn zu sehen sind.
Foto: Dreesen **Sammlung Holger Kaufhold**

Lok Nr. 1 der Flensburger Kreisbahn vor Personenzug nach Flensburg im alten Bahnhof Glücksburg 1885. Das Foto muss kurz nach der Eröffnung der Strecke bis Glücksburg aufgenommen worden sein, da noch Festschmuck zu sehen ist.
Foto: unbekannt **Sammlung Gerhard Nowc**

und der Kohlenbansen angelegt waren.

Im weiteren Verlauf hatte die Kreisbahnlinie eine Steigung von 1 : 40 zu überwinden, bis sie kurz hinter der Bachstraße die bis dahin parallel verlaufende Strecke der Kiel - Eckernförde - Flensburger Eisenbahn auf einer 22 m langen Eisenträgerbrücke kreuzte, dann hinter der Fruerlundmühle abbog und am Rand der Engelsbyer Straße bis zur Haltestelle Engelsby verlief. Der Scheitelpunkt der Strecke wurde kurz hinter Kauslund mit 57 m erreicht, zwischen Wees und Rothenhaus lag eine Höhendifferenz von 40 Metern, der berühmt-berüchtigte Weeser Berg, dessen Steigung nur durch eine künstliche Streckenverlängerung in einem noch vertretbaren Rahmen gehalten werden konnte. Dabei wurden die umfangreichsten Erdarbeiten auf der ganzen Strecke erforderlich, es mussten Einschnitte bis zu 5,5 m Tiefe und Dämme bis zu 7,5 m Höhe gebaut werden. Weitere größere Brücken wurden über die Lippingau bei Niesgrau und über die Au bei Grimsnis mit 5 m Breite errichtet.

Die Strecke war so projektiert worden, dass die Bahn an vorhandenen Gasthöfen vorbeigeführt wurde. Auf diese Weise konnten Baukosten für Bahnhöfe in Kauslund, Rothenhaus, Rüde, Streichmühle, Steinbergkirche, Stausmark, Schwackendorf, Rabel, Grimsnis und Kappeln eingespart werden. In Windloch (Engelsby), Glücksburg, Ringsberg, Langballig, Dollerup, Nübelfeld, Steinberg, Niesgrau, Rundhof, Lehbek, Gelting und Stenderup wurden neue Bahnhofsgebäude gebaut. An allen 22 Zwischenstationen wurde der Bahnhofsdienst von den Gastwirten versehen, sie waren Beamte im Nebendienst und mit der Expedition von Gütern, Gepäck und dem Fahrkartenverkauf beauftragt.

Gleisplan der Flensburger Kreisbahn am Lautrupsbach und Kreuzung der Schmalspurbahn mit der KEFE (vor 1887). Aus Kuhrt 1887.

Von Flensburg nach Kappeln verkehrten seit 1888 bis zum Ausbruch des Ersten Weltkriegs täglich drei Zugpaare, zwischen Flensburg und Glücksburg weitere drei. Zusätzlich pendelten jeweils zwei Zugpaare auf dem Abschnitt Flensburg - Steinbergkirche und von dort bis Kappeln. In den Anfangsjahren benötigte ein Zug für die Strecke Flensburg - Glücksburg - Kappeln über drei Stunden.[63]

Im ersten vollen Betriebsjahr 1887/88 wurden 213 857 Personen und 15 769 t Fracht befördert, ein Jahr später waren es schon 227 252 Personen und 18 926 t Fracht. Im Jahr 1900 konnten bereits 388 237 Personen und 37 162 t Fracht sowie 18 512 Tiere befördert werden. Das Jahr 1913 weist mit 428 449 Personen, 67 212 t Gütern und 33 429 verladenen Tieren die bislang höchste Beförderungsleistung auf, während sie 1918 auf 381 695 Personen, 41 964 t Güter und 9 298 Tiere gefallen ist.

3.2 Eröffnung der Strecke Flensburg - Satrup - Sörup - Rundhof

Aufgrund des am 28. Juli 1892 erlassenen Gesetzes über Kleinbahnen und Privatanschlußbahnen und der günstigen Entwicklung der Kreisbahnstrecke nach Kappeln wurden bereits 1892 die Planungen einer Schmalspurbahn von Flensburg über Satrup nach Schleswig in die Wege geleitet. Wegen des Desinteresses des Kreises Schleswig wurde der geplante Abschnitt von Satrup nach Schleswig fallen gelassen und statt dessen am 6. September 1900 die Streckenführung von Satrup über Sörup - Sterup - Grünholz nach Rundhof, an der Strecke Flensburg - Glücksburg - Kappeln gelegen, beschlossen. Auch diese Strecke sollte möglichst vielen Dörfern zu ihrem Bahnanschluss verhelfen, was erneut zu einer erheblich längeren Strecke führte. Die Gesamtstrecke war mit 44 km um 12 km länger als die Luftlinie Flensburg - Satrup - Sterup - Rundhof. Die Genehmigung zum Bau und Betrieb der Kleinbahnstrecke von Flensburg über Fruerlund, Tastrup, Hürup, Freienwill, Kleinsolt, Mühlenbrück, Obdrup, Satrup, Sörup (Überführung über die normalspurige Strecke nach Kiel), Sterup, Brunsholm und Wippendorf nach Rundhof wurde am 30. Januar 1901 erteilt. Die Teilstrecke von Flensburg nach Satrup wurde am 3. Dezember 1901 bahnpolizeilich abgenommen und am 12. Dezember 1901 dem Verkehr übergeben, die Reststrecke nach Rundhof wurde dann am 1. Juni 1902 eröffnet.[64]

Auf der neu eröffneten „Südstrecke" fuhren täglich fünf Zugpaare nach Rundhof, ein weiteres verkehrte nur bis Satrup. Für die Strecke Flensburg - Satrup - Rundhof benötigte ein Dampfzug etwa zwei Stunden.

Diese neue Bahnlinie hatte auch erhebliche Auswirkungen auf den Betrieb in Flensburg. Infolge des gestiegenen Personenverkehrs war es nicht mehr möglich, weiterhin den „Staatsbahnhof" mitzubenutzen, so dass sich die Kreisbahn um einen eigenen Bahnhof bemühen musste. Sie erwarb die bereits seit 1885 gemietete Villa Hafendamm 48 und baute sie zum Bahnhofsgebäude um. Die Gleisanlagen mussten erheblich erweitert und ein fünfständiger Ringlokschuppen mit Drehscheibe errichtet werden. Außerdem kam eine leistungsfähige Betriebswerkstatt hinzu, so dass bis auf schwerste Schmiedearbeiten alle Reparaturen an Wagen und Lokomotiven in eigener Werkstatt ausgeführt werden konnten.

Der mit zwei Kastenlokomotiven bespannte, festlich geschmückte Eröffnungszug und das stolze Kreisbahnpersonal am 12. Dezember 1901 im Bahnhof Satrup. Der Verkehr nach Rundhof wurde ein halbes Jahr später aufgenommen.
Foto: unbekannt **GA SL-FL XC 3.8.1.2.78**

Katastrophentourismus anno 1908 – Das furchtbare Ende einer Ausflugsfahrt. Das folgenschwerste Unglück in der Geschichte des Flensburger Eisenbahnwesens ereignete sich auf der Südstrecke der Flensburger Kreisbahn am 9. August 1908, einem Sonntag, spätabends in der Nähe des Bahnhofs Tarup. Dort stießen zwei Personenzüge zusammen. Ein Zug war voll besetzt mit Mitgliedern des Flensburger Männerturnvereins. Neun Personen starben, die Anzahl der Verletzten lag bei mindestens neun. Als Unfallursache ermittelte man „menschliches Versagen" und verurteilte die verantwortlichen Personale zu zwei bzw. drei Monaten Gefängnis. Lok Nr. 2 „Glücksburg", eine der schweizerischen Kastenloks, ist genauso wie der hinter ihr befindliche Zug entgleist.
Foto: Unbekannt GA SL-FL XC 3.8.1.2.61

Im übrigen war es erforderlich, die benötigten Betriebsmittel für die neue Strecke zu beschaffen. Es wurden deshalb bei der Firma Orenstein & Koppel vier zweiachsige Tenderlokomotiven (B n2t) und drei Tenderlokomotiven (B B n4vt) gekauft. Ferner wurden von der Fa. Düsseldorfer Eisenbahnbedarf neue vierachsige Personenwagen beschafft, die bedeutend komfortabler waren als die alten Zweiachser. Der Güterwagenpark wurde ebenfalls aufgestockt, die neuen Güterwagen hatten nunmehr eine Tragfähigkeit von 10 Tonnen.

Im Jahre 1904 wurden auf der „Südstrecke" 195 711 Personen und 23 730 t Fracht sowie 6 500 Tiere befördert. Im letzten Friedensjahr 1913 erhöhten sich die Zahlen auf 226 808 Personen, 37 603 t Fracht und 33 195 Tiere. Während im letzten Kriegsjahr 1918 227 209 Personen die Kreisbahn benutzten und noch 19 710 t Fracht und 1 590 Tiere verladen wurden, waren es 1920 nur noch 115 686 Personen, aber schon wieder 26 508 t Güter und 2 091 Tiere.[63]

Abbildung auf der folgenden Doppelseite:
Die Lok Nr. 13 diente um 1905 als Kulisse für ein Belegschaftsfoto der Kreisbahnwerkstätte in Flensburg. Auf diesem Foto kann man erkennen, wie stolz das Werkstatt- und Betriebspersonal darauf war, bei der Kreisbahn zu arbeiten. Fast jeder Bedienstete hat entweder sein Handwerkszeug oder Maschinenteile, die er zu bearbeiten hatte, für die Aufnahme mitgenommen.
Foto: unbekannt GA SL-FL XC 3.8.1.2.67

13

Werkstätten-Personal
der
Kleinbahnen des Landkreises
Flensburg

3.3 Erneuerung oder Verbesserung der „Nordstrecke“

Infolge des gestiegenen Verkehrsaufkommens - ausgelegt war die Strecke für 3 000 Züge pro Jahr, gefahren wurden zu Beginn des 20. Jahrhunderts ca. 7 000 Züge - und des Einsatzes der neuen schwereren Fahrzeuge stellte sich heraus, dass die zuerst gebaute Strecke Flensburg - Glücksburg - Kappeln den erhöhten Belastungen nicht gewachsen war. Ebenso erwies sich, dass die Trassierung im Straßenplanum zu Problemen führte und deshalb einige Streckenteile abseits von öffentlichen Wegen und Straßen verlegt werden mussten. Daher war eine grundlegende Erneuerung und Verstärkung des Oberbaus notwendig. Diese Arbeiten wurden in den Jahren 1911 bis 1915 durchgeführt. Bei diesem Umbau wurden das bisherige Schienenprofil gegen das

Lok Nr. 22 in Flensburg. Diese Lok besaß die seltene Triebwerksanordnung (BB n4vt): in einem durchgängigen Rahmen waren zwei zweifach gekuppelte Triebwerke angeordnet, von denen die in der Mitte befindlichen Radsätze seitenbeweglich waren, so dass auch enge Kurvenradien befahren werden konnten. Foto um 1950.
Foto: Hermann Ott **Sammlung Holger Kaufhold**

Schuppenheizer bei der Arbeit an der von der Lokomotivfabrik Arnold Jung 1903 abgelieferten Lokomotive Nr. 13 im Kreisbahn-Lokschuppen von Flensburg
Foto: unbekannt **Sammlung Karl Wilhelm Lönneker**

Die Kreisbahnanlagen, aufgenommen aus dem Luftschiff am 11. August 1912. Die Kreisbahn hatte nunmehr ein eigenes Empfangsgebäude, die Gleisanlagen wurden gegenüber der Aufnahme von 1896 wesentlich erweitert. Es waren u.a. eine größere Güterabfertigung und der Ringlokschuppen hinzugekommen.
Foto: Heinrich Hinz **Sammlung FSF**

preußische Nebenbahnprofil mit 26,39 kg/m ausgetauscht, gleichzeitig auch die hohe Kurvenanzahl verringert und die Neigungen vermindert. Die größte Neigung betrug nun 1 : 55 und der kleinste Krümmungshalbmesser 87 m. An einigen Stellen kam der Umbau der Strecke einem Neubau gleich, die Gesamtstrecke verkürzte sich auf 49,5 km.

Zusammen mit diesen Umbaumaßnahmen hatte der Kreistag am 31. Januar 1910 beschlossen, auch zwei neue vierachsige Tenderlokomotiven mit 28 t Dienstgewicht, sechs Personenwagen und 30 Güterwagen zu beschaffen, die bereits 1911 geliefert wurden. Weiterhin wurde in den Jahren 1911/12 die alte Hakenkupplung, die für die steigenden Zuggewichte zu schwach war, an allen Fahrzeugen durch die neue

Auch die Kreisbahn hatte Winterprobleme. Hilfsmannschaften versuchen, die in einer Schneewehe bei Dollerup festgefahrene Lok Nr. 2 freizuschaufeln, Februar 1929.
Foto: unbekannt **Sammlung FSF**

und leistungsfähigere Scharfenbergkupplung ersetzt. Dieser Umbau der Kupplung erfüllte alle Erwartungen. Außerdem wurde ein neues Bremssystem eingeführt: Anstatt der bisher verwendeten Heberlein-Seilzugbremse wurde die neue Körting-Luftsaugbremse eingeführt, die sich nach einigen Umstellungsschwierigkeiten ebenfalls sehr bewährte.[65]

3.4 Elektrifizierung der „Nordstrecke" bis Glücksburg

Die Folgen des ersten Weltkrieges, vor allem die Abtretung Nordschleswigs und damit des Flensburger Hinterlandes an Dänemark, hinterließen auch bei der Kreisbahn ihre Spuren, der Materialverschleiß und der zunehmende Kraftverkehr machten ihr zusätzlich zu schaffen. Durch ein verbessertes Verkehrsangebot sollte eine stärkere Bindung an die Stadt Flensburg bewirkt werden. Deshalb setzte sich die Straßenbahnkommission der Stadt Flensburg 1924 dafür ein, auf der Strecke Flensburg - Glücksburg - Kappeln etappenweise den elektrischen Verkehr mit 600 V Gleichstrom einzuführen.

Zunächst beschränkte man sich wegen der ermittelten hohen Kosten von 215 000 Reichsmark auf die Elektrifizierung der Strecke Flensburg - Glücksburg, wobei bereits ein jährliches Defizit von 20 000 Reichsmark von der Stadt Flensburg zu übernehmen

Überlandstraßenbahntriebwagen Nr. 26 und 25 der Stadtwerke Flensburg bei Rothenhaus. Diese Triebwagen versahen von September 1925 bis April 1929 den gesamten Personenverkehr auf der Kreisbahnstrecke Flensburg – Glücksburg, danach bis zur Einstellung des elektrischen Betriebes am 31. März 1934 den Vorortverkehr nach Glücksburg.
Foto: unbekannt **Sammlung Karl Wilhelm Lönneker**

war. Dennoch wurde am 7. Februar 1925 ein Vertrag zwischen dem Landkreis Flensburg und der Stadt Flensburg abgeschlossen und von der Stadt Flensburg drei vierachsige Triebwagen und vier vierachsige Beiwagen beschafft.

Lokomotivführer Wilhelm Lönneker sen. und sein Heizer Carl Meier.
Foto: unbekannt Sammlung Karl Wilhelm Lönneker

Die Zufahrt aus dem Gleisnetz der Straßenbahn in das der Kreisbahn erfolgte unmittelbar hinter der Bismarckbrücke, das Übergangsgleis mündete bei km 1,0 der Kreisbahn. Die Siemens-Schuckert-Werke (SSW) bauten die Fahrleitung. Die Einspeisung des Fahrstroms erfolgte aus dem Umformerwerk an der Karlstraße in das Übergangsgleis hinter der Bismarckbrücke sowie über ein Unterwerk mit Großgleichrichtern im ehemaligen Elektrizitätswerk am Bahnhof in Glücksburg. Für die neuen 13 m langen Straßenbahnwagen mussten in der Stadt die Kurven ausgebaut und eine Kehrschleife über Nikolaistraße - Süderhofenden - Rathausstraße - Holm eingerichtet werden, um das lästige Umsetzen an der Kreuzung Holm - Große Straße - Rathausstraße zu vermeiden.

Am 22. September 1925 fand die offizielle Inbetriebnahme des elektrischen Verkehrs auf der Strecke Flensburg - Glücksburg statt, die schweren elektrischen Triebwagen der Flensburger Straßenbahn übernahmen von diesem Tag an den gesamten Personenverkehr nach Glücksburg. Es zeigte sich aber sehr schnell, dass die Kosten des elektrischen Betriebes mit 510 000 Reichsmark doppelt so hoch lagen wie ursprünglich veranschlagt. Auch das jährliche Defizit war mit 70 000 Reichsmark mehr als dreimal so hoch. Deshalb war dieser Betrieb von Anfang an defizitär.[66]

Untersuchung der Lok Nr. 24 der Flensburger Kreisbahn. Die Lok ist mit Winden angehoben und ausgeachst worden. Die Lokschlosser machen kurzfristig Pause.
Foto: unbekannt Sammlung Karl Wilhelm Lönneker

Trotz einer anfänglichen positiven Fahrgastentwicklung war der Verkehr bald rückläufig. Wesentlicher Grund für das sinkende Fahrgastaufkommen war der Umsteigezwang in Glücksburg, da alle Personenzüge der „Nordstrecke" dort begannen bzw. endeten. Lediglich die Güterzüge mit und ohne Personenbeförderung liefen bis Flensburg durch. Wegen dieser unbefriedigenden Regelung begannen und endeten ab 15. April 1929 wieder sämtliche Züge in Flensburg. Der letzte Vertrag zwischen Stadt und Kreis Flensburg, betreffend den Straßenbahnverkehr nach Glücksburg, wurde im Mai 1930 abgeschlossen und galt bis zum 31. März 1934. Eine Vertragsverlängerung kam wegen des Defizits nicht mehr zustande, so dass der elektrische Betrieb bei Vertragsende eingestellt werden musste. Die elektrischen Anlagen wurden danach umgehend abgebaut, die Masten blieben aber bis zur Betriebseinstellung im Jahre 1953 stehen.

3.5 Neue Betriebsmittel

Um die Geschwindigkeit der Personenzüge zu beschleunigen, trennte die Kreisbahn in den zwanziger Jahren zunächst den Personen- vom Güterverkehr, dann beschaffte sie zwei im Oktober 1925 in Betrieb genommene Benzoltriebwagen. [67] Zusätzlich wurden Ende 1926 zwei neue vierfach gekuppelte Heißdampftenderloks gekauft, um den Lokomotivpark zu modernisieren und den Verkehr zu optimieren. Die Lokomotiven waren mit einem Kohlenvorrat von 1 m^3 sowie einem Wasservorrat von 3,4 m^3 ausgestattet.

Der von der TAG hergestellte Benzoltriebwagen T 3 nach seiner Ablieferung in Flensburg 1927.
Foto: unbekannt **Sammlung Karl Wilhelm Lönneker**

Die Rostfläche des Kessels betrug 0,92 m² bei einer Heizfläche von 46,8 m² und einer Überhitzerheizfläche von 16,8 m². Diese Beschaffungen reichten aber nicht aus, um den Güter- vom Personenverkehr konsequent voneinander zu trennen, deshalb wurde im Jahr 1927 ein weiterer Triebwagen mit der Betriebsnummer T 3 in Betrieb genommen. Erst nach der Lieferung des vierten und leistungsstärksten Triebwagens T 4 im Jahr 1929, der letzten Fahrzeugbeschaffung der Flensburger Kreisbahn, konnte das neue Verkehrskonzept vollständig umgesetzt und die Höchstgeschwindigkeit von 30 km/h auf 40 km/h erhöht werden.[68] Durch den Einsatz der neuen Triebwagen erreichte die Kreisbahn auf der „Nordstrecke" eine durchschnittliche Reisegeschwindigkeit von 29 km/h und auf der „Südstrecke" von 26 km/h. So entsprach der Fahrplan 1929 endlich auch den Wünschen der Bevölkerung. Jetzt wurden die Fahrpläne eingehalten und die Anschlusszüge der benachbarten Eisenbahnen in Flensburg, Kappeln, Satrup und Sörup rechtzeitig erreicht.[69] Die monatlichen Laufleistungen der Triebwagen waren beachtlich und lagen beim T 4 1930 in den Monaten Juli und August über 9 700 km.[70]

Die Kreisbahn verfügte Ende der zwanziger Jahre über folgende Triebfahrzeuge:

Triebfahrzeuge der Flensburger Kreisbahn

Betriebs-Nr.	Name	Bauart	Baujahr	Hersteller	Fabrik-Nr.	Dienstgewicht	Leistung	Ausmusterung
1	Flensburg	C n2t	1885	SLM	393	15,0 t	100 PS	1926
2	Glücksburg	C n2t	1885	SLM	394	15,0 t	100 PS	1925
3	Gelting	C n2t	1885	SLM	395	15,0 t	100 PS	1923
4	Kappeln	C n2t	1885	SLM	396	15,0 t	100 PS	1923
5	Steinberg	C n2t	1886	SLM	427	15,0 t	100 PS	1927
6	Rundhof	C n2t	1887	SLM	457	15,0 t	100 PS	1925
7	Langballig	C n2t	1898	SLM	1 106	15,0 t	100 PS	1920
8		B n2t	1900	O & K	538	14,5 t	60 PS	1920
9		B n2t	1901	O & K	841	14,5 t	60 PS	1923
10		B n2t	1901	O & K	842	14,5 t	60 PS	1923
11		B n2t	1901	O & K	843	14,5 t	60 PS	1920
12		B n2t	1900	O & K	844	14,5 t	60 PS	1923
13		C n2t	1903	Jung	627	19,0 t	110 PS	1953
14		C n2t	1903	Jung	628	19,0 t	110 PS	1953
15		C n2t	1907	Jung	1 167	19,0 t	110 PS	1953
16		C n2t	1907	Jung	1 168	19,0 t	110 PS	1953
21		B B n4t	1901	O & K	838	26,0 t	200 PS	1931
22		B B n4t	1901	O & K	839	26,0 t	200 PS	1953
23		B B n4t	1901	O & K	840	26,0 t	200 PS	1939
24		D n2t	1911	Jung	1 604	28,0 t	180 PS	1953
25		D n2t	1911	Jung	1 605	28,0 t	180 PS	1953
1II		D h2t	1926	AEG	3 413	31,0 t	310 PS	1953
2II		D h2t	1926	AEG	3 414	31,0 t	310 PS	1953
T 1			1925	AEG-NAG		17,5 t	75 PS	1953 [71]
T 2			1925	AEG-NAG		17,5 t	75 PS	1953 [72]
T 3			1927	TAG	118	25,4 t	100 PS	1953 [73]
T 4			1929	TAG	176	26,6 t	150 PS	1953 [74]

SLM = Schweizerische Lokomotiv- und Maschinenfabrik, Winterthur
O & K = Orenstein & Koppel, Berlin-Drewitz
Jung = Arnold Jung Lokomotivfabrik, Jungenthal bei Kirchen an der Sieg
AEG = Allgemeine Elektricitäts-Gesellschaft, Berlin-Hennigsdorf
AEG-NAG = Allgemeine Elektricitäts-Gesellschaft / Nationale Automobil-Gesellschaft, Berlin
TAG = Triebwagenbau Aktiengesellschaft, Berlin (Werk Deutsche Werke Kiel AG)

Der AEG Benzol - Triebwagen T 2 der Flensburger Kreisbahn steht abfahrbereit im Bahnhof Glücksburg und das neue Verkehrskonzept der Kreisbahn wird trotz schlechter Zeiten gut angenommen. Die Glücksburger Bahnhofsanlagen sind vom Fahrdraht überspannt. Das Foto ist in der Zeit von 1925 bis 1929 aufgenommen worden, als man in Glücksburg von den Flensburger Straßenbahnwagen in die Züge (bzw. Triebwagen) der Kreisbahn umsteigen mußte.
Foto: unbekannt **Sammlung Karl Wilhelm Lönneker**

Fritz Hübener, letzter Betriebsdirektor der Flensburger Kreisbahn von 1926 bis 1953. Unter seiner Leitung wurden innovative Verkehrskonzepte eingeführt.
Foto: unbekannt Sammlung Karl W. Lönneker

Werkmeister Willi Fischer auf dem Führerstand eines Kreisbahn-Triebwagens
Foto: unbekannt, GA SL-FL XC 3.8.1.2.79

Reges Treiben im Flensburger Kreisbahnhof. Auf den Gleisen 1 und 2 des Kreisbahnhofs stehen um 1930 der AEG - Benzol Triebwagen und ein abfahrbereiter Personenzug. Zwischen beiden Gleisen befindet sich die Zapfsäule für die Kraftstoffversorgung der Triebwagen.
Foto: unbekannt Sammlung Karl Wilhelm Lönneker

Der größte und leistungsstärkste Triebwagen T 4 der Kreisbahn ist zusammen mit dem Triebwagen-Beiwagen Nr. 41 auf dem Weg nach Kappeln. Die Aufnahme entstand am Weeser Berg um 1930.
Foto: unbekannt Sammlung FSF

1007 Flensburg-Glücksburg (Elektr. Betrieb) **1007-1009**

Flensburg Reichsbf.: ab bW 4.26 bS 5.53 W 6.03 8.00 10.00 12.23 b13.30 b14.15 15.34 16.29 17.40 b19.11 b23.21
5. 10. 11. 14

Glücksburg Kreisbf.: ab W 5.19 7.00 8.46 10.50 c13.09 14.35 15.30 16.38 c17.26 c18.50 c20.05 c0.33

b ab Flensburg Glashütte. c nach Flensburg Glashütte

1008 Flensburg-Glücksburg-Kappeln Alle Züge 3. Klasse

km				W		W	S	W			
—	**Flensburg** Krsbf. ✕ 1009.1114 ab	Mo u. Fr ausser 26. XII. 30, 3., 4. u. 6. IV. 31	...	c 5.45	8.52	w11.52	s13.05	w14.08	17.05	21.05	d23.58
10	**Glücksburg** 1007		...	6.24	9.13	12.13	13.26	14.35	17.26	21.26	0.23
12	Rüde		...	6.32	9.18	12.18	13.31	14.41	17.31	21.31	0.29
15	Ringsberg		...	6.42	9.24	12.24	13.37	14.48	17.37	21.37	0.36
18	Langballig		...	7.05	9.29	12.29	13.42	14.57	17.42	21.42	0.43
22	Dollerup		...	7.34	9.38	12.38	13.51	15.08	17.51	21.51	0.54
25	Nübelfeld		...	8.00	9.45	12.45	13.58	15.17	17.58	21.58	1.03
28	Steinbergkirche		6.46	8.36	9.50	12.50	14.03	15.32	18.03	22.03	d1.10
29	Steinberg		6.49	8.47	9.53	12.53	14.06	15.37	18.06	22.06	an
32	Niesgrau		6.55	9.01	9.59	12.59	14.12	15.44	18.12	22.12	...
35	**Rundhof** 1009 an		7.00	9.10	10.04	13.04	14.17	15.52	18.17	22.17	...	
	ab	6.03	7.01	10.28	10.05	13.05	14.18	16.10	18.18	22.18	...
37	Lehbek	6.11	7.06	10.40	10.10	13.10	14.23	16.17	18.23	22.23	...
39	Gelting	6.20	7.09	11.11	10.13	13.13	14.26	16.23	18.26	22.26	...
42	Stenderup	6.30	7.15	11.26	10.19	13.19	14.32	16.30	18.32	22.32	...
44	Schwackendorf	6.37	7.19	11.33	10.23	13.23	14.36	16.35	18.36	22.36	...
46	Rabel	6.43	7.23	11.43	10.27	13.27	14.40	16.41	18.40	22.40	...
50	**Kappeln** 1010. 1015 an	6.57	7.33	c11.58	10.37	w13.37	s14.50	w16.55	18.50	22.50	...

					W		W	W	S			
Kappeln 1010. 1015 ab	nur Mo u. Do u. am 23.XII. 30, 2.I., 4. u. 7 IV. 31	tägl. auss. Mo u. Do u. auss. 26.XII.30, 2.I., 4.u.7.IV 31	6.14	7.47	c 8.01	10.47	w13.47	w14.45	s15.00	19.13	...	22.55
Rabel			6.28	7.57	8.22	10.57	13.57	15.01	15.10	19.23	...	23.05
Schwackendorf			6.38	8.01	8.40	11.01	14.01	15.07	15.14	19.27	...	23.09
Stenderup			6.45	8.05	8.56	11.05	14.05	15.16	15.18	19.31	...	23.13
Gelting			7.00	8.11	9.21	11.11	14.11	15.31	15.24	19.37	...	23.19
Lehbek			7.06	8.14	9.29	11.15	14.15	15.36	15.28	19.41	...	23.23
Rundhof 1009h an			7.13	8.19	9.39	11.13	14.19	15.43	15.32	19.45	...	23.27
ab			nur Mo u. Frauss. 26.XII.30, 3. u. 6. IV. 31 über Satrup	8.20	10.05	11.20	14.20	16.29	15.33	19.46	22.02	23.28
Niesgrau				8.27	10.21	11.27	14.27	16.41	15.40	19.53	22.12	23.35
Steinberg				8.33	10.35	11.33	14.33	16.50	15.46	19.59	22.18	23.41
Steinbergkirche	6.23	6.39		8.36	10.56	11.36	14.36	17.02	15.49	20.02	22.21	d23.44
Nübelfeld	6.31	6.44		8.41	11.15	11.41	14.41	17.14	15.54	20.07	an	23.49
Dollerup	6.40	6.50		8.47	11.30	11.47	14.47	17.24	16.[illegible]0	20.13	...	23.5[illegible]
Langballig	6.54	7.00		8.57	12.14	11.57	14.57	17.42	16.10	20.23	...	0.05
Ringsberg	7.02	7.05		9.02	12.26	12.02	15.02	17.49	16.15	20.28	...	0.10
Rüde	7.09	7.10		9.07	12.34	12.07	15.07	17.55	16.20	20.33	...	0.15
Glücksburg 1007	7.15	7.15		9.12	12.41	12.12	15.12	18.00	16.25	20.38	...	0.20
Flensburg Krsbf. ✕ 1009.1114 an	7.38	7.35	10.10	9.32	c13.15	12.32	w15.32	w18.30	s16.45	20.57	...	d0.41

✕ Für Vorortverkehr Flensburg-Glücksburg nur Strecke 1007. c dient vorwiegend dem Güterverkehr; von den Zwischenstationen eine um 10 Min. frühere Abfahrt vorbehalten. d So u. Mi u. am 25., 26. XII.30, 1. I., 3., 6. IV. u. 14.V.31

1009 Flensburg-Rundhof Alle Züge 3. Klasse

	W		S			S		km			W	S				S
8.19	12.13	14.08	15.15	18.10	20.15	21.55	23.55	—	ab **Flensburg** Kreisbf. 1114. 1007 an	7.32	10.10	10.43	12.59	17.49	21.39	23.31
8.32	12.29	14.21	15.31	18.25	20.28	22.08	0.08	5	Tastrup	7.20	9.54	10.27	12.47	17.37	21.27	23.19
8.40	12.40	14.29	15.40	18.35	20.36	22.16	0.16	9	Hürup	7.13	9.43	10.16	12.40	17.30	21.20	23.12
8.46	12.49	14.35	15.48	18.42	20.42	22.22	0.22	12	Freienwill	7.07	9.35	10.08	12.34	17.24	21.14	23.06
8.53	13.04	14.42	15.57	18.49	20.49	22.29	0.29	15	Mühlenbrück	6.59	9.26	9.59	12.26	17.16	21.06	22.58
8.57	13.10	14.46	16.03	18.53	20.53	22.33	0.33	17	Bistoft	6.55	9.21	9.54	12.22	17.12	21.02	22.54
9.06	13.23	14.55	16.15	19.02	21.03	22.42	0.42	21	an **Satrup** 1016. ab	6.46	9.08	9.41	12.13	17.03	20.53	22.45
9.07	13.35	14.56	16.20	19.02	21.03	...	...	—	ab **Satrup** an	...	9.04	9.40	12.13	17.03	20.53	...
9.25	13.58	15.14	16.43	19.20	21.21	...	...	29	an **Sörup** 10 ... ab	...	8.40	9.15	11.55	16.45	20.35	...
9.25	14.20	15.14	16.55	19.20	21.21	...	...	—	ab **Sörup** an	...	8.30	9.08	11.55	16.45	20.35	...
9.38	14.37	15.27	17.12	19.33	21.34	...	...	34	Sterup	...	8.13	8.52	11.43	16.33	20.23	...
9.46	14.47	15.35	17.22	19.41	21.42	...	...	38	Grünholz	...	8.01	8.41	11.35	16.25	20.15	...
9.49	14.52	15.38	17.27	19.44	21.45	...	...	39	Brunsholm	...	7.56	8.36	11.32	16.22	20.12	...
9.52	14.58	15.41	17.32	19.47	21.48	...	...	40	Schorrehy	...	7.51	8.32	11.29	16.19	20.09	...
9.55	15.02	15.44	17.36	19.50	21.51	...	...	42	Wippendorf	...	7.47	8.28	11.26	16.16	20.06	...
10.01	15.10	15.50	17.44	19.56	21.57	...	...	44	an **Rundhof** 1008. ab	...	7.39	8.20	11.20	16.10	20.00	...

Ausserdem Flensburg ab W 4.55, Rundhof an W 9.06, Rundhof ab W 10.01, Flensburg an W 14.18. Diese Züge dienen vorwiegend dem Güterverkehr u. halten auf allen Stationen. 10 Min. frühere Abfahrt vorbehalten.

Seite 295

Auszug aus dem Amtlichen Taschen-Fahrplan für den Direktionsbezirk Altona, gültig ab 5. Oktober 1930. Enthalten ist das komplette Zugangebot der Kreisbahn einschließlich des elektrischen Betriebes bis Glücksburg. Sammlung Holger Kaufhold

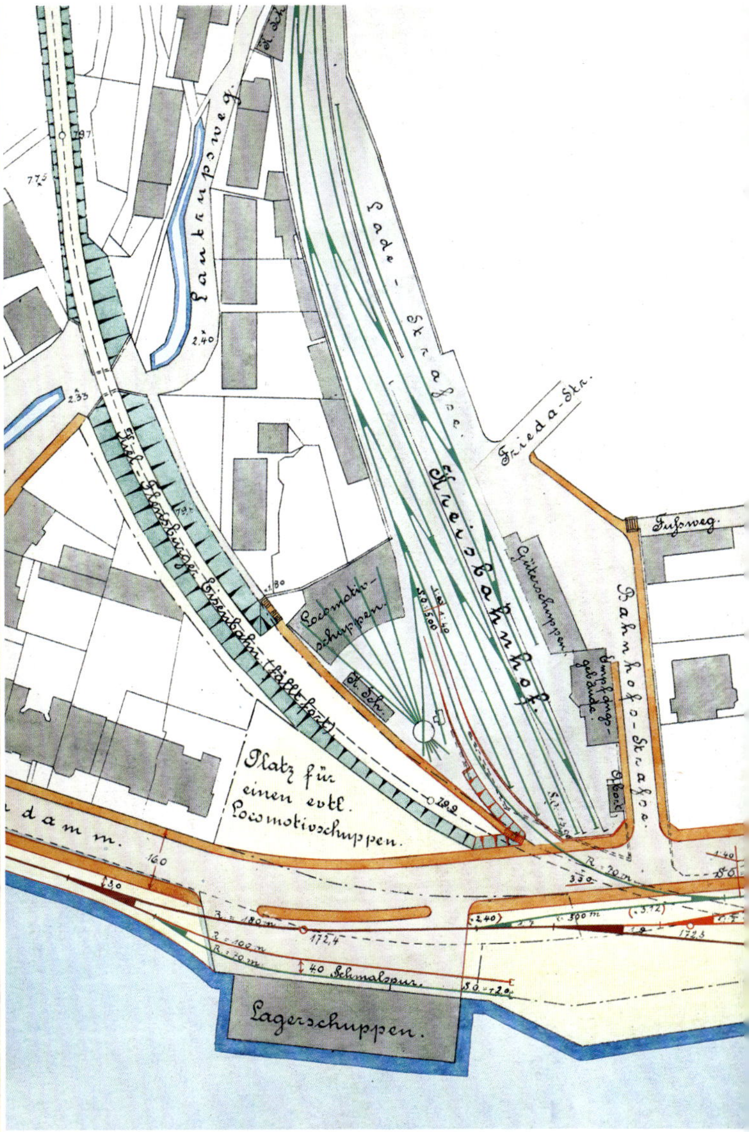

Gleisplan des Kreisbahnhofs Flensburg vom 30. März 1909. Der gelb unterlegte Teil zeigt eine projektierte Erweiterung im Bereich des „Kieler Bahnhofs". Stadtarchiv Flensburg XIV K/P 2469

**Pastor Meyer hielt am 12. März 1933 die Gedenkrede „für die im Weltkriege gefallenen Eisenbahner der Kreisbahn", an die eine Gedenktafel an der Bahnhofswand erinnerte. Eingeladen hatte die „Betriebszelle Flensburger Kreisbahn" und die „Arbeitsgemeinschaft der Nationalsozialistischen Beamtenschaft Flensburger Kreisbahn". Die hohe nationalsozialistische Beteiligung dokumentiert die starke Position, die diese Partei in der Fördestadt wenige Wochen nach der Machtergreifung erreicht hatte.
Foto: unbekannt Sammlung FSF**

3.6 Überlebenskampf und Betriebseinstellung

Auch die so genannte „Südstrecke" von Flensburg über Hürup - Satrup - Sörup nach Rundhof war infolge der Vernachlässigung in den Kriegs- und Inflationsjahren sowie der schwerer gewordenen Zuglasten verschlissen. Deshalb wurde in den Jahren 1925 bis 1929 der Oberbau erneuert und das gleiche Schienenmaterial wie auf der „Nordstrecke" eingebaut. Der Einsatz der neuen Triebwagen kam zu spät, um mit den Fahrzeiten der Omnibusse zu konkurrieren und dadurch die Rentabilität zu erhöhen. Bedingt durch drastische Einbrüche in den Transportleistungen infolge der Weltwirtschaftskrise von 1929 wurde der Betrieb auf dieser Strecke bereits am 31. Dezember 1936 eingestellt. Wegen der schlechten Wegeverhältnisse musste der Verkehr aber am 1. Juli 1937 wieder aufgenommen werden. Die endgültige Stilllegung erfolgte am 31. Oktober 1938.[75] Bis Ende 1938 fuhren aber noch 3 Triebwagenpaare auf der Strecke Flensburg - Satrup zur Aufrechterhaltung des Berufsverkehrs zur Firma Redlefsen in Satrup. Danach wurde auch dieses Streckenstück abgebaut.[76]

Während des 2. Weltkriegs und in den ersten Nachkriegsjahren gelang es der Flensburger Kreisbahn, auf der verbliebenen „Nordstrecke" einen Großteil des verloren gegangenen Verkehrsaufkommens zurück zu gewinnen. Da aber „auf Verschleiß" gefahren wurde, d. h. es wurden keine oder nur die

Lok Nr. 24 mit Güterzug in Kappeln ca. 1950. Links ist das Dreischienengleis der Schleswiger und Eckernförder Kreisbahn zu sehen, im Hintergrund der Güterschuppen und das Empfangsgebäude der Flensburger und Eckernförder Kreisbahn.
Foto: unbekannt **GA SL-FL XC 3.8.1.2.**

Hauptsächlich zur Bewältigung des Güterverkehrs beschaffte die Flensburger Kreisbahn 1926 zwei vierfach gekuppelte Heißdampftenderloks von der AEG in Berlin. Die nach modernsten Prinzipien konstruierten Lokomotiven hatten einen Treibraddurchmesser von 900 mm und einen Zylinderdurchmesser von 400 mm. Auf diesem, Anfang der fünfziger Jahre aufgenommen Foto ist eine technische Besonderheit erkennbar: Die Lok besitzt anstelle der fabrikseitig gelieferten Kolbenspeisepumpe eine Turbospeisepumpe – eine für Kleinbahnen absolut unübliche und technisch anspruchsvolle Art der Kesselspeisung.
Foto: Hermann Ott **Sammlung Holger Kaufhold**

Der Triebwagen T 4 im Wintereinsatz, aufgenommen um 1950.
Foto: unbekannt **Sammlung Uwe Steen**

An einem regnerischen Tag im März 1953 wartet der Triebwagen T 4 auf Abfahrt im Kreisbahnhof Flensburg.
Foto: Armin Otto Scheich **Sammlung sh:z - Verlag**

notwendigsten Instandhaltungsarbeiten an Bahnanlagen und Fahrzeugen durchgeführt, waren die Strecke und die Fahrzeuge in einem hoffnungslos heruntergewirtschafteten Zustand. Nach der Währungsreform am 20. Juni 1948 änderten sich die Verhältnisse schlagartig, die Betriebseinnahmen und das Fahrgastaufkommen gingen drastisch zurück, so dass schon 1948 die Einstellung der Kreisbahn ernsthaft

Am 28. März 1953, wenige Tage vor der Betriebseinstellung, ist der T 3 in Glücksburg auf dem Weg nach Langballig. Der Oberbau macht einen gepflegten Eindruck und war sicherlich nicht ausschlaggebend für das Ende der Kreisbahn.
Foto: Alfred Jungenitz

Am selben Tag ist die Lok 24 im Flensburger Kreisbahnhof mit dem Verschub des mit Briketts beladenen Niederbordwagens 347 beschäftigt. Die vierfachgekuppelten Naßdampftenderloks der Lokomotivfabrik Jung aus dem Jahr 1911 haben sich während ihres über 40 Jahre dauernden Einsatzes bestens bewährt.
Foto: Alfred Jungenitz

Die Flensburger Kreisbahn besaß einen vielfältigen Wagenpark. Oben links der Personenwagen 43 (Triebwagenbeiwagen), oben rechts der Niederbordwagen Nr. 362, unten links der vierachsige Flachwagen 307 und unten rechts der gedeckte Güterwagen mit Bremsersitz Nr. 127. Aufnahmedatum war der 28. März 1953.
Fotos: Alfred Jungenitz

Blick auf die Gleisanlagen des Kreisbahnhofs am 28. März 1953.
Foto: Alfred Jungenitz

erwogen wurde. Während im Jahre 1947 noch 1 469 589 Personen, 29 712 t Güter und 807 Tiere von der Kreisbahn befördert wurden, waren es 1949 nur noch 675 416 Personen, dafür aber 30 540 t Güter und 1 070 Tiere. Dadurch geriet die Kreisbahn wieder in die roten Zahlen.[77] Im Jahr 1949 zwang die schlechte Finanzlage dazu, die Ausgaben für Erneuerungen und Instandhaltung bis an die Grenze der Betriebssicherheit zu drosseln. Zur Minderung des Defizits wurden lohnintensive Unterhaltungsarbeiten als Notstandsmaßnahmen angemeldet.[78] Nachdem Finanzhilfen für die Aufrechterhaltung des Kreisbahnbetriebes ausgeblieben waren, forderte der Kreistag, den Landkreis Flensburg von Bundes wegen zum Notstandsgebiet zu erklären.

T 4 bei der letzten Fahrt nach Streichmühle am 14. März 1953
Foto: Unbekannt
GA SL-FL XC 3.8.1.2.53

Der Verkehr auf der „Nordstrecke" musste unter großen finanziellen Schwierigkeiten noch bis zum Bau der B 199, der „Nordstraße" aufrecht erhalten werden, da die Straßen fehlten, auf die man ausweichen konnte. Erst nachdem mit dem Bau der Nordstraße im Juli 1951 begonnen wurde, beschloss der Kreistag am 4. Juli 1952, die Kreisbahn in mehreren Schritten stillzulegen. Da die „Nordstraße" größtenteils auf der Trasse der Kreisbahn gebaut werden sollte, musste der Verkehr, von Kappeln beginnend, abschnittsweise eingestellt und die Strecke abgebaut werden. Das letzte Stück von Langballig nach Flensburg wurde am 31. März 1953 unter großer Anteilnahme der Bevölkerung eingestellt. „Nu isser weg, man fehlt ihm doch, der sjöne Kleinbahn!", stand im besten „Petuhtanten-Deutsch" auf einem Kranz mit Trauerflor, den Jürgensbyer ihrer Kreisbahn als letzten Gruß an das Bahnhofsgebäude gehängt hatten.

Die Dampflokomotiven wurden nach der Betriebseinstellung in Flensburg verschrottet, zuletzt die Lok 13, die den Abbauzug gezogen hatte. Alle Triebwagen wurden verkauft, als letzter Überlebender der Flensburger Kreisbahn wurde der T 4 als T 27 der Sylter Verkehrs Gesellschaft im Jahre 1972 in Westerland/Sylt verschrottet.

Der Abbau hat Streichmühle erreicht. Blick Richtung Kappeln am 28. März 1953.
Foto: Alfred Jungenitz

Der mit der Lok 13 bespannte Abbauzug der Flensburger Kreisbahn an einem Bahnübergang bei Langballig am 28. März 1953, wenige Tage vor der Betriebseinstellung.
Foto: Alfred Jungenitz

Lok 13 war die letzte im Betrieb befindliche Dampflokomotive der Flensburger Kreisbahn, die 50 Jahre in Betrieb war, aufgenommen 1952/53.
Foto: Peter Gabriel **Sammlung Ole Iskov**

Dort, wo Monate zuvor noch lebhafter Eisenbahnbetrieb herrschte, regieren im August 1953 bereits Bagger und Presslufthämmer. Lok 13 steht noch neben dem Lokschuppen.
Foto: Armin Otto Scheich **Sammlung sh:z - Verlag**

Fünfzig Jahre nach dem Ende der Flensburger Kreisbahn erinnert in Flensburg nur noch der alte Triebwagenschuppen an diesen Bahnbetrieb. Der Kreisbahnhof wurde im November 1967 abgerissen, das Gelände blieb jahrzehntelang unbebaut, bis es vor wenigen Jahren mit einem großen Bürogebäude bebaut wurde. Der Ringlokschuppen blieb bis in die 90-er Jahre als Lagerhalle erhalten. Nach seinem Abriss wurde dort ebenfalls ein Bürogebäude errichtet. Der Neubau erinnert durch sein Halbrund an den alten Lokschuppen.

Beerdigung 1. Klasse: „Nu isser weg, man fehlt ihm doch, der sjöne Kleinbahn!" Die letzte Ehrenerweisung der Flensburger an ihr beliebtes Verkehrsmittel.
Foto: Armin Otto Scheich **Sammlung sh:z - Verlag**

4 Unter Preußens Adler – Preußische Staatseisenbahn (1885 – 1919)

Durch Erlass vom 24. Januar 1884 erfolgte die Gründung der Königlichen Eisenbahn-Direktion Altona und durch Gesetz vom 23. Februar 1885 verstaatlichte Preußen zum 1. März 1885 die Schleswigsche Eisenbahngesellschaft. Die Verstaatlichung im Jahre 1885 änderte zunächst nichts an der Organisation, da Preußen die alte Form bestehen ließ. Am 1. April 1885 wurde jedoch die Direktion der Berlin - Hamburger Bahn aufgelöst und mit der Königlichen Eisenbahn-Direktion in Altona vereinigt. Die neue Direktion wurde in vier Betriebsämter aufgeteilt mit Sitz in Berlin, Hamburg, Kiel und Flensburg, wohin auch zwei Bauinspektionen kamen.

4.1 Bahnhofsneubau: Der „Staatsbahnhof" von Prof. Otzen

Der „Englische Bahnhof" wurde 1882, also eisenbahnhistorisch bereits vorpreußisch, abgerissen und durch einen Neubau ersetzt. Den Entwurf lieferte der Architekt Prof. Johannes Otzen (1839 – 1911), einer der führenden Kirchenbaumeister Preußens. Seine Pläne wurden im Juli 1883 genehmigt. Für den Rohbau waren 100 000 Mark veranschlagt. Otzen war in Flensburg außerdem noch mit der Restaurierung der Nikolai- und der Marienkirche betraut.[79] Er entwarf insgesamt 22 Kirchen, darunter die Johanneskirche in Altona, und wurde im Jahr 1900 zum Präsidenten der Akademie der Künste in Berlin ernannt.

Betrachtet man die sonstigen Bauten von Johannes Otzen, überrascht es nicht, dass der im neogotischen Stil errichtete und am 1. Oktober 1884 eingeweihte Flensburger „Staatsbahnhof" in vielen Details an eine Kirche erinnerte.

Trotz des schwierigen Baugrundes, der bereits beim „Englischen Bahnhof" Probleme bereitete, entstand ein massiver Backsteinbau mit einem Eisenskelett, das von der Flensburger Eisengießerei N. Jepsen geliefert wurde. Tragfähiger Baugrund, des mit nacheiszeitlichen Weichschichten und Schlamm aus dem Hafenbecken aufgefüllten Geländes, lag über 30 m tief. Eine Pfahlgründung kam damals nicht in Betracht. Deshalb stampfte man auf einer 20 cm hohen Sandschicht eine Betonplatte, hierauf kam ein nach unten gekehrtes Mauergewölbe. Das Empfangsgebäude war eine zur westlichen Stadtseite geöffnete Dreiflügelanlage. Die zwei Seitenflügel, von

Kolorierte Ansicht der Straßenseite des imposanten Flensburger „Staatsbahnhofes". Postkarte vor 1906. Sammlung Holger Kaufhold

Abbildung nächste Doppelseite:
Der nach einem Entwurf von Prof. Otzen 1884 gestaltete und mit verschiedensten Zierelementen versehene „Staatsbahnhof". Am rechten Bildrand sind vor dem Kirchturm von St. Johannis der Güterschuppen und die Rauchabzüge des Lokomotivschuppens erkennbar. Aufgenommen vor 1891.
Foto: Dreesen Arkivet ved Dansk Centralbibliotek for Sydslesvig, Flensburg

Die Schalterhalle nach der Betriebseinstellung 1927. Foto: unbekannt Sammlung Städtische Museen Flensburg

ne Skulpturen, wie man sie sowohl bei mittelalterlichen Sakralbauten, aber auch bei Villenbauten späterer Epochen wieder fand. Die ohnehin schon durch Bauplastik reiche Fassade wurde noch durch Ornamente in der Backsteinmauerung ergänzt.

Im Inneren des Gebäudes setzte sich der sakrale Eindruck des Äußeren fort. Gewölbe in verschiedenen Formen, die von Eisensäulen getragen wurden, überspannten die Eingangs- und Wartehalle. Hier trafen, wie auch am gesamten Gebäude, Stilelemente verschiedener Bauepochen zusammen, wie es im Historismus oder auch in neogotischen Bauten üblich war. Im Juni konnte der Nordturm gerichtet werden. Die Spitze wurde mit einer vergoldeten Wetterfahne geschmückt. Richard Haupt, der Provinzkonservator, schrieb zur Einweihung des Bahnhofs am 1. Oktober 1884: *„Flensburg hat einen ungemein hübschen gotischen Bahnhof erhalten. Man hofft, er möge unserm Wandel und*

denen der nördliche bereits im Frühjahr 1884 eingeweiht wurde, waren mit einem niedrigeren Mittelflügel verbunden. Zwei größere Türme schmiegten sich an die Seitenflügel und überragten deren spitze Satteldächer. Die beiden Seitenflügel schlossen zur Straße mit kleinen Eckrisaliten (hervortretende Gebäudeteile) ab, auf die Otzen wiederum eine kleine Turmkappe gesetzt hatte. An eine gotische Kirche erinnerten aber nicht nur die Türme, sondern auch andere Schmuckelemente wie die Krabben, Ornamente in Form eines plastischen Blattes, die an den Giebelkanten herauf zum First liefen. Dort saßen als krönender Abschluss der Fassade zwei ihre Schwingen ausbreitenden Adler, der eine blickte nach Nordwesten, der andere nach Südwesten. Auf den Balustraden des Vorbaus zur Straße wie auch über der Bahnsteigüberdachung befanden sich ebenfalls in regelmäßigen Abständen klei-

Der Wartesaal des „Staatsbahnhofs" strahlte Gediegenheit aus. Auf der linken Seite sieht man noch das Büffet.
Foto: unbekannt
Sammlung Städtische Museen Flensburg

Die Gleisseite des Flensburger „Staatsbahnhofs" (nach 1911). Auf eine Bahnsteighalle hatte man zugunsten eines Vordaches verzichtet. Neben dem Hausbahnsteig gab es lediglich einen weiteren Bahnsteig, was die Kapazität des als Kopfbahnhof angelegten Bahnhofs von Anfang an wesentlich begrenzte. Das Gepäck bzw. Expressgut ist mannshoch vor dem Gebäude aufgestapelt. Die Nebenbahnzuggarnitur am linken Bildrand besteht aus einem Personenwagen der Gattung BC3i Pr06, einem Wagen aus der Privatbahnzeit, einem preußischen Nebenbahnwagen und einem preußischen Gepäckwagen. Zuglok ist eine dreiachsige Tenderlok.
Foto: unbekannt **Arkivet ved Dansk Centralbibliotek for Sydslesvig, Flensburg**

Verkehr eine segensreiche Heimstätte, unserer Stadt eine beliebte, mahnungsvolle Zierde, unserer Kunst und Industrie ein würdevolles Denkmal bis in fernste Zeiten sein".

In diese Zeit fällt die Entstehung der Bezeichnung „Staatsbahnhof". Durch Aufschüttung eines Teils des Südhafens wurde zwischen 1883 und 1885 die bereits erwähnte Verbindung zum „Kieler Bahnhof" möglich.[80] Später legte man daneben einen fünfgleisigen Rangierbahnhof an. Die schmalspurige Kreisbahn Flensburg – Kappeln benutzte von 1885 bis 1901 den zweiten „Perron" des „Staatsbahnhofs" mit. Eine erhebliche Verkehrsverbesserung konnte dadurch erreicht werden, dass die Staatsbahn 1891 den Schienenübergang am Nordende des Bahnhofs durch einen Fußgängertunnel ersetzte, während gleichzeitig von der Stadt eine Fahrstraße von den Norderhofenden über die Staatsbahngleise zum „Kieler Bahnhof" gebaut wurde.

Im Stationsverzeichnis von 1892 wird Flensburg als „Bahnhof 1. Klasse" ausgewiesen. Der Bahnhof war mit zwei festen Rampen und 52 Weichen ausgestattet. Neben dem Gleis zur Hafenbahn auf der Westseite stand der 1890 gelieferte 10 t - Bockkran mit Handantrieb. Nachdem er mit einem elektrischen Antrieb ausgerüstet und 1939 zu dem als Güterabfertigung genutzten „Kieler Schuppen" umgesetzt wurde, diente er noch der Bahn, die ihn dann im

Der Nordteil des „Staatsbahnhofs" mit dem 1890 errichteten 10 t - Bockkran zum Heben schwerer Lasten. Postkarte um 1905. Sammlung Hermann Hoyer

Jahre 1977 mangels ausreichender Auslastung an eine Privatfirma verkauft hat. Im Jahre 1988 wurde er verschrottet. Da der schienengleiche Überweg als Verbindung zwischen den Norderhofenden und dem „Kieler Bahnhof" oft wegen Rangierfahrten zu den weiter nördlich neben dem „Kieler Bahnhof" gelegenen Abstell- und Rangiergleisen geschlossen werden musste, errichtete man 1914 für Fußgänger eine Brücke über die Gleisanlagen. Sie wurde auch von Reisenden benutzt, die zum „Kieler Bahnhof" oder „Kreisbahnhof" wollten.

4.2 Nordkurve, Bahnhof „Nordschleswigsche Weiche" vor der Erweiterung 1914

Wie schon erwähnt, hatten der damalige technische Gutachter Oesau, der Regierungsvertreter und der Magistrat im März 1861 bei den Planungsarbeiten für die Nordschleswigsche Bahn im Verbindungspunkt mit der Südschleswigschen eine zusätzliche Kurve Richtung Innenstadtbahnhof vorgeschlagen, um Zeitverluste zu vermeiden. Erst 20 Jahre später hat der gesteigerte Verkehr diesen Gedanken wieder aufleben lassen. Am 1. Juni 1885 wurde die 1,1 km lange eingleisige „Nordkurve" als Nebenbahn in Betrieb genommen. Der zweigleisige Ausbau der nordöstlich der Anlagen des Bahnhofs „Nordschleswigsche Weiche" gelegenen Strecke erfolgte vermutlich 1909 mit einem Dammgleis und zwei Brückenbauwerken für das Ein- und Ausfädeln.

Der Bahnhof „Nordschleswigsche Weiche" hatte inzwischen eine anfangs sicher nicht geahnte und von den Planern des „Gleisdreiecks" nicht einmal gewollte Entwicklung genommen. Die Entscheidung der ehemaligen Bahngesellschaft für eine selbständige Station war vorausschauend gewesen. So konnte vor den Toren der Stadt ein Rangierbahnhof wachsen, der im Stationsverzeichnis von 1892 zur Rangklasse 2 gehörte. Mit 42 Weichen und einer festen Rampe hatte er noch nicht die Größe des „Staatsbahnhofs" erreicht. Noch vor dem Umbau 1914 rückte er zum „Bahnhof 1. Klasse" auf. Das Gleisfeld reichte bis zum späteren Ablaufberg. Neben dem Gleis nach Niebüll, das noch nicht durch die spätere Untertunnelung lief, lagen eine Abstellgruppe mit 14 Gleisen, mehrere Schuppen und ein Aufenthaltsgebäude. Neben der Abstellgruppe stand das Hauptmagazin. Vermutlich handelte es sich hierbei um eine Einrichtung noch aus der Zeit der Betriebsführung der Altona - Kieler Eisenbahn. Diese hatte schon 1866 eine „Materialverwaltung", der ein Materialinspektor vorstand und für Oberbaustoffe sowie andere Betriebsmaterialien, aber auch für Drucksachen und Schreibzeug zuständig war. Die Werkstättenverwaltung hatte eine eigene Materiallagerung. Die Organisation war erstaunlich ausgefeilt. Es gab auch ein „Filialmagazin" für kleinere und wertvolle Betriebsmaterialien, ein „Filialmagazin" für unbrauchbar gewordene Baumaterialien und einen Material-Lagerplatz für gewonnene, noch brauchbare und neu beschaffte Baumaterialien. Gleich nebenan lag die Schwellen-Imprägnieranstalt, die bereits 1867 und noch 1892 erwähnt wurde.

Das Stellwerk „Nw" (später „Wm") stand unmittelbar an dem die Gleise kreuzenden Feldweg zwischen dem Alt-Husumer Weg und der Husumer Straße. Es regelte die Ein- und Ausfahrten nach Süden und Westen. Am anderen Ende des Bahnhofs, am ebenfalls noch schienengleichen Ochsenweg-Übergang, stand das Stellwerk „No" (später „Wo"), daneben drei Beamtenwohnhäuser. Der erste Güterschuppen, ein Petroleum- und Ölschuppen sowie das Magazin lagen gegenüber den Bahnsteigen. Ein drittes Stellwerk, die Blockstelle „Np", regelte den Betrieb an der Abzweigung „Nordkurve". Die Einfahrsignale von Neumünster, Niebüll und Flensburg hatten noch drei Flügel.

Beim Baudienst waren die Strecken in viele kleinere Unterhaltungsbezirke aufgeteilt. Sie unterstanden je einem „Bahnmeister", der an Ort und Stelle seine Aufgaben wahrgenommen hat (vermutlich den späteren Werkführerbezirken vergleichbar). Auf Begleitscheinen für Dienstgut werden 1892 die 7. und 8. Bahnmeisterei „Nordschleswigsche Weiche", die 9. Bahnmeisterei Tingleff und die 14. Bahnmeisterei Woyens genannt. Noch 1922 gab es zumindest eine 8. Bahnmeisterei Flensburg. Die Traditionsbezeichnung „Bahnmeister" hat die

Ausbauzustand der Strecken in der Umgebung Flensburgs im Jahr 1895. Zwischen Tarp und Jübek ist die Hauptstrecke bereits zweigleisig. Aus: KED Altona: Uebersichtskarte des Eisenbahn-Directions-Bezirk Altona 1 : 600 000. Sammlung Holger Kaufhold

Zeiten bis 1994 überdauert.

Mit der Neuordnung von 1895 wurden die Betriebsämter aufgelöst und zwölf Betriebsinspektionen eingerichtet, darunter zwei in Flensburg: „Flensburg 1" für den südschleswigschen Bereich und „Flensburg 2" für Nordschleswig. Dazu kamen eine Maschineninspektion und eine Verkehrsinspektion. Die Bezeichnung „Inspektion" änderte sich am 23. November 1910 wieder in „Amt". Die Mitte Juni 1920 relativ reibungslos vollzogene Übergabe der Nordschleswigschen Bahnen an die Däni-

Die Gleisanlagen des „Kieler Bahnhofs" an der Hafenspitze um 1890. Foto: Dreesen Sammlung Uwe Steen

schen Staatsbahnen infolge des Ergebnisses der Volksabstimmung vom 10. Februar 1920 bewirkte die Auflösung des Betriebsamtes „Flensburg 2" zum 1. Juni 1921.

4.3 Streckenneubau „Nordschleswigsche Weiche" - Leck - Lindholm

Durch die Längsbahn im Westen (Altona - Heide - Husum - Tondern) sowie im Osten wurde der Verkehr am mittleren Geestrücken vorbeigeleitet. An wenigen Stellen konnten Querbahnen diesen Mangel beheben. So im nördlichen Bereich die Bahnen von Tingleff nach Tondern und von Schleswig über Jübek nach Husum. Nachdem der Anschluss an die Eisenbahn für die daran gelegenen Orte wirtschaftliche Vorteile brachte, wurde der Wunsch danach auch in anderen Landesteilen lauter. Stimmen aus Wirtschafts- und Landwirtschaftskreisen forderten eine Eisenbahnverbindung von Flensburg nach Lindholm, und damit nach Niebüll.

Es vergingen Jahre, bevor der Bau der Querverbindung von der „Nordschleswigschen Weiche" über Leck nach Lindholm durch Gesetz vom 1. April 1887 beschlossen wurde. Die Kreise Tondern und Flensburg wurden aufgefordert, die notwendigen Flächen zur Verfügung zu stellen.

Die Dimensionierung der Bahnhofsanlagen erfolgte entsprechend einem Standardkonzept und nicht nach den bedarfsgerechten Erfordernissen. Die Bahnhöfe Leck und Wallsbüll nahmen hierbei eine besondere Funktion ein, da sie so genannte Kreuzungsbahnhöfe auf der eingleisigen Strecke waren. Die Streckenlänge zwischen Flensburg („Nordschleswigsche Weiche") und Lindholm betrug 36 km. Folgende Bahnhöfe wurden errichtet: Handewitt, Meyn-Wallsbüll, Schafflund, Sprakebüll, Achtrup und Leck. Am 1. November 1905 kam noch die Haltestelle Unaften hinzu. Nach einer Bauzeit von ca. einem Jahr wurde die Strecke am 1. Oktober 1889 der Öffentlichkeit übergeben. Ein festlich geschmückter Zug fuhr an diesem Tag von Flensburg nach Niebüll.

822a	822	824	826	828	km	(Pr. Staatsb. Dir. Altona)		821	821a	823	825	827
4·29	6·50	9·48	3·16	7·13	0,0	Ab Flensburg 19. 1027. I 33	An	8·3	11·6	1·54	7·32	11·11
4·30	7·0	9·58	3·25	7·22	4,6	An Nordschlesw. Weiche	Ab	7·53	10·56	1·44	7·22	11·1
4·36	7·5	10·2	3·33	7·26	4,6	Ab Nordschlesw. Weiche	An	7·51	10·55	1·40	7·8	10·58
4·50	7·17	10·15	3·45	7·39	10,2	Handewitt		7·40	10·44	1·25	6·54	10·44
4·54	7·21	10·19	3·49	7·43	12,2	Unaften		7·35	10·40	1·21	6·48	10·38
5·3	7·33	10·32	3·57	7·51	15,9	Meyn-Wallsbüll		7·28	10·33	1·14	6·39	10·29
5·12	7·44	10·40	4·6	8·0	20,0	Schafflund		7·17	10·25	1·4	6·28	10·18
5·24	7·56	10·51	4·18	8·12	26,6	Sprakebüll		7·4	10·13	12·52	6·12	10·2
5·32	8·2	10·59	4·25	8·20	29,9	Achtrup		6·58	10·7	12·46	6·4	9·54
5·44	8·14	11·13	4·35	8·30	33,2	Leck		6·52	10·1	12·38	5·55	9·48
5·57	8·27	11·31	5·2	8·44	40,6	Lindholm		6·38	9·48	12·15	5·36	9·26
6·5	8·35	11·40	5·10	8·52	45,0	An Niebüll s. a. 11	Ab	6·26	9·30	12·1	5·27	9·17

Fahrplantabelle Flensburg - Niebüll aus dem Reichskursbuch, Ausgabe Mai 1907

Die Strecke diente seit der Inbetriebnahme hauptsächlich dem landwirtschaftlichen Handel. Es gab auch wöchentliche Viehkurswagen nach Leipzig, Köln, Frankfurt/M. und Düsseldorf.[81] 1922, 1936/38 und noch 1948 wurden im Raum Schafflund große Mengen Raseneisenerz gefördert und zu den Hochöfen in Lübeck, Essen und Dortmund transportiert.[82]

Mit Eröffnung der Bahn richtete man Bahnposten ein, die in einem kombinierten Pack- und Postwagen in den Zügen 821, 823 und 828 befördert wurden. In Niebüll bestand Anschluss an die Bahnpost nach Dagebüll und Hamburg - Tondern bzw. im Winter Hoyerschleuse. Nach Fertigstellung des Hindenburgdammes am 1. Juli 1927 fuhr die Bahnpost bis Westerland. Nachdem die Schaffnerbahnpost am 13. Mai 1950 aufgehoben wurde, verkehrten noch viele Jahre Transportbahnposten (ohne Begleitung) zwischen Flensburg und Niebüll.[83]

4.4 Planung und Bau des neuen Flensburger Bahnhofs am Mühlenteich. Erweiterung der Anlagen von Flensburg-Weiche

Als die Verstaatlichung der Kiel - Eckernförde - Flensburger Eisenbahn gesichert schien, schlug der Präsident der Eisenbahndirektion Altona, Jungnickel, im Februar 1903 dem Oberbürgermeister Dr. Todsen die Zusammenlegung aller Flensburg berührender Strecken der Staatseisenbahn auf einem günstiger gelegenen Bahnhofsgelände vor.[84] Man stellte übereinstimmend fest, dass die bestehenden Anlagen für den inzwischen vorhandenen Verkehr völlig unzureichend waren, und hatte die Absicht, den neuen Personenbahnhof auf dem bisherigen Bahnhofsgelände am Südende des Hafens zu erbauen. Im Januar 1905 teilte die Eisenbahndirektion dem Magistrat mit, dass eine ausreichende Erweiterung des Bahnhofs nur durch Zuschütten eines Teils der Förde möglich sein werde. Der Vorschlag fand die Zustimmung von Stadt und Handelskammer.

Im April 1906 besichtigten Kommissare des preußischen „Ministeriums der öffentlichen Arbeiten" die Flensburger Hafenanlagen. Man kam nunmehr zu der Überzeugung, dass durch die umfangreiche Inanspruchnahme von Ufer und Wasserfläche für die Eisenbahnanlagen die Entwicklung der östlichen Hafenseite unzumutbar beeinträchtigt würde. Deshalb wurde der Plan fallen gelassen.

Im September 1906 legte die Königliche Eisenbahndirektion einen weiteren Plan vor. Hierin war an der Wasserfront ein 40 m breiter Grundstreifen zur Herstellung von Kais, Lagerplätzen und industriellen Anlagen freigelassen. Die Ladestraßen des Güterbahnhofs sollten sich jedoch schon beim ersten Ausbau bis zum Nordende der Ballastbrücke, später bis zu dem Kielsenger Lustgarten erstrecken, die Rangier- und Aufstellungsgleise noch 400 m über Kielseng hinaus.

Am 12. Oktober 1905 überfuhr ein aus Richtung Kiel kommender Güterzug den Prellbock des „Kieler Bahnhofs" und landete in den Städtischen Anlagen. Postkarte von1905. Sammlung Eckhard Klein

Nun erhob die Hafenkommission entschiedenen Einspruch. Der Magistrat schrieb am 13. März 1907 an die Eisenbahndirektion Altona, die Stadt wünsche sowohl den Personen- als auch den Güterbahnhof möglichst in der Mitte der Stadt an den bisherigen Plätzen oder in deren Nähe zu erhalten. Das Gelände nördlich von der Wilhelmstraße, einschließlich der städtischen Anlagen zwischen den beiden staatlichen Bahnhöfen, hielt man für Schuppen und Ladegleise geeignet. Die Stadt schlug zusätzlich vor, in gleicher Weise, wie das für den Lokomotivschuppen schon geplant sei, auch die Aufstellungs- und Rangiergleise zum Mühlenteichgelände südlich der Angelburger Straße zu verlegen. Ein Gelände, das bereits 30 Jahre vorher bei den Planungen für die Strecke Kiel - Eckernförde - Flensburg erwähnt wurde.

Am 2. Oktober 1907 teilte die Königliche Eisenbahndirektion dem Magistrat mit, dass der Minister den Entwurf ausgewählt hätte, bei dem sowohl der

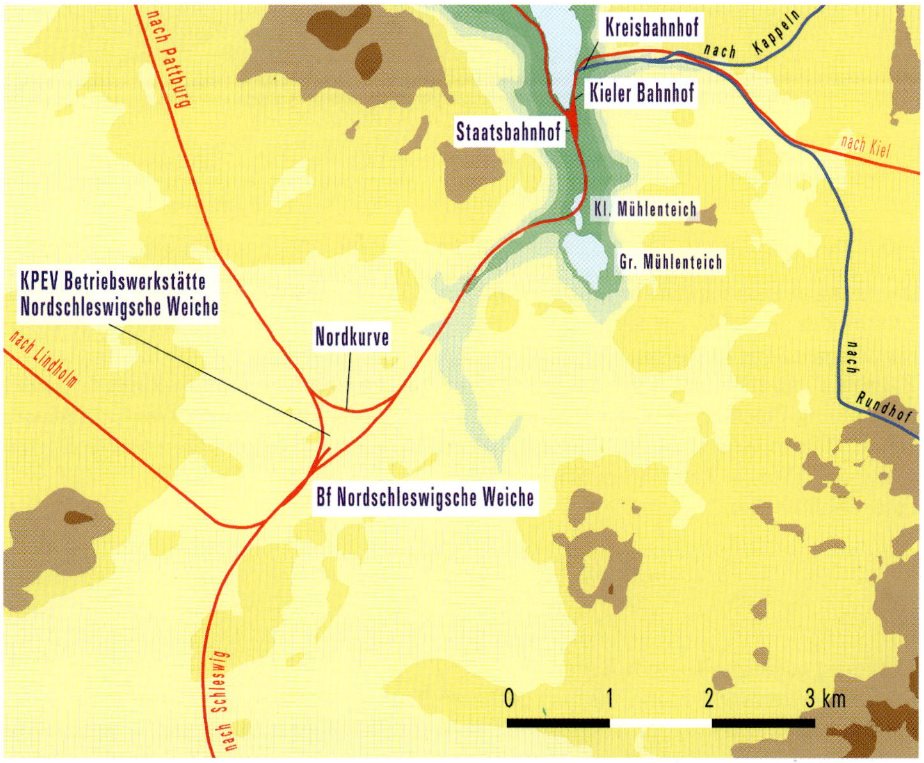

Streckennetz in Flensburg und Umgebung im Jahr 1902. Die 1889 eröffnete Strecke nach Lindholm führt Richtung Westen und die Flensburger Kreisbahn (blaue Signatur) mit den 1885 nach Kappeln und 1902 nach Rundhof eröffneten Strecken erschließt den Ostteil des Landkreises Flensburg. Am Bahnhof „Nordschleswigsche Weiche" ist eine große Betriebswerkstätte entstanden. (Kartenhintergrund: Höhenschichten). Kartengrundlage: Königlich Preußische Landesaufnahme - Topographische Karte 1 : 25 000, Blatt Flensburg, Ausgabe 1902. Kartographie Garnet Hofmann

Der Fotograf Heinrich Hinz hatte am 11. August 1912 die einmalige Gelegenheit, Luftbilder der Stadt von Bord des Luftschiffes „HANSA" aus aufzunehmen, dessen Kommandant der Flensburger Hugo Eckener war. Das Foto zeigt die als Ladegleise und Abstellgruppe genutzten Gleisanlagen am Bollwerk an der Hafenostseite und die Anlagen des „Kieler Bahnhofs". In Höhe des 1907 auf Holzpfählen gegründeten städtischen Kaischuppens biegt die Strecke in einer Rechtskurve Richtung Kiel in das Lautrupsbachtal ein. In der Kurve sind die Kreisbahnanlagen erkennbar. Der Kirchturm von St. Jürgen beherrscht das Stadtbild. In der Mürwiker Bucht, am linken oberen Bildrand, sind schemenhaft zwei größere Schiffe der Kaiserlichen Flotte sichtbar.
Foto: Heinrich Hinz Städtische Museen Flensburg

Abbildung gegenüberliegende Seite:
Die Bahn im Herzen der Stadt. Die Blick geht nach Norden. Links die Bahnanlagen an den Süderhofenden: oben beginnend mit dem turmverzierten „Staatsbahnhof", dann der Zollgüterschuppen und im unteren Teil der Güterschuppen. Die Hofenden sind noch unbebaut und weisen einen dichten Baumbestand auf. Rechts die Anlagen der Betriebswerkstätte Flensburg, die von dem großen Ringlokschuppen dominiert werden, vor dem die Drehscheibe sichtbar ist. Neben dem achteckigen Wasserturm ist ein Rechteckschuppen zu sehen. Die beiden hohen Schornsteine gehören zum damaligen Kraftwerk an der Karlstraße, vor dem ein weiterer Rechteckschuppen sichtbar ist. Hinter dem Kraftwerk liegt die große Fabrikanlage der Eisengießerei Jepsen. Zwischen den Lokschuppen befindet sich der gestreckt angeordnete Kohlenbansen. Auf dem Gelände der Betriebswerkstätte sind mehrere Lokomotiven abgestellt. Im oberen Bildteil, rechts von der Hafenspitze, erkennt man den „Kieler Bahnhof" und den Kreisbahn-Lokschuppen an der Lautrupsbachtal-Mündung. Aufnahmezeitpunkt 11. August 1912.
Foto: Heinrich Hinz Sammlung Eckhard Klein

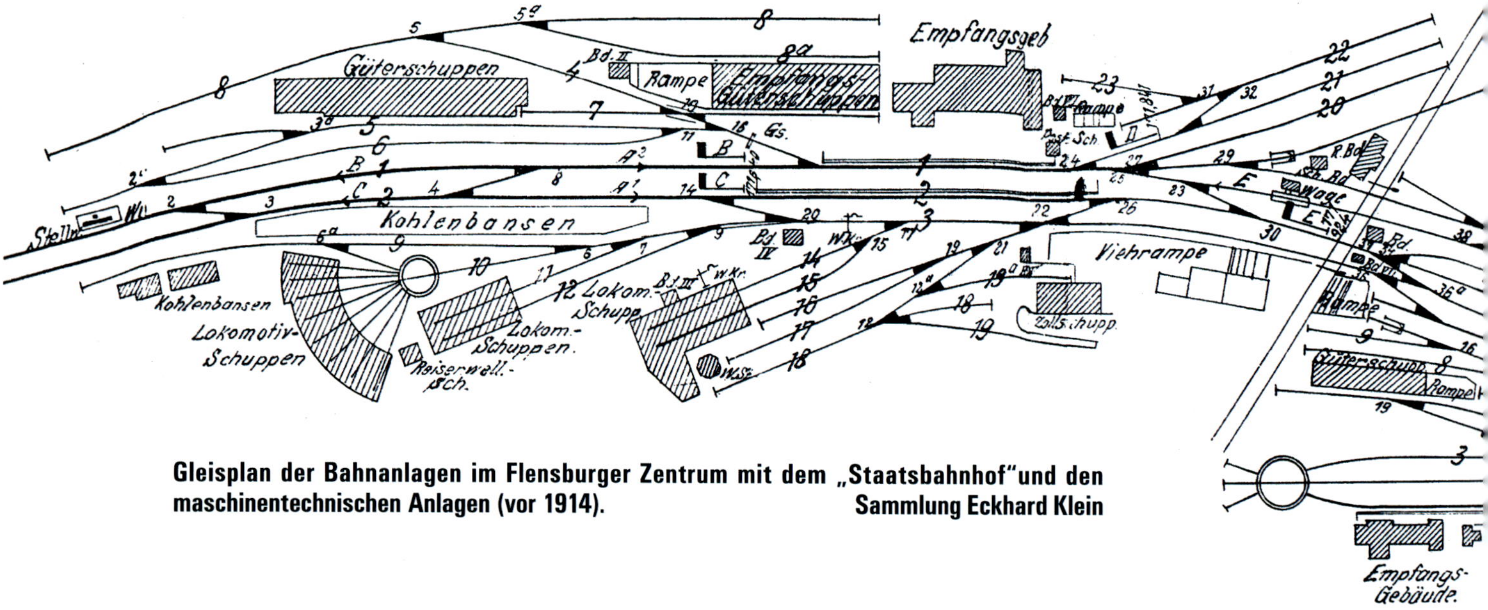

Gleisplan der Bahnanlagen im Flensburger Zentrum mit dem „Staatsbahnhof" und den maschinentechnischen Anlagen (vor 1914). Sammlung Eckhard Klein

Personen- als auch der Güterbahnhof in die Gegend des „Großen Mühlenteiches" verlegt werden sollte. Auf dem bisherigen Gelände sei für den inzwischen starken Güterverkehr von und zum Hafen kein Platz mehr. Nach den Planungen der Eisenbahndirektion sollte der neue Güterbahnhof etwa 800 m, der neue Personenbahnhof etwa 1300 m südlich des „Staatsbahnhofs" seinen Platz finden. Der Güterbahnhof wäre in der Mitte des auf etwa 12 m über NN aufzuschüttenden Mühlenteiches, der Personenbahnhof in halber Höhe zwischen dem Güterbahnhof und der Schleswiger Straße (22 m über NN) angelegt worden.

Die Bahnhöfe sollten also aus der Stadtmitte an das äußerste südliche Ende der sich von Norden nach Süden 4 km erstreckenden Stadt verlegt werden, weit außerhalb des bislang für den Verkehr und die Bebauung erschlossenen Gebietes. Es lag auf der Hand, dass dies als ein überaus schwerer Eingriff in die bestehenden Verhältnisse empfunden werden musste. Für die Einwohner der nördlichen und mittleren Stadtteile würde es eine zeit- und geldaufwendige Erschwernis, für zahlreiche Grundstückseigentümer und Gewerbetreibende eine erhebliche Wertminderung ihrer Grundstücke verursachen. Der Stadt selbst standen erhebliche Aufwendungen für den Ausbau der Zufahrten bevor. In weiten Bevölkerungskreisen erhob sich lebhafter Widerstand. Kommunalvereine, der Verein für Handel und Industrie und andere Interessierte reichten schriftliche Proteste ein. Am 16. Oktober 1907 forderten 500 Teilnehmer einer Protestversammlung im „Nordischen Hof" vom Magistrat, mit allen Mitteln dafür einzutreten, dass die Bahnhöfe auf den vorhandenen Plätzen belassen würden, selbst unter Aufgabe eines Teils des Hafens. 1855 Bürger, zu etwa einem Drittel auch aus den südlichen Stadtteilen, schlossen sich durch Unterschrift dieser Petition an. Die Handelskammer sprach sich dafür aus, dass der Hafen unter keinen Umständen zugunsten der Bahnhofsanlagen eingeengt werden dürfe. Sie war jedoch der Ansicht, dass es trotzdem möglich sein müsste, entweder den Personenbahnhof oder den Güterbahnhof nahe dem Hafen behalten zu können. Aber welchen, darüber waren die Ansichten

Der Bahnhofsvorplatz des „Staatsbahnhofes" um 1910. Postkarte Sammlung Holger Kaufhold

Blick auf den „Kieler Bahnhof". Am linken Bildrand befindet sich die Abstellgruppe des „Staatsbahnhofes", die mit vielen preußischen Abteilwagen belegt ist. Bemerkenswert sind die hohen Signale im Bahnhofsbereich. Das Foto dürfte um 1900 aufgenommen worden sein.
Foto: unbekannt **Städtische Museen Flensburg**

geteilt. Nur der Kommunalverein St. Nikolai und eine größere Zahl von Kaufleuten im südlichen Stadtteil traten für die Verlegung der Bahnhöfe ein.

Am 17. März 1908 informierte die Königliche Eisenbahndirektion Altona den Magistrat, dass der Minister auch grundsätzlich mit dieser Planung einverstanden sei und in gemeinsamen Verhandlungen wurden am 9. April 1908 skizzenhafte Ausarbeitungen der geplanten Bahnhöfe vorgelegt. Hieran nahm auch der Zivilingenieur Dr.-Ing. Gleim aus Hamburg als Sachverständiger teil, der folgendes vorschlug:

- den für die Hafenbahn anzulegenden Sammelbahnhof zwischen Angelburger Straße und der verlängerten Rathausstraße hochzulegen,
- für den Wagenladungsverkehr eine Freiladeanlage auf dem Gelände des „Kieler Bahnhofs" und der südlich daran grenzenden Städtischen Anlagen (Kieler Anlagen) herzustellen.

Die Hochlegung der Hafenbahn und Brückenbauten sollten die schienenfreie Verlängerung der Rathausstraße sowie der Nikolaistraße und die Anhebung der Eisenbahnüberführung über die Angelburger Straße ermöglichen. Die Freiladeanlage würde dem Norden und dem mittleren Stadtteil den Massengutverkehr in günstiger Hafenlage erhalten. Der Magistrat der Stadt Flensburg schlug bei dieser Gelegenheit zusätzlich noch vor, neben der Freiladeanlage auch den

Die Straßenfront des „Staatsbahnhofes" mit Vorplatz und der Brücke über den Mühlenstrom um 1910.
Postkarte: Thomsen **Sammlung Holger Kaufhold**

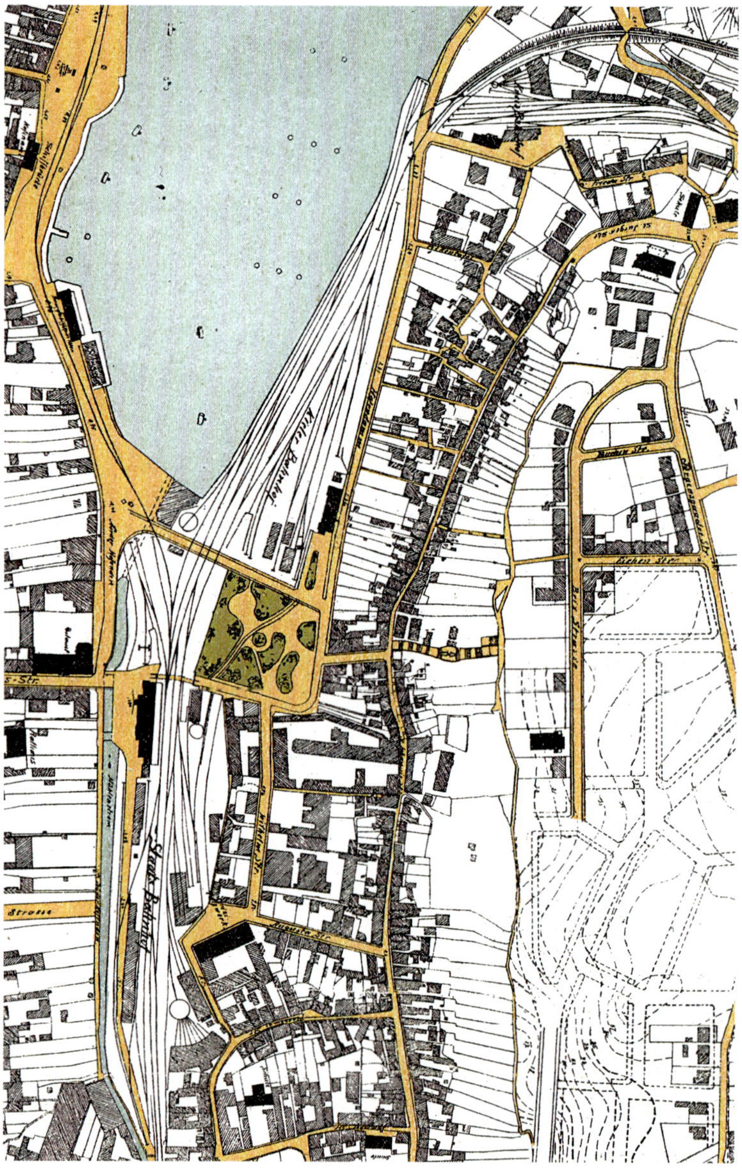

Stadtplan des Flensburger Zentrums mit allen Bahnanlagen (um 1912). Stadtarchiv Flensburg XIV K/P 3025

Bahnhof der Flensburger Kreisbahn auf dem Gelände des „Kieler Bahnhofs" zu errichten. Die Vertreter der Eisenbahndirektion sprachen sich entschieden gegen eine Freiladeanlage aus, da sie bei einem Betrieb an zwei Stellen erhöhte Kosten befürchteten und den Verkauf des „Kieler Bahnhofs" für unmöglich hielten. Nach mehrmaligen Verhandlungen legte die Eisenbahndirektion am 18. Januar 1911 einen revidierten Entwurf vor, der nun unter Verzicht auf den Bau eines Bahnhofs der Kreisbahn auf dem Gelände des „Kieler Bahnhofs" eine Freiladeanlage vorsah. Die Hochlegung des Sammelbahnhofs hatte der Minister bereits 1909 genehmigt.

Die städtische Bauverwaltung fertigte auf dieser Grundlage einen Entwurf für die gesamten Gleisanlagen an der Ostseite des Hafens, der am 28. April 1911 die Zustimmung aller Seiten fand. So war denn nach mehr als sieben Jahren endlich Einvernehmen über den Umbau der Flensburger Bahnhöfe erzielt.

Der Umbau war inzwischen auch im höchsten Maße dringlich geworden, da sich der Personenverkehr seit dem Jahre 1904 mehr als verdoppelt hatte und auch die Verhältnisse für den Güterverkehr völlig unzureichend waren. Bis 1912 verging die Zeit mit Verhandlungen über die Höhe der Verpflichtungen für die Stadt Flensburg, die bei 1,5 Millionen Mark lagen. Die Stadt erwartete, das freiwerdende Bahnhofsgelände zu einem günstigen Preis erwerben zu können, da sie es ehemals für die englische Eisenbahngesellschaft kostenlos abgetreten hatte.

Inzwischen war die erste Rate für die Bauarbeiten in Höhe von 1,7 Millionen Mark von der mit 15 Millionen Mark insgesamt veranschlagten Summe in den Reichsetat für 1914 eingestellt worden. Die Bauarbeiten konnten endlich beginnen und zwar gleichzeitig in Flensburg-Weiche durch die Eisenbahnverwaltung und an der Ballastbrücke durch die Stadt Flensburg. Hier erstreckte sich die Geländeauffüllung vom städtischen Kaischuppen nordwärts bis zur Brücke der Harnisser Ziegelei, um eine breitere Kaifläche zu gewinnen. Hierfür wurden 287 000 m^3 Boden aufgeschüttet und der Ballastberg umfangreich abgegraben. In Flensburg-Weiche wurden erhebliche Erdarbeiten erforderlich für:

- den neuen (südlichen) Teil des Verschiebebahnhofs
- den Erweiterungsbau des Lokomotivschuppens von 18 auf 31 Stände
- einen neuen Güterschuppen
- die Unterführung der Husumer Straße
- den Bau eines weiteren Stellwerks.

Umbennung in Flensburg-Weiche

Der Name „Flensburg-Weiche" wird zum ersten Mal im Oktober 1914 in Zusammenhang mit dem Bau des Stellwerks „Wa" am südlichen Bahnhofs-

27. Flensburg - Eckernförde - Kiel.

km	Zug-Nr. / Stationen Kl.	951	953	955	957	941	961	959	965	1835	1831	963	1833	945
					(Posthorn)					S	S	(Posthorn)	S	
	Kl.	2—4	2—4	2—4	2—4	2—3	2—4	2—4	2—4	2—4	2—4	2—	2—4	2—3
—	*Hadersleben 25 . . . Ab*	—	—	5 08	8 58	—	—	12 33	2 55	—	—	4 55	—	6 49
—	*Apenrade 24 . . . . „*	—	—	5 37	9 36	—	—	1 33	3 00	—	—	5 07	—	7 36
—	*Sonderburg 21 . . . . „*	—	—	5 58	9 42	—	—	1 09	2 50	—	—	5 28	—	8 25
—	**Flensburg** 8, 21, 22, 46, 46a . . . . Ab	—	6 00	7 58	11 35	12 53	1 57	3 15	5 04	S Sonntags nur im September	—	7 40	9 13	10 32
6,5	Maasbüll (Angeln) . . .	—	12	8 10	46	│	2 09	25	14		—	7 52	25	42
10,1	Husby	—	19	19	11 54	│	17	34	22		—	8 01	33	50
14,7	Winderatt	—	28	28	12 02	│	26	41	30		—	10	43	10 58
18,1	Sörup 46a	—	35	35	09	1 19	35	48	38		—	19	9 52	11 05
23,5	Mohrkirch Osterholz . .	—	46	8 48	19	│	2 46	3 56	48		S	32	10 03	16
29,2	**Süderbrarup** 45	—	6 59	9 00	12 30	1 34	3 01	4 06	5 58		—	8 45	10 14	11 26
32,6	Fahrtoft	—	7 06	9 07	12 36	│	3 08	4 12	6 04		—	8 51	10 20	│
35,8	Lindaunis	—	14	14	43	│	16	19	10		—	8 58	27	│
40,9	Rieseby	—	30	25	12 53	│	27	29	20		—	9 08	38	│
49,5	**Eckernförde** . . . . An	—	7 45	9 41	1 05	2 04	3 42	4 42	6 33		—	9 23	10 53	11 56
—	**Eckernförde** 47b . . Ab	5 57	7 52	9 48	1 10	2 07	—	4 47	6 36	9 21	7 37	9 31	10 57	11 59
52,6	Altenhof (Schlesw.) . . .	6 06	8 00	9 54	16	│	—	4 53	42	27	7 46	37	11 03	│
61,4	Gettorf	30	19	10 12	32	2 23	—	5 08	6 55	51	8 01	9 53	16	12 15
66,9	Neuwittenbek	44	30	22	44	│	—	18	7 04	9 59	12	10 04	25	│
70,4	Levensau	53	39	29	51	│	—	5 25	10	10 05	19	11	32	│
73,5	Suchsdorf	6 59	48	35	1 57	│	—	│	17	10	25	16	37	│
75,0	Kronshagen	7 05	8 53	43	2 02	│	—	5 34	21	14	30	21	43	│
77,7	Hassee	17	9 00	50	09	│	—	40	27	19	37	27	50	│
80,6	**Kiel** 7, 26, 28, 47, 81 An	7 25	9 07	10 57	2 16	2 50	—	5 47	7 33	10 25	8 44	10 34	11 57	12 42
—	*Lübeck 28 . . . . An*	8 54 9 49	12 42	—	5 18	4 44 5 18	—	8 37	10 38	—	10 38	—	S	—
—	*Hamburg Hbf. 7 . . „*	—	11 15	1 07	4 25	—	—	7 58	10 50	—	11 04	1 49		—

S = Sonntags und am 21. Mai und 1. Juni.

Fahrplantabelle Flensburg - Kiel aus dem Taschenfahrplan für den Eisenbahndirektionsbezirk Altona. Sommerfahrplan 1914. Gültig vom 1. Mai 1914.

vor. Wegen der ungünstigen Bodenverhältnisse mussten ca. 2,6 Millionen m^3 Boden aus dem Gelände des neuen Betriebsbahnhofs und der daneben liegenden Ausziehgleise sowie aus dem Tegelbarg zwischen Schleswiger und Husumer Straße abgetragen und zur Verdrängung des moorigen Untergrundes sowie zum Aufschütten des Großen Mühlenteiches verwendet werden, der mit seiner 12 m unter dem eingang benutzt.[85] In keinem der Pläne und Unterlagen wird danach noch die alte Bezeichnung „Nordschleswigsche Weiche" verwendet. Die Oberbauarbeiten im südlichen Bezirk waren 1917 fertig.

Um 1917 begann auch der Bau der Brücken über die Husumer Straße bei Sophienhof, unter der Schleswiger Straße bei der Fuchskuhle und unter der Eckernförder Landstraße. Durch die Verhältnisse im ersten Weltkrieg wurden die Arbeiten bis zu Beginn des Jahres 1919 eingestellt. Der erste größere Bauabschnitt danach war die eingleisige Strecke von Flensburg-Weiche (über Husumer Straße – Sophienhof und Schleswiger Straße – Fuchskuhle) bis zu der im Anfangsstadium befindlichen Großbaustelle im Bereich des Großen Mühlenteiches. Als diese Strecke fertig war, konnten Rangierabteilungen von Flensburg-Weiche aus das für den Bau benötigte Großgerät sowie unterschiedlichste Baustoffe und Materialien heranschaffen.

Nun stand die Planumherstellung von Personen-, Betriebs- und Güterbahnhof be-

Das Militär war im 20. Jahrhundert entscheidend auf die Eisenbahn als Transportmittel angewiesen. Truppentransport im Ersten Weltkrieg am 11. Mai 1917 im Vorfeld der Gleise des „Kieler Bahnhofs".
Foto: unbekannt Stadtarchiv Flensburg FotXIVd1917.05.11-02 und -01

Meeresspiegel liegenden Sohle in der Eiszeit den südlichen Ausläufer der Flensburger Förde bildete.

Sehr große Bodenmassen verschwanden im Moor. An einigen Stellen wurden Tag für Tag hunderte von Wagen mit Boden entladen, ohne das Gleis weiter vorschieben zu können. Als einzige sichtbare Zeichen türmten sich die Moorberge vor den Schüttungen immer höher auf. An anderen Stellen rissen große Erdschollen ab und glitten in wenigen Augenblicken mit Gleis und Wagen in die Tiefe. Durch die anfänglichen Rutschungen befürchtete man, dass auf dem steil abfallenden festen Untergrund, die ganzen Bahnhofs- und Straßenschüttungen abgleiten könnten, ja sogar, dass die angrenzende Schokoladenfabrik Kosmos durch Moorverdrückung gefährdet wäre.

4.5 Zugangebot auf der Hauptstrecke

Im folgenden wird nur der Verkehr auf der Hauptstrecke Flensburg - Hamburg größtenteils in Nord – Süd - Richtung betrachtet (Gegenrichtung in Klammern). 1886 richtete die CIWL einen Schlafwagenkurs Randers - Altona ein. Dies veranlasste nun ihrerseits die KPEV, eigene Schlafwagenverbindungen nach Dänemark einzurichten, leider ohne die erforderliche Akzeptanz, so dass die Verbindung nach nur 1 ½ Jahren, am 8. Dezember 1887 wieder eingestellt wurde.[86]

Nach den Flensburger Nachrichten vom 30. Oktober 1888 verkehrten die Züge Richtung Süden zu folgenden Zeiten: 4.15 Uhr (Schnellzug), 7.09 Uhr, 10.25 Uhr, 13.38 Uhr und 18.30 Uhr (Schnellzug). Die Abfahrtszeiten der Schnellzüge waren deutlich an den Tagesrand verschoben worden.

Am 1. Dezember 1903 eröffnete die KPEV einen Schlafwagenkurs zwischen Altona und Kopenhagen. Dieser Zug verließ Altona um 21.19 Uhr und erreichte Frederikshavn um 9.42 Uhr mit der Möglichkeit eines Schiffsanschlusses nach Göteborg in Schweden. Der Schlafwagen ging bereits in Fredericia auf den Nachtexpress E 12 über und war um 8.06 Uhr in Kopenhagen. In der Gegenrichtung war der Schlafwagen mit dem ersten Morgenzug um 11.15 Uhr in Hamburg.[87]

Das Kursbuch vom 1. Mai 1907 beinhaltet für die Hauptstrecke Fahrpläne mit deutlich kürzeren Fahrzeiten und einer ganz erheblichen Ausweitung des täglichen Zugangebotes auf 9 Zugpaare, davon 3 Schnellzugpaare. Zum Teil führten die Züge durchlaufende 1. - 4. Klassewagen zwischen Flensburg und Hamburg. Bemerkenswert ist ferner, dass es zwei Züge mit internationalen Schlafwagenverbindungen gab. Das Zugpaar 551/40 führte Schlafwagen Frederikshavn - Hamburg sowie durchlaufende 1. - 3. Klassewagen Frederikshavn - Hamburg und Flensburg - Hamburg. Die Wagen gingen in Neumünster auf den Schnellzug 31 über. Ein weiterer Schlafwagen verkehrte ab dem 20. Juni 1907 zwischen Kopenhagen und Hamburg im Zugpaar D 21/D 40.[88]

Der letzte Sommerfahrplan vor Ausbruch des Ersten Weltkrieges trägt das Datum vom 1. Mai 1914. Die Fahrplanstruktur blieb im wesentlichen gleich. Ein neues Schnellzugpaar D 15/D 6 nach Hamburg kam hinzu, dafür wurde ein anderer Zug gestrichen.[89]

Der Ausbruch des Ersten Weltkrieges im August 1914 führte zur Beendigung des internationalen Verkehrs mit Dänemark. Der Sommerfahrplan vom 1. Juni 1917 war dementsprechend ausgedünnt und wies nur noch 6 Zugpaare auf. Die Fahrzeiten waren geringfügig länger als in der Friedenszeit. Wesentliche Neuerung war

Blick auf den südlichen Gebäudeteil des „Staatsbahnhofes". Direkt vor dem Bahnhof und der Ladestraße verlief der Mühlenstrom.
Postkarte **Sammlung Holger Kaufhold**

8 **8. Vamdrup - Flensburg - Neumünster** (Altona - Hamburg). 8

km	Zug-Nr. / Stationen		551	755	767	D 41	751	D 15	553	555	45	D 11 †	143	43	753	749 S	771	
	Kl.		1–3	2–4	3	1–3	2–4	1–3	2–4	2–4	1–3	1–3	1–3	1–3	2–4	2–4	2–4	
—	*Kopenhagen* . . . . . *Ab*	—	7 50	8 30	—	12 00	—	—	12 00	12 05	12 05	—	—	9 05	—	—	12 30	—
—	*Frederikshavn* . . . "	—	6 45	—	—	—	—	—	—		6 33	—	—		—	—	—	—
—	*Aalborg* . . . . "	—	8 34	—	—	—	—	—	—	|	8 16	—	—	—	—	—	—	—
—	*Fredericia* . . . . . "	—	2 06	3 24	—	5 45	—	—	6 15	10 00	1 41	—	—	3 12	5 12	—	6 26	—
—	Vamdrup . . . . Ab		3 08	5 02	6 26	6 46	—	—	8 43	12 37	2 48		—	4 52	7 00		10 51	—
4,9	Farris†		|	09	33	|	—	—	8 51	46	—		—	|	08		11 01	—
12,9	Sommerstedt 48 d		|	5 18	6 44	|	—	—	9 02	12 58	3 01		—	5 09	7 20		11 12	—
17,2	Jägerup		|	|	|	|	—	—	|	|	|		—	|	|		|	—
20,5	Woyens 25, 48 . . . . An		3 29	5 26	6 55	7 05	—	—	9 11	1 10	3 09		—	5 19	7 30		11 21	—
—	Woyens . . . . Ab		3 43	5 36	—	7 15	—		9 28	1 22	3 21		—	5 34	7 41		11 31	—
26,2	Oberjersdal 48 b			44	—	|	—		37	31	|		—	45	7 50		39	—
33,6	Haberslund 49			5 54	—	|	—		48	42	|		—	5 56	8 01		49	—
40,7	Rothenkrug 24 . . . . An			6 02	—	7 33	—		9 56	1 51	3 41		—	6 04	8 09		11 57	—
—	Rothenkrug . . . . . . Ab			6 04	—	7 34	—		10 00	1 54	3 42			6 05	8 11		11 58	—
46,2	Jordkirch			11	—	|	—		08	2 02	|			13	19		12 05	—
50,0	Bollersleben			18	—	|	—		15	08	|			19	26		12	—
56,4	Tingleff 21 . . . . An			6 26	—	7 49	—		10 23	2 15	3 56			6 27	8 34		12 20	—
—	Tingleff . . . . Ab			6 28	—	7 50	—		10 28	2 22	3 57			6 29	8 36		12 24	
60,1	Baistrup			33	—	|	—		36	28	|			34	42		30	
66,5	Schafhaus			41	—	|	—		46	39	|			42	8 51		38	
71,4	Pattburg 21			48	—	|	—		10 54	46	|			6 51	9 00		47	
74,1	Harrislee 21			6 53	—	|	—		|	2 51	|			|	06		12 52	
82,0	Flensburg 21, 22, 27 . An		4 41	7 03	—	8 14	—		11 09	3 02	4 22			7 04	9 16		1 03	
—	Flensburg 46, 46a . . Ab	—	4 45	7 09	—	8 21	9 16	11 30	11 46	3 14	4 28			7 09	9 21	10 23	—	
86,6	Nordschlesw. Weiche 21, 22	—	|	18	—	|	27	|	11 56	24	4 36			18	31	33	—	
91,7	Barderup	—	|	24	—	|	35	|	12 03	33	|			24	39	40	—	
97,4	Tarp	—	5 02	31	—	|	45	|	12	42	|			31	48	49	—	
102,6	Eggebek	—	09	38	—	|	9 53	|	21	3 50	|			38	9 56	10 57	—	
109,9	Jübek 20 . . . . An	—	5 18	7 46	—	8 47	10 03	11 56	12 31	4 00	4 56			7 46	10 05	11 07	—	
—	Jübek . . . . Ab	—	5 19	7 47	—	8 47	10 05	11 56	12 36	4 05	4 57	|	|	7 47	10 06	11 08	—	
116,5	Schuby	—	|	7 55	—	|	16	|	45	15	|	|	|	|	15	20	—	
120,9	Schleswig 20, 45, 45a, 45b .	—	5 33	8 02	—	8 59	25	12 08	12 56	25	5 09	5 25	6 53	8 01	24	11 27	—	
126,8	Lottorf	—	|	10	—	|	34	|	1 04	33	|	|	an	|	31	an	—	
133,9	Owschlag 47 b	—	5 48	18	—	|	46	|	17	43	|	|	—	8 15	41	—	—	††
138,6	Duvenstedt	—	5 55	24	—	|	10 54	|	26	50	|	|	—	|	48	—	—	
145,5	Rendsburg 26, 46 b, 91. An	—	6 03	8 32	—	9 23	11 04	12 32	1 35	4 59	5 33	5 49	—	8 28	10 56	—	—	
—	*Kiel 26* . . . . . . *An*	—	—	9 45	—	10 [illegible]5	12 27	3 44	3 44	6 53	6 53	—	—	9 44	12 35	—	—	—
—	Rendsburg . . . . Ab	—	6 04	8 44	—	9 24	11 07	12 33	1 39	5 02	5 34	5 50	—	8 29	10 57	—	—	—
154,2	Osterrönfeld	—	|	|	—	|	|	|	e 1 57	|	|	|	—	|	|	—	—	—
160,2	Bokelholm	—	25	9 06	—	|	32	|	2 06	26	|	|	—	8 49	11 17	—	—	—
164,2	Bokel	—	31	9 12	—	|	38	|	13	33	|	|	—	|	23	—	—	—
170,5	Nortorf	—	40	20	—	|	48	|	25	44	|	|	—	9 01	32	—	—	—
175,2	Aspe	—	47	27	—	|	11 55	|	32	5 52	|	|	—	|	39	—	—	—
184,6	Neumünster 14, 19, 28, An	—	6 59	9 37	—	10 03	12 07	1 12	2 44	6 04	6 16	6 30	—	9 15	11 49	—	—	—
—	*Neumünster 7* . . . *Ab*	—	7 12	9 44	—	10 09	12 18	1 16	2 56 / 3 02	6 25	6 25	6 34	—	9 19	11 59	—	—	—
—	*Altona, Hbf.* . . . . *An*	—	8 17	10 53	—	11 14	2 09	2 20	4 01 / 4 57	7 35	7 35	7 42	—	10 28	1 25	—	—	—
—	" *Holstenstraße* "	—	30	11 02	—	|	19	|	12 / 5 09	45	45	|	—	37	35	—	—	—
—	*Hamburg, Sternsch.* . "	—	34	05	—	|	22	|	15 / 12	48	48	|	—	40	39	—	—	—
—	" *Dammt.* . . "	—	39	10	—	11 26	27	2 37	20 / 16	53	53	8 11	—	45	44	—	—	—
—	*Hamburg, Hbf.* . . . "	—	8 44	11 15	—	11 31	2 32	2 42	4 25 / 5 21	7 58	7 58	8 16	—	10 50	1 49	—	—	—

† Aus den Zügen vom Norden ist das Aussteigen in Farris nur Reisenden mit zollfreiem Handgepäck gestattet.

Schlafwg. Frederikshavn-Hbg. in den Zügen 551/D3.

Schlafwagen Kopenhagen–Hamburg.

Zug D3 (551); Z. 33 1–3 Kl. (755); Zug 575 (751); Z. D100 1–3 Kl. (553); Z. 37 1–3 Kl. (555); Z 573 (753).

Post von Flensburg ab.

Speisewagen.

† Bäderzug von Hoyer Schleuse verkehrt vom 6.–9. und 20.–24. Juli, 4.–7., 19.–23., August, 2.–6., und 18.–21. September.

Von Husum ab 6 17 (vergl. Nr. 20)

Sonntags und am 21. Mai und 1. Juni.

Sonntags und am 21. Mai u. 1. Juni

†† Sonntags und am 21. Mai und 1. Juni

Sämtliche Züge Flensburg - Nordschleswigsche Weiche.

Zug-Nr. / Stationen Kl.	822a 2–4	768 2–4	822 2–4	755 2–4	751 2–4	903 2–4	824 2–4	553 2–4	759 *W 3	757 W 3	555 2–4	826 2–4	45 1–3	8561a W 3	43 1–3	828 2–4	909 2–4	753 2–4	830 2–4	749 S 2–4 ††	773 3
Flensburg 8 . . . . . Ab	4 38	6 00	6 25	7 09	9 16	9 42	10 35	11 46	12 20	1 27	3 14	3 27	4 28	5 06	7 09	7 15	9 13	9 21	10 12	10 23	11 30
Nordschlesw. Weiche . An	4 47	6 11	6 34	7 17	9 25	9 52	10 44	11 55	12 30	1 38	3 23	3 36	4 36	5 19	7 17	7 25	9 23	9 30	10 20	10 32	11 40

* Nur an Schultagen

60 61

Der Personenverkehr auf der Nord - Süd - Strecke vor Ausbruch des Ersten Weltkrieges. Fahrplantabelle Vamdrup - Flensburg - Neumünster - (Altona - Hamburg) aus dem Taschenfahrplan für den Eisenbahndirektionsbezirk Altona. Sommerfahrplan 1914. Gültig vom 1. Mai 1914.

der von Vamdrup als Personenzug kommende Zug 41 bzw. 42 (1. - 3. Klasse), der Flensburg als Schnellzug in Richtung Hamburg verließ. Bis auf 2 Zugpaare führten alle Züge die 2. - 4. Klasse. In der Gegenrichtung Altona - Flensburg gab es in 4 Zügen Durchgangswagen von Altona nach Flensburg. [90]

Der Sommerfahrplan vom 15. Mai 1918 glich dem von 1917. Im Winterfahrplan vom 1. Oktober 1918 sind erneut die dänischen Züge verzeichnet, und bei D 41/D 44 findet sich der Vermerk „Verkehrt bis auf weiteres". D 45 ist mit dem Vermerk „Verkehrt bis auf weiteres nicht" versehen, so dass nur noch 5 Zugpaare fuhren. Im Sommer 1919 gab es ebenfalls lediglich 5 Verbindungen.

4.6 Betriebswerkstätten und beheimateter Lokomotivpark

Mit Ausnahme des 1862 abgegebenen Dreikupplers mit der Betriebsnummer 8[1] übernahm die KED Altona alle Lokomotiven der Vorgängergesellschaften. 1892 belief sich der Unterhaltungsbestand der aus den Anlagen der SSE hervorgegangenen preußischen Betriebswerkstätte am hafennahen „Staatsbahnhof" Flensburg auf 51 Lokomotiven. Bis zum Ersten Weltkrieg erweiterte die Königliche Eisenbahndirektion Altona den Ringlokschuppen an seiner Westseite um zwei auf insgesamt acht Stände. Darüber hinaus erbaute die Bahnverwaltung einen neuen zweiständigen Rechteckschuppen mit angegliedertem achteckigem Wasserturm, der sich östlich der Hauptgleise auf Höhe der Ausfahrtsignale und des Empfangsgüterschuppens befand. Zwischen Ringlokschuppen und dem neuen Rechteckschuppen lag die seit der Eröffnung 1854 ununterbrochen genutzte zweiständige „Colosseum" - Rechteckremise. Die gesamte Maschinenwerkstatt und der hölzerne Wasserturm aus der SSE - Zeit war dem Rechteck-

Ausfahrender Personenzug Richtung Kiel. Der Zug hat soeben das Gleis der Flensburger Kreisbahn gekreuzt, deren Bahnhof links vom Zug erkennbar ist. Postkarte vor 1906. Sammlung Holger Kaufhold

schuppenneubau gewichen. Auch die Wagenreparaturwerkstatt war abgerissen worden. Die beiden anderen älteren Rechteckschuppen mussten dem vergrößerten Kohlenbansen weichen, da der Anbau am Ringlokschuppen den ehemaligen Kohlenperron verdrängt hatte. Ein lang gestreckter Kohlenbansen befand sich um 1914 zwischen Güterschuppen und Drehscheibe. Die Betriebswerkstätte im Stadtzentrum Flensburgs unterhielt Personenzuglokomotiven und Rangierlokomotiven. Vom 1. Juli 1894 ist für die Betriebswerkstätte Flensburg folgender Lokomotivbestand überliefert:[91]

Lokomotivbestand der Betriebswerkstätte Flensburg am 1. Juli 1894

Gattung	*Summe*	*in Betrieb (Loknummern)*	*Abgestellt*	*in Reparatur*
Schnell- und Personenzuglok 2/3	11 [92]	198 199 201 202 203 213	200	204 212 214 225
Personenzugdienst 2/3	12 [93]	124 125 126 131 132 133 134 135	127 130	123 136
Güterzugdienst 2/3	5 [94]	626 627	603 604	630
Güterzugdienst 3/3	7 [95]	826 827 856 857 876 878		868
Gemischter Zugdienst 2/3	2 [93]	120		113
Personenzugreservedienst 2/3	6 [93]	118 121 128 129	137	122
Rangierdienst 3/3	5 [96]	846 1847 1848	1819	1814

Blick in die Betriebswerkstätte Flensburg. Bei der vor dem Lokschuppen wartenden Lok handelt es sich wahrscheinlich um eine preußische P 4[1].
Foto: unbekannt Stadtarchiv Flensburg FotXIVb3612f13a-17

Die Betriebswerkstätte „Nordschleswigsche Weiche"

Das Stationsbuch von 1892 weist eine Betriebswerkstätte an der „Nordschleswigschen Weiche" aus, einen Lokomotivschuppen mit zwei Ständen, eine Drehscheibe und eine Desinfektionsanstalt, jedoch noch keinen eigenen Lokomotivbestand. Wo sich die Drehscheibe befand, ist nicht bekannt. Nach den vorhandenen Unterlagen könnten die 1867 und 1892 genannten Lokschuppen identisch sein. Er war 35,5 m lang, 13,6 m breit und hatte nur ein vom Bahnsteig kommendes Gleis in der Mitte.

Aus dem Halteplatz am Ochsenweg wurde allmählich ein Rangierbahnhof; und um 1894 entschloss sich die Königliche Eisenbahndirektion Altona, die Betriebswerkstatt zu vergrößern und im Gleisdreieck zwischen der Strecke nach Norden, der Strecke nach Flensburg und der „Nordkurve" zu konzentrieren. Angeblich gab es an dieser Stelle schon aus der Anfangszeit der Bahn eine Schmiede. Die Entwurfszeichnung für die Wasserstation von 1894 bezeichnet denn auch das hinter dem Wasserturm gelegene, in späteren Plänen Werkstatt genannte Gebäude, als Schmiede. Sie war 20 m lang, 12 m breit und wurde 1914 um 14 m verlängert. In diesem Gebäude waren für den 16 m hohen Wasserturm mit 100 m^3 Fassungsvermögen zwei Kessel, zwei Wasserpumpen und eine Betriebsmaschine untergebracht. Nach der Erweiterung fand auch eine mechanische Werkstatt Platz. Zur Planung für die neue Wasserstation gehörten ebenso ein Wasserkran und ein Rohrleitungsnetz. Deshalb muss angenommen werden, dass nun auch die übrigen Anlagen errichtet wurden: Ausschlackkanal, Bekohlungsanlage und weitere. Der erste Ringlokschuppen von 1894, mit einem Anbau für Putzer und Lokomotivpersonal, hatte zwölf Gleise. Er erhielt schon 1899 sechs weitere Stände.

Aus der Zeit nach der Verstaatlichung gibt es nur vereinzelte Stationierungsdaten von Lokomotiven, die

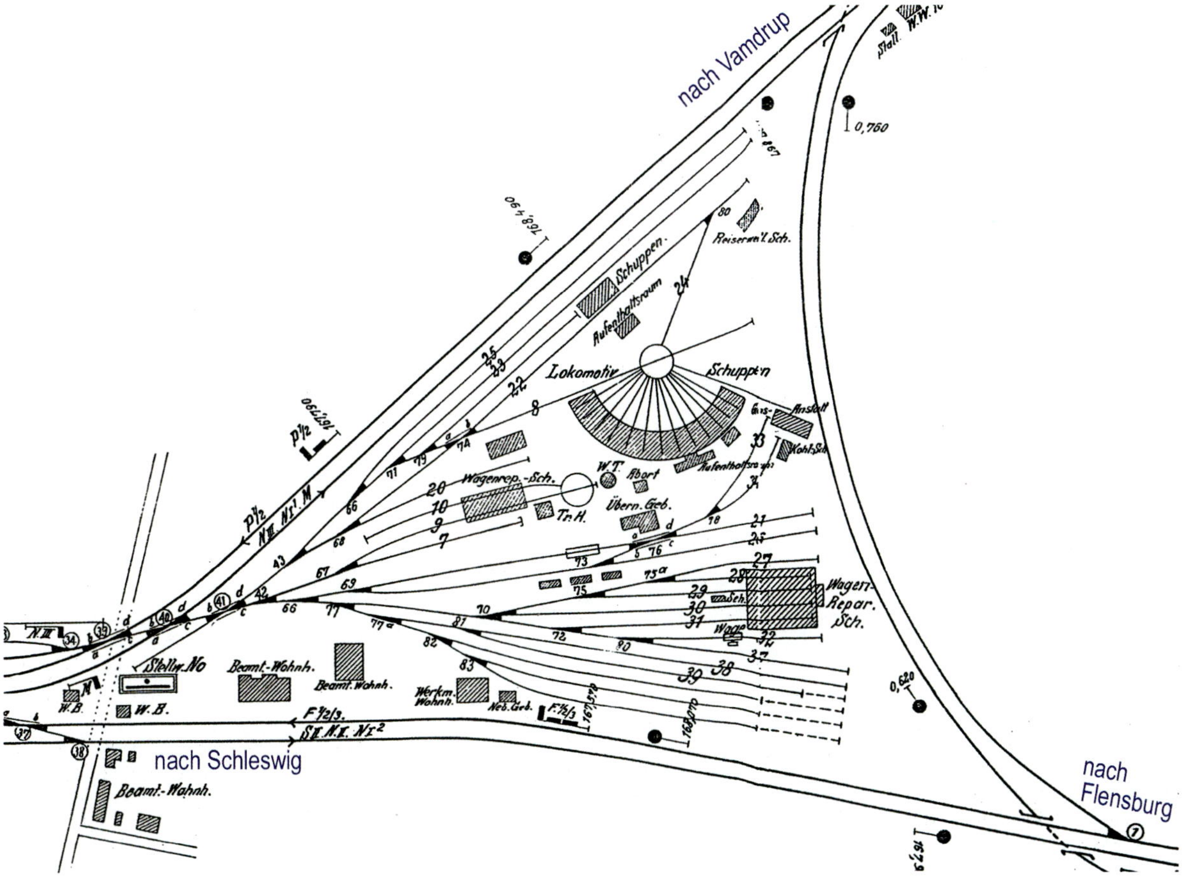

Die Betriebswerkstätte „Nordschleswigsche Weiche" vor der Erweiterung 1914. Die KPEV hatte die maschinentechnischen Anlagen im Gleisdreieck in unmittelbarer Nähe des Bahnhofs „Nordschleswigsche Weiche" kontinuierlich erweitert. Neben den üblichen Einrichtungen zur Lokomotiv- und Wagenunterhaltung gab es eine Fettgasanstalt, die der Versorgung der Lokomotiven und Wagen mit Leuchtgas für die damals eingesetzte Gasbeleuchtung diente. Sammlung Eckhard Klein

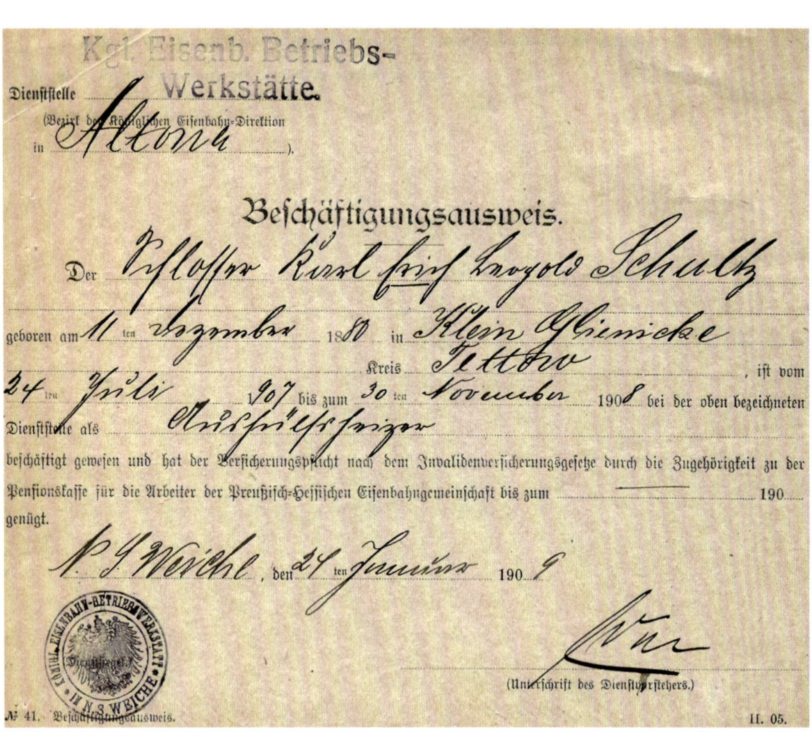
Kgl. Eisenb. Betriebs-Werkstätte.

Dienststelle

(Bezirk der Königlichen Eisenbahn-Direktion in Altona).

Beschäftigungsausweis.

Der Schlosser Karl Fried. Leopold Schultz

geboren am 11ten Dezember 1880 in Klein Glienicke

Kreis Teltow, ist vom 24ten Juli 1907 bis zum 30ten November 1908 bei der oben bezeichneten Dienststelle als Aushülfsheizer beschäftigt gewesen und hat der Versicherungspflicht nach dem Invalidenversicherungsgesetze durch die Zugehörigkeit zu der Pensionskasse für die Arbeiter der Preußisch-Hessischen Eisenbahngemeinschaft bis zum ——— 190.... genügt.

N. S. Weiche, den 24ten Januar 1909

(Unterschrift des Dienstvorstehers.)

№ 41. Beschäftigungsausweis. II. 05.

Beschäftungsausweis für einen Lokschlosser der „Königlichen Eisenbahn-Betriebswerkstätte in Nordschleswigsche Weiche" aus dem Jahr 1909.
Sammlung Eckhard Klein

wenigen vorhandenen Angaben betreffen zumeist Güterzuglokomotiven. 1891 standen unter den Betriebsnummern Alt 1406, 100, 101, 1407, 531, 102, 112, 601 - 604, 123, 124, 131, 136 und 137 noch 16 Maschinen der ehemaligen Schleswigschen Eisenbahnen in Betrieb. Im Dezember 1891 erhielt Flensburg wieder eine Lok-Erstzuteilung, als in der Betriebswerkstätte mit der Betriebsnummer Alt 863 eine 3/3 gekuppelte Verbundlokomotive der KED Altona eintraf. 1906 kamen für die Bewältigung des zunehmenden Güterverkehrs die neu gelieferten pr. G 5^4 mit den Betriebsnummern Alt 4184 4188 und 2 Jahre später die typgleichen Maschinen Alt 4201 - 4204 nach Flensburg.

Die erste Schadaufnahme der am Unfall am „Kieler Bahnhof" vom 12. Oktober 1905 beteiligten Fahrzeuge dürfte sicherlich in der Betriebswerkstätte „Nordschleswigsche Weiche" erfolgt sein.
Foto: Heinrich Hinz **Stadtarchiv Flensburg FotXIVb3612f5**

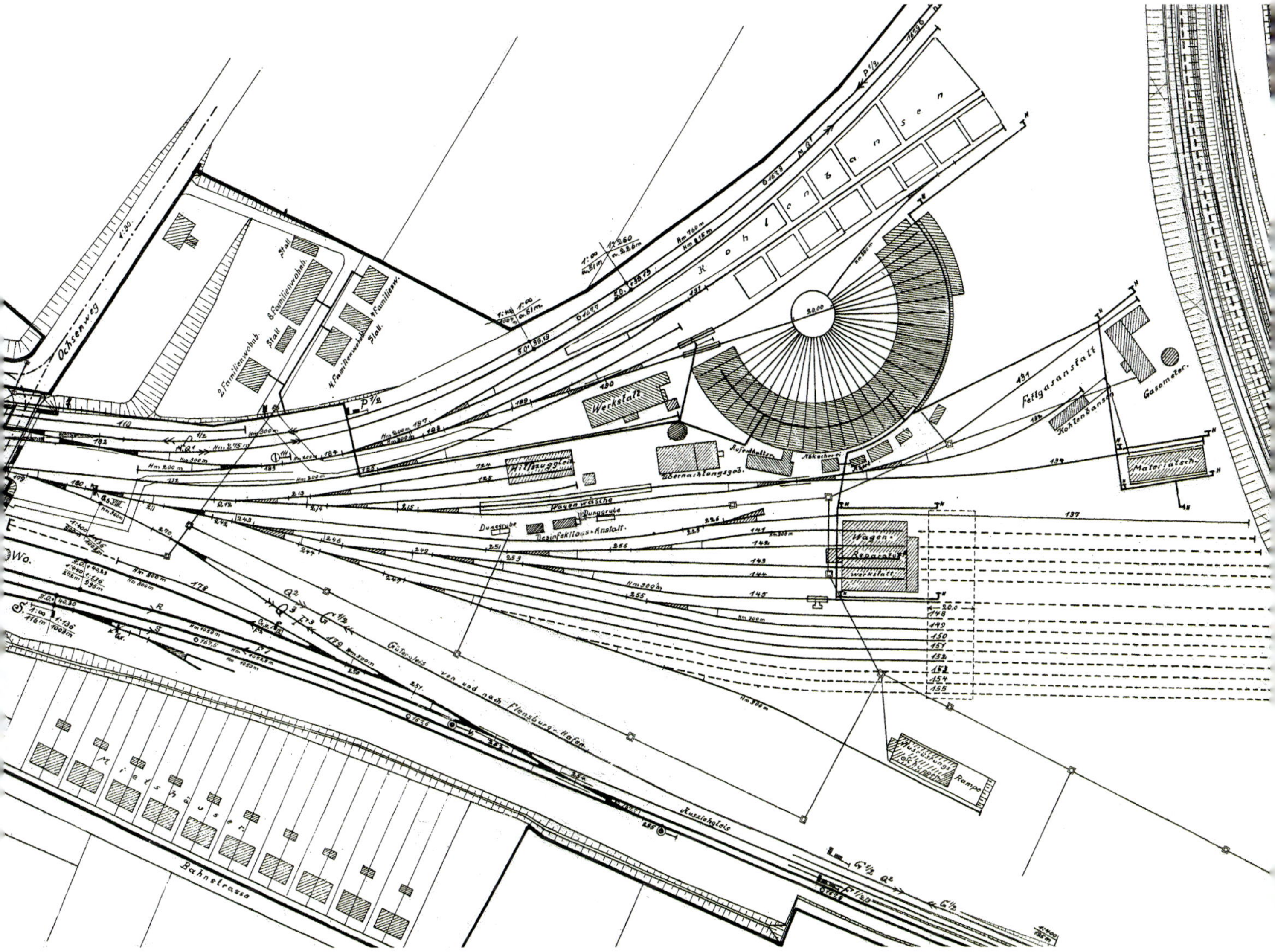

Zustand der KPEV Betriebswerkstätte Flensburg-Weiche vor 1918. Mit 31 Ständen war der Ringlokschuppen deutlich größer als das 1927 neu gebaute Bahnbetriebswerk am südlichen Stadtrand von Flensburg. Auch die Fläche des Kohlenbansens ist nach der Erweiterung erheblich größer geworden und vermittelt einen Eindruck von der Anzahl der hier zu unterhaltenden Lokomotiven. Bis zum Verlust Nordschleswigs 1920 konnte die Betriebswerkstätte Flensburg-Weiche betrieblich günstig „aus der Mitte" heraus fahren. Mit der neuen Grenze lag die Betriebswerkstätte plötzlich nicht mehr zentral.
Sammlung Holger Kaufhold

Der Südteil der Betriebswerkstätte in „Nordschleswigsche Weiche" um 1909. Sichtbar sind von links nach rechts die kleineren Gebäude der Desinfektionsanstalt, der Wasserturm, hinter dem der große Ringlokschuppen liegt, das Übernachtungsgebäude, neben dem Lokschuppen die Fettgasanstalt für Wagen- und Lokbeleuchtung (mit Schornstein) und am rechten Bildrand die große Wagenreparaturhalle.
Postkarte
Stadtarchiv Flensburg FotXIVb3612F9b

Die C n2 Tenderlokomotiven der Gattung T 7 der KPEV waren im schweren Verschubdienst eingesetzt und hauptsächlich auf dem großen Verschiebebahnhof in Weiche tätig.
Foto: unbekannt Stadtarchiv Flensburg FotXIVb3614f49

1901 kam in „Nordschleswigsche Weiche" eine Wagenreparaturwerkstatt hinzu. Sie war 30 m lang und 12 m breit, mit zwei Gleisen, die an einer kleinen Drehscheibe endeten. Hinter dem Lokschuppen lag eine 1909 gebaute Fettgasanstalt mit dem 1912 errichteten Gasometergebäude zur Gewinnung von Leuchtgas für die Reisezugwagen. Eine weitere Wagenwerkstatt (30 m x 30 m) mit vier Gleisen, Arbeitsgruben, Achssenke und einem Werkstattanbau entstand zwischen 1907 und 1909. Hier konzentrierten sich schließlich alle Reparaturarbeiten an Güterwagen. Hinter dem im Jahr 1914 um 13 auf beachtliche 31 Gleise erweiterten Ringlokschuppen in „Nordschleswigsche Weiche" wurde 1914 ein Magazin gebaut. 1918 war das Kesselhaus für die ,,Warmwaschanlage" fertig (Entseuchung).

Die Verwaltung der Betriebswerkstätten dürfte ebenfalls nach hier verlegt worden sein, denn alle Schriftstücke hatten seither den Briefkopf ,,Königliche Eisenbahn-Betriebs-Werkstatt Nordschleswigsche Weiche". Die Betriebswerkstätte für den Flensburger Raum wurde von der KPEV zumindest zwischen 1910 und 1914 unter dem Namen „Nordschleswigsche Weiche" geführt.[85] Damit trug man der erheblich größeren Kapazität gegenüber den älteren Anlagen in Flensburg Rechnung. Die Anlagen an der Karlstraße wurden als eine Art Außenstelle von Betriebswerkmeistern geführt, bis der Betrieb dort nach 1927 ganz aufhörte und die Gebäude1928 abgerissen wurden.

Ab 1914 erfolgte dann auch hier die Umbenennung in Betriebswerkstätte Flensburg-Weiche. In Flensburg-Weiche wurden alle Güterzuglokomotiven und die hier eingesetzten Rangierlokomotiven unterhalten,

an der Karlstraße, d.h. im Stadtzentrum, ein Teil der Personenzug- und die entsprechenden Rangierlokomotiven. 1930, zwei Jahre nach der Inbetriebnahme des neuen Bahnbetriebswerks Flensburg am Mühlenteich, stellte man die Lokunterhaltung in Flensburg-Weiche ganz ein und verpachtete den Lokschuppen.

Zum Maschinenamt Flensburg gehörten 1914 zwei Betriebswerkstätten: Eckernförde (die ehemalige Werkstätte der Kiel - Eckernförde - Flensburger Eisenbahn) und „Nordschleswigsche Weiche" sowie die Stationsschlosserei Rendsburg.

1917 erhielt der Flensburger Lokomotivpark mit der Nummer Alt 2455 eine P 8-Erstzuteilung. Als weitere Erstzuteilungen folgten 1918 mit Alt 2474 sowie Alt 2475 zwei weitere preußische Personenzuglokomotiven der Gattung P 8.

5 Umgestaltung und Untergang – Deutsche Reichsbahn (1919 – 1945)

Der verlorene Erste Weltkrieg und die damit einhergehenden Veränderungen wirkten sich gravierend auf das deutsche Eisenbahnwesen und besonders auf die Eisenbahn in Flensburg aus. Einerseits verstaatlichte das Deutsche Reich aufgrund Artikel 89 der Weimarer Reichsverfassung vom 11. August 1919 und den dadurch erforderlich werdenden Staatsverträgen vom 10. März 1920 die bis dahin selbständigen Länderbahnen zunächst zu den Reichseisenbahnen und ab 1924 schließlich zur Deutschen Reichsbahn-Gesellschaft mit einer in Teilen anderen Struktur.[97]

Andererseits ergaben sich einschneidende territoriale Veränderungen an der Peripherie des Deutschen Reiches. Durch den Vertrag von Versailles wurden Elsaß-Lothringen, die Gebiete um Eupen und Malmedy, das Memelgebiet, das Hultschiner Ländchen sowie große Teile der preußischen Provinzen Posen und Westpreußen von Preußen abgetrennt. Im Zuge von Volksabstimmungen, die der Versailler Vertrag vorgesehen hatte, verlor Preußen Nordschleswig und das östliche Oberschlesien.

Die deutschen Truppen mußten im Januar 1920 aufgrund des Versailler Vertrages vom Juni 1919 das gesamte Abstimmungsgebiet zusammen mit allen Landräten und Oberbürgermeistern verlassen. An ihrer Statt rückten englische und französische Truppen ein. Das Foto zeigt die Verlegung und Verabschiedung der Reichswehrtruppen aus Flensburg am 24. Januar 1920 ins Reichsgebiet. Die Reichswehr besteigt am Bollwerk vor dem „Kieler Bahnhof" preußische Abteilwagen. Bei dem ersten vollständig sichtbaren Wagen links handelt es sich um einen zweiachsigen 2. Klasse-Wagen nach den Normalien von 1878. Die restlichen Wagen sind dreiachsige Personenwagen der Gattung C3 Pr.
Foto: unbekannt Stadtarchiv Flensburg FotXIVbd1920.01.24-28

Der von der Reichsregierung für das Abstimmungsgebiet eingesetzte deutsche Staatskommissar Dr. Adolf Köster, späterer deutscher Außenminister, verabschiedet am 24. Januar 1920 vor einem 2. Klasse Polsterwagen einen Major der Reichswehr.
Foto: unbekannt Stadtarchiv Flensburg FotXIVbd1920.01.24-30

Der ursprünglich als Knotenpunkt der Güterströme im Landesteil Schleswig gedachte Verschiebebahnhof Flensburg-Weiche verlor infolge der Volksabstimmung in der Zone I (Nordschleswig) vom 10. Februar 1920 und der sich daraus ergebenden Abtretung Nordschleswigs zum 15. Juni 1920 an das Königreich Dänemark

Viele Abstimmungsberechtigte benutzten die Eisenbahn, um nach Flensburg zu kommen. Das Foto zeigt den 1907 von der Waggonfabrik Görlitz erbauten vierachsigen preußischen Schnellzugwagen „Altona 02077" der Gattung ABC4ü Pr07. Dass sich die politischen Verhältnisse gravierend geändert haben, ist an der Eigentumsbezeichnung PrStEV zu ersehen. Zwei Jahre zuvor hatte die preußische Eisenbahnverwaltung noch die Initialen KPEV und war „Königlich". An den Seitenwänden steht die mit Kreide angeschriebene Parole „Unser schönes Flensburg ist und bleibt deutsch".
Foto: unbekannt **Stadtarchiv Flensburg FotXIVbd1920.01.24-29**

große Teile seines Einzugsgebietes. Flensburg-Weiche übernahm die Funktion des deutschen Grenzbahnhofs, so dass hier eine Zollrampe erforderlich wurde.

5.1 Fertigstellung der neuen Bahnanlagen in Flensburg und Flensburg-Weiche durch die Deutsche Reichsbahn-Gesellschaft

Die Umgestaltungsarbeiten der Bahnanlagen im Flensburger Raum liefen unter der neuen Rechtsform weiter.[98] 1920 begannen schließlich die Erdarbeiten bei Wilhelminental und die umfangreichen Erdbewegungen im Bereich des Großen Mühlenteiches wurden fortgesetzt. 1921 begann man mit dem Bau der Unterführung des Ochsenweges in Flensburg-Weiche. Zwei Wassertürme entstanden bei den Stellwerken „Wr I" und „Wr II". 1922 folgten die Erdarbeiten zwischen Schleswiger und Husumer Straße und in Flensburg-Weiche wurde das Empfangsgebäude sowie das Stellwerk „Wo" gebaut. Nach Abschluss der Arbeiten hatte Flensburg-Weiche die größte Ausdehnung und Leistungsfähigkeit seiner Bahnhofsgeschichte erreicht: 3,4 km lang, 14,4 km Haupt- und 33,8 km Nebengleise, 236 Weichen, zwei Ablaufberge und sechs Weichen- und Signalstellwerke. Der Bahnhof konnte täglich 1250 Wagen im Ausgang bewältigen. Die tägliche Durchschnittsleistung betrug 750 Wagen.[99]

Ein beim „Staatsbahnhof" beschäftigter Gepäckarbeiter gründete am 1. April 1922 das erste Gepäckträgerunternehmen, die „Bahnamtliche Güterbestätterei" bei der Gepäckabfertigung in Flensburg. Die Arbeit war hart, denn das Gepäck wurde teilweise noch mit der Handkarre zugestellt und die Koffer waren oftmals größer und schwerer als heute. Die Gepäckträger mussten aber auch die Züge be- und entladen und verrichteten bei der Gepäckaufgabe Schalterdienste.

Auch in Flensburg-Weiche wurden die Bahnanlagen umgestaltet. Die Unterführung des Ochsenweges unter den Gleisen ist noch im Bau, das neue Empfangsgebäude des Bahnhofs Flensburg-Weiche ist weitgehend fertiggestellt. Am rechten Bildrand des um 1921 entstanden Fotos befindet sich das alte Stellwerk „Wo" (früher „No").
Foto: unbekannt **Sammlung FSF**

1923 begannen die Bauarbeiten zur Anbindung der Kieler Strecke von Maasbüll über Sünderup an das neue Bahnhofsgelände am Mühlenteich. Im Herbst des gleichen Jahres wurde mit den Gründungsarbeiten für das Empfangsgebäude des neuen Bahnhofs in Flensburg sowie den Brückenbauten für die Schleswiger und Husumer Straße und für die Brücke über das Ausziehgleis im Betriebsbahnhof Richtung Kanzleistraße/Peelwatt begonnen. 1924 war die Brücke über die Husumer Straße fertig.

Inzwischen stieg der 1913 errechnete stadteigene Baukostenanteil für die Umbaumaßnahmen von 1,7 Millionen Mark auf 18,0 Millionen Mark. Durch die infolge des verlorenen Krieges und des Verlustes von Nordschleswig entstandenen schwierigen wirtschaftlichen Verhältnisse und besonders durch die beginnende Inflation sah sich die Stadt 1920 gezwungen, eine Vereinfachung der Planungen anzustreben.

1925 legte die Deutsche Reichsbahn-Gesellschaft dem Magistrat der Stadt Flensburg einen gänzlich neuen Vertrag mit folgenden Vereinfachungen vor:

Blick von Jürgensby auf den am linken Bildrand sichtbaren „Kieler Bahnhof".
Foto: unbekannt **Sammlung Uwe Steen**

- Ursprünglich sollte der Verkehr nach dem Vertrag von 1913 von Flensburg-Weiche kommend über Sophiental, Schleswiger Straße (Fuchskuhle) und Eckernförder Landstraße in den Personenbahnhof einmünden und von hier über Wilhelminental, Abrowiese, Harrislee nach Dänemark weitergeführt werden. Dem aus Kostengründen nicht unterzeichneten Vertragsentwurf von 1923 hingegen entstammte nunmehr die neue Variante, den Verkehrsfluss genau umzukehren, so wie er auch heute noch praktiziert wird: Einfahrt aus Richtung Süden über Wilhelminental in den Bahnhof und weiter nach Dänemark über den bereits 1919/20 fertig gestellten Streckenabschnitt Flensburg – Flensburg-Weiche über Sophienhof , aber unter Umgehung des Bahnhofs Flensburg-Weiche. Dafür wurde 1926 ein weiteres Kreuzungsbauwerk errichtet. Die Bodenmassen des nun überflüssigen Bahndammes von Flensburg-Weiche bis Sophienhof wurden für dessen Dammanschlüsse verwendet. (Damit hatte sich die vorher beschriebene Nordkurve erübrigt).
- Statt der Nikolaistraßenunterführung wurde ein Fußgängertunnel („Mauseloch") geplant.
- Die geplante Treppe vom Bahnhofsvorplatz zur Schleswiger Straße sollte durch eine Rampenanlage (Serpentine) ersetzt werden.

Die schwierige Haushaltslage in den letzten Jahren der Inflationszeit und zu Beginn der Goldmarkwährung, die komplizierten Gründungsarbeiten am Empfangsgebäude sowie letztlich der während der Bauzeit erfolgte Einsturz des nördlichen Bogens der Brücke Schleswiger Straße im Jahre 1924 erschwerten den vertragsgemäßen Baufortschritt. Dies wurde wiederholt von der Stadtverwaltung bei der Reichsbahndirektion bemängelt.

Die Fertigstellung und Eröffnung des Bahnhofs war ursprünglich für den Herbst 1923 vorgesehen. Aber wegen mehrmonatiger Unterbrechungen in den Wintermonaten und der Gründung der „Deutschen Reichsbahn-Gesellschaft" mit vorübergehender Stilllegung aller Bauausführungen

dauerte es von November 1923 bis August 1924, um die 1 600 Eisenbetonpfähle von 12 m bis 18 m Länge und einem Querschnitt von 34 cm x 34 cm in

Blick von Osten auf die Gleisseite des noch in Betrieb befindlichen „Staatsbahnhofs" mit der Bahnsteigüberdachung. Im Vordergrund rechts die Eisengießerei Jepsen.
Foto: W. Hannemann **Stadtarchiv Flensburg FotXIVc.240f07**

38 2205 wartet im Flensburger Bahnhof mit ihrem Zug auf Ausfahrt Richtung Süden. Aufnahme 1926/1927. Die Lokomotive war ab Oktober 1926 über 20 Jahre lang beim Bw Flensburg stationiert.
Foto: unbekannt **Sammlung FSF**

Der Bahnhofsneubau im Rohbauzustand am 7. April 1926.
Foto: unbekannt **Sammlung Eckhard Klein**

Am 7. August 1926 sind die Arbeiten am Gebäude weiter fortgeschritten und Bahnsteig- und Gepäcktunnel im Rohbauzustand. Die Bauarbeiten für das Gleisfeld und die Bahnsteige befinden sich im Anfangsstadium.
Foto: unbekannt Sammlung Eckhard Klein

den Boden zu rammen. Erst als über diesem Netz von Pfahlköpfen eine einzige gewaltige Eisenbetonplatte fertig gestellt war, konnte im Oktober 1924 mit dem Bau des eigentlichen Gebäudes begonnen werden. Nun wurde die Eröffnung für den Herbst 1927 zugesagt.

Das Fahrdienstleiterstellwerk „Fo" war 1926 fertig, ein modernes elektromechanisches Stellwerk, das es außer in Flensburg nur noch in Hamburg gab. Die Eilgutabfertigung, Bahnsteige, Fernsprech- und Beleuchtungsanlage, Pflasterungen und Oberbauarbeiten konnten 1927 fertig gestellt werden.[100]

Am 1. Dezember 1927 war es dann soweit, der neue Personen- und Eilgüterbahnhof konnte dem Betrieb übergeben werden. Die gesamte Anlage hatte 14 Millionen Mark gekostet. Der Entwurf für das Bahnhofsgebäude stammte von

Ansicht der im Bau befindlichen Schalterhalle.
Foto: unbekannt Sammlung FSF

Blick von der „Serpentine" zwischen Bahnhofsvorplatz und Schleswiger Straße auf den Westteil des neuen Bahnhofs am Eröffnungstag. Ganz rechts der Verwaltungstrakt mit dem Raum für den Vorsteher, im mittleren Anbau befindet sich daneben das „Speisezimmer". Auf der freien Fläche links wurde später die Güterabfertigung errichtet.
Foto: unbekannt SHLB Landesgeschichtliche Sammlung

Reichsbahnrat Friedrich Georg Arnold, der auch die Bauleitung hatte.

Der eigentlich niedrige Baukörper gewinnt in der Ansicht an Größe durch die steil angelegten Walmdächer und die über mehrere Stockwerke angelegten vertikalen Fensterflächen. Mittig in das Dach fügt sich ein eckiger Uhrturm. Dominiert wird die Fassade durch die zwei kräftigen Eckrisalite (hervortretende Gebäudeteile), die durch den zurückgesetzten Mittelflügel miteinander verbunden sind und in dem sich der Eingangsbereich befindet. Das Gebäude, das außerhalb der städtischen Bebauung errichtet wurde, wird so zu einem imposanten Bau.

Wie viele in dieser Zeit errichteten öffentlichen Gebäude in Schleswig-Holstein ist der Bahnhof in rotem Backstein, Oldenburger Verblendklinker, gehalten, der dem Architekten die Möglichkeit für Variationen in der Mauerung der Fassade gab. Ornamente und andere plastische Schmuckelemente wurden von dem Hamburger Bildhauer Richard Kuöhl entworfen. Diese Gestaltung aus Klinker mit orna-

Abbildung nächste Doppelseite:
„Schwarz-Rot-Gold" weht am Flaggenmast des Uhrenturms. Von links nach rechts: das noch eingerüstete Bahnpostamt, die Eilgüterabfertigung und das Hauptgebäude des neuen Bahnhofs mit Schalterhalle am Eröffnungstag 1. Dezember 1927.
Foto: unbekannt SHLB Landesgeschichtliche Sammlung

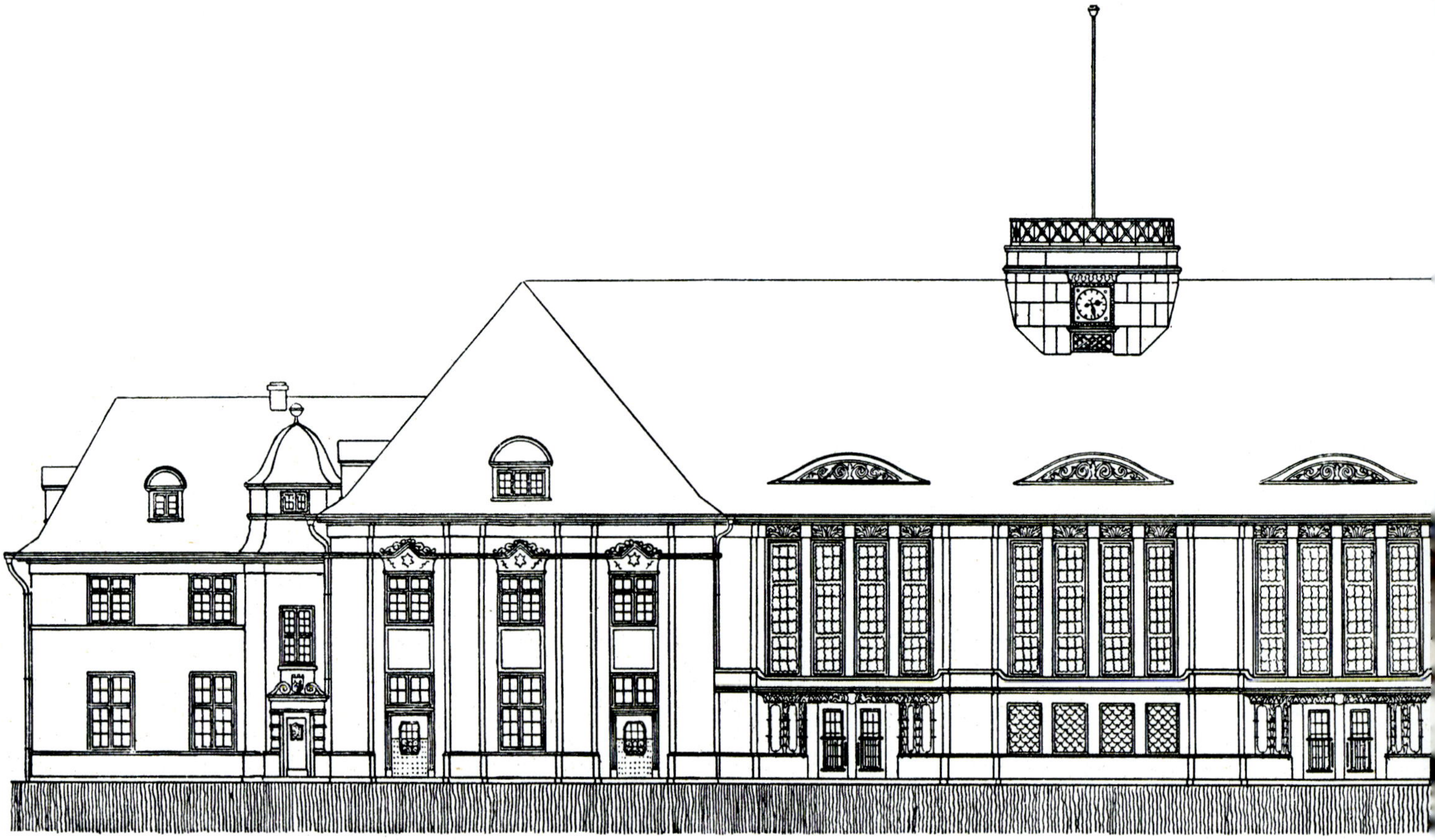

Seitenansicht des von Reichsbahnrat Friedrich Georg Arnold entworfenen neuen Bahnhofgebäudes. Sammlung Holger Kaufhold

**Bahnhofsvorplatz und Hauptgebäude kurz vor der Eröffnung.
Foto: unbekannt**

Sammlung Eckhard Klein

Blick in die fertiggestellte Schalterhalle im Ursprungszustand. Links die Fahrplanaushänge zur Orientierung der Reisenden, in der Mitte die Gepäckabfertigung und ganz rechts die Fahrkartenschalter.
Foto: unbekannt **SHLB Landesgeschichtliche Sammlung**

mentalen Ergänzungen entsprach dem Heimatschutzgedanken, nach dem in den ersten Jahrzehnten des 20. Jahrhunderts zahlreiche Gebäude in Flensburg errichtet wurden und der versuchte, die heimatliche Baukultur, wie sie damals verstanden wurde, zu fördern. Zu diesem Verständnis zählte die fantasievolle Verwendung des Backsteins wie auch die Sattel- und Walmdächer, die man als Teil der „regionalen" Baukultur sah.

Die „Flensburger Nachrichten" schrieben am 30. November 1927 anläßlich der Fertigstellung: *„Für die architektonische Gestaltung des neuen Bahnhofs stand Zweckmäßigkeit und Sachlichkeit an erster Stelle. ... Es schien dabei richtig, auf die in Schleswig-Holstein heimatliche Bauweise und Formgebung, unter Verzicht auf Modeformen, zurückzugreifen. ... Der anheimelnde nordische Backsteinbau findet in seinem Innern in Form und Farbe den harmonischen Gleichklang, der das Ganze zu einem Kunstwerk werden läßt. Nach Ausspruch von Kennern ist er Norddeutschlands schönster Bahnhof"*.

Die „Zeitung des Vereins Deutscher Eisenbahnverwaltungen" konstatierte zu dem Neubau: *„Der neue Bahnhof Flensburg darf in seiner Gesamtanlage zu den besteingerichteten Bahnhöfen der Deutschen Reichsbahn gezählt werden. Das Empfangsgebäude repräsentiert als erster deutscher Grenzbahnhof beim Übertritt von Dänemark in angemessener Weise die Stadt, die Reichsbahn und das Reich."*

Die neu errichtete Betonbrücke überspannt die westliche Ausfahrt des Bahnhofs. Auf ihr begrüßt am 1. Dezember 1927 eine große Menschenmenge den ersten Zug, den D 41 aus Hamburg. Links die Personenzuglok 36 384, eine preußische P 4² des Bw Flensburg, die den Zug mit Ehrengästen vom „Staatsbahnhof" zum neuen Reichsbahnhof befördert hatte.
Foto: unbekannt **SHLB Landesgeschichtliche Sammlung**

Mit der Eröffnung des Reichsbahnhofs und der Verlegung der Kieler Strecke ab Tarup wurde auch der „Kieler Bahnhof" überflüssig. Die Fotos zeigen den Bahnhof von der Straßen- und Gleisseite kurz vor der Betriebseinstellung.
Foto: unbekannt oben Stadtarchiv Flensburg FotXIVb3614f43 / unten Sammlung Eckhard Klein

Am Eröffnungstag fand eine Feier statt, zu der sich zahlreiche von der Reichsbahndirektion Altona und der Stadt Flensburg geladene Gäste eingefunden hatten. Sie fuhren mit einem Sonderzug um 10.05 Uhr vom alten Bahnhof ab und erreichten den neuen Bahnhof (über Flensburg-Weiche) um 10.30 Uhr. Hier begrüßte sie in der Empfangshalle der Präsident der Reichsbahndirektion Altona, Dr. Schneider. Tausende Flensburger Bürger waren unterwegs, um das Einlaufen des ersten Zuges mitzuerleben. Viele Schaulustige belagerten die Brücken an der Husumer und Schleswiger Straße. Als erster Zug traf dann um 12.26 Uhr der D 41 aus Hamburg mit laubbekränzter Lokomotive ein.Für die Ehrengäste gab die Stadt Flensburg anschließend ein Festessen in der Neuen Harmonie.

5.2 Bau des neuen Bahnbetriebswerkes durch die DRG

Im Zuge der Umgestaltung der Bahnanlagen in Flensburg konzentrierte die aus den Länder- bzw. Reichseisenbahnen hervorgegangene Deutsche Reichsbahn-Gesellschaft ihre maschinentechnischen Anlagen in Flensburg durch den Neubau eines zentralen Betriebsbahnhofes mit Bahnbetriebswerk (Bw) südöstlich des neuen Bahnhofs. Das im Dreieck zwischen Kieler Strecke und dem Gleis nach dem dänischen Padborg[101] gelegene Bw war als Ersatz der alten Werkstätten an der Hafenspitze und in Flensburg-Weiche vorgesehen. Die räumliche Nähe von Personen- und Betriebsbahnhof erforderte für die Schaffung des Planums jedoch erhebliche Erdbewegungen in Form eines über 10 m tiefen Einschnittes in die hügeligen Endmoränen am Stadtrand.

Die Bauarbeiten für den Betriebsbahnhof und die zugehörigen Gebäude begannen 1923 mit dem Bau eines 20-ständigen Ringlokschuppens und einer Drehscheibe mit einem Durchmesser von 23 m. Den Lokschuppen entwarf ebenfalls Reichsbahnrat Friedrich Georg Arnold. Für die mit einer Achssenke ausgestatteten Stände 1 und 2 sowie den Stand 3 stand ein 3 t - Laufkran zur Verfügung. Die Einrichtungen wurden vervollständigt durch ein Verwaltungsgebäude mit angeschlossenem Übernachtungstrakt, ein Aufenthaltsgebäude, ein Wagenmeistergebäude und ein Kesselhaus mit 35 m hohem

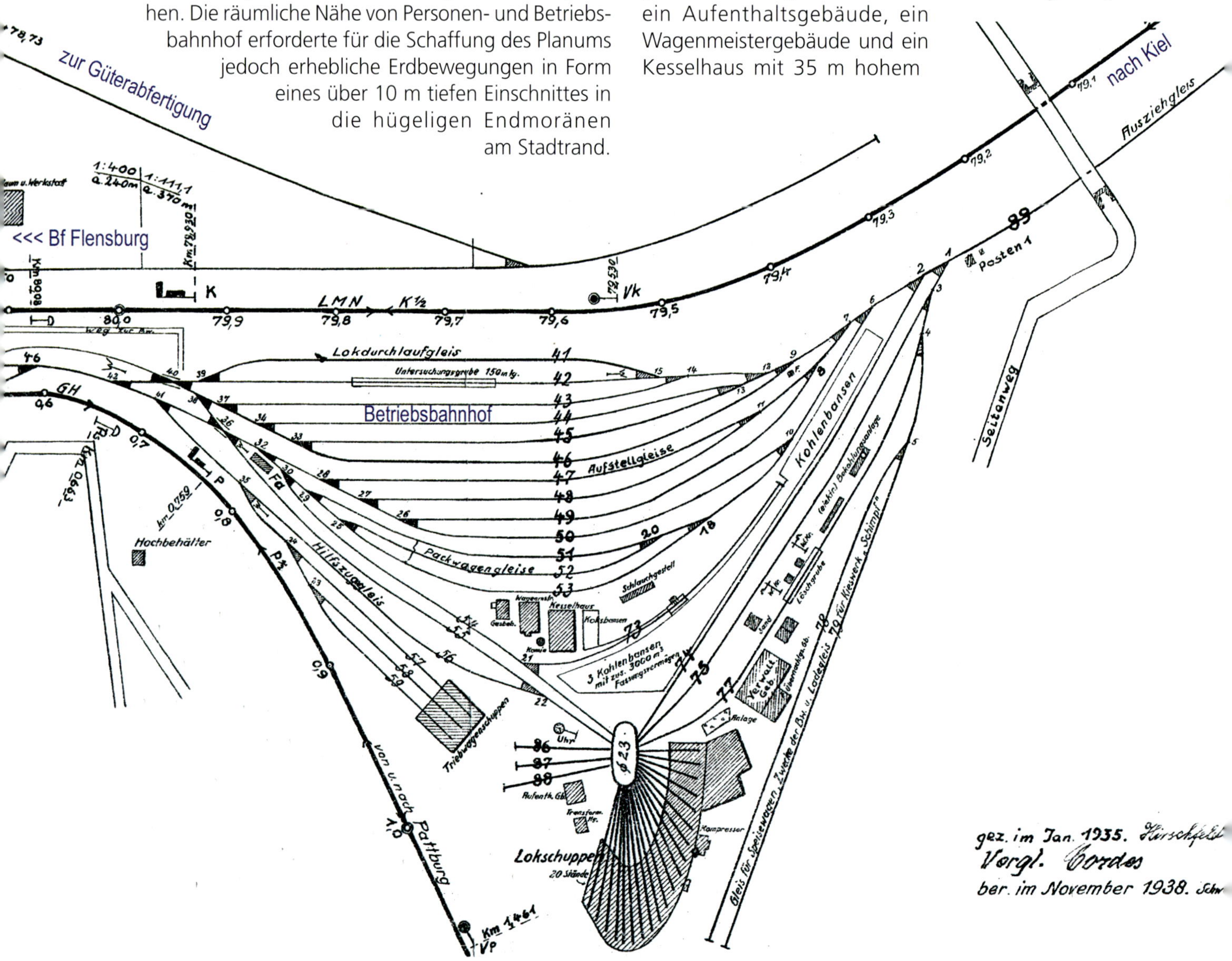

Wesentlicher Bestandteil des Verlagerungskonzeptes der Bahnhöfe an den Südrand der Stadt war der Neubau des Bahnbetriebswerkes mit Betriebsbahnhof. Der in der Länge stark gestauchte Übersichtsgleisplan zeigt den Zustand nach Errichtung des Triebwagenschuppens zum Zeitpunkt November 1938. Kernstück der Anlagen war eine 23 m - Drehscheibe und ein 20-ständiger Ringlokschuppen, dessen Entwurf ebenfalls von Reichsbahnrat Arnold stammt. Der Betriebsbahnhof verfügte über ein eigenes Stellwerk „Fa", das sich zwischen den Strecken nach Kiel und Padborg befand.
Sammlung Eckhard Klein

Die Personenzuglok 36 429 (pr. P 4^2) und die Tenderlok 74 642 (pr. T 12) warten 1933 vor dem noch neuen Lokomotivschuppen des Bahnbetriebswerkes Flensburg auf ihre nächsten Einsätze.
Foto: Karl Julius Harder **Sammlung Joachim Lawrenz**

Schornstein für die Vorheizung der Züge sowie Heizung der Werkstatt- und Verwaltungsgebäude.

Zwischen den Gleisen erstreckten sich drei Kohlenbansen mit einem Fassungsvermögen von zusammen 3000 m^3 mit parallel dazu liegenden Behandlungsanlagen, wie der Besandungsanlage, der von zwei Wasserkränen umgebenen Löschgrube und den Bekohlungseinrichtungen. Diese bestanden aus einem auf drei Stahlbeton-Säulen aufgeständerten Hochbunker, dessen Befüllung ein dreiachsiger Ardelt-Regelspurkran mit Hochausleger und Wiegeeinrichtung übernahm. Außerdem war noch eine Notbekohlungsanlage aus einer kleinen Bühne mit einem fest installierten, elektrisch angetriebenen 1,5 t Drehkran vorhanden, der über Hunte eine Kleinmengenbekohlung ermöglichte.

Im Betriebsbahnhof wurden ebenfalls Aufstellgleise für die Zugbildung von Reisezügen und deren Abstellung angelegt, da der Betriebsbahnhof außer Lokomotiven auch Reisezugwagen beheimaten sollte.

Der Betriebsbahnhof mit Lokschuppen wurde in der bereits erwähnten Ausgabe der „Flensburger Nachrichten" vom 30. November 1927 genauso umfangreich beschrieben wie der Bahnhof, u. a. mit einem Foto des Lokschuppens mit der davor liegenden Drehscheibe, so dass von einer gleichzeitigen Inbetriebnahme des Betriebsbahnhofes am 1. Dezember 1927 ausgegangen werden kann.

5.3 Streckenneubau Flensburg-Weiche – Löwenstedt – Husum und Zweigbahn nach Bredstedt

Die ersten Planungen für eine Eisenbahnstrecke zur Erschließung der strukturschwachen Region zwischen Flensburg und Husum gingen bis ins Jahr 1905 zurück. Diese legte der Vorsitzende des Landwirtschaftlichen Vereins in Wanderup, Peter Freimann Christiansen in einer vom Gemeindevorsteher Görrissen aus Großenwiehe einberufenen Versammlung vor. Einer anschließend aus 12 Mitgliedern dieser Versammlung gebildeten Kommission gelang es 1907 immerhin, die KED Altona dazu zu bewegen, die notwendige Vermessung auf Staatskosten vorzunehmen.

Der Eröffnungszug Husum - Flensburg in Großenwiehe am 2. November 1926. Postkarte **Sammlung FSF**

Mit Unterstützung der Handelskammer und Flensburger Abgeordneter wurde die Kommission mehrfach beim Ministerium, der Eisenbahndirektion und der Provinzialverwaltung vorstellig. Man erwartete, dass Geldmittel im Etat 1913 eingeplant würden. Das gelang nicht und der inzwischen ausgebrochene Krieg ließ das Projekt bis Kriegsende ruhen. Unmittelbar nach Kriegsende nahm die Kommission die Arbeit wieder auf. Die Stadt Flensburg hatte 1920 durch die Abtretung von Nordschleswig einen wesentlichen Teil ihres Absatzgebietes verloren. Unter diesem Gesichtspunkt war der Raum, der durch eine Bahn nach Husum erschlossen werden sollte, von größter Wichtigkeit. Außerdem besaß man das Versprechen, dass die Bahn als Dank für die Haltung während der Abstimmungszeit gebaut werden würde. Aber erst 1924 war Preußen bereit, die Kosten als Gegenleistung zu übernehmen. Im April 1925 standen endlich die ersten Geldmittel zur Verfügung. Mit dem Bau wurde unmittelbar darauf begonnen und am 2. November 1926 konnte die Bahn in Betrieb genommen werden.

Der Betrieb auf der 50 km langen Strecke begann mit drei Zugpaaren täglich. Der Morgen- und Nachmittagszug wurden als gemischte Züge mit Dampftraktion geführt, als Abendverbindung wurde ein Triebwagen eingesetzt. Die Fahrt dauerte bei den gemischten Zügen 2½ Stunden. Der Triebwagen benötigte eine Stunde und 40 Minuten. Folgende Zwischenstationen wurden eingerichtet: Haurup, Wanderup, Großenwiehe, Sillerup, Joldelund, Löwenstedt, Haselund, Viöl, Immenstedt, und Schwesing-Nord. Während in Großenwiehe, Löwenstedt und Viöl ständig Beamte ihren Dienst versahen und auch Zugkreuzungen durchführten,

102 f Flensburg - Husum (102 d, f)

			1040 3.		1042 3.		1044 3.	1046 3.	1048 3.	km	Zug Nr. Klasse — RBD Altona — Zug Nr. Klasse		1041 3.		1043 3.		1045 3.	1047 3.	1049 3.		
...	...	...	6.07	...	10.57	...	14.08	15.56	21.05	0,0	ab **Flensburg** .... }101n, 102a an	...	7.41	...	12.31	...	15.42	17.58	20.48	...	...
...	...	...	6.13	...	11.03	...	14.14	16.02	21.11	3,3	**Flensburg** Weiche ...... }	...	7.36	...	12.26	...	15.37	17.53	20.43	...	...
...	...	...	6.21	...	11.11	...	14.22	16.10	21.19	8,6	Haurup	...	7.28	...	12.18	...	15.29	17.45	20.35	...	...
...	...	...	6.26	...	11.16	...	14.27	16.15	21.24	11,7	Wanderup	...	7.22	...	12.12	...	15.23	17.39	20.29	...	...
...	...	...	6.34	...	11.24	...	14.35	16.23	21.32	17,0	Großenwiehe	...	7.13	...	12.03	...	15.14	17.30	20.20	...	...
...	...	...	6.39	...	11.29	...	14.40	16.28	21.37	19,8	Sillerup	...	7.08	...	11.58	...	15.09	17.25	20.15	...	...
...	...	...	6.46	...	11.36	...	14.47	16.35	21.43	24,0	Joldelund	...	7.02	...	11.52	...	15.03	17.19	20.09	...	...
...	...	...	6.53	...	11.43	...	14.54	16.42	21.51	28,9	an **Löwenstedt** .... ab	...	6.54	...	11.44	...	14.55	17.11	20.01	...	...
...	...	...	*7.14*	...	*12.07*	...	*15.21*	*17.09*	*22.16*		an *Bredstedt* 101 m .... ab	...	*6.24*	...	*11.16*	...	*14.28*	*16.20*	*19.37*	...	...
...	...	...	*6.24*	...	*11.16*	...	*14.28*	*16.20*	*19.37*		ab *Bredstedt* 101 m .... an	...	*7.14*	...	*12.07*	...	*15.21*	...	*22.16*	...	...
...	...	...	6.55	...	11.45	...	14.56	16.43	21.52	28,9	ab **Löwenstedt** .... an	...	6.52	...	11.42	...	14.53	17.09	19.59	...	...
...	...	...	7.01	...	11.51	...	15.02	16.49	21.58	32,1	Haselund.	...	6.47	...	11.37	...	14.48	17.04	19.54	...	...
...	...	...	7.06	...	11.56	...	15.07	17.01	22.03	35,0	Viöl	...	6.42	...	11.32	...	14.43	16.59	19.49	...	...
...	...	...	7.12	...	12.02	...	15.13	17.07	22.09	38,8	Immenstedt (Schlesw.)	...	6.35	...	11.25	...	14.36	16.52	19.42	...	...
...	...	...	7.20	...	12.10	...	15.21	17.15	22.17	43,5	Schwesing Nord	...	6.28	...	11.18	...	14.29	16.45	19.35	...	...
...	...	...	7.28	...	12.18	...	15.29	17.23	22.25	48,8	an **Husum** .... ab	...	6.20	...	11.10	...	14.21	16.37	19.27	...	...

Fahrplantabelle Flensburg - Husum aus dem Amtlichen Taschenfahrplan für den Direktionsbezirk Altona, herausgegeben von der Deutschen Reichsbahn-Gesellschaft, Reichsbahndirektion Altona. Sommer-Ausgabe. Gültig vom 15. Mai bis 6. Oktober 1934.

waren die übrigen Stationen Agenturen (es wurden keine betrieblichen Aufgaben wahrgenommen). Später wurde das Angebot erweitert. Nach dem Zweiten Weltkrieg kamen neben Dampfzügen auch Triebwagen der Baureihe VT 95 zum Einsatz. Auch die Baureihe V 36 versah zwischen Flensburg und Husum ihren Dienst

Am 15. Mai 1928 wurde eine Zweigbahn von Löwenstedt nach Bredstedt eröffnet, die aus kriegswichtigen Gründen aber auch wegen rückläufigen Verkehrsaufkommens bereits am 2. November 1942 eingestellt wurde.

Dem gleichen Schicksal ging die Strecke Flensburg - Flensburg-Weiche - Husum entgegen. Hier war es vor allem der nach dem Zweiten Weltkrieg ansteigende Kraftfahrzeugverkehr, der der Bahn wachsende Konkurrenz bereitete. Hinzu kam, dass die Stationen zu weit von den Dorfmittelpunkten entfernt lagen und deshalb von immer weniger Fahrgästen genutzt wurden. Auch die Umstellung auf Zugleitbetrieb (d.h. die Regelung des Fahrdienstes oblag dem Fahrdienstleiter „Wo" in Flensburg-Weiche) im Jahr 1956 konnte das Ende der Bahn nicht aufhalten. Mit dem Fahrplanwechsel am 30. Mai 1959 wurde der Personenverkehr ganz und der Güterverkehr auf dem Streckenabschnitt Husum - Wanderup eingestellt. In dieser Zeit war der Güterumschlag in Wanderup mit jährlich 7000 Wagenladungen, größtenteils mit Vieh, immer noch verhältnismäßig hoch, jedoch auch rückläufig. Am 31. Januar 1970 wurde der Betrieb auch auf der verbliebenen Strecke Wanderup – Flensburg-Weiche stillgelegt und danach abgebaut. Ein Reststück blieb noch bis 1989 in Flensburg-Weiche als Anschluß zur Firma Jessen erhalten, wurde aber mit der Umgestaltung des Güterbahnhofs inzwischen abgerissen.

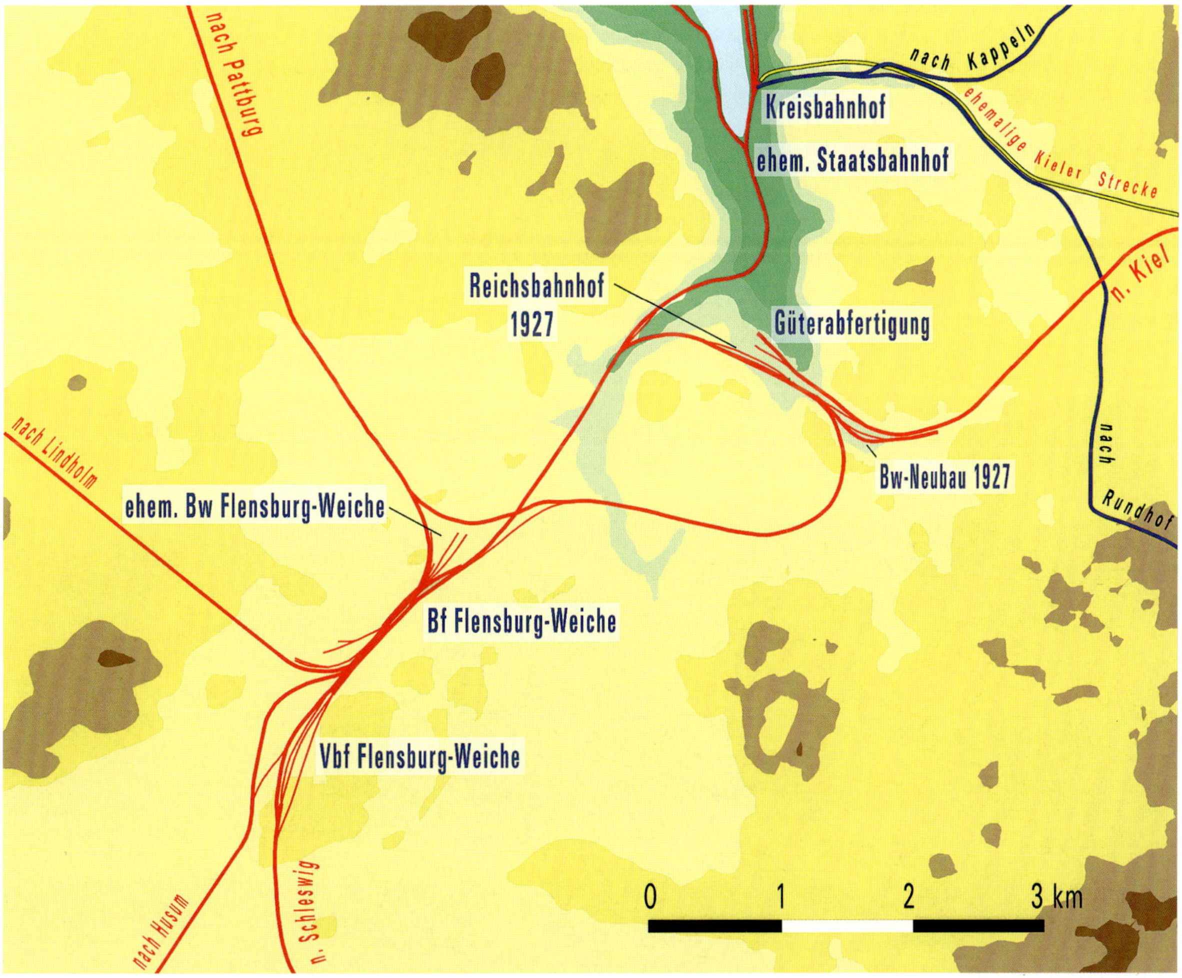

Nach der Konzentration des Personenverkehrs auf den neuen Reichsbahnhof am Südrand der Stadt hatte das Flensburger Eisenbahnnetz zwischen 1927 und 1938 die höchste Ausbaustufe erreicht. Strecken aus Flensburg führten nach Padborg, Lindholm, Husum, Schleswig, Kiel, Kappeln und Rundhof. Durch das neue Bahnbetriebswerk mit Betriebsbahnhof sowie dem Verschiebebahnhof in Flensburg-Weiche wurde allen betrieblichen Anforderungen erfüllt. (Kartenhintergrund: Höhenschichten). Kartengrundlage: Reichsamt für Landesaufnahme - Meßtischblatt 165, Flensburg (Süd) 1 : 25 000, Nachträge 1928 Ausgabe 1931. Kartographie Garnet Hofmann

5.4 Veränderungen an den Bahnanlagen und bei den Dienststellen. Besondere Ereignisse

Auf Höhe des Kreisbahnhofes fanden Anfang der Dreißiger Jahre Gleisbauarbeiten an der Hafenbahn statt. Eine Rotte Reichsbahnarbeiter rückt ein Gleisjoch in Position. Im Hintergrund der auf Pfählen stehende Städtische Kaischuppen.
Foto: unbekannt Stadtarchiv Flensburg FotXIVb3.613-5a

Für die Zufahrtsstraße zum Bahnhof wurde nach der Zuschüttung des Mühlenteiches ein Durchbruch vom Südermarkt zur späteren Dr.-Todsen-Straße (damals Hindenburgstraße) erforderlich. Mit den Eigentümern der Häuser Südermarkt Nr. 6 und 7 wurde man sich einig. So entstand die Öffnung des Südermarktes nach Süden. Als der neue Bahnhof seiner Bestimmung übergeben worden war, begannen die Arbeiten für eine Straßenbahnlinie vom Südermarkt zum neuen Reichsbahnhof. Bis zu deren Inbetriebnahme am 19.

Höherlegung der Gleisanlagen im Stadtzentrum: Bau der Brücken über die verlängerte Rathausstraße am Verzweigungspunkt von östlicher und westlicher Hafenbahn. Im Hintergrund der Kirchturm von St. Johannis. Rechts liegen noch Reste der Gleisanlagen des ehemaligen „Staatsbahnhofes".
Foto: unbekannt Sammlung Herbert Uttner

Die Zentralomnibus GmbH veränderte das zunächst als Wohnheim genutzte Gebäude des ehemaligen „Staatsbahnhofs" für ihre Zwecke und eröffnete dort am 31. Dezember 1931 Deutschlands ersten Zentralen Omnibus-Bahnhof, den ZOB. Das Foto zeigt die feierliche Eröffnung an diesem Tag. Deutsche und dänische Omnibusse stehen zur Abfahrt bereit.
Foto: unbekannt Sammlung Eckhard Klein

Nach Höherlegung der Strecke am ehemaligen Staatsbahnhofsgebäude wurde an der Verzweigung der Hafenbahnstrecken das Stellwerk „Fhf" errichtet, das zwischen Brücke und ehemaligem Bahnhof sichtbar ist. Postkarte . Sammlung Dieter Jordt

Mit Fertigstellung der am linken Bildrand sichtbaren Güterabfertigung 1934 wurde die Umgestaltung der Flensburger Bahnanlagen abgeschlossen. Die Güterabfertigung lag deutlich tiefer als der Bahnhofsvorplatz. Am 19. April 1929 wurde die Straßenbahnlinie zum Reichsbahnhof in Betrieb genommen. Bis dahin hatte die Stadt eine Kraftomnibuslinie zu dem am Stadtrand gelegenen Bahnhof eingerichtet.
Foto: unbekannt **Stadtarchiv Flensburg FotXIVb3613f29**

April 1929 wurde von der Stadt eine Kraftomnibuslinie eingerichtet. Sie fuhr vom Bahnhof über Munketoft - Schleswiger Straße - Neumarkt - Schützenkuhle - Stuhrs Allee - Wrangelstraße - Duburger Straße - Burgplatz - Toosbüystraße - Viktoriastraße zurück zum Bahnhof.

Die Hochlegung der Strecke zum Hafen erfolgte schrittweise ab 1928. Für die Verlängerung der Rathausstraße und Anbindung an den Hafendamm waren an dieser Stelle Brücken erforderlich. In Verbindung mit den neu zu errichtenden Brücken über die Bahnhof- und Heinrichstraße musste das Gleis auf eine Höhe von 4,20 m gelegt und der Bahndamm weiter östlich verlegt werden. Das zweite Gleis fiel weg.

Nach entsprechender Umgestaltung wurde das von der Stadt erworbene Gebäude des alten „Staatsbahnhofs" als Wohnheim für Schüler der kunstgewerblichen Fachschule genutzt. Im Jahr 1931 baute die Zentralomnibus GmbH das Gebäude für ihre Zwecke um und eröffnete am 31. Dezember 1931 Deutschlands ersten Zentralen Omnibus-Bahnhof, den ZOB.

Das neue Güterabfertigungsgebäude am Mühlenteich konnte 1934 in Betrieb genommen werden. Während am Hafen neue Ladestraßen entstanden, gestaltete man den „Kieler Schuppen" zu einer Güterabfertigung um. Die Gebäude der früheren Güterabfertigung am „Staatsbahnhof" konnten nun abgerissen werden. Am 31. August 1934 wurden sie zum letzten Mal genutzt. Ebenso verschwanden die so genannte „Große Überfahrt" am Kieler Güterschuppen mit der Fußgängerbrücke und auch der Tunnel beim alten Empfangsgebäude. Die Hochlegung der Hafenbahn und die Brücken über die verlängerte Rathausstraße wurden erst 1935 fertig.

Die Umgestaltung der Reichsbahnanlagen kam ab 15. Mai 1936 mit der Verlegung der Zoll- und Passkontrolle vom Bahnhof Harrislee nach Flensburg und der Errichtung des Grenzzollamtsgebäudes auf dem Bahnsteig 3 zu einem gewissen Abschluss. In Wilhelminental entstand eine Blockstelle für das dritte Verbindungsgleis zwischen Flensburg und Flensburg-Weiche.

Dem Betriebsamt Flensburg unterstanden 1938 die Bahnmeistereien Schleswig, Jübek, Flensburg-Weiche, Flensburg, Süderbrarup, Löwenstedt und Leck mit insgesamt 78,5 km Hauptbahn und 134,2 km Nebenbahn.

Die Rahmenbedingungen des Eisenbahnbetriebes änderten sich mit Beginn des Zweiten Weltkrieges drastisch. So schlossen z.B. die Reichsbahn und das Luftgaukommando XI Hamburg am 1. Juni 1942 einen Vertrag für einen Gleisanschluss zum Flugplatz, der ab etwa 1944 fertig geworden sein muss. Das Gleis zweigte neben dem Gütergleis nach Lindholm ab. Die Flugplatzgleise hatten allein eine Länge von

Mitarbeiterinnen der Bahnhofsmission bei der Betreuung von Soldaten auf dem Auslandsbahnsteig des Flensburger Bahnhofs.
Foto: unbekannt Stadtarchiv Flensburg FotXIVg5502

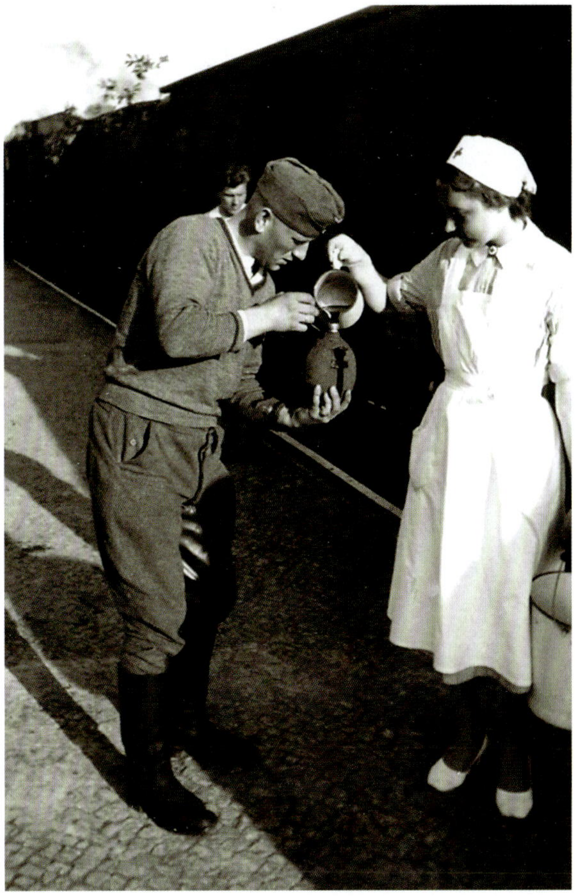

Eine Mitarbeiterin der Bahnhofsmission füllt am Zug die Feldflasche eines Soldaten. Im Hintergrund der wartende Truppentransport.
Foto: unbekannt Stadtarchiv Flensburg FotXIVg5502

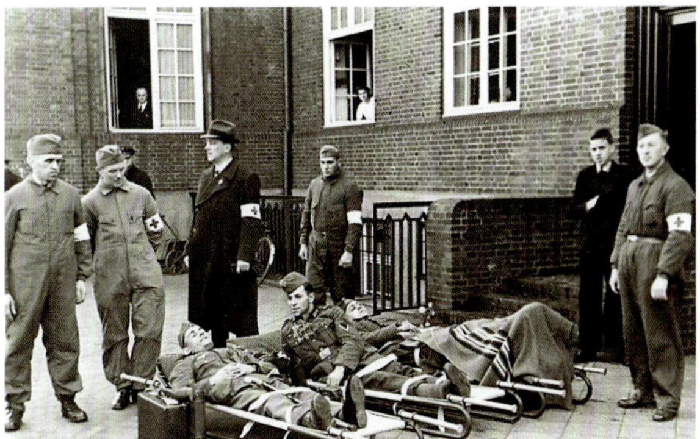

Am 11. November 1939 traf der erste Transport verwundeter Flensburger Soldaten in der Fördestadt ein. Drei Landser liegen auf Tragen vor dem Westflügel des Bahnhofs.
Foto: unbekannt Stadtarchiv Flensburg FotXIVg5502

In der Nacht vom 18. auf den 19. März 1941 griffen alliierte Bomber Flensburg an. Dabei erzielten sie im Reichsbahnbereich zwei Treffer mit Trichtern größeren Ausmaßes. Ein Treffer führte in der westlichen Bahnhofsausfahrt zur Entgleisung einer Lok der Baureihe 38^{10-40} zwischen der Brücke Husumer Straße und dem Stellwerk „Fw". Das Foto zeigt die Mannschaft des Hilfszuges des Bw Flensburg bei den Aufgleisungsarbeiten der Lok. Der Flensburger Hilfszug steht links.
Foto: Otto John Sammlung Peter John

4,4 km.[102] Diese und andere Baumaßnahmen sowie der reguläre Betrieb waren zum Teil nur noch unter Einsatz von Zwangsarbeitern durchführbar. Eigenes Reichsbahnpersonal wurde zunehmend in den Osten versetzt. In Flensburg gab es zwei Lager, deren Häftlinge nachweisbar für die Reichsbahn arbeiteten: das größere „Zivilarbeiterlager Holzkrugweg Ehemalige Käsefabrik" und das kleinere „Zivilarbeiterlager Bahnhof/Turnhalle" in Flensburg-Weiche.[103]

Das per se eigentlich unpolitische und lediglich der Sicherstellung des Gemeinwohls verpflichtete Verkehrsmittel Eisenbahn geriet, nachdem ab 1933 die Auswirkungen der nationalsozialistischen Machtübernahme auch in der Eisenbahnverwaltung sukzessive bemerkbar wurden, im Zeitraum 1939 – 1945 vollends in die Zeitenwirren des Zweiten Weltkrieges. Nach bisheriger Quellenlage ist davon auszugehen, dass den Flensburger Eisenbahnern die Mitwirkung an Bahntransporten aus Flensburg in die Vernichtungslager erspart blieb.[104] Historisch aufgearbeitet wurden die über den benachbarten Bahnhof Harrislee abgewickelten Deportationen aus dem nördlich der Grenze in Dänemark gelegenen Lager Frøslev in das Konzentrationslager Neuengamme.[105] Ende April und in den ersten Mai-Tagen 1945 gelangten aus dem Konzentrationslager Stutthoff evakuierte KZ-Häftlinge auf verschiedenen Wegen nach Flensburg, in geringem Umfang auch mit Zügen der Reichsbahn.[106] In Verhandlungen mit Heinrich Himmler gelang es dem schwedischen Grafen Folke Bernadotte gegen Ende des Zweiten Weltkrieges, mehrere tausend, zumeist skandinavische Konzentrationslagerhäftlinge, mit den so genannten „Weißen Bussen" aus deutschen Lagern zu evakuieren. Die Aktion konnte ausgedehnt werden. Als die Kapazitäten der Busse alleine nicht ausreichten, wurden Ende April 1945 4300 polnische Frauen und Kinder aus dem Konzentrationslager Ravensbrück mit 50 bis 60 Gü-

Am 10. Oktober 1942 beobachten etliche Flensburger den Trichter einer am Nordrand der Bahnanlagen bei der Bahnmeisterei eingeschlagenen Fliegerbombe. Links ist noch ein Teil vom Postbahnsteig des Bahnpostamtes zu sehen. Das Bahnhofsgebäude befindet sich in Verlängerung der Straße.
Foto: unbekannt Stadtarchiv Flensburg XIV Fot D 1942.10.01-6

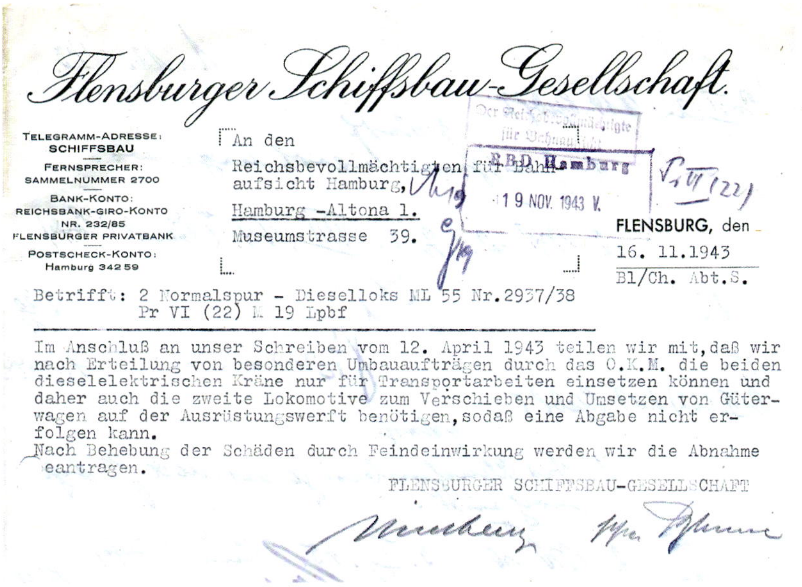

Flensburger Schiffsbau-Gesellschaft.

TELEGRAMM-ADRESSE: SCHIFFSBAU
FERNSPRECHER: SAMMELNUMMER 2700
BANK-KONTO: REICHSBANK-GIRO-KONTO NR. 232/85 FLENSBURGER PRIVATBANK
POSTSCHECK-KONTO: Hamburg 342 59

An den
Reichsbevollmächtigten für Bahnaufsicht Hamburg,
Hamburg -Altona 1.
Museumstrasse 39.

RBD Hamburg
19 NOV. 1943 V.

FLENSBURG, den 16. 11.1943
Bl/Ch. Abt.S.

Betrifft: 2 Normalspur - Dieselloks ML 55 Nr.2937/38
Pr VI (22) M 19 Lpbf

Im Anschluß an unser Schreiben vom 12. April 1943 teilen wir mit, daß wir nach Erteilung von besonderen Umbauaufträgen durch das O.K.M. die beiden dieselelektrischen Kräne nur für Transportarbeiten einsetzen können und daher auch die zweite Lokomotive zum Verschieben und Umsetzen von Güterwagen auf der Ausrüstungswerft benötigen, sodaß eine Abgabe nicht erfolgen kann.
Nach Behebung der Schäden durch Feindeinwirkung werden wir die Abnahme eantragen.

FLENSBURGER SCHIFFSBAU-GESELLSCHAFT

Im November 1943 hatte der Krieg direkte Auswirkungen auf die Flensburger Werft: die Flensburger Schiffbau-Gesellschaft berichtet der Reichsbahndirektion Hamburg (RfB) von Feindeinwirkungen auf ihrem Gelände. Gleichzeitig tobte der Papierkrieg: Die Reichsbahndirektion verlangte die Abgabe einer Motorlokomotive der Werft - die mit besonderen Aufträgen für die Kriegsmarine im U–Bootbau ausgelastete Werft machte nun ihrerseits dem Reichsbevollmächtigten für Bahnaufsicht bei der Reichsbahndirektion gegenüber geltend, dass sie wegen kriegswichtiger Aufträge für das Oberkommando der Marine („besondere Umbauaufträge") dazu nicht in der Lage sei. Die Beschaffung und Abnahme der werfteigenen Lokomotiven und der Versuch der Reichsbahn, diese Fahrzeuge für eigene Zwecke zu requirieren, erzeugten einen umfangreichen Schriftwechsel.
Sammlung Holger Kaufhold

terwagen in Richtung Padborg auf die Reise geschickt. Auf dänischer Seite erhielt dieser Transport wegen der grauenhaften körperlichen Verfassung der Frauen den Beinamen „Gespensterzug". Am 26. April erreichten die ersten 1300 Frauen aus Ravensbrück mit dem Zug Padborg. Der letzte „Gespensterzug" aus Ravensbrück erreichte am 2. Mai 1945 mit 2800 polnischen Frauen und Kindern die Freiheit in Padborg. Nørregaard Pedersen (2002) schildert die Bemühungen der DSB beim Weitertransport der Kranken mit den „Ambulanzzügen" von Padborg nach Schweden.[107]

Noch in den letzten Kriegstagen kam es im Zusammenhang mit dem aus Kiel über Eckernförde bis Sörup durchgekommenen Befehlssonderzug des Oberkommandos der Kriegsmarine zu einem Standgerichtsurteil mit am 6. Mai 1945 vollzogener Exekution. Betroffen war der Leiter des „Kommandos Auerhahn", so die Bezeichnung für das Unternehmen Befehlssonderzug. Kapitänleutnant Asmus Jepsen gelang es unter größten Anstrengungen, den Zug bis Sörup durchzubringen, von dort aus war allerdings eine Weiterfahrt in Richtung Flensburg unmöglich geworden. Am späten Abend des 4. Mai 1945 entschloss sich Jepsen, nachdem er zuvor den überwiegenden Teil der Begleitmannschaft entlassen hatte, angesichts der aussichtslo-

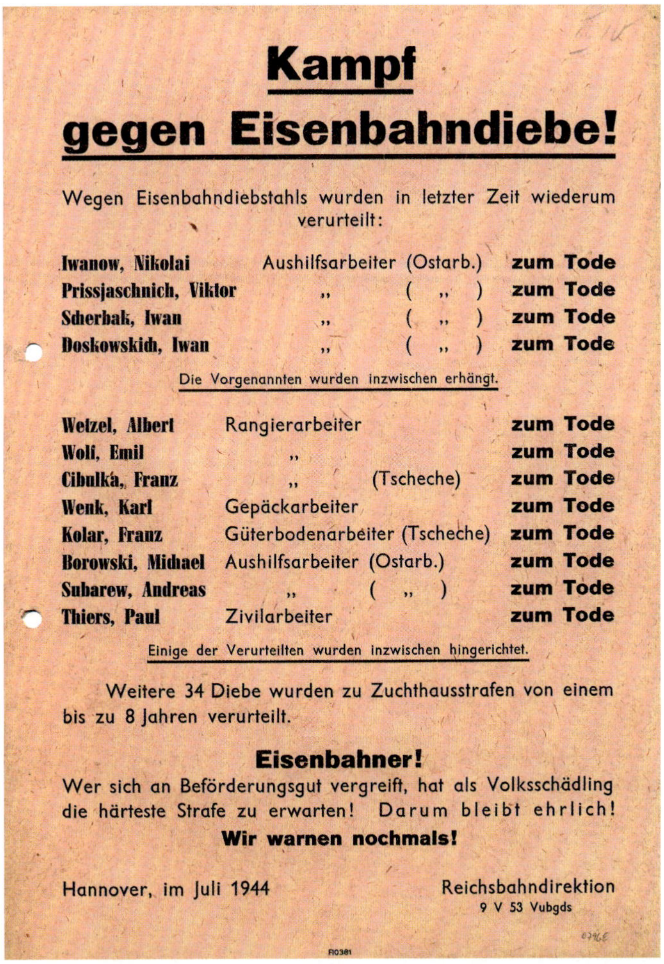

Kampf gegen Eisenbahndiebe!

Wegen Eisenbahndiebstahls wurden in letzter Zeit wiederum verurteilt:

Iwanow, Nikolai	Aushilfsarbeiter	(Ostarb.)	zum Tode
Prissjaschnich, Viktor	„	(„)	zum Tode
Scherbak, Iwan	„	(„)	zum Tode
Doskowskich, Iwan	„	(„)	zum Tode

Die Vorgenannten wurden inzwischen erhängt.

Wetzel, Albert	Rangierarbeiter		zum Tode
Wolf, Emil	„		zum Tode
Cibulka, Franz	„	(Tscheche)	zum Tode
Wenk, Karl	Gepäckarbeiter		zum Tode
Kolar, Franz	Güterbodenarbeiter	(Tscheche)	zum Tode
Borowski, Michael	Aushilfsarbeiter	(Ostarb.)	zum Tode
Subarew, Andreas	„	(„)	zum Tode
Thiers, Paul	Zivilarbeiter		zum Tode

Einige der Verurteilten wurden inzwischen hingerichtet.

Weitere 34 Diebe wurden zu Zuchthausstrafen von einem bis zu 8 Jahren verurteilt.

Eisenbahner!
Wer sich an Beförderungsgut vergreift, hat als Volksschädling die härteste Strafe zu erwarten! Darum bleibt ehrlich!
Wir warnen nochmals!

Hannover, im Juli 1944 — Reichsbahndirektion
9 V 53 Vubgds

In der letzten Kriegsphase ging das nationalsozialistische Regime unnachgiebig mit denjenigen Eisenbahnern und Zwangsarbeitern um, die ihre Situation durch Diebstähle zu verbessern versuchten. Die Reichsbahndirektion Hannover ließ im Juli 1944 zur Abschreckung ein Flugblatt drucken, auf dem allein zwölfmal das Strafmaß Todesstrafe für Eisenbahndiebstahl aufgeführt war.
Sammlung Holger Kaufhold

sen Lage auf dem Bahnhof Sörup selbst das Kommando zu verlassen, um seine im nahe gelegenen Neukirchen untergekommene Familie aufzusuchen. Um jedem Verdacht auf Fahnenflucht zu begegnen, hatte er sich am Morgen des 5. Mai pflichtbewußt beim dortigen Bürgermeister gemeldet. Wenig später wurde er verhaftet und wurde in Flensburg-Mürwik vor ein Standgericht gestellt.[108] Den am Verfahren beteiligten Offizieren konnte eigentlich, schon auf Grund der räumlichen Nähe zu den Entscheidungsträgern der Macht, die am Vortage bekannt gegebene Teilkapitulation für ihren Frontabschnitt nicht verborgen geblieben sein. Insbesondere Dönitz, der selbst die Teilkapitulation anordnete und der zudem zu Jepsen als Kommandeur seines eigenen Befehlssonderzuges seit 1941 ein persönliches Verhältnis hatte, ließ keine Gnade walten. Am 5. Mai 1945, dem Tag des Standgerichtsverfahrens und einen Tag vor der Exekution, hatten sich die Untergebenen Heinrich Himmlers im Flensburger Polizeipräsidium zu einem letzten Appell versammelt, bei dem ihnen der Befehl übermittelt wurde, ihre Dienststellen zu verlassen und in der Wehrmacht unterzutauchen – was dem Befehl zur Desertion sehr ähnlich war.

5.5 Die Entwicklung im Reisezugverkehr

Zugangebot auf der Hauptstrecke

Der Sommerfahrplan vom 1. Juni 1921 verzeichnete für die nach Süden gehende Hauptstrecke nur 5 Zugpaare. Das Schnellzugpaar D 45/35 und D 32/42 führte Durchgangswagen Flensburg - Hamburg sowie erstmals einen Speisewagen. D 45 verließ Flensburg um 18.00 Uhr und kam um 21.40 Uhr in Altona an.

Flensburger Stellwerksbedienstete an ihrem Arbeitsplatz um 1930. Rechts der Stellwerksmeister Mathias Christopher Sehlmeyer. Zugmeldungen erfolgten noch über den Telegrafen.
Foto: Sehlmeyer Sammlung Karin Raue

Mit dem Sommerfahrplan 1922 legte die Reichsbahn wieder das Vormittagsschnellzugpaar D 43/33 und D 32/42 ein, wobei D 43/33 Flensburg um 7.08 Uhr verließ und Durchgangswagen Flensburg - Hamburg führte. Die Reise von Kopenhagen nach Altona war jetzt wieder möglich und dauerte 15 Stunden.

Mit Wirkung vom 5. Juni 1925 erfolgte eine Umbenennung der Schnellzüge, die morgens jetzt als D 44/34 bzw. D 31/41 und abends als D 46/36 bzw. D 39/49 bezeichnet wurden, aber ihre alten Zeiten behielten. Ab dem Sommerfahrplan 15. Mai 1926 waren dem D 44/34 bzw. D 39/49 wieder Kurswagen Frederikshavn - Hamburg beigestellt. Ab dieser Fahrplanperiode wurden Triebwagen im Verkehr zwischen Flensburg und Flensburg-Weiche eingesetzt.[109]

Der Sommerfahrplan vom 15. Mai 1928 brachte für Flensburg, vor allem wegen der Verlegung der Bahnhofsanlagen, neue Fahrplanlagen, aber keine Änderungen im Angebotsumfang.[110] Die zweite Zugnummer bezeichnet im folgenden Text jeweils den Gegenzug mit entgegengesetztem Laufweg, die Zeiten gelten nur für die Nord-Süd-Richtung.

Ab dem am 15. Mai 1930 beginnenden Sommerfahrplan wurde auf der Relation Jütland – Hamburg erstmalig nach 1914 wieder der südwärts gerichtete Schlafwagenverkehr aufgenommen. Das Zugpaar D 44/D 49 führte jetzt den 1. - 2. Klasse Schlafwagen Frederikshavn - Hamburg (Abfahrt Frederikshavn 19.00 Uhr/ Ankunft Altona 10:19 Uhr).

Kolorierte Ansicht des neuen Bahnhofs um 1930. Postkarte

Sammlung Uwe Steen

Der Fahrplan ab 15. Mai 1931 brachte den Flensburgern für längere Zeit den sonntags verkehrenden Saison-Eilzug E 48, der Flensburg um 20.53 Uhr verließ und um 23.47 Uhr Altona erreichte.

Der ab 22. Mai 1932 gültige Sommerfahrplan wertete den internationalen Verkehr über Flensburg erheblich auf. Neben dem Schlafwagen Frederikshavn - Hamburg im D 44/D 41 führte D 46/D 49 jetzt in der Hochsaison vom 1. Juli bis 31. August 1932 den CIWL-Schlafwagen Kopenhagen - Paris, der in Hannover dem „Nord-Expreß" L 12/L 11 Warschau - Paris beigestellt wurde. Flensburg wurde damit erstmals Zwischenstation einer großen internationalen Verbindung.[111] Für D 46 bedeutete das gleichzeitig eine Kürzung der Fahrzeiten: Abfahrt in Flensburg 18.28 Uhr und Ankunft in Altona 21.16 Uhr.[112] Es blieb jedoch zunächst bei dem einmaligen Einsatz des Schlafwagens Kopenhagen - Paris in dieser kurzen Fahrplanperiode.

6h Flensburg—Niebüll Alle Züge 2. u. 3. Kl.

‡ 6g. 102 F. ⚓ 95.

a bis 30. VI. u. ab 1. IX. b vom 1. VII.–31. VII. c nur vS bis 11. VI. u. ab 17. IX., vom 18. VI. bis 10. IX. ⁝17 33 d nur vS u. S e nur S u. nS

1522	1524	1526	1526	1532	1540	1542		km	RBD Altona	1521	1523	1525		1527	1533	1539	
6: 0	8 45	a 11 14	b 11 34	15 13	19 0	d 21 58	...	0,0	Ab **Flensburg** ⁝ ‡ (s. a. 6. 11 h) An	7 27	8 53	e 11 15	...	14 7	17:58	21 54	...
6 6	8 51	11 20	11 40	15 19	19 6	22 4	...	3,3	Flensburg Weiche	7 21	8 47	11 9	...	14 1	17 52	21 48	...
6 15	9 0	11 29	11 49	15 28	19 15	22 13	...	8,9	Handewitt	7 12	8 37	10 59	...	13 51	17 42	21 38	...
6 19	9 4	11 33	11 53	15 33	19 19	22 17	...	10,9	Unaften	7 7	8 32	10 54	...	13 46	17 37	21 33	...
6 26	9 11	11 40	12 0	15 40	19 26	22 24	...	14,6	Wallsbüll	7 0	8 26	10 48	...	13 40	17 31	21 27	...
6 33	9 18	11 47	12 7	15 47	19 33	22 31	...	18,7	Schafflund	6 53	8 18	10 40	...	13 32	17 23	21 19	...
6 45	9 28	11 57	12 17	15 57	19 43	22 41	...	25,1	Sprakebüll	6 43	8 8	10 30	...	13 22	17 13	21 9	...
6 51	9 34	12 3	12 23	16 3	19 49	22 47	...	28,4	Achtrup	6 35	8 2	10 24	...	13 16	17 7	21 3	...
6 57	9 41	12 10	12 30	16 11	19 56	22 53	...	31,8	Leck	6 28	7 55	10 17	...	13 9	17 0	20 56	...
7 8	9 51	12 20	12 40	16 21	20 6	23 4	...	39,2	An Lindholm Ab	6 17	7 44	10 6	...	12 58	16 49	20 45	...
7 9	9 53	12 24	12 44	16 23	20 7	23 5	...	39,2	Ab Lindholm An	6 15	7 42	10 5	...	12 56	16 47	20 43	...
7:16	10 0	a 12 31	b 12 51	16 30	20 14	d 23 12	...	43,6	An **Niebüll** ⁝ (s. a. 11) Ab	6 9	7 36	e 9 59	...	12 50	16:41	20 37	...
8 32	11 13	a 13 43	b 14 3	c 17 43	21 30	d 0 18	...		An ***Westerland*** 11 Ab	...	6 14	e 8 52	...	11 43	15 35	19 25	...

Fahrplantabelle Flensburg - Niebüll aus dem Reichs-Kursbuch Sommer 1932, gültig vom 22. Mai bis 1. Oktober.

Die nächsten Veränderungen ergaben sich mit dem ab 15. Mai 1933 gültigen Sommerfahrplan 1933, in dem eine Umbenennung von D 44/D 41 in

102 b Kiel-Eckernförde-Flensburg 102 b, c

w1001 2. 3.	S1003 2. 3.	w9171 3.	1005 2. 3.	1007 2. 3.	1009 2. 3.	1011 2. 3.	1013 2. 3.	S 1015 2. 3.	1017 2. 3.	1019 2. 3.	1021 2. 3.	km	Zug Nr. Klasse RBD Altona Zug Nr. Klasse		1002 2. 3.	1004 2. 3.	1006 2. 3.	1008 2. 3.	w9184 3.	w1010 2. 3.	1012 2. 3.	1014 2. 3.	1016 2. 3.	S 1018 2. 3.	1020 2. 3.	S1022 2. 3.
w5.19	S5.56	...	7.47	9.56	11.57	13.27	15.01	S15.58	16.41	19.44	23.50	0,0	ab **Kiel** Hbf. 102d an	...	7.06	8.20	10.30	13.35	...	w15.06	16.51	18.32	20.17	S21.21	22.05	S 0.51
w5.23	S6.00	...	7.51	10.01	12.01	13.32	15.05	S16.02	16.46	19.48	23.54	2,9	an Kiel-Hassee 102d ab	...	7.00	8.15	10.24	13.29	...	w15.00	16.45	18.26	20.12	S21.15	21.59	S
...	...	...	*5.58*	*8.13*	*9.37*	*12.26*	*14.10*	...	...	*17.52*	b*22.16*		ab *Rendsburg* 102d an	...	...	*9.24*	*13.55*	*16.06*	...	*16.06*	*17.42*	*20.33*	...	...	a*0.50*	...
w5.24	S6.01	...	7.52	10.01	12.02	13.32	15.06	S16.03	16.46	19.49	23.55	2,9	ab Kiel-Hassee an	...	7.00	8.14	10.24	13.29	...	w15.00	16.45	18.26	20.11	S21.15	21.59	S
5.29	6.06	...	7.57	10.06	12.07	13.37	15.11	16.08	16.51	19.54	0.00	5,7	Kronshagen	...	6.55	8.09	10.19	13.24	...		16.40	18.21	20.06	21.10	21.54	
5.33	6.10	...	8.03	10.12	12.11	13.42	15.15	16.12	16.56	20.00	0.04	7,9	Suchsdorf	...	6.50	8.05	10.14	13.19	...		16.35	18.16	20.02	21.05	21.49	
5.38	6.15	...	8.07	10.17	12.16	13.46	15.20	16.17	17.00	20.04		10,2	Levensau	...	6.46	7.59	10.09	13.15	...		16.31	18.12	19.56	21.01	21.45	
5.43	6.20	...	8.13	10.22	12.21	13.52	15.25	16.25	17.06	20.10	0.13	13,7	Neuwittenbek	...	6.40	7.53	10.02	13.09	an		16.25	18.06	19.50	20.55	21.39	
5.52	6.32	w 6.50	8.21	10.31	12.30	14.00	15.34	16.34	17.14	20.18	0.21	19,2	Gettorf	...	6.31	7.44	9.54	13.00	w13.52	14.36	16.16	17.57	19.41	20.46	21.30	0.22
6.05	6.45	7.08	8.34	10.44	12.44	14.13	15.47	16.47	17.27	20.31	0.34	28,0	Altenhof (Schlesw.)	...	6.17	7.30	9.40	12.46	13.34		16.02	17.43	19.27	20.32	21.16	0.06
6.10	6.50	w 7.20	8.39	10.49	12.49	14.18	15.52	S16.52	17.32	20.36	0.39	31,1	an **Eckernförde** ab	...	6.12	7.25	9.34	12.39	w13.25	14.19	15.57	17.38	19.22	S20.24	21.11	0.00
6.13	6.53	...	8.44	10.52	12.53	14.19	15.55	3.VI.-2.IX.	17.35	20.39	...		ab **Eckernförde** an	...	...	7.21	9.29	12.36	...	14.15	15.54	17.35	19.19	3.VI.-2.IX.	21.08	23.59
6.26	7.10	...	8.57	11.05	13.06		16.08		17.48	20.53	...	39,8	Rieseby	...	...	7.09	9.17	12.24	...		15.42	17.22	19.07		20.55	23.47
6.34	7.19	...	9.06	11.13	13.14		16.16		17.56	21.01	...	44,9	Lindaunis	...	...	6.00	9.08	12.15	...		15.33	17.14	18.58		20.45	23.38
6.40	7.25	...	9.12	11.19	13.20		16.22		18.02	21.07	...	48,0	Fahrtoft	...	...	7.55	9.01	12.10	...		15.28	17.08	18.53		20.40	23.33
6.48	7.32	...	9.18	11.25	13.26	14.48	16.28		18.08	21.13	...	51,4	**Süderbrarup**	...	...	6.49	8.56	12.04	...	13.47	15.22	17.03	18.47		20.34	23.27
6.57	7.43	...	9.28	11.35	13.39		16.37		18.18	21.23	...	57,1	Mohrkirch-Osterholz	...	...	6.39	8.46	11.55	...		15.13	16.53	18.38		20.25	23.18
7.07	7.53	...	9.37	11.45	13.48	15.04	16.47	...	18.28	21.32	...	62,5	Sörup	...	...	6.31	8.38	11.47	...	13.31	15.05	16.45	18.30	...	20.17	23.10
7.12	7.59	...	9.42	11.50	13.53		16.53	...	18.33	21.37	...	65,6	Winderatt	...	...	6.25	8.32	11.40	...		14.56	16.38	18.23	...	20.11	23.05
7.20	8.08	...	9.50	11.58	14.01		17.01	...	18.41	21.45	...	70,5	Husby	...	...	6.16	8.24	11.31	...		14.47	16.30	18.14	...	20.02	22.56
7.26	8.18	...	9.56	12.04	14.07		17.07	...	18.47	21.51	...	74,1	Maasbüll (Angeln)	...	...	6.10	8.17	11.25	...		14.41	16.23	18.08	...	19.56	22.50
w7.36	S8.28	...	10.06	12.14	14.17	15.30	17.16	...	18.57	22.01	...	80,7	an **Flensburg** ab	...	...	6.00	8.07	11.15	...	w13.05	14.31	16.13	17.58	...	19.46	S22.40

a In der auf vS und S folgenden Nacht. b vS und S.

Seite 202

Fahrplantabelle Flensburg - Eckernförde - Kiel aus dem Amtlichen Taschenfahrplan für den Direktionsbezirk Altona, herausgegeben von der Deutschen Reichsbahn-Gesellschaft, Reichsbahndirektion Altona. Sommer-Ausgabe. Gültig vom 15. Mai bis 6. Oktober 1934.

D 42/D 41 stattfand.[113]. Der bis 14. Mai 1933 in D 44/ D 41 laufende Schlafwagen Frederikshavn - Hamburg wurde ersatzlos gestrichen, die Kurswagen Frederikshavn - Hamburg liefen jedoch nach wie vor mit. Auch in der Winterperiode 1933/34 fehlte die Schlafwagenverbindung.

Seit dem 15. Mai 1934 verkehrte das frühere Schnellzugpaar D 42/D 41 nunmehr als D 40/D 41 mit wesentlich vorverlegter Abfahrtszeit um 6.40 Uhr. Wegen der günstigen Ankunft um 9.13 Uhr in Altona dürfte diese Verbindung für Geschäftsreisende interessant gewesen sein. Wie sein Vorgänger D 42/ D 41 führte er Kurswagen Frederikshavn - Hamburg mit.[114]

Zu Beginn des Sommerfahrplans am 15. Mai 1935, zur Hundertjahrfeier der deutschen Eisenbahn, erfuhr die Struktur des Flensburger Zugangebotes ihre deutlichste Veränderung. Diese Veränderungen beruhten einerseits auf der Entwicklung des innerdeutschen Schnellverkehrs sowie auf den gravierenden Änderungen im Bereich der DSB, wo die Eröffnung der Brücke über den Kleinen Belt die Verbindung zwischen Jütland und Fünen und der Einsatz der Schnelltriebwagen (Lyntog) den Eisenbahnverkehr erheblich verbesserten. Als erster Zug verließ der Morgenschnellzug D 130/D 133 Flensburg bereits um 5.15 Uhr, erreichte nach 47 Minuten Rendsburg und lief in Altona um 7.33 Uhr ein. D 130/D 133 führte Kurswagen Frederikshavn - Hamburg und wieder einen internationalen Schlafwagen, den MITROPA-Schlafwagen Helsingör - Kopenhagen - Hamburg mit.[115] Das bis dahin als D 46/D 49 bezeichnete Abendschnellzugpaar erhielt die Zugnummer D 144/D 143 und behielt seine Fahrplanlage. Er verließ mit einem CIWL-Schlafwagen Kopenhagen - Paris und dem Speisewagen Flensburg - Hamburg um 18.22 Uhr den Bahnhof und traf um 20.45 Uhr in Altona ein. Der Schlafwagen wurde, wie schon im Sommer 1932, in Hannover in den Fernschnellzug „Nord-Expreß" L 12/ L 11 (Warschau - Paris) eingestellt. Kopenhagen wurde um 9.10 Uhr verlassen, so dass die Reisezeit Kopenhagen - Altona unter 12 Stunden lag. Bemerkenswert ist der knapp einstündige Aufenthalt des D 144 in Flensburg, der bereits um 17.24 aus Padborg einlief, ein Zustand der bereits früher bestand. Mit einem nunmehr 11 Zugpaare umfassenden Angebot hatten sich die Reisemöglichkeiten von und nach Flensburg damit wesentlich verbessert.

Ab dem Winterfahrplan 1935/36 führten die Zugpaare D 130/D 133 und D 144/D 143 Postwagen Fredericia - Flensburg und Flensburg - Hamburg mit.[116]

Mit dem Sommerfahrplan 1936 nahm die DSB auf der Strecke Frederikshavn - Flensburg einen Schnellverkehr mit Express-Triebwagen auf, der eine zügige internationale Verbindung zwischen Norwegen und Deutschland bot. Das Gespann aus MP-Trieb-

102 a Pattburg—Flensburg—Neumünster

km																								
	Frederikshavn ab	...	...	**19.40**	...	...	...	...	...	...	...	...	...	...	...	...	...	...	6.05	...	8.01	...	...	...
	Kopenhagen ab	...	...	**20.30**	...	...	...	...	...	...	**23.35**	...	23.48	...	...	...	...	...	**8.16** c 9.03	...	**9.20**	...	**14.43**	...
	Fredericia ab	...	...	2.36	...	...	...	...	...	...	5.24	...	8.49	...	...	...	10.39	...	**14.14**	...	16.57	...	20.13	...
	Pattburg an	...	...	5.32	...	...	...	...	...	...	8.29	...	11.37	...	...	...	13.34	...	**16.35**	...	19.54	...	23.30	...
km	*RBD Altona* Zug Nr.			1970							918		920				926		942		946		1956	
	Klasse			2. 3.							2. 3.		2. 3.				2. 3.		2. 3.		2. 3.		2. 3.	
0,0	**Pattburg** ab	...	...	5.50	...	...	...	...	...	...	8.44	...	11.49	...	...	...	13.43	...	16.54	...	20.04	...	23.51	...
2,7	Harrislee	...	...	6.10	...	...	...	...	...	...	8.59	...	12.06	...	...	...	13.56	...	17.14	...	20.18	...	0.06	...
11,2	**Flensburg** an	...	...	6.18	...	...	...	...	...	...	9.07	...	12.14	...	...	...	14.04	...	17.22	...	20.26	...	0.14	...
	Kiel Hbf 102 b an	...	...	*10.30*	...	...	...	...	...	...	*13.35*		w*15.06*	...	...	...	*16.51*	...	*20.17*	...	d *0.51*	...	...	...
	Husum 102 f an	...	...	...	...	...	...	...	...	...	*12.18*	...	...	...	...	...	*15.29*	...	...	...	*22.25*	...	...	...
	RBD Altona Zug Nr.	952	801	D 40				954	w 956		958	805	E 44	960	807	w 962	966	809	D 46	S 811	968	S E 48		...
	Klasse	2. 3.	2. 3.	2. 3.				2. 3.	2. 3.		2. 3.	2. 3.	2. 3.	2. 3.	2. 3.	3.	2. 3.	2. 3.	2. 3.	2. 3.	2. 3.	2. 3.		...
11,2	**Flensburg** a ab	...	...	**6.40**	...	...	...	6.45	...	...	9.12	...	**12.35**	12.40	...	w13.30	16.22	...	**18.15**	...	20.47	S **21.45**	...	...
14,5	Flensburg Weiche a an	...	...		...	...	...	6.49	...	...	9.16	...		12.44	...	w13.35	16.26	...		...	20.51	S **21.49**	...	...
	Niebüll 101n ab	...	...	...	...	...	...	...	...	...	*7.21*	...	...	*9.55*	...	...	*13.08*	...	...	...	*16.35*	*20.34*	...	...
14,5	Flensburg Weiche ab	...	...		...	...	...	6.50	...	...	9.17	...		12.45	...	...	16.27	...		...	20.52	S **21.50**	...	...
19,7	Barderup	...	...		...	...	...	6.57	...	...	9.24	...		12.52	...	...	16.34	...		...	20.59		...	...
25,4	Tarp	...	...		...	...	...	7.03	...	...	9.30	...		12.58	...	...	16.40	...		...	21.05		...	...
30,6	Eggebek	...	...		...	...	...	7.10	...	...	9.37	...		13.05	...	...	16.47	...		...	21.12		...	...
37,9	**Jübek** an	...	...		...	...	...	7.17	...	...	9.44	...	**12.54**	13.12	...	...	16.54	...		...	21.19	S **22.07**	...	...
	Husum 102 m an	...	...	...	...	...	...	*8.05*	...	...	*10.58*	...	...	*14.10*	...	...	*17.36*	...	...		w *22.22*	S *22.48*	...	...
	Husum 102 m ab	...	*6.01*	...	...	...	...	...	...	...	*9.05*	*12.08*	...	...	*14.13*	...	...	*17.41*	...	S*20.30*	w*20.05*	...	...	...
37,9	**Jübek** ab	...	6.40		...	...	...	7.19	...	...	9.46	12.45	**12.55**	13.14	14.51	...	16.56	18.19		S 21.08	21.22	S **22.08**	...	...
44,5	Schuby (Kr. Schlesw.)	...	6.49		...	...	...	7.27	...	...	9.54			13.22	15.00	...	17.04	18.28		21.17	21.29		...	...
48,9	**Schleswig** an	...	6.55	**7.07**	...	...	...	7.32	...	...	9.59	12.59	**13.05**	13.27	15.06	...	17.09	18.34	**18.42**	S 21.23	21.34	**22.18**	...	...
	Schleswig ab	...	...	**7.09**	...	...	...	7.34	w 8.50	...	10.01	...	**13.07**	13.30	...	...	17.12	...	**18.44**	...	21.37	**22.20**	...	...
54,8	Lottorf	...	...		...	...	...	7.42	8.57	...	10.09	...		13.37	...	...	17.19	...		...	21.45		...	...
61,9	Owschlag	...	...		...	...	...	7.50	9.06	...	10.17	...	**13.19**	13.46	...	...	17.28	...		...	21.53	**22.32**	...	...
66,6	Alt Duvenstedt	...	...		...	...	...	7.57	9.12	...	10.24	...		13.52	...	...	17.34	...		...	22.00		...	...
73,5	**Rendsburg** an	...	...	**7.28**	...	...	...	8.04	w 9.19	...	10.31	...	**13.30**	14.00	...	...	17.42	...	**19.04**	...	22.07	S **22.43**	...	...
	Kiel Hbf 102 d an	...	...	*9.14*	...	...	...	*10.38*	*10.38*	...	*13.26*	...	...	*15.10*	...	...	*18.52*	...	S*20.22*		b *23.14*	...	...	...
	Husum 102 d ab	...	...	...	...	...	...	*6.31*	...	...	*8.16*	...	*11.03*	*12.39*	...	...	*16.17*	...	...	...	*19.08*	S*20.41*	...	...
73,5	**Rendsburg** 102d ab	5.53	...	**7.30**	...	...	...	8.08	...	...	10.36	...	**13.32**	14.04	...	...	17.47	...	**19.06**	...	22.11	S **22.45**	...	...
80,4	Osterrönfeld 102d	6.03	...		...	...	...		...	...	10.46	...			...	...		...		...			...	...
89,2	Bokelholm	6.09	...		...	...	...	8.22	...	...	10.52	...		14.18	...	...	18.01	...		...	22.25		...	...
93,3	Bokel	6.15	...		...	...	...	8.28	...	...	10.58	...		14.24	...	...	18.07	...		...	22.31		...	...
99,6	Nortorf	6.23	...	**7.51**	...	...	...	8.36	...	...	11.06	...	**13.53**	14.32	...	...	18.15	...	**19.27**	...	22.39	**23.06**	...	...
104,3	Aspe	6.30	...		...	...	...	8.43	...	...	11.13	...		14.39	...	...	18.22	...		...	22.46		...	...
113,7	**Neumünster** an	6.39	...	**8.03**	...	...	...	8.52	...	...	11.22	...	**14.05**	14.48	...	...	18.31	...	**19.40**	...	22.55	S **23.18**	...	...
	Altona Hbf 102 an	*7.40*	*8.13*	***9.13***	...	...	...	*10.35*	...		*12.28*	*13.22*	***15.14***	*16.18*	...	...	*20.08*	...	***20.54***	...	*0.18*	S *0.25*	...	...
	Hamburg Hbf 102 an	*8.35*	...	***9.35***	...	...	...	*10.57*	...	...	...	...	***15.34***	*16.56*	...	...	*20.30*	...	***21.12***	...	*0.40*	S *0.49*	...	...
	Ascheberg (Holst.) 102h an	*7.29*	...	...	...	...	...	S*9.49*	*11.05*	...	*14.00*	...	...	*15.38*	...	...	*19.45*	...	S*22.02*	w*22.39*	...	...	...	...
	Eutin 103 a an	*7.57*	...	...	...	...	...	S*10.37*	*12.05*	...	*14.45*	...	...	***16.06***	...	...	*20.29*	...	S*22.39*	w*23.08*	...	...	...	...
	Bad Oldesloe 100 d an	*8.00*	...	...	...	...	...	*11.10*	..	...	*13.10*	...	...	*16.06*	...	...	*19.58*	...	*22.12*	...	...	...	...	...
	Heide (Holst.) 102 k an	*9.45*	...	...	...	...	...	*11.17*	...	...	*14.50*	...	...	*17.59*	...	...	*20.56*	...	...	...	...	...	...	...

a Weitere Züge siehe 101 n und 102 f. b vS und S. c 23. VI.—18. VIII. d In der auf vS und S folgenden Nacht.

Seite 201

102 a

Fahrplantabelle Pattburg - Flensburg - Neumünster aus dem Amtlichen Taschenfahrplan für den Direktionsbezirk Altona, herausgegeben von der Deutschen Reichsbahn-Gesellschaft, Reichsbahndirektion Altona. Sommer-Ausgabe. Gültig vom 15. Mai bis 6. Oktober 1934.

wagen und BPM-Wagen übernahm Fahrgäste des DFDS-Linienschiffes Oslo - Frederikshavn und brachte sie zu dem in Flensburg wartenden D 144 nach Hamburg. Dabei legte der Triebwagenzug die Strecke von Aarhus bis Padborg ohne Halt zurück. Im Sommerplan 1936 lief der Zug dienstags und samstags Richtung Süden und donnerstags und sonntags Richtung Norden. Die regulären Kurswagen nach Hamburg für D 144 verließen Frederikshavn um 7.45 Uhr, während der schnellere Triebwagenzug erst um 11.32 Uhr abfuhr, was den ganz erheblichen Zeitgewinn für den Reisenden dokumentiert. Ab dem 4. Oktober 1936 führte dieser Zug den Namen „Nordpilen" („Nordpfeil") und verkehrte werktags.

Im Sommerfahrplan 1937 etablierte die Deutsche Reichsbahn mit dem Zugpaar D 212/D 211 Flensburg - Münster eine dritte Schnellzugverbindung um die Mittagszeit Richtung Süden, wofür der fast zeitgleiche E 138/E 139 entfiel. Im Gegensatz zum morgendlichen und abendlichen Zug, der in Padborg eingesetzt wurde, fuhr der D 212 in Flensburg um 12.03 Uhr ab, war um 14.41 Uhr in Altona und traf um 18.35 Uhr in Münster ein. Während alle sonstigen Züge die 2.und 3. Klasse führten, hatte dieser Zug die 1., 2. und 3. Klasse.

In dem ab 15. Mai gültigen Sommerfahrplan von 1938 war der Morgenschnellzug nunmehr als D 128/D 133 mit Schlafwagen ausgewiesen, der Flensburg schon um 4.47 Uhr verließ. Der bis Köln verlängerte D 212/D 211 erhielt jetzt einen Speisewagen und wurde auf 11.32 Uhr gelegt mit Ankunft in Köln um 21.09 Uhr. Auch der abendliche Schnellzug mit Schlafwagen erhielt als D 146/D 145 eine neue Zugnummer. Das gesamte werktägliche Zugangebot belief sich jetzt auf 14 Verbindungen Richtung Süden. Der darauf folgende Winterfahrplan wies ein vollständig identisches Zugangebot auf.

Im Winter 1938/39 beförderte D 128/D 133 einen Schlafwagen Kopenhagen - Hamburg und D 146/D 145 führte den Schlafwagen Kopenhagen - Paris für den L 12/L 11 mit.

Der letzte in Friedenszeiten gültige Sommerfahrplan vom 15. Mai 1939 wies nur geringe Veränderungen zum Vorgänger auf, wie z. B. in Form einer späteren Abfahrtszeit von D 128/D 133, der jetzt ohne Schlafwagen (in der Fernverkehrstabelle aber noch enthalten) um 5.04 Uhr Flensburg verließ und bis Altona lediglich 2 Stunden und 22 Minuten benötig-

1939 gab die DSB dieses von Aage Rasmussen gestaltete Plakat als Werbung für den „Nordpilen" („Nordpfeil") heraus. Anfang September 1939 kam der dänische Triebwagenzug letztmalig nach Flensburg.
Plakat: Aage Rasmussen — Danmarks Jernbanemuseum Odense

Der Reichsbahnhof Ende der Dreißiger Jahre.
Foto: unbekannt **Stadtarchiv Flensburg FotXIVb3613f42**

te.[117] Der Abendschnellzug D 146 erreichte Altona mit einer Reisegeschwindigkeit von fast 75 km/h nach 2 Stunden und 22 Minuten. Zuvor hatte der aus Dänemark kommende D 146 genau 1 Stunde und 6 Minuten Aufenthalt in Flensburg für die Grenzabfertigung gehabt. Dieser Zug nahm auch die Fahrgäste des „Nordpfeils" auf, der in Flensburg als D 1960 um 17.34 Uhr eintraf. Noch kurze Zeit konnte man 14 verschiedene Züge in südliche Richtung benutzen. Für die Strecke Kopenhagen – Hamburg-Altona musste der Reisende für die Nachtverbindung mit D 128 10 Stunden und 36 Minuten oder 11 Stunden und 20 Minuten am Tage mit D 146 einplanen. Der „Nordpfeil" erhielt ab dieser Fahrplanperiode modernes Wagenmaterial (litra AUM).

Am 22. August 1939 wurde in Deutschland der reguläre Betrieb eingestellt, der heraufziehende Zweite Weltkrieg wirkte sich mit allen Konsequenzen auf den Eisenbahnbetrieb aus.[118] Nach dem 4. September verließ der „Nord-Expreß" Paris nicht mehr und der nach Süden verkehrende Schlafwagen „strandete" am 5. September in Padborg. Der „Nordpfeil" verkehrte letztmalig am 6. September 1939.

Die Fahrplantabelle 102a vom 21. Januar 1940 vermittelte noch ein vermeintlich friedensmäßiges Zugangebot: drei Schnellzug-, zwei Eilzug- und sieben Personenzugpaare – insgesamt noch 12 Zugpaare. In dem als Anlage den Kursbüchern und Taschenfahrplänen beiliegenden „Verzeichnis der in den Reichsbahn-Kursbüchern (Ausgabe vom 21. Januar 1940) enthaltenen, aber vorerst nicht verkehrenden bzw. an bestimmten Tagen ausfallenden Schnell-, Eil- und Personenzüge" zeichnete sich die kriegsbedingte Situation erstmalig ab. Es fielen die Schnellzüge D 212/D 211 und der E 148/E 141 aus. Herabgesetzte Geschwindigkeiten führten zu längeren Fahrtzeiten. D 132 benötigte für die Strecke Flensburg - Hamburg-Altona 3 Stunden und 17 Minuten und D 146 war 2 Stunden und 55 Minuten unterwegs. Die Verbindung Kopenhagen - Hamburg-Altona war nach den Kursbuchtabellen möglich, mit E 134 hätte man 13 Stunden und 40 Minuten benötigt, während die Reise mit D 146 fast 13 Stunden gedauert hätte.

Die veränderte Betriebslage erforderte bereits am 1. April 1940 einen neuen Fahrplan. Die Tabelle 102a war nahezu inhaltsgleich mit der wenige Wochen älteren Ausgabe. Sie wies noch 11 Züge Richtung Süden auf, lediglich der vormittägliche Personenzug war gestrichen worden. Seite 5 des Amtlichen Taschenfahrplans für den Direktionsbezirk Hamburg enthielt jedoch folgende Bemerkung: *„Die Deutsche Reichsbahn ist zur Zeit gezwungen, im Personenverkehr nur eine eingeschränkte Zahl von Zügen zu fahren. Darüber hinaus ist aber eine große Zahl von Zügen veröffentlicht (kenntlich durch Wellenlinie und Zeichen) die erst auf besondere Anordnung gefahren werden."* Hiervon dürfte nur äußerst restriktiv Gebrauch gemacht worden sein. Für die Strecke nach Hamburg bedeutete dies die Reduzierung auf vier Personenzüge.

Der nach der Besetzung Dänemarks gültige Fahrplan vom 6. Oktober 1940 war durch endgültig wegfallende Verbindungen sehr übersichtlich geworden. Auf besondere Anordnung fuhr das Zugpaar D 212/D 211. Zu den vier Personenzügen kam ein fünfter, der Flensburg um 12.11 Uhr verlassende P 1960, hinzu. Als reguläre Züge sind zusätzlich der D 133 und der Abendschnellzug D 146 wieder enthalten. D 146 fuhr bis Altona knapp unter 3 Stunden. Mit dem Winterfahrplan vom 6. Oktober 1940 wurde für die Strecke von Flensburg Richtung Süden erstmals eine bis dahin nicht vorkommende Zuggattung, der Schnellzug für Fronturlauber (Abkürzung SF) eingeführt. SF 106 führte nur die 3. Klasse und verkehrte von Fredericia nach Hamburg-Altona. Mit SF 106 und D 146 gab es wieder sieben Verbindungen gen Süden. Schnellzüge für Fronturlauber waren Sonderschnellzüge für beurlaubte und dienstreisende Wehrmachtsangehörige aller Formationen.

Der Sommerfahrplan vom 5. Mai 1941 wies ebenfalls sieben Verbindungen Richtung Süden auf. Das Zugpaar D 212/D 211 entfiel ersatzlos. Die anderen Züge liefen zu gleichen Zeiten bzw. geringfügig abweichend. Neu eingelegt wurde SFR 117 um 18.55 Uhr, der um 22.15 Uhr Hamburg-Altona erreichte. Die Abkürzung SFR steht für die Zuggattung Schnellzug für Fronturlauber mit Reisezugteil, d.h. diese SF-Züge führten auf bestimmten Strecken einige Wagen mit, die für den öffentlichen Verkehr freigegeben waren. Die Platzzahl war beschränkt. SFR 117 lief bis Flensburg als SF 117 (Aalborg - Hamburg - Maastricht). Während die Schnellzüge für Fronturlauber nur in speziellen Verzeichnissen aufgelistet waren, konnte man die Schnellzüge für Fronturlauber mit Reisezugteil im regulären Kursbuch finden.

Der Winterfahrplan 1941 und der Sommerfahrplan 1942 wiesen nur unwesentliche Änderungen auf. Die Anzahl der Wehrmachtszüge wurde jedoch erhöht. Ab 6. Oktober 1941 hielten SF 3080 (Oslo - Flensburg - Hamburg-Altona), SF 117 (Aalborg - Hamburg - Maastricht) und SF 3081 (Narvik - Flensburg - Hamburg-Altona) in Flensburg.

Vom 2. November 1942 war das reguläre Zugangebot auf der Strecke Flensburg – Hamburg reduziert. Es verkehrten täglich nur noch fünf Zugpaare. D 146/D 133 war gestrichen und durch das Nachtzugpaar D 88/D 87 Flensburg - München ersetzt worden. Für die Wehrmacht verkehrten SF 52 (Oslo - Flensburg - Hamburg-Altona - Berlin Lehrter Bf), SF 252 (Nyborg - Flensburg - Hamburg-Altona - Uelzen - Hannover) und SF 452 (Narvik - Flensburg - Hamburg-Altona - Lübeck - Güstrow - Berlin Stettiner Bf).

Auch zum Sommerfahrplan 1943 fuhren noch fünf Zugpaare. Das Zugpaar D 88/D 87 war gestrichen und gegen das schon früher verkehrende Zugpaar D 146/D 133 Flensburg - Hamburg getauscht worden. D 146 verließ Flensburg um 18.45 Uhr und erreichte Hamburg-Altona um 21.58 Uhr. Ab 17. Mai 1943 verkehrten SF 2149 (Aalborg - Flensburg - Hamburg-Altona - Hannover - Würzburg - München), SF 52 (Oslo - Flensburg - Hamburg-Altona - Berlin Lehrter Bf), SF 252 (Padborg - Flensburg - Hamburg-Altona - Hannover), SF 452 (Narvik - Flensburg - Hamburg-Altona - Berlin Lehrter Bf) und SF 852 (Padborg - Flensburg - Hamburg-Altona - Güstrow).

Zuglaufschild eines über Flensburg geführten Schnellzuges für Fronturlauber mit dem Zuglauf Fredericia - Maastricht.
Foto: Poul Eibye Danmarks Jernbanemuseum Odense

73

73 Narvik / Oslo – Flensburg – Hamburg-Altona / Bad Oldesloe / Gedser — Warnemünde / Trelleborg — Saßnitz – Güstrow – Hannover / Berlin

Zug Nr		SF 52	SF 252	SF 452	SF 852	SF 450	SF 50	SF 250	SF 53	SF 650	SF 51	SF 251
		⊗	⊗		⊗	⊗				⊗	⊗	⊗
Narvik	ab	...	...	2.11	...	...	...	...	...	...	...	...
Jörn	an	...	...	21.55	...	...	...	...	...	...	...	...
	ab	...	...	21.57	...	...	...	...	...	...	...	...
Krylbo	an	...	...	17.40	...	...	...	...	...	...	...	...
	ab	...	...	17.45	...	...	...	...	...	...	...	...
Oslo	ab	10.05	...		...	...	10.05	...	...	...	10.05	...
Kornsjö	an	13.50	...		...	...	13.50	...	...	...	13.50	...
	ab	14.00	...		...	...	14.00	...	...	...	14.00	...
Göteborg	an	18.28	...		...	...	18.28	...	...	...	18.28	...
	ab	18.47	...		...	...	18.47	...	...	...	18.47	...
Hälsingborg (Fähre)	an	0.13	...	6.20	...	...	0.13	...	...	...		...
	ab	2.10	...	7.20	...	...	1.10	...	...	...		...
Helsingör	an	2.37	...	8.47	...	...	2.37	...	...	...		...
	ab	4.00	...	9.47	...	...	4.00	...	...	...		...
Kopenhagen Hbf	an	5.04	...	10.52	...	...	5.04	...	...	...		...
	ab	5.06	...	11.08	...	...	5.06	...	...	...		...
Korsör (Fähre)	an	7.27	...	13.08	...	...		...	...	...		...
	ab	9.00	...	14.05	...	...		...	...	...		...
Nyborg	an	10.40	...	14.45	...	...		...	...	...		...
	ab	11.30	...	16.45	...	...		...	...	...		...
Fredericia	an	13.24	...	18.41	...	...		...	...	...		...
	ab	13.40	...	18.57	...	...		...	...	...		...
Pattburg	an	15.33	...	21.09	...	...		...	...	...		...
	ab	15.43	16.45	21.30	2.43	...		...	...	...		...
Flensburg	an	15.58	17.00	21.45	2.58	...		...	...	...		...
	ab	17.11	17.52	22.45	3.48	...		...	...	...		...
Schleswig (Gesamtverkehr siehe 69)						...		...	...	...		...
Rendsburg		18.20	18.45			...		...	...	...		...
Neumünster	an	19.02	19.22	0.20	5.22	...		...	...	...		...
	ab	19.12	19.32	0.30	5.32	...		...	...	...		...
Wrist						...		...	...	...		...
Elmshorn						...		...	...	...		...
Hamburg-Altona	an	20.30	20.58	1.41		...		...	...	...		...
	ab	20.56	21.11	3.48		...		...	...	...		...
Hamburg Hbf	an	21.08	21.23	4.01		...		...	...	...		...
	ab	21.25	21.29	4.13		...		...	...	...		...

Ausschnitt aus der Fahrplantabelle Narvik - Berlin mit den im Sommer 1943 verkehrenden Schnellzügen für Fronturlauber. Aus: 15. Verzeichnis der SF-Züge, Gültig vom 17. Mai 1943 an. Sammlung Holger Kaufhold

Die Veränderungen der öffentlichen Züge zum Winterfahrplan ab 1. November 1943 waren minimal, auch ab dem 3. Juli 1944 verkehrten noch fünf Zugpaare, es waren dies das Schnellzugpaar D 146/ D 133 und vier Personenzugpaare.

Im besetzten Nachbarland Dänemark wurde der regelmäßige Zugverkehr in Jütland ab dem 19. April 1945 eingestellt.[119] Am 15. Mai 1945 nahm die DSB dienstags, donnerstags und samstags den Reisezugverkehr wieder auf und Ende Juni lief im Nachbarland wieder der werktägliche Verkehr.[120]

Während des Krieges bis zu seinem Ende im Mai 1945 war der Verkehr in Flensburg sehr stark. Angaben über den Eisenbahnverkehr in Flensburg gegen Ende des Krieges sind spärlich. Die Flensburger Chronik des Stadtarchivs berichtet unter dem Datum vom 2. Mai: *„Die Deutsche Reichsbahn gibt bekannt, daß der Reiseverkehr eingeschränkt werden muß, um den Verkehr im Rahmen der Kriegsaufgaben aufrechtzuerhalten. Privatreisen über 75 Kilometer sind verboten".*[121] Zusätzlich zu den Räumzügen rollten Munitionszüge nach Flensburg.

5.6 Die Entwicklung im Güterverkehr

Die wichtigste Einrichtung des Güterverkehrs war der Verschiebebahnhof Flensburg-Weiche, dessen Aufgaben im Bahnhofsbuch vom 1. Oktober 1927 unter § 1 folgendermaßen dargestellt wurden:

1. Zweckbestimmung
Der Bahnhof ist ein Verschiebebahnhof mit angeschlossenem Personen- und Ladebahnhof. Im Güterverkehr ist er Grenzbahnhof (deutsch-dänischer Grenzverkehr)

2. Einmündende Strecken:
Es münden folgende Strecken ein:
- a) Altona - Eidelstedt - Neumünster – Flensburg-Weiche
- b) Kiel - Eckernförde - Flensburg-Weiche
- c) Flensburg Hafen - Flensburg-Weiche
- d) Pattburg (Dänemark) - Flensburg-Weiche
- e) Westerland (Sylt) - Niebüll - Flensburg-Weiche
- f) Husum - Löwenstedt - Flensburg-Weiche

3. Aufgaben des Bahnhofs
1) Bildung und Auflösung von und nach den Strecken a - f verkehrenden Vieh-, Eilgüter-, Güter- und Übergabezüge
2) Abfertigung der D-, Personen- und Pendelzüge der Strecken zu 2a, b, e, f.
3) Übergabe und Übernahme der Wagen nach und von dem Zollschuppen,

Süderhofenden Anfang der Dreißiger Jahre. Die Güterschuppen und Ladestraßen im Süden des ehemaligen „Staatsbahnhofes". Am 31. August 1934 wurde die Güterabfertigung dort geschlossen und ins neue Gebäude neben dem Reichsbahnhof verlegt. Anschließend erfolgte der Abriß der alten Schuppen.
Foto: Thomsen **Sammlung FSF**

Fleischschuppen und der Viehrampe für den Grenzverkehr.

4) Bedienung des Ortsgüterschuppens und der Ladestraße.
5) Bedienung von 5 Gleisanschlüssen und zwar
   a) Kieswerk Flensburg-Weiche (alt)
   b) Kieswerk Flensburg-Weiche (neu)
   c) Kieswerk Schleswiger Straße
   d) Papierfabrik Reisholz
   e) Benzollager C. M. Hansen
6) Bedienung des Werkbahnhofs.

.

Rangiergruppen

Der Bahnhof umfasst folgende Rangiergruppen:

Rangiergruppe I (Südende)

a) 1 Durchfahrgleis für Güterzüge von Süden
b) 2 Ausfahrgleise für Güterzüge nach Neumünster
c) 4 Ausfahrgleise für Güterzüge nach Flensburg und Pattburg
d) 12 Richtungsgleise für die Güterzüge in den Richtungen Neumünster, Flensburg, Husum, Pattburg, Niebüll, Meimersdorf und Flensburg Hafen
e) 9 Gleise der Stationsgruppe und Ablaufberg Süd
f) 2 Umladegleise
g) 1 Gleis Viehzollrampe
h) 3 Zollschuppengleise
i) 2 Aufstellgleise

- j) Die Fertigstellung der abgehenden Züge nach Neumüster, Meimersdorf, Pattburg, Niebüll, Husum und Flensburg Hafen
- k) Bedienung der Anschlüsse Kieswerk Flensburg-Weiche (alt und neu), Kieswerk Schleswiger Straße

<u>Rangiergruppe II (Nordende)</u>

- a) 3 Einfahrgleise für Güterzüge vom Süden
- b) 2 Einfahrgleise für Güterzüge vom Osten
- c) 3 Einfahrgleise für Güterzüge vom Norden
- d) 1 Einfahrgleis für Güterzüge vom Westen
- e) 1 Durchfahrgleis für Güterzüge nach Pattburg, Flensburg, Meimersdorf und Flensburg Hafen
- f) 1 Ausfahrgleise für Güterzüge nach Niebüll
- g) 2 Lokomotivumlaufgleise
- h) 14 Richtungsgleise vom Ablaufberg Nord
- i) 1 Gleis Viehzollrampe
- j) 1 Gleis zum Aufstellen der Viehwagen
- k) 2 Fleischschuppengleise
- l) Bearbeitung sämtlicher Güterzüge über den Ablaufberg Nord
- m) Fertigstellung der abgehenden Güterzüge nach Flensburg
- n) Bedienung der Anschlüsse Kieswerk Flensburg-Weiche (alt)
- o) Bedienung der Gleiswaage

<u>Rangiergruppe III (Werkbahnhof)</u>

- a) Ladegleis
- b) Nebenmagazin (Kohlenlager, Magazingebäude, Reisigwellenlager)
- c) Wagenwerkstätte
- d) Desinfektionsanstalt
- e) Lager der Bauabteilung
- f) Überführen der Wagen vom Werkbahnhof nach dem Arbeitsbahnhof
- g) Ortsgüterschuppen und Ortsrampe
- h) Bedienung der Anschlüsse Reisholz und Hansen
- i) Abholung der Ortsfrachten von Gleis 45 Gbf
- j) Bahnmeister und Neubauabteilung

Regelmäßige Güterbeförderung
mit
Reichsbahn-Kraftwagen
zwischen
Flensburg - Satrup - Sörup - Wippendorf

Dreimal in der Woche:
Montags, Mittwochs und Freitags.

Beginn am Freitag, dem 2. Dezember 1938.

Fester Fahrplan: ab Flensburg 10.00 an Wippendorf 14.00
ab Wippendorf 14.30 an Flensburg 17.40

Niedrige Beförderungspreise. Soweit möglich, Ablieferung und und Abholung der Güter am Hause.

Feste Haltestellen: In **Flensburg** bei der Güterabfertigung - **Klein-Wolstrup - Klein-Solt - Gr.-Soltbrück - Groß-Solt - Mühlenbrück - Bistoft - Obdrup - Satrup** (Bahnhofshotel, Inh. Franz Curth) - **Groß-Rüde - Südensee - Sörup** bei der Güterabfertigung - **Groß-Quern - Sterup** (Bahnhofshotel, Inhaber Willy Callsen) - **Jordan - Grünholz - Brunsholm - Schorrehy** und in **Wippendorf** beim Kaufmann Nikolaus Lund.
Die regelmäßigen Haltestellen sind durch Schilder gekennzeichnet.

Durchgehende Abfertigung von Gütern nach und von allen deutschen Bahnhöfen und Kraftwagengüterstellen ohne Vermittlungsgebühr.

Es wird den Empfängern empfohlen, die Güter nach den Übergangsbahnhöfen Flensburg bezw. Sörup abfertigen und den Frachtbrief vom Absender mit der Anweisung: „Zur Weiterbeförderung mit Reichsbahn-Kraftwagen nach . . .“ versehen zu lassen.

Am Dienstag, Donnerstag und Sonnabend jeder Woche steht der Kraftwagen für den Bestellverkehr (Sonderfahrten) zur Verfügung.

Weitere Auskunft bei den Güterabfertigungen Flensburg und Sörup, sowie beim Kraftwagenpersonal.

Reichsbahn-Verkehrsamt Flensburg.

Als die Kreisbahn am 31. Oktober 1938 den Betrieb auf der „Südstrecke" Flensburg - Satrup -Sörup - Sterup - Rundhof einstellte, wurde der Kreisbahn-Güterverkehr zum Teil von Reichsbahn-Lastkraftwagen übernommen. Mit diesem Werbezettel bot das Reichsbahn-Verkehrsamt Flensburg dem Kunden im Kreisgebiet weiterhin einen unproblematischen Versand mit der Bahn an. Man sah den Kunden als Partner und nicht als Feind an.
Sammlung Eckhard Klein

Infolge der Weltwirtschaftskrise ging der Güterverkehr auch in Flensburg merkbar zurück. Die Statistik für die Bahnhöfe Flensburg und Flensburg-Weiche dokumentiert den gravierenden Rückgang der beförderten Güter zwischen 1926 und 1933.

Beförderte Güter

Bahnhof		*1926*	*1933*
Flensburg	ankommend	293 350 t	123 640 t
	abgehend	93 210 t	72 640 t
Flensburg-Weiche	ankommend	145 860 t	25 080 t
	abgehend	223 100 t	34 890 t

Während der Geschäftsjahre 1934 und 1935 war ein leichter Ladungszuwachs zu verzeichnen, und es ergab sich für die Güterbahnhöfe folgende Entwicklung:[122]

Güterstatistik

Bahnhof	Jahr	*Versand* *Eilstückgut*	*Frachtstückgut*	*Wagenladungen*	Empfang Eilstückgut	Frachtstückgut	Wagenladungen
Flensburg Ga	1934		*11 153 t*	*66 294 t*		11 458 t	133 825 t
	1935		*11 901 t*	*69 584 t*		12 166 t	161 589 t
Flensburg-Weiche	1934	*682 t*	*829 t*	*18 694 t*	280 t	816 t	36 689 t
	1935	*677 t*	*717 t*	*26 712 t*	444 t	852 t	28 229 t
Flensburg-Ega	1934	*3 545 t*		*41 t*	1 430 t		897 t
	1935	*3 284 t*		*253 t*	1 545 t		721 t

5.7 Bahnbetriebswerk und beheimatete Fahrzeuge

Nachdem 1921 auch das Maschinenamt Glückstadt überflüssig wurde, kamen die Betriebswerkstätte Husum und die Stationsschlosserei Heide zum Maschinenamt Flensburg. Rendsburg und Heide hatten 1943 ebenfalls schon den Rang von Bahnbetriebswerken, der Zeitpunkt der Umbenennung ist nicht bekannt. Eckernförde war zum Maschinenamt Kiel gekommen und nannte sich nur noch „Lokomotivbahnhof". Beim Maschinenamt Flensburg blieben die Bw Flensburg, Husum, Heide und Rendsburg mit insgesamt 848 Mitarbeitern.

Der Flensburger Lokomotivpark erfuhr nur wenig dokumentierte Änderungen. Im Jahre 1923 erhielt das Bw Flensburg-Weiche die von der Lokfabrik Hohenzollern hergestellten 57 3505 - 3508 und 1925 57 3519 - 3524 zugeteilt, von denen einige bis Anfang der 40er Jahre ihren Dienst im Norden versahen. Im Oktober 1925 gehörten mit 54 374 und 368 zwei Verbundlok pr. G 5^2 sowie mit 54 621 eine pr. G 5^3 und mit 54 801, 877, 881 und 920 vier pr. G 5^4 zum Güterzuglokomotivbestand der Betriebswerkstätte Flensburg-Weiche.

1919 ereignete sich in Eggebek ein Zusammenstoß zwischen zwei Zügen. Darin verwickelt waren eine preußische G 3 und G 10. Rechts steht bereits der Hilfszug des Bw Flensburg-Weiche, um die Unfallstelle zu räumen.
Foto: unbekannt Sammlung Eckhard Klein

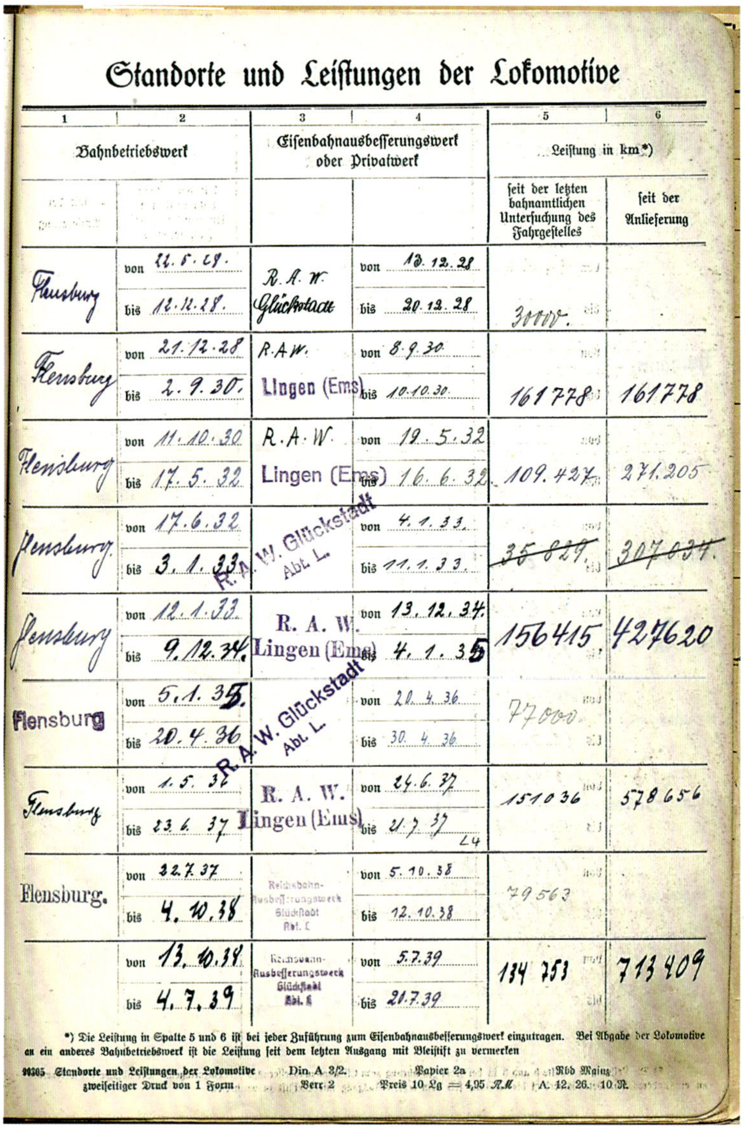

Standorte und Leistungen der Lokomotive

1	2	3	4	5	6
Bahnbetriebswerk		Eisenbahnausbesserungswerk oder Privatwerk		Leistung in km*) seit der letzten bahnamtlichen Untersuchung des Fahrgestelles	seit der Anlieferung
Flensburg	von 22.5.28. bis 12.12.28.	R.A.W. Glückstadt	von 13.12.28 bis 20.12.28	30000.	
Flensburg	von 21.12.28 bis 2.9.30.	R.A.W. Lingen (Ems)	von 8.9.30 bis 10.10.30	161778	161778
Flensburg	von 11.10.30 bis 17.5.32	R.A.W. Lingen (Ems)	von 19.5.32 bis 16.6.32	109.427	271.205
Flensburg	von 17.6.32 bis 3.1.33	R.A.W. Glückstadt Abt. L.	von 4.1.33 bis 11.1.33	~~35 829~~	~~307 034~~
Flensburg	von 12.1.33 bis 9.12.34	R. A. W. Lingen (Ems)	von 13.12.34 bis 4.1.35	156415	427620
Flensburg	von 5.1.35 bis 20.4.36	R.A.W. Glückstadt Abt. L.	von 20.4.36 bis 30.4.36	77000	
Flensburg	von 1.5.3[illegible] bis 23.6.37	R. A. W. Lingen (Ems)	von 24.6.37 bis 2.7.37 L4	151036	578656
Flensburg.	von 3.7.37 bis 4.10.38	Reichsbahn-Ausbesserungswerk Glückstadt Abt. L	von 5.10.38 bis 12.10.38	79563	
	von 13.10.38 bis 4.7.39	Reichsbahn-Ausbesserungswerk Glückstadt Abt. L	von 5.7.39 bis 21.7.39	134 753	713 409

*) Die Leistung in Spalte 5 und 6 ist bei jeder Zuführung zum Eisenbahnausbesserungswerk einzutragen. Bei Abgabe der Lokomotive an ein anderes Bahnbetriebswerk ist die Leistung seit dem letzten Ausgang mit Bleistift zu vermerken

Standorte und Leistungen der Lokomotive Din. A 3/2. Papier 2a Rbd Mainz zweiseitiger Druck von 1 Form. Verr. 2 Preis 10 Rg = 4,95 RM A. 12. 26. 10 R.

Lokomotiven der Baureihe 64 waren die ersten Einheitslokomotiven der Deutschen Reichsbahn-Gesellschaft, die beim Bw Flensburg stationiert wurden. Auszug aus dem Betriebsbuch der Lok 64 031 mit den Standorten und Leistungen von 1928 bis 1939.
Sammlung Gerd Neumann

Wenige Monate nach Fertigstellung der neuen Anlagen erhielt das Bw Flensburg im April und Mai 1928 mit 64 027 bis 64 032 seine ersten Reichsbahn-Einheitslokomotiven zugewiesen, die wahrscheinlich von Flensburg aus auf den Nebenbahnstrecken vor leichten Personenzügen über Lindholm nach Niebüll, über Löwenstedt nach Husum sowie über Eckernförde nach Kiel eingesetzt wurden. 64 031 erreichte in den Jahren von 1934 bis 1936 monatliche Laufleistungen zwischen 4500 und 6000 km. Zusammen mit den 1934 hinzugekommenen Lok 64 303 und 64 304 wurden fast alle 64er im Laufe des Jahres 1940 zum Bw Hamburg-Berl (Berliner Bahnhof) abgegeben.

Der Lokomotivpark des Bw Flensburg umfasste am 15. Februar 1933 sieben pr. P 4^2 Verbundpersonenzuglok (Baureihe 36^{0-4}) sowie acht pr. P 8 (Baureihe 38^{10-40}), deren Anzahl sich bis 1936 auf 14 Stück erhöhte. Für den Güterzugdienst waren jeweils 10 pr. G 8^1 (Baureihe 55^{25-56}) und G 10 (Baureihe 57^{10-35})

Lokomotivbestand des Bw Flensburg am 15.2.1933

BR	*Loknummer*					
36	177	258	339	363	390	
	427	429				= 7
38	1275	1762	2093	2099	2205	
	2241	2339	3726			= 8
55	2698	2885	3041	3188	3277	
	3477	3480	5060	5062	5064	= 10
57	3505	3506	3507	3508	3519	
	3520	3521	3522	3523	3524	= 10
64	027	028	029	030	031	
	032					= 6
74	576	706				= 2
91	326	552	1018	1028	1116	
	1155	1243				= 7
	Gesamtbestand					= 50

Die pr. G 10 der Baureihe 57^{10-35} waren in den dreißiger Jahren die stärksten Güterzuglokomotiven des Bw Flensburg. Rechts im Führerstand der bestens gepflegten G 10 Oberlokführer Kurt Wunderlich. Das Foto entstand 1932.
Foto: Wunderlich Sammlung Inge Hertel

stationiert. Außerdem gehörten zwei pr. T 12 (Baureihe 74^{4-13}) sowie sieben pr. T 9^3 (Baureihe 91^{3-18}) zum Bw Flensburg.

Die preußische P 4^2 war lange Zeit das Rückgrat der Personenzugförderung im Bw Flenburg. Anfang der dreißiger Jahre wartet 36 390 vor dem Verwaltungsgebäude des Bw auf ihren nächsten Einsatz.
Foto: Karl Julius Harder Sammlung Holger Kaufhold

In Flensburg konnten aber auch noch Lokomotiven aus anderen Bahnbetriebswerken angetroffen werden. Da das Bw Flensburg nur Personen- und Güterzuglokomotiven beheimatete, wurden die Schnell- und einige Eilzüge von Schnellzuglokomotiven der Bw Altona oder Kiel gefahren, die dann im Bw Flensburg auf ihre Rückleistungen warteten. Bis zum Ende der zwanziger Jahre waren dies meist preußische Schnellzuglokomotiven der Gattungen pr. S 10^1 (Baureihe 17^{10-12}), die dann Anfang der dreißiger Jahre von den Einheitsschnellzuglokomotiven der Baureihe 03 abgelöst wurden.[123] In den Jahren 1935 bis 1942 konnten auch die vier nach Altona umstationierten badischen Schnellzuglokomotiven der Gattung IV h (Baureihe 18^3) in Flensburg vor Schnellzügen gesehen werden.[124]

36 427, eine preußische P 4^2 der letzten Bauserie von 1910, um 1933/34 vor dem Mannschaftswagen des Hilfszuges im Bw Flensburg.
Foto: Karl Julius Harder Sammlung Joachim Lawrenz

Mit der preußischen T 11 74 201 im Hintergrund stellten sich Ende der Zwanziger Jahre einige Flensburger Eisenbahner dem Fotografen. Rechts sind noch Teile der an der Fördespitze gelegenen Fußgängerbrücke über die Hafenbahngleise sichtbar.
Foto: unbekannt **Sammlung Eckhard Klein**

Außerdem sind auch Personen- und Güterzuglokomotiven aus anderen Bahnbetriebswerken wie Neumünster und Kiel, sowie Triebwagen aus Husum nach Flensburg gekommen.

Die erste bauliche Erweiterung der Bw-Anlagen erfolgte 1935 durch die Errichtung einer zwischen dem Kesselhaus und dem Gleis nach Padborg gelegenen dreiständigen, 50 m langen Triebwagenhalle mit Untersuchungsgruben. Als Vorbote des Strukturwandels hielt in Flensburg am 19. Februar 1935 der Triebwagen VT 137 074 Einzug. Das Flensburger Fahrzeug besaß eine Versuchsausführung mit MAN-Zweiwellenmotor L 2x6V 17,5/

Als 1935 Verbrennungstriebwagen zum Bw Flensburg kamen, mußten die maschinentechnischen Anlagen um eine dreiständige Halle mit Untersuchungsgruben erweitert werden. Das Bild zeigt den Rohbau mit Stahlskelett. Im Hintergrund ist das Stellwerk „Fa" erkennbar.
Foto: unbekannt **Sammlung Eckhard Klein**

Blick ins Bw Flensburg mit der im Bau befindlichen Triebwagenhalle. Im Hintergrund von links nach rechts: das Wagenmeistergebäude, das Kesselhaus für die Heizung der Anlagen und Vorheizung der Züge, das Verwaltungsgebäude und der 20-ständige Ringlokschuppen.
Foto: unbekannt Sammlung Eckhard Klein

nenzugdienst auf Hauptbahnen vorgesehen. Ab 1. Dezember 1936 gehörte auch der aus Neumünster übernommene für 110 km/h zugelassene VT 137 099 zum Flensburger Bestand. Dieser Triebwagen existiert heute noch und befindet sich in der Außenstelle des DB-Museums in Schwerin. Beide Triebwagen wurden 1939 wieder abgegeben.

18, der dem Triebwagen eine Leistung von 420 PS und eine Höchstgeschwindigkeit von 100 km/h verlieh. Die Einheitstriebwagen waren in verkehrsschwachen Zeiten für den leichten Schnell-, Eil- und Perso-

Die Lokomotivumstationierungen folgten der wirtschaftlichen Entwicklung der 30er-Jahre. Die abgegebenen pr. G 10 aus den Blöcken 57 3505 - 3508 und 57 3519 - 3524 wurden im Jahre 1940 und spä-

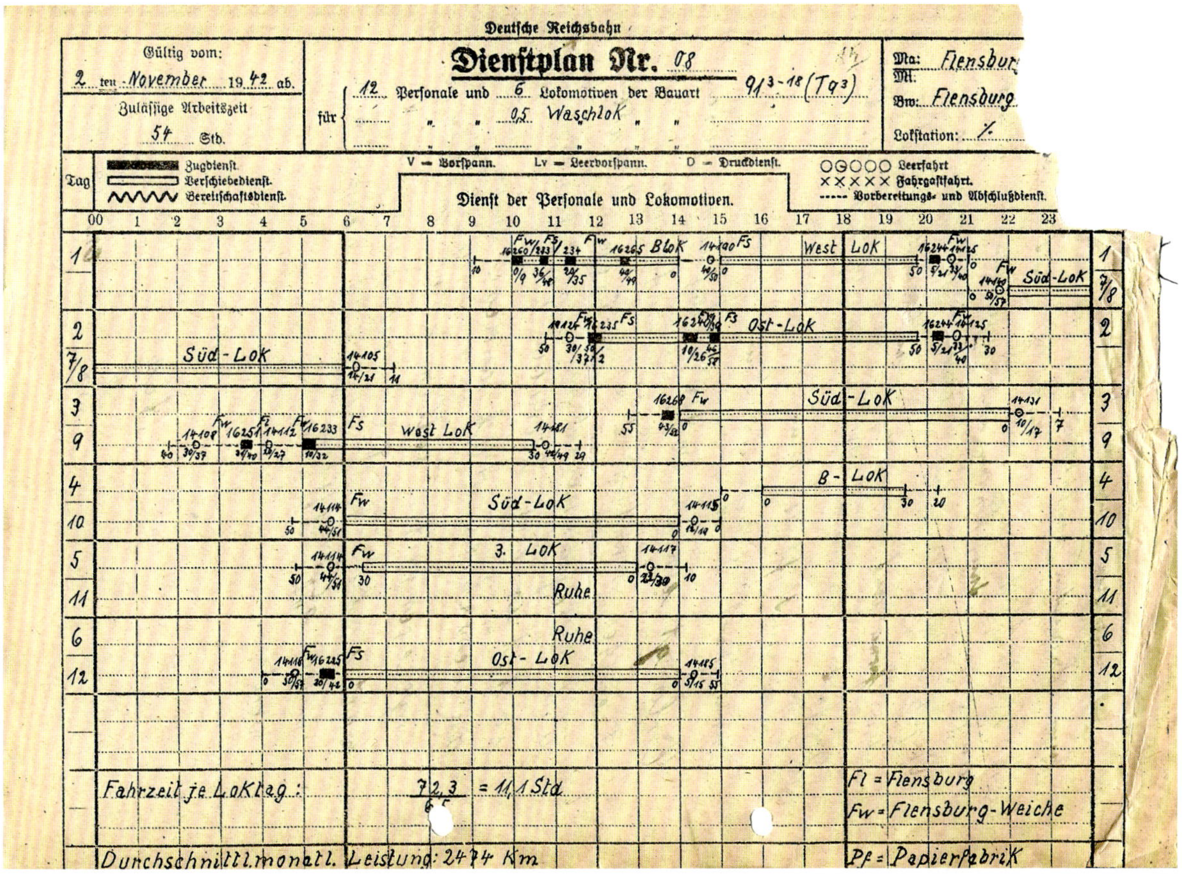
Deutsche Reichsbahn

Gültig vom: 2 ten November 1942 ab.
Zulässige Arbeitszeit 54 Std.

Dienstplan Nr. 08

für 12 Personale und 6 Lokomotiven der Bauart 91³⁻¹⁸ (T9³)
" " 0,5 Waschlok " "

Ma: Flensburg
Mt:
Bw: Flensburg
Lokstation: ./.

Zugdienst. Verschiebedienst. Bereitschaftsdienst.
V = Vorspann. Lv = Leervorspann. D = Druckdienst.
Leerfahrt. Fahrgastfahrt. Vorbereitungs- und Abschlußdienst.

Tag — Dienst der Personale und Lokomotiven.
00 1 2 3 4 5 6 7 8 9 10 11 12 13 14 15 16 17 18 19 20 21 22 23

1 – Blok – West Lok – Süd-Lok – 7/8
2 – Ost-Lok – 7/8 Süd-Lok
3 – Süd-Lok – 9 West Lok
4 – B-Lok – 10 Süd-Lok
5 – 3. Lok – 11 Ruhe
6 – Ruhe – 12 Ost-Lok

Fahrzeit je Loktag: 72,3 / 6,5 = 11,1 Std.
Durchschnittl. monatl. Leistung: 2474 Km

Fl = Flensburg
Fw = Flensburg-Weiche
Pf = Papierfabrik

Dienstplan von November 1942 für die Tenderlokomotiven der Baureihe 9^{13-18} (pr. T 9^3), die hauptsächlich im Verschiebedienst in Flensburg-Weiche eingesetzt waren. Sammlung Eckhard Klein ter durch Neuzugänge der Baureihe 57 ersetzt. Für die Lok der Baureihe 55^{25-56} und 56^{2-8} bestand ab 1. April 1940 ein gemeinsamer Dienstplan mit Zügen von Flensburg-Weiche nach Eckernförde und Kiel sowie zwischen Flensburg-Weiche und Niebüll. Am 9. April 1940 besetzte die Wehrmacht trotz eines bestehenden Nichtangriffspaktes das Königreich Dänemark. Im Zusammenhang mit der gewaltsamen Besetzung Dänemarks, der Operation „Weserübung", steht sicherlich die Stationierung der fünf Lok 38 2545, 38 3369, 55 4215, 57 1707 und 57 2664, die in der Zeit vom 8. bis 11. April 1940 nach Flensburg umbeheimatet wurden. In der Folgezeit stockte die Deutsche Reichsbahn den Lokbestand des Bw auf und Flensburger Maschinen versahen ihren Dienst auch im besetzten Dänemark. Am 1. April 1941 waren die Flensburger Lok 38 1426 im Maschinendepot Aarhus H und 57 1932 im Maschinendepot Fredericia der DSB eingesetzt. Eisenbahntransporte im besetzten Dänemark waren durch zunehmende, den Nachschub behindernde Eisenbahnsabotage der dänischen Widerstandskämpfer nicht ungefährlich.[125] Das Bw Flensburg musste, wie andere Bw auch, Lok für den Osteinsatz abgeben, darunter fünf pr. P 8.

Mitte Juni 1943 lassen sich mit 50 005, 50 187 und 50 1135 erstmals Stationierungen der Baureihe 50 nachweisen. Für April 1944 sind 13 Lok der Baureihe 50 und am 30. Juni 1944 bereits 21 Lok verzeichnet, die auch Leistungen im damals besetzten Dänemark übernahmen. Gegen Kriegsende setzte das Bw Flensburg Lok der Baureihe 50 zur Beförderung der Fronturlauberzüge (z.B. SF 9913 und SF 9996) zwischen Aarhus und Flensburg ein.

Die Beheimatungsübersicht vom Sommer 1944 weist 17 pr. P 8, 21 Lok der Baureihe 50, nur noch eine pr. G 8^1, zwei Lok der Baureihe 56^{2-8} (pr. G 8^1 mit Laufachse), neun in Dänemark eingesetzte pr. G 10 sowie vier weitere pr. G 10, die schon im September abgegeben wurden, aus. Daneben gehörten drei in Dänemark eingesetzte pr. T 3 (Baureihe 89^{70-75}), neun Lok der Gattung pr.T 9^3 und zwei Lok der Gattung pr. T 13 (Baureihe 92^{5-10}) zum Flensburger Bestand, der durch ausländische Fremdlokomotiven erhöht wurde. 57 1395, 1786, 1806, 1822 und 1953 wurden am 31. März 1944 bei der DSB als „Mietlok" geführt.

Lokomotivbestand des Bw Flensburg am 1.8.1944
(einschließlich Ostlok BR 57 und 89 [teilweise in Dänemark])

BR	*Loknummer*					
38	1028	1273	1329	1426	2093	
	2099	2120	2207	2339	2545	
	2609	3241	3369	3726	3780	
	3874	3977				= 17
50	005	022	184	187	189	
	230	252	611	614	729	
	852	1087	1130	1131	1132	
	1135	1280	1284	2460	2523	
	2768					= 21
55	3041					= 1
56	784	793				= 2
57	1164	1176	1395	1424	1631	
	1637	1785	1786	1806	1822	
	1953	2376	2397	2559	3521	= 15
89	7386	7416	7503			= 3
91	448	457	552	1018	1078	
	1100	1115	1196	1383		= 9
92	708	843				= 2
	Fremdlokomotiven					
	SNCF		140 C	253		= 1
			040 D	174		= 1
			040 E	30		= 1
	SNCB		8439	8609		= 2
	Gesamtbestand					= 75

Schon Ende März 1945 und im April kamen drei pr. T 18 (Baureihe 78^{0-5}) als Räumlok der RBD Stettin nach Flensburg, die hier nur kurz verblieben. Weitere Räumlok waren die beiden polnischen Ty 23-636 und Ty 23-658 (58 2688 und 58 2706). Die letzten Kriegswirren verschlugen auch einige Einzelgänger in den hohen Norden, wohin sich seit dem 3. Mai 1945 auch die letzte Reichsregierung unter Großadmiral Dönitz (Marineschule Flensburg-Mürwik) abgesetzt hatte. Kurz zuvor, am 19. April 1945, gingen dem Bw die beiden badischen Schnellzuglokomotiven der Gattung IV h 18 313 und 18 319 vom Bw Bremen Hbf zu. Weder zuvor noch in späterer Zeit befanden sich am Standort Flensburg leistungsfähigere Schnellzuglokomotiven. Ein Betriebseinsatz dieser Meisterstücke des deutschen Lokomotivbaus ist jedoch eher unwahrscheinlich. Während 18 319 bereits am 22. Mai 1946 nach Bremen zurückgegeben wurde, ereilte 18 313 die Ausmusterung am 20. September 1948 in Flensburg-Weiche.

6 Internationale Züge in Flensburg - Deutsche Bundesbahn (1945 – 1971)

Nach Kriegsende ging der Befehl über die Deutsche Reichsbahn im Bereich der Reichsbahndirektion Hamburg auf den britischen Militärgouverneur über, der einen Brigadier zum Generaldirektor der Eisenbahnen in der britischen Zone bestellte. Dieser verfügte am 20. August 1945 die Bildung der „Reichsbahn-Generaldirektion in der britischen Besatzungszone" mit Sitz in Bielefeld, die unter Leitung von Dr.-Ing. Leibbrand die oberste deutsche Eisenbahnbehörde in der britischen Besatzungszone war. Im Juli 1946 beschlossen die USA und Großbritannien, für ihre beiden Besatzungszonen den „Verwaltungsrat für Verkehr" einzurichten. Daraus entstand am 1. Oktober 1946 die „Hauptverwaltung der Eisenbahnen in der britischen und US-Zone" in Bielefeld. Deren Leiter Dr. Busch erhielt die Bezeichnung „Präsident der Deutschen Reichsbahn im Vereinigten Wirtschaftsgebiet". Nach Gründung der Bundesrepublik Deutschland wurde die Zusammenführung der beiden getrennten Westzonen-Eisenbahnverwaltungen (Deutsche Reichsbahn im Vereinigten Wirtschaftsgebiet und der Betriebsvereinigung der Südwestdeutschen Eisenbahnen (SWDE) in der französischen Zone) betrieben. Obwohl das Bundesbahngesetz erst am 18. Dezember 1951 in Kraft trat, erhielt die Deutsche Reichsbahn im Vereinigten Wirtschaftsgebiet bereits am 7. September 1949 die Bezeichnung „Deutsche Bundesbahn".[126]

Der Kampf ums Überleben hatte begonnen. Unter Aufsicht britischer Soldaten wird im Mai 1945 Wehrmachtsgut an die hungernde Bevölkerung am Brauereiweg in Flensburg verteilt.
Foto: unbek. Stadtar. Flensburg XIV Fot D 1945.05.00-2

Ausgabe von in Güterwagen vorgefundenem Wehrmachtsgut an die Wartenden am Brauereiweg in Flensburg im Mai 1945, rechts sind Kühlwagen abgestellt.
Foto: unbekannt
Stadtarchiv Flensburg XIV Fot D 1945.05.00-3

Der Oberbefehlshaber der britischen Besatzungstruppen in Deutschland, Generalfeldmarschall Montgomery, auf Truppenbesuch am 3. November 1945 in Flensburg. Er reiste mit einem Reichsbahn-Salonwagen.
Foto: unbekannt Stadtarchiv Flensburg XIV Fot D 1945.11.03-a

6.1 Veränderungen an den Bahnanlagen und bei den Dienststellen. Besondere Ereignisse

Die Bahnanlagen hatten unter Kriegseinwirkungen relativ wenig gelitten. Mit der Kapitulation wurde der öffentliche Personenverkehr mit Dänemark vorübergehend eingestellt. Im Bahnhof Flensburg wurde eine besondere Dienststelle eingerichtet, die den alliierten Transit- und Urlaubsverkehr überwachte.

Nach dem Zweiten Weltkrieg war es der Reichsbahn der drei Westzonen nicht mehr möglich, Reise- und Güterzüge über die Fährroute Warnemünde - Gedser aus Westdeutschland nach Dänemark zu führen. Der Eiserne Vorhang bewirkte, dass bis zur Inbetriebnahme der Fährlinie Großenbrode - Gedser im Mai 1953 zunächst der gesamte Zugverkehr zwischen Westeuropa und Skandinavien über Flensburg geführt wurde. Nach und nach verlor Flensburg durch die neue Fährlinie immer größere Anteile des hochwertigen Reisezugverkehrs. Als die Vogelfluglinie Puttgarden - Rødby Færge 1963 den Betrieb aufnahm, wurde auch der letzte verbliebene Expresszug über die neue Route geführt.

Im Jahre 1951 konnten die Umgestaltungsarbeiten an den ZOB - Bussteigen abgeschlossen werden. Der Abbruch des alten „Staatsbahnhofs" begann im März 1955, dafür entstand ein moderner Neubau für die Zwecke des Omnibusbahnhofes. Somit erinnerte nur noch ein von der SSE angelegter

Hafenstadt Flensburg. Ein VT 12 brachte am 14. Juli 1954 die Ehrengäste der Flensburger Schiffbau Gesellschaft und der Reederei Leonhardt & Blumberg aus Hamburg zum Ausrüstungskai der Werft, von wo aus die Probefahrt des Frachtschiffes „Ingrid Leonhardt" begann.
Foto: Walter Hollnagel / DB **Sammlung Gerd Neumann**

Technik der 50er-Jahre: Der Triebwagen VT 12 mit seinem dekorativen Flügelrad, flankiert von Werftarbeitern vor dem Schiffsneubau der „Ingrid Leonhardt" am 14. Juli 1954.
Foto: Armin Otto Scheich **sh:z-Archiv**

Brunnen am Abhang von Jürgensby an den Ursprung der Flensburger Eisenbahn.

Das Betriebsamt und das Verkehrsamt in Flensburg wurden 1963 in einem Modellversuch - neben Rosenheim, Paderborn und Aschaffenburg - zum Betriebs- und Verkehrsamt (BuVA) zusammengefasst. Die gemeinsame Grenze deckte sich mit der früheren Betriebsamtsgrenze: nach Lindholm hinter Schafflund, nach Kiel hinter Sörup, nach Neumünster hinter Osterrönfeld, zwischen Jübek und Husum hinter Ohrstedt und zwischen Rendsburg und Husum hinter Christiansholm. Aus Anlaß der Neuord-

Zur Einweihung des „Staatsbahnhofs" 1884, wünschte der Provinzialkonservator: „Man hofft, er möge ... unserer Stadt ... ein würdevolles Denkmal bis in fernste Zeiten sein". Das erfüllte sich leider nicht. Schon 1955 wurde das im neugotischen Stil errichtete Gebäude abgebrochen. Ein unersetzlicher Verlust für das Stadtbild.
Foto: Armin Otto Scheich **sh:z-Archiv**

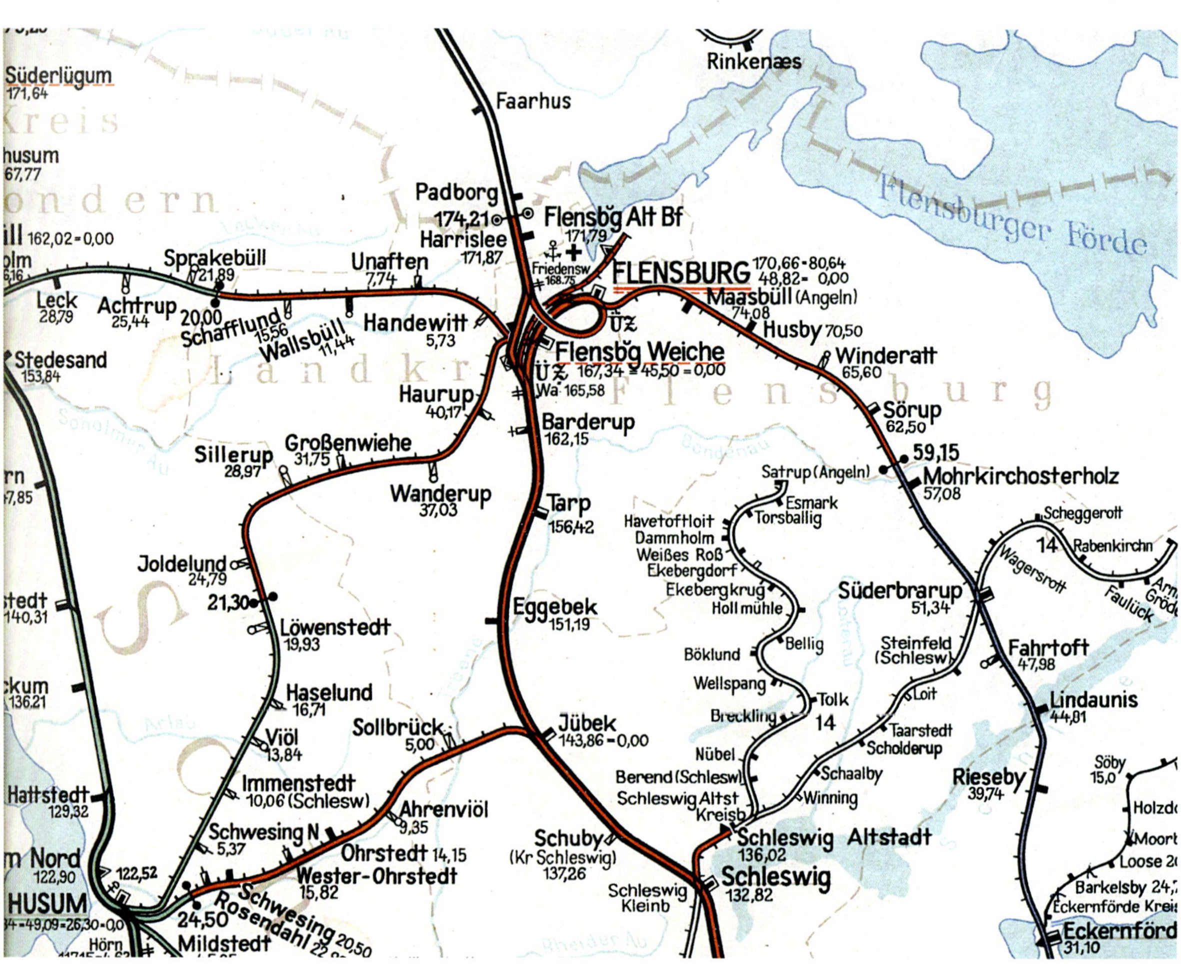

Das Streckennetz in der Umgebung Flensburgs zu Beginn des Jahres 1956. Ausschnitt aus der Karte: Bundesbahndirektion Hamburg 1 : 300 000. Ausgabe A². – (Wuppertal Mai 1956).
Sammlung Frank Garbe

nung des kommerziellen Dienstes war der gerade erst begonnene Versuch zum 1. Oktober 1968 bereits wieder beendet. In Flensburg blieb das Betriebsamt, in Kiel richtete man eine „Generalvertretung der Bundesbahndirektion Hamburg" ein. Flensburg erhielt zur besseren Kontaktpflege mit den Kunden in Flensburg und Umgebung ein Stadtbüro als Außenstelle.

Die Umstellung von Holz- auf Betonschwellen und auf lückenlos geschweißte Schienen konnte im Bezirk des Betriebsamtes Flensburg in den sechziger Jahren nahezu abgeschlossen werden. Der Einbau der Induktiven Zugsicherung „Indusi" erhöhte die Sicherheit auf den Strecken weiter. Etwa 1130 Eisenbahner waren 1964 bei den verschiedenen Dienststellen in Flensburg und Flensburg-Weiche beschäftigt.

Im September 1958 wird am Bahnsteig 3 des Bahnhofs das Gleis mit Thermit „endlos" geschweißt. Das bewirkte einen besseren Fahrkomfort und schonte Räder und Lager der Fahrzeuge.
Foto: Armin Otto Scheich sh:z-Archiv

Der Zuständigkeitsbereich des Maschinenamtes Flensburg vergrößerte sich 1967 durch die Auflösung des Maschinenamtes Kiel um die Bahnbetriebswerke Kiel und Neumünster. Diese Organisationsänderung hatte zur Folge, dass nun von Flensburg aus ca. 900 km Streckennetz zu betreuen waren.

1969 übernahm der Bahnhof Flensburg zudem die Verwaltung der bislang als selbständige Dienststellen geführten Bahnhöfe Maasbüll, Husby, Sörup und Winderatt.

6.2 Die Entwicklung im Reisezugverkehr

Zugangebot auf der Hauptstrecke

Im August 1945 hatte sich in der britischen Zone wieder ein „fahrplanmäßiger" Betrieb entwickelt, der aber zumeist nur aus je einem Zug pro Strecke bestand. Aus Flensburg wurde nur dienstags, donnerstags und sonnabends ein Zug gefahren, der Flensburg um 7.19 Uhr verließ und Hamburg Hbf um 15.58 Uhr erreichte. Der Zug war also acht Stunden und 39 Minuten unterwegs, deutlich schneller als der nach Westerland fahrende, der ab Hamburg über 24 Stunden unterwegs war.[127]

Der ab 28. September 1945 gültige Amtliche Taschenfahrplan der Reichsbahndirektion Hamburg hatte schon wieder die althergebrachte Form und enthielt drei werktägliche Züge Richtung Hamburg: Zug 21032 (vermutlich ein Güterzug) Flensburg ab 5.05 Uhr mit Ankunft in Hamburg-Altona um 14.06 Uhr, also einer Fahrzeit von über 9 Stunden, Zug 9158, der Flensburg um 7.00 Uhr verließ und mit dem man um 21.07 Uhr nach Umsteigen in Neumünster in Hamburg-Altona nach über 14 Stunden

Das Reisen im Jahre 1945 war ein unkalkulierbares Abenteuer. Flüchtlinge oder Hamsterer - zu anderen Zwecken reiste man nicht - wurden oftmals in und auf gedeckten Güterwagen transportiert. Die Züge waren auch zumeist so voll, dass die Reisenden in Trauben auf den Trittbrettern der Wagen standen. Das Bild zeigt einen abfahrbereiten Zug in Elmshorn im Jahre 1945, rechts ein Güterwagen aus dem US Transportation Corps.
Foto: Walter Hollnagel / DB **Sammlung Gerd Neumann**

Die einzige Verbindung im Personenzugdienst zwischen Padborg und Flensburg bestand im März 1946 aus einer Lok und einem preußischen Abteilwagen. Dieser „Zug" war den Besatzungsmächten und der Polizei vorbehalten und durfte nicht von Deutschen benutzt werden. Das Foto zeigt die Flensburger 38 3726 mit der Anschrift „Allied Forces" am Führerhaus und einen preußischen Abteilwagen der Gattung C3 Pr 11 in Padborg. Foto: William Erik Dancker-Jensen

eintraf und P 622, der Flensburg um 14.44 Uhr verließ und um 21.11 Uhr in den Hamburger Hauptbahnhof einlief. In der Gegenrichtung verkehrten nur zwei Züge, die um 12.23 Uhr und um 20.08 Uhr in Flensburg eintrafen.

Der nächste Fahrplanwechsel fand am 15. Januar 1946 statt, und die Kursbuchtabelle verzeichnete jetzt vier Züge Richtung Süden und drei in Richtung Norden. Um 6.05 Uhr verließ Lgo 10686, ein aus offenen Güterwagen bestehender Leerwagenzug, Flensburg. Es ist kaum vorstellbar, welche Strapazen seine Fahrgäste erdulden mussten, bevor sie um 15.06 Uhr auf dem Hamburger Hauptbahnhof nach einer neunstündigen Fahrt in offenen Wagen durch das winterliche Schleswig-Holstein den Bahnsteig betraten. Zug 9158 verließ Flensburg nur dienstags, donnerstags und sonnabends um 7.00 Uhr und endete um 19.14 Uhr nach 12 stündiger Fahrt ohne Weiterfahrtmöglichkeit in Neumünster. Zug 6870 verkehrte aus Flensburg-Weiche um 13.46 Uhr und war um 19.20 Uhr in Hamburg-Altona, vermutlich ein aus Güterwagen gebildeter Zug. Der schnelle P 622 unterlag besonderen Benutzungsbedingungen. Er verließ Flensburg um 14.44 Uhr und erreichte um 21.11 Uhr den Hamburger Hauptbahnhof. In der Gegenrichtung war der Zug 6865 verzeichnet, der den Verschiebebahnhof Hamburg-Eidelstedt um 6.46 Uhr verließ und Flensburg-Weiche um 14.00 Uhr erreichte. Die Ankunftszeiten der beiden anderen Züge in Flensburg hatten sich nicht verändert.

Der Eisenbahnbetrieb lief langsam wieder an, war jedoch noch weit entfernt vom Regelbetrieb. Am 1. Juli 1946 bestand das Zugangebot aus vier Personenzug- und zwei Schnellzugpaaren, darunter das Zugpaar L 192/L 191, ein Flügelzug des berühmten „Nord - Expreß". Bis Hamburg-Altona hielt der Zug lediglich in Neumünster. Dem ums Überleben kämpfenden Flensburger Einwohner oder den zahlreichen Flüchtlingen stand dieser nur am Dienstag, Freitag und Sonntag verkehrende Zug nicht zur Verfügung, da er für den innerdeutschen Verkehr gesperrt war. Er hatte den Zuglauf Kopenhagen - Flensburg - Hamburg - Hannover - Hamm - Wuppertal - Köln - Aachen - Paris/Calais/Brüssel. Ein weiteres Schnellzugpaar war D 66/D 65, das zwischen Flensburg und Hamburg nur dreimal wöchentlich verkehrte und im

113 a Hamburg – Neumünster – Flensburg

	6865 3. ■	609 2. 3.				5261 2. 3. ■				km	Zug Nr Klasse — RBD Hamburg	Zug Nr Klasse			10686 Lgo ■				6870 3. ■	622 2. 3.		
...	...	♦ 6.00	...	...	...	...	...	...	...	0,0	ab Hamburg Hbf ... (Gesamtverkehr siehe 113)	an	...	...	15.06	...	...	...	...	♦ 21.11	...	...
...	‡6.46	5.24	...	...	...	5.50	...	...	...	6,5	Hmb-Altona ...	an	...	...	|	...	...	...	♦19.20	21.39	...	...
...	X7.27	a	...	...	...	7.03	...	...	...	36,5	Elmshorn ...	an	...	...	|	...	...	...	|	a	...	...
...	|	Y	...	...	...	8.22	...	...	...	58,1	Wrist ...	an	...	...	|	...	...	...	|		...	...
...	8.35	♦ 8.48	...	...	...	9.02	...	...	...	80,5	an Neumünster ...	ab	...	...	12.05	...	...	...	X17.33	♦ 18.28	...	...
						9143 3. ■					Zug Nr Klasse — RBD Hamburg	Zug Nr Klasse					9158 3. ■					
...	8.50	♦ 9.05	...	...	...	b 11.00	...	...	...	80,5	ab Neumünster 112 q, 113.	an	...	...	11.48	...	b 19.14	...	X17.33	♦ 18.10	...	...
...	|	9.20	...	...	...	11.53	...	...	...	89,9	Aspe ... (113 d, 114 f		...	...	11.28	...	18.52	...	|	17.57	...	...
...	|	9.32	...	...	...	12.18	...	...	...	94,6	Nortorf ...		...	...	|	...	18.20	...	|	17.47	...	...
...	|	9.42	...	...	...	12.41	...	...	...	100,9	Bokel ...		...	...	|	...	17.44	...	|	17.33	...	...
...	|	9.51	...	...	...	13.09	...	...	...	105,0	Bokelholm ...		...	...	|	...	17.00	...	|	17.24	...	...
...	|	10.03	...	...	...	13.46	...	...	...	111,0	Osterrönfeld 113 e ...		...	...	10.20	...	15.42	...	|	17.14	...	...
...	10.00	10.15	...	...	...	14.04	...	...	...	119,8	an Rendsburg 113 e, k ...	ab	...	...	9.50	...	14.43	...	16.20	16.58	...	...
...	10.44	10.25	...	...	...	15.00	...	...	...		ab	an	...	...	9.32	...	14.03	...	15.39	16.43	...	...
...	|	10.38	...	...	...	15.22	...	...	...	126,7	Alt Duvenstedt ...		...	...	X9.20	...	13.48	...	|	16.32	...	...
...	|	10.47	...	...	...	16.16	...	...	...	131,4	Owschlag 113 r ...		...	...	9.13	...	13.12	...	|	16.23	...	...
...	|	10.58	...	...	...	16.45	...	...	...	138,5	Lottorf ...		...	...	X8.52	...	12.14	...	|	16.10	...	...
...	11.28	11.06	...	...	...	16.55	...	...	...	144,4	an Schleswig ...	ab	...	...	8.43	...	11.52	...	15.02	16.00	...	...
...	12.00	11.12	...	...	...	17.23	...	...	...		ab	an	...	...	8.15	...	11.12	...	14.39	15.54	...	...
...	|	11.22	...	...	...	17.47	...	...	...	148,8	Schuby (Kr Schleswig) ...		...	...	X8.07	...	11.00	...	|	15.46	...	...
...	13.21	11.34	...	...	...	18.27	...	...	...	155,4	Jübek 113 f ...		...	...	7.57	...	10.28	...	X14.20	15.36	...	...
...	|	11.46	...	...	...	19.03	...	...	...	162,7	Eggebek ...		...	...	7.25	...	8.46	...	|	15.23	...	...
...	|	11.56	...	...	...	19.30	...	...	...	168,0	Tarp ...		...	...	7.01	...	8.08	...	|	15.12	...	...
...	|	12.06	...	...	...	19.43	...	...	...	173,7	Barderup ...		...	...	|	...	7.41	...	|	15.02	...	...
...	14.00	12.16	...	...	...	20.01	...	...	...	178,9	Flensburg Weiche 112 p, 113 g ❶		...	...	6.35	...	7.30	...	13.46	14.53	...	...
...	an	♦ 12.23	...	...	...	b 20.08	...	...	...	182,2	an Flensburg 112 p, 113 g, h, q ❶	ab	...	...	6.05	...	b 7.00	...	...	♦ 14.44	...	...

❶ weitere Züge siehe Gesamtverkehr zu 113 a. ■ Zug darf bis 30 Minuten früher abfahren. a über Bad Oldesloe (siehe 114, 114 a). b verkehrt Di, Do, Sa.
‡ ab Hmb-Eidelstedt Vbf; Zug ist wie folgt zu erreichen: Hmb-Altona ab werktags 5.45, Pinneberg an 6.16 / ab 7.03. Lgo Leerwagenzug (offene Güterwagen).
♦ an Hmb-Eidelstedt Vbf; Pinneberg an 18.57, ab werktags 19.14, Hmb-Altona an 19.47.

Fahrplantabelle Hamburg - Neumünster - Flensburg aus dem Amtlichen Taschenfahrplan der Reichsbahndirektion Hamburg vom 15. Januar 1946. Bemerkenswert ist der für den Personenverkehr freigegebene Güterzug Lgo 10686 Flensburg-Weiche nach Hamburg Hbf aus offenen Güterwagen. Die Fahrzeit der Züge ist extrem lang.

113 a Hamburg – Neumünster – Flensburg – Pattburg Alle Züge 2. 3. Klasse

										km													
...	...	...	...	...	...	...	w 8.42	w 8.42	...		ab	Bremen Hbf 218	an	...	...	w 16.38	...	w 20.20	...	...	w 8.21	w 8.21	...
...	...	...	23.40	23.40	...	...	✕ 12.20	w 10.32	...		ab	Hannover Hbf 211	an	...	14.15	...	...	✕ 17.20	...	...	4.46	4.46	...
			D 61	609			L 191	W 625		km		Zug Nr RBD Hamburg Zug Nr			W 2516	W 602		L 192			620	D 66	
...	...	...	b 7.00	a 8.00	...	...	✕ 15.54	w 15.24	...	0,0	ab	Hamburg Hbf (Gesamtverkehr siehe 113)	an	...	...	w 11.47	...	✕ 13.51	...	...	a 21.59	b 22.23	...
...	...	...	b 6.35	a 7.33	...	...	✕ 16.27	w 14.57	...	6,5		Hmb-Altona	an	...	w 8.53	w 12.16	...	✕ 13.20	...	...	a 22.28	b 22.48	...
...	...	...	②	②	...	...	|	②	...	36,5		Elmshorn	an	...	7.43	②	...	|	...	...	②	②	...
...	...	...			...	...	|		...	58,1		Wrist	an	...	7.07		...	|	...	...			...
...	...	...	b 8.53	a 10.49	...	...	✕ 17.34	w 18.10	...	80,5	an	Neumünster	ab	...	w 6.36	w 9.03	...	✕ 12.15	...	...	a 19.18	b 20.40	...
...	...	w 5.00	b 8.03	a 9.30	...	...	...	w 16.52	...		ab	Bad Oldesloe 114 a	an	...		w 10.19	...		...		a 20.33	b 21.29	...
	603	W 633			615	637			...			Zug Nr RBD Hamburg Zug Nr			W 632		608		614	646			
	◆ 4.30	w 6.50	b 9.03	a 11.10	◆ 14.30	◆ 16.40	✕ 17.44	w 18.30	...	80,5	ab	Neumünster 112 q. 113.	an	...	w 6.13	w 8.40	◆ 11.47	✕ 12.05	◆ 15.45	b 18.03	a 18.50	b 20.21	...
	4.43	7.02	|	11.23	14.43	16.52		18.43	...	89,9		Aspe (113 d. 114 f		...	6.03	8.28	11.35		15.33	17.53	18.38	|	...
	4.54	7.10	9.23	11.34	14.54	17.00	◆ 1)	18.54	...	94,6		Nortorf		...	5.56	8.20	11.27		15.25	17.46	18.30	20.03	...
	5.04	7.18	|	11.44	15.04	17.08	Ⓐ	19.04	...	100,9		Bokel		...	5.47	8.03	11.12	◆ 1)	15.10	17.37	18.18	|	...
	5.12	7.24	◆	11.51	15.12	17.14	|	19.12	...	105,0		Bokelholm		...	5.40	7.53	11.03	Ⓐ	15.01	17.30	18.08	|	...
	5.23	7.32	|	12.01	15.28	17.22	|	19.23	...	111,0		Osterrönfeld 113 e		...	5.32	7.44	10.54	|	14.52	17.22	17.59	|	...
	5.37	w 7.42	9.52	12.15	15.37	◆ 17.32	|	19.37	...	119,8	an	Rendsburg 113 e, k	ab	...	w 5.20	7.27	10.37	|	14.35	b 17.10	17.42	19.27	...
	5.52	...	9.58	12.27	15.52	...	|	20.00	...		ab		an	...	...	7.05	10.13	|	14.20	...	17.32	19.21	...
	6.04	...	Ham-	12.39	16.04	...	verkehrt	20.12	...	126,7		Alt Duvenstedt		...	...	6.54	10.02	verkehrt	14.09	...	17.21	Flens-	...
	6.13	...	burg	12.48	16.13	...	So, Mi, Fr	20.21	...	131,4		Owschlag 113 r		...	...	6.46	9.54	So, Di, Fr	14.01	...	17.13	burg	...
	6.24	...	|	12.59	16.24	...	|	20.32	...	138,5		Lottorf		...	...	6.35	9.43	|	13.50	...	17.02	|	...
	6.32	...	10.26	13.07	16.32	...	|	20.40	...	144,4	an	Schleswig	ab	...	...	6.25	9.33	|	13.40	...	16.52	18.54	...
	6.38	...	10.31	13.13	16.40	...	|	20.46	...		ab		an	...	...	6.19	9.25	|	13.34	...	16.47	18.49	...
	6.47	...	|	13.22	16.49	...	|	20.55	...	148,8		Schuby (Kr Schleswig)		...	...	6.12	9.18	|	13.27	...	16.40	|	...
	6.57	...	10.48	13.32	17.00	...	|	21.05	...	155,4		Jübek 113 f		...	...	6.02	9.08	|	13.17	...	16.30	18.35	...
	7.08	...	|	13.43	17.11	...	|	21.16	...	162,7		Eggebek		...	...	5.50	8.56	|	13.06	...	16.19	|	...
	7.17	...	Flens-	13.52	17.20	...	|	21.25	...	168,0		Tarp		...	...	5.40	8.46	|	12.56	...	16.10	Ham-	...
	7.27	...	burg	14.02	17.30	...	|	21.35	...	173,7		Barderup		...	...	5.31	8.37	|	12.47	...	16.01	burg	...
	7.37	...	|	14.12	17.40	...	|	21.45	...	178,9		Flensburg Weiche 112 p. 113 g		...	...	5.22	8.28	|	12.38	...	15.52	|	...
	◆ 7.42	...	b 11.17	a 14.17	◆ 17.45	...	✕ 19.06	w 21.50	...	182,2	an	Flensburg 112 p. 113 g, h, q ❶	ab	...	...	w 5.14	◆ 8.20	✕ 10.32	◆ 12.30	...	a 15.44	b 18.04	...
										km		Zug Nr RBD Hamburg Zug Nr											
...	...	...	...	...	...	...	✕ 19.36	...	...	182,2	ab	Flensburg	an	...	...	...	...	✕ 8.54	...	...	...	...	...
...	...	...	...	...	...	...	|	...	...	190,7	an	Harrislee	ab	...	...	...	...	|	...	...	...	...	...
...	...	...	...	...	...	...	19.49	...	...	194,0	an	Pattburg	ab	...	...	...	...	8.40	...	...	...	...	...

❶ weitere Züge siehe Gesamtverkehr zu 113 a. ② über Bad Oldesloe (siehe 114. 114 a). a verkehrt Mo, Mi, Fr. b verkehrt Di, Do, Sa. c W außer Sa.
◆ 1) Nordexpreß, für innerdeutschen Verkehr gesperrt. 1. 2. Klasse. Ⓐ Zuglauf; (Paris/Calais/Brüssel—)Aachen—Köln—Wuppertal—Hamm—Hannover—Hamburg—Flensburg(—Kopenhagen) und zurück
◆ nur mit Zulassungskarte benutzbar.

Fahrplantabelle Hamburg - Neumünster - Flensburg - Pattburg aus dem Amtlichen Taschenfahrplan der Reichsbahndirektion Hamburg vom 1. Juli 1946. Erstmals nach dem Zweiten Weltkrieg wird Flensburg wieder von einem internationalen Fernzugpaar, dem „Nord - Expreß" berührt - für Deutsche war der Zug jedoch nicht benutzbar. Über ein Jahr nach Ende des Krieges sind die Fahrzeiten der Züge bereits kürzer geworden.

Fahrplan als „vorübergehend ausfallend" gekennzeichnet war. Am Sonntag gab es keine Verbindung nach Hamburg - von Normalität war keine Spur erkennbar.

Ab 7. Oktober 1946 verkehrte erstmalig das Zugpaar L 12/L11 „Nord - Expreß" Stockholm - Kopenhagen - Flensburg - Hamburg - Paris.[128] L 192/L 191 erhielt die neue Bezeichnung FD „Fernschnellzug", einen neuen Laufweg Kopenhagen - Hoek van Holland sowie einen Speisewagen Flensburg - Hoek van Holland.

Zum 6. Januar 1947 gab es bereits wieder folgende sieben Verbindungen: D 96/D 97, FD 192/FD 191, P 602/P 603, P 608/P 609, L 12/L 11, P 620/P 623 und D 66/D 61, also vier Schnellzug- und lediglich drei Personenzugpaare.[129] Neu eingelegt wurde das Schnellzugpaar D 96/D 97 Flensburg - Bremen - Köln, das aber lediglich auf besondere Anordnung verkehrte und nur mit Zulassungskarte benutzbar war. Die internationalen Züge waren für den innerdeutschen Verkehr gesperrt und fuhren zwischen Flensburg und Neumünster ohne fahrplanmäßigen Halt. Für Deutsche waren die Züge tabu, aber vor allem die Jugendlichen wussten, wo sie von ausländischen Reisenden Süßigkeiten und Südfrüchte zugeworfen bekamen.[130] Bahnfahren, und damit regionale Mobilität, war für den Normalbürger nahezu unmöglich geworden.

Ab dem 4. Mai 1947 erhielt das Zugpaar FD 192/FD 191 den Namen „Skandinavien - Expreß" und unterlag keiner Limitierung mehr. Neu war das nur auf besondere Anordnung verkehrende Schnellzugpaar D 98/D 97 Flensburg - Bremen - Köln, das für die Strecke Flensburg - Hamburg knapp vier Stunden benötigte. Auch D 66 /D 61 von und nach Hamburg fuhr zwischen Flensburg und Neumünster nur auf besondere Anordnung. Der „Skandinavien - Expreß" und auch der „Nord - Expreß" hatten zwischen Flensburg und Hamburg keinen fahrplanmäßigen Halt. Ab 1947 übernahmen wieder Beamte des Passkontrolldienstes die grenzpolizeiliche Abfertigung.

In dem ab 5. Oktober 1947 gültigen Winterfahrplan verkehrte erstmalig das Zugpaar D 64/D63 nach Neumünster mit Wagendurchlauf nach Hamburg-Altona.

FD 192/FD 191 führte im Winter 1947/48 durchgehende Wagen von Kopenhagen nach Amsterdam, Hoek van Holland (darunter einen Schlafwagen) und Paris.[131]

Die beginnende Normalisierung dokumentiert der ab dem 3. Oktober 1948 gültige Jahresfahrplan. Es verkehrten nunmehr vier Personen-, ein Eil- und vier Schnellzugpaare auf der Hauptstrecke.[132] Neu eingeführt wurde das Zugpaar DBA 688/DBA 687,das zwischen Flensburg und Hamburg-Altona verkehrte und für die Strecke etwa dreieinhalb Stunden benötigte. DBA war im Kursbuch erläutert als ein „Schnellzug für die britische Besatzungsmacht mit einzelnen Wagen für den deutschen Zivilverkehr". Neu eingelegt wurde auch FD 276/FD 275 „Skandinavien - Schweiz - Expreß" Kopenhagen - Flensburg - Hamburg-Altona - Frankfurt - Basel SBB.[133] Dieser Zug fuhr ebenfalls ohne Halt bis Hamburg.

Zugbegleit-, Zoll- und Grenzschutzpersonal vor einem abfahrbereiten internationalen Fernschnellzug Richtung Dänemark. Links im Bild ein deutscher Schnellzugwagen der geschweißten Bauart 36, dann ein italienischer Schnellzugwagen (wahrscheinlich ein C4ü), ein deutscher AB4ü 28 und hinten rechts ein CIWL-Speisewagen. Die Aufnahme müsste Ende der Vierziger Jahre entstanden sein, da erst ab dem Sommer 1949 italienische Kurswagen in der Relation Stockholm/Kopenhagen - Rom eingesetzt wurden.
Foto: Remmer **Arkivet ved Dansk Centralbibliotek for Sydslesvig, Flensburg**

In der ab 15. Mai 1949 beginnenden Sommerfahrplanperiode wurde das Zugangebot erneut verbessert. Als Veränderungen gegenüber der vorigen Fahrplanperiode war der FD 276/275 „Skandinavien - Schweiz – Expreß" durch den zunehmenden Bedarf für weitere internationale Zugverbindungen verlängert worden und erhielt den Namen „Skandinavien - Schweiz - Italien - Expreß". In FD 276/FD 275 wurde auf den Kurswagen Flensburg - Hamburg verzichtet, so dass das Zugpaar wieder insgesamt für den innerdeutschen Verkehr gesperrt war. Es hatte den Zuglauf Kopenhagen - Flensburg - Frankfurt - Basel SBB.[134] Der FD 192/FD 191 „Skandinavien – Expreß" führte ab Herbst nunmehr auch einen Schlafwagen

Abbildung gegenüberliegende Seite:
Bereits relativ schnell nach Kriegsende wuchs der Bedarf an internationalen Fernverbindungen. 1946 entwarf Aage Rasmussen für die DSB ein Plakat, auf dem er eine durch die Nacht eilende DSB-Schnellzuglokomotive litra E mit einem internationalen Zug am Haken vor einem Sternenhimmel stilisierte. Beworben wurden der Nord - Express und der Skandinavien - Express mit Kurswagen in die europäischen Metropolen. Zwischen 1945 und 1953 war die Verbindung über den Großen Belt und durch Padborg/ Flensburg die einzige Reisemöglichkeit per Bahn zwischen Skandinavien und Westeuropa.
Plakat: Aage Rasmussen
Danmarks Jernbanemuseum, Odense

OSLO
STOCKHOLM
KØBENHAVN
HAMBURG
LONDON
AMSTERDAM
BRUXELLES
PARIS
BASEL
NORD-EXPRESS
SKANDINAVIEN-EXPRESS
DIREKTE VOGNE TIL OG FRA HOLLAND
BELGIEN FRANKRIG OG SCHWEIZ
AAGE RASMUSSEN
ANDREASEN & LACHMANN, KØBENHAVN

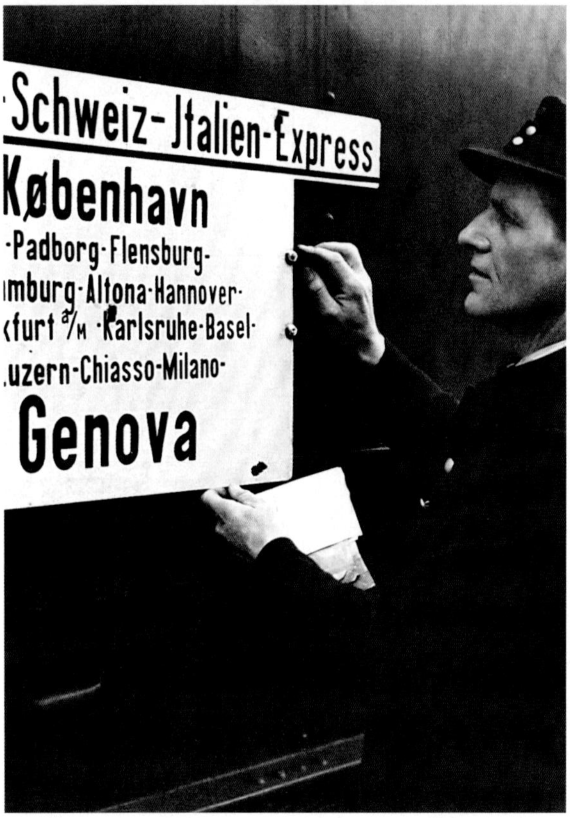

Zuglaufschild des „Skandinavien - Schweiz - Italien – Express" für den Kurswagen Kopenhagen - Genua. Foto: Walter Hollnagel / DB Sammlung Gerd Neumann

Wien - Flensburg - Kopenhagen. Endlich konnten die Flensburger auch wieder ein reguläres Schnellzugpaar, den D 100/D 99 Flensburg - Hamburg - Bremen - Hamm - Köln, benutzen, in Hamburg-Altona wurde in den Zug ein Schlafwagen nach Köln eingestellt.[135]

Erst mit dem Sommerfahrplan vom 14. Mai 1950 entfielen die Zulassungsbeschränkungen für die internationalen Züge L 12/L 11 und FD 192/FD 191, die nun von jedem benutzt werden konnten. Neu eingesetzt wurde für die Zeit vom 10. Juni - 11. September 1950 der bis Hamburg ohne Halt durchfahrende FD 16/FD 15 Nyborg - Paris Nord mit Kurswagen nach Brüssel sowie das Fernzugpaar FD 172/FD 171 Kopenhagen - Hamburg - Hoek van Holland mit Schlafwagen von Nyborg nach Hoek van Holland, das aber nur in den Sommermonaten fuhr und im nächsten Fahrplan nicht mehr verzeichnet war.[136] Weitere gravierende Änderungen gab es im Zugangebot nicht.

Mit dem Winterfahrplan vom 8. Oktober 1950 ergaben sich weitere Änderungen und das Zugangebot wuchs auf 12 Verbindungen in Nord - Süd- und auf 13 in Süd - Nord-Richtung an. Es verkehrten nun sechs Personenzug-, zwei Eilzug- und vier Schnellzugpaare.[137] Der nunmehr im innerdeutschen Verkehr freigegebene FD 192/F 191, jetzt bezeichnet als „Skandinavien - Holland – Expreß" führte Kurswagen Stockholm - Amsterdam, Kopenhagen - Venedig und Kopenhagen - Genua.[138] Das Schnellzugpaar D 100/D 99 wurde international aufgewertet und hatte nunmehr den Zuglauf Fredericia - Hamburg - Köln mit Kurs- und Schlafwagen Fredericia - Wien. Nur in der Sommersaison verkehrte das Zugpaar D 274/D 273 Nyborg - Flensburg - Rom.

Als am 20. Mai 1951 der neue Sommerfahrplan begann, hielten sechs Schnellzugpaare in Flensburg. Abends verließen innerhalb von 100 Minuten vier zumeist internationale Schnellzüge Flensburg. Die neue Zuggattung F stand für Fernschnellzug.

Der Bahnhof Flensburg war Grenzabfertigungsstelle und damit auch zuständig für die Devisenkontrolle der Reisenden. Um 1950. Foto: unbekannt Sammlung Pressestelle Bundesgrenzschutzamt Flensburg, Klaus Peter Heldt

Die Baureihe 50 im F-Zugdienst: Die DB - Lok 50 2961 leistet ab Padborg der DSB - Lok R 941 vor dem F 192 „Skandinavien - Holland - Express" am 18. Juni 1951 bis Flensburg Vorspann.
Foto: Hans de Herder

Am 23. Juli 1951 verläßt ein vollbesetzter, mit einer P 8 bespannter Personenzug („Abfahrt des ersten Flüchtlingstransportes nach Westdeutschland") den Bahnhof Flensburg in Richtung Kiel. Links rangiert eine Lok der BR 94, vor dem Bahnpostamt ist ein Postwagen der Schürzenbauart abgestellt.
Foto: Armin Otto Scheich **sh:z-Archiv**

Insgesamt standen dem Reisenden wieder 14 Verbindungen je Richtung zur Auswahl. Neu eingelegt wurde D 74/D 73 Kopenhagen - Flensburg - Hamburg - Kassel - Frankfurt - Basel SBB.[139] Der „Skandinavien - Holland - Expreß", nun als F 192/F 191 bezeichnet, wurde zeitlich erheblich verschoben und hatte in Neumünster einen einminütigen Halt. Der jetzt als F 12/F11 bezeichnete „Nord - Expreß" Kopenhagen - Paris wurde vorverlegt und brauchte bis Hamburg- Altona eine Fahrzeit von zweieinhalb Stunden. Der neue „Skandinavien - Italien - Expreß" bekam die Zugnummer F 212/F 211 und hatte den Zuglauf Kopenhagen - Rom mit Kurswagen nach Wien und Chur.[140] Ansonsten gab es keine Änderungen im Zugangebot. Am 15. Juli 1951 wurde vom neu errichteten Fährbahnhof Großenbrode Kai mit dem Fährschiff „Danmark" ein täglicher Fährverkehr nach Gedser aufgenommen und Güterwagen sowie einige Passagiere und Autos transportiert. Dadurch verkürzte sich die Strecke Hamburg – Kopenhagen erheblich.

Begrüßung von Spätheimkehrern am Gleis 9 des Bahnhofes Flensburg. Das am 20. Juni 1952 aufgenommene Foto zeigt, dass zu dem Aufnahmezeitpunkt noch preußische „Hecht"- Schnellzugwagen in Dienst standen.
Foto: Armin Otto Scheich **sh:z-Archiv**

Mit Beginn des Sommerfahrplans am 18. Mai 1952 fand erneut eine spürbare Angebotsverbesserung statt. Nunmehr verzeichnete der Bahnhof Flensburg Richtung Süden insgesamt 17 Abfahrten, davon acht Schnellzüge, darunter allein vier internationale Expresszüge, sechs Personenzüge, ein Eilzug

Foto nächste Doppelseite:
Am 7. Januar 1952 ist der F 11 „Nord - Express", geführt von der Lok 03 200 des Bw Hamburg-Altona in Flensburg auf Höhe des Stellwerks „Fo" zum Halten gekommen. Im Nebengleis wartet bereits die DSB - Schnellzuglok E 974 darauf, den internationalen Zug für die Weiterfahrt nach Norden zu übernehmen.
Foto: Walter Hollnagel / DB **Sammlung Gerd Neumann**

974

Fo
03 200

Die Altonaer 03 200 wurde vom F 11 abgekuppelt und ist bereits auf dem Weg ins Bw. Nun wartet die im Depot Aarhus beheimatete E 974 darauf, den Zug übernehmen zu können.
Foto: Walter Hollnagel / DB **Sammlung Gerd Neumann**

Der Heizer kontrolliert die Aufsatzbretter des Vanderbilt-Tenders. Die bei Nydqvist & Holm in Trollhättan gebaute 4-Zylinder - Verbundlokomotive mit Windschneidenführerhaus E 974 wurde 1916 für die Schwedische Staatsbahn in Dienst gestellt und 1937 an die DSB verkauft. 1942 - 1950 ließ die DSB diese gelungene Konstruktion aus dem Jahr 1914 nach fast unveränderten Plänen bei Frichs in 25 Exemplaren für den hochwertigen Schnellzugdienst nachbauen.
Foto: Walter Hollnagel / DB **Sammlung Gerd Neumann**

„Ausfahrt frei“ für den „Nord - Expreß“. Vor der Kulisse des Reiterstellwerkes „Fo“ mit dem F 11 am Haken, verläßt E 974 unter donnernden Auspuffschlägen am 7. Januar 1952 Flensburg in Richtung Padborg/Dänemark.
Foto: Walter Hollnagel / DB Sammlung Gerd Neumann

113 a Pattburg–Flensburg–Neumünster–Hamburg

København – Flensburg – Schleswig – Kiel – Hamburg Nr 1100 A
Flensburg – Schleswig – Kiel – Lübeck – Bad Harzburg Nr 1114 b

Dänischer Anschlußverkehr siehe 1500 – 1509 a

km	Dän St B	Zug Nr	D 172	D 74								1644		F 192			
0,0	**Padborg**	ab	23.46	2.35	...	...	...	...	...	...	...	11.05	...	12.39	...	...	...
11,8	**Flensburg**	an	24.00	2.49	...	...	...	...	...	...	...	11.19	...	12.53	...	...	...
km	ED Hamburg	Zug Nr / Klasse	D 172 1.2.3.	D 74 1.2.3.	✕600 2.3.	602 2.3.	T 938 2.3.	E962 2.3.	S 934 2.3.	✕610 2.3.	S 964 2.3.	1685 To 3.	612 2.3.	F 192 1.2.3.	614 2.3.	1687 To 3.	
11,8	**Flensburg** 112t. 113c, m, p ❶	ab	0.12 ◆1) (1.2.3.) Ⓐ	3.31 (1.2.3.)	...	...	5.57	6.30		✕8.00	9.24	oG	...	12.58 ◆	13.15	oG	...
15,1	Flensburg Weiche 112t. 113p				...	...	6.02			8.05	9.30		...		13.21		...
20,3	Barderup				...	...	6.09			8.12			...		13.27		...
26,0	Tarp				...	...	6.15			8.18			...		13.34		...
31,3	Eggebek				...	...	6.22			8.25			...		13.41		...
38,6	Jübek	an			...	...	6.29	6.50	7.48	✕8.31	9.47		...		13.48		...
	Husum 112 n	an	...	...	...	...	*7.10*	...	...	*9.21*	**10.25**	...	...		*15.08*	...	...
	Husum 112 n	ab	...	...	...	...	*5.40*	*5.40*	7.20	*7.45*	*7.45*	10.55	...		*13.08*	13.08	...
38,6	Jübek	ab			...	...	6.30	6.52	7.49	✕8.33	9.48	11.32	...		13.49	14.00	...
45,2	Schuby (Kreis Schleswig)				...	...	6.37			8.41		11.40	...		13.56	14.07	...
49,6	**Schleswig**	an	0.38	4.00	...	...	6.42	7.02	7.59	8.46	9.58	11.45	...		14.01	14.13	...
	Schleswig	ab	0.39	4.01	...	...	6.45	7.04	8.01	8.49	10.00	...	...		14.03	...	...
55,5	Lottorf				...	...	6.52			8.56		...	...		14.10	...	...
62,6	Owschlag 113f				...	...	7.00		8.13	9.05	10.12	...	...		14.18	...	...
67,3	Alt Duvenstedt				...	...	7.06			9.10		...	...		14.24	...	...
74,2	**Rendsburg** 112s. 113m	an		4.23	...	...	7.15	7.25	8.26	✕9.20	10.24	...	...		14.33	...	...
	Kiel Hbf 112s	an	...	✕*6.19*	...	...	7.57	9.14	9.14	*10.37*	✕*14.25*	...	...		*15.46*	...	...
	Husum 112s	ab	...	...	...	✕*4.56*	...	*5.57*	...	*7.50*	*7.50*	...	...		*13.14*	...	...
74,2	**Rendsburg** 112s. 113m	ab		4.24	✕5.35	6.25	7.17 nach Kiel	7.28	8.30	✕9.25	10.27	...	12.25		14.37	...	...
83,0	Osterrönfeld 112s				5.48	6.38			...	9.38		...	12.38		14.50	...	...
89,0	Bokelholm				5.55	6.45			...	9.45		...	12.45		14.57	...	...
93,1	Bokel				6.01	6.51			...	9.51		...	12.51		15.03	...	...
99,4	Nortorf				6.09	7.00	...	7.53	...	9.59	10.52	...	12.59		15.11	...	...
104,1	Aspe [112k. 113.				6.15	7.06	...		...	10.05		...	13.05		15.17	...	...
113,5	**Neumünster** 113q. 114f	an	1.32	5.00	✕6.24	7.15	...	8.06	...	✕10.15	11.05	...	13.15	14.25	15.26	...	...
	Bad Segeberg 114 a	an	...	*6.45*	...	*8.35*	...	*8.35*	...	✕*11.15*	✝*12.14*	...	*14.02*	✕*17.48*		...	...
	Bad Oldesloe 114 a	an	...	*7.10*	...	*8.51*	...	*8.51*	...	✕*11.38*	...	...	*14.25*	✕*18.13*		...	...
km	ED Hamburg	Zug Nr / Klasse			2536 2.3.	S 952 2.3.					S 964 Sa 2.3.	S 954 2.3.			E 522 2.3.		
113,5	**Neumünster** (Gesamtverkehr siehe 113)	ab	1.33	5.03	6.44	7.20	...	8.11	...	...	Sa11.08	11.15	...	14.26	15.34	...	...
135,9	Wrist	an			7.10	7.36	...	8.29	...	...	11.25	11.31	...		15.52	...	...
157,5	Elmshorn	an			7.38	7.56	...	8.52	...	...	11.45	11.52	...		16.13	...	...
187,5	**Hmb-Altona**	an	2.36	6.08	8.20	8.30	...	9.28	...	...	Sa12.18	12.26	...		16.49	...	...
190,9	Hmb Sternschanze	an			8.41	F	...	...	...	...	F	F	...			...	...
192,5	Hamburg Dammtor	an		6.44	8.44	...	...	...	...	...	...	...	...		17.14	...	...
194,0	**Hamburg** Hbf	an	3.03	6.49	8.49	...	...	...	...	...	...	...	...	15.34	17.19	...	...
	Hannover Hbf 211	an	*8.32*	*9.20*	✕*12.21*		...	*13.42*	...	...	*15.34*		...	*18.53*	*21.35*	...	...
	Bremen Hbf 218	an	*4.31*	*8.57*	✕*10.52*	*12.18*	...	*12.42*	...	...	*16.12*		...	*17.14*	*19.21*	...	...

Laufwege (senkrecht gedruckt): D 172 (København–) Fredericia–Hamburg–Osnabrück–Hoek van Holland, Nord-West-Expreß; D 74 (København–) Nyborg–Hamburg–Hannover–Frankfurt (M)–Heidelberg–Basel SBB; S 934 Husum–Kiel–Lübeck; 1685 und 1687 von Husum; F 192 (København–) Nyborg–Hoek van Holland, Skandinavien-Holland-Expreß.

F 12: København–Oostende; Schlafwagen (1.2.3.) København–Oostende; Schlafwagen (1.2.3.) Stockholm–Paris; Schlafwagen (1.2.3.) København–Paris (15./16 VI. – 31. VIII./1. IX. Oslo–Paris)

D 16: 3./4. VII. – 13./14. IX. Nyborg–Wien; 29./30. VI.–13./14. IX. Nyborg–Ventimiglia (mit Schlafplätzen); 7./8. – 28./29. VI. Nyborg–Lyon (mit Schlafplätzen)

D 74: Flensburg–München; Nyborg–München; Nyborg–Roma; Nyborg–Genova; Schlafwagen (1.2.3.) København–Genova; Schlafwagen (1.2.) København–Hmb-Altona

D 172: Schlafwagen (1.2.3.) Fredericia–Hoek van Holland

F 192: Nyborg–Amsterdam

F 212: København–Chur; København–Wien; København–Roma; Schlafwagen (1.2.3.) København–Chur; Schlafwagen (1.2.3.) København–Basel; Schlafwagen (1.2.3.) København–Wien; Schlafwagen (1.2.3.) Stockholm–Roma

siehe Fortsetzung

(Fortsetzung) **113 a Pattburg–Flensburg–Neumünster–Hamburg**

København – Flensburg – Schleswig – Kiel – Hamburg Nr 1100 A
Flensburg – Schleswig – Kiel – Lübeck – Bad Harzburg Nr 1114 b

Dänischer Anschlußverkehr siehe 1500 – 1509 a

Dän St B	Zug Nr					F 12		F 212	D 412			D 16		1648		
Padborg	ab	...	...	...	...	16.33	...	17.34	17.16	...	...	17.57	...	20.00	...	...
Flensburg	an	...	...	...	...	16.47	...	17.48	17.30	...	...	18.11	...	20.13	...	...
ED Hamburg	Zug Nr / Klasse	ST940 2.3.	ST 966 2.3.	✕618 2.3.	620 2.3.	F 12 1.2.3.	620 2.3.	F 212 1.2.3.	D 412 1.2.3.	D 100 2.3.	1693 To 3.	D 16 1.2.3.	✕624 2.3.	628 2.3.	1695 To 3.	
Flensburg 112t. 113c, m, p ❶	ab		15.25	...	16.35	16.51 ◆ ◆2)	...	17.51 ◆ (1.2.3.)	18.15 Ⓑ	18.41	oG	19.00 Ⓒ	✕19.08	20.45	oG	...
Flensburg Weiche 112t. 113p			15.31	...	16.41		...						19.13	20.51		...
Barderup				...	16.47		...						19.20	20.58		...
Tarp				...	16.54		...						19.26	21.05		...
Eggebek				...	17.01		...						19.33	21.12		...
Jübek	an	15.41		...	17.07		...						✕19.40	21.19		...
Husum 112 n	an	...	...	...	✕*17.46*	(1.2.3.)	...		...	...	...	...	*20.23*	*23.31*	...	...
Husum 112 n	ab	15.14	...	...	✕*16.04*		...		...	...	18.28	...	*18.28*	...	21.09	...
Jübek	ab	15.42		...	17.09		...				19.09		✕19.41	21.21	21.49	...
Schuby (Kreis Schleswig)				...	17.16		...				19.15		19.48	21.29	21.56	...
Schleswig	an	15.52	15.59	...	17.22		...			19.11	19.21		19.53	21.34	22.02	...
Schleswig	ab	15.53	16.00	...	...		17.38			19.13	...		19.55	21.37	...	...
Lottorf				...	...		17.45				...		20.02	21.44	...	...
Owschlag 113f			16.12	...	...		17.56				...		20.10	21.53	...	...
Alt Duvenstedt				...	...		18.02				...		20.16	21.59	...	...
Rendsburg 112s. 113m	an	16.15	16.24	...	...		18.12			19.34	...		✕20.25	22.10	...	...
Kiel Hbf 112s	an	17.06	✕*19.33*	...	...		✕*19.33*	...	...	*21.34*	...		*21.34*	c *23.19*	...	...
Husum 112s	ab	...	*15.14*	...	...		✕*16.50*	...	...	✕*16.50*	...		*18.50*	✝*20.48*	...	...
Rendsburg 112s. 113m	ab	16.16	16.26	✕16.55	...		18.18			19.36	...		✕20.37	✝22.22	...	...
Osterrönfeld 112s		...		17.09	...		18.31				...		20.50	22.36	...	...
Bokelholm		...		17.16	...		18.38				...		20.57	22.43	...	...
Bokel		...		17.22	...		18.44				...		21.03	22.49	...	...
Nortorf		...	16.53	17.31	...		18.53			20.03	...		21.11	22.58	...	...
Aspe [112k. 113.		...		17.38	...		18.59				...		21.17	23.04	...	...
Neumünster 113q. 114f	an	...	17.07	✕17.49	...	18.22	19.09	19.20		20.17	...		✕21.26	✝23.15	...	...
Bad Segeberg 114 a	an	...	✕*17.48*	...	...	d *19.21*	✕*21.08*		...	✕*21.08*	...	...	*22.14*	...	...	...
Bad Oldesloe 114 a	an	...	✕*18.13*	...	...	d *19.44*	...		...	...	...	...	*22.37*	...	...	...
ED Hamburg	Zug Nr / Klasse		✕ 2576 2.3.	D 80 1.2.3.			2588 2.3.						S 958 2.3.			
Neumünster (Gesamtverkehr siehe 113)	ab	...	✕17.18	18.31	...	18.23	19.39	19.22		20.40	...		21.44	...	...	...
Wrist	an	...	17.44	18.48	...		20.08			20.57	...		22.01	...	...	...
Elmshorn	an	...	18.11	19.10	...		20.39			21.18	...		22.21	...	...	...
Hmb-Altona	an	...	✕19.00	19.43	...	19.28	21.12	20.28	20.35	21.53	...	21.25	22.55	...	...	...
Hmb Sternschanze	an	...	...		...		...				...		F	...	...	...
Hamburg Dammtor	an	...	...	20.08	...		...			22.14	...		...	...	...	...
Hamburg Hbf	an	...	...	20.13	...	19.49	...	20.49	21.07	22.19	...	22.13	...	...	...	...
Hannover Hbf 211	an	...	22.54	23.02	...	22.54	*0.23*	23.10	*0.23*	*1.14*	...	*1.14*	*2.34*	...	...	...
Bremen Hbf 218	an	...	21.27	22.06	...	21.27	*0.20*	0.20	*0.20*	0.20	...	24.00	*1.43*	...	...	...

Laufwege (senkrecht gedruckt): ST 940 Husum–Kiel; F 12 (Oslo/Stockholm–) København–Paris, Nord-Expreß; F 212 (Stockholm–) København–Hamburg–Hannover–Frankfurt (M)–Heidelberg–Basel–Roma, Skandinavien-Italien-Expreß; D 412 (København–) Nyborg–Hamburg–Frankfurt (M) Süd–Basel SBB; D 100 Flensburg–Köln; 1693 und 1695 von Husum; D 16 (København) Nyborg–Hamburg–Bremen–Münster (W)–Köln–Paris.

D 412: 7./9. VI. – 14./16. IX. Nyborg–Roma; 15./16. u. 16./17. IX. Nyborg–Wien

◆ Grenzabfertigung im Zuge zwischen Flensburg und Neumünster. Reisende von Flensburg werden gebeten, in einem besonderen Wagen Platz zu nehmen.

◆ 1) Grenzabfertigung im Zuge zwischen Flensburg und Schleswig. Zug hält in Flensburg nur zum **Aussteigen.**

◆ 2) 7./8. VI. – 13. 14. IX. für Gesellschaftsreisen gesperrt

F nur Fernfahrkarten gültig.

❶ Gesamtverkehr siehe 113 b.

Ⓐ verkehrt ab 15./16. VI.

Ⓑ verkehrt 7. VI. – 16. IX.; am 15. und 16. IX. nur bis Hmb-Altona.

Ⓒ verkehrt 7. VI. – 13. IX.

c ✝ und Sa.

d ✝ 1. VI. – 14. IX.

Fahrplantabelle Pattburg - Flensburg - Neumünster - Hamburg aus dem Amtlichen Kursbuch, Westliches Deutschland, Sommerfahrplan 18.5.1952 - 4.10.1952. Diese Fahrplanperiode kennzeichnet den Höhepunkt des Flensburg berührenden internationalen Fernverkehrs. Allein zwischen 16.51 Uhr und 19.00 Uhr verließen vier Schnellzüge die Fördestadt.

und zwei Städteschnellverkehrszüge mit der neuen Bezeichnung S bzw. ST. Es wurde nun das Zugpaar D 172/D 171, der „Nord - West - Expreß" Kopenhagen - Hoek van Holland eingelegt, der trotz zweier Halte in Schleswig und Neumünster bis Hamburg-Altona nur zwei Stunden und 24 Minuten Fahrzeit aufwies.[141] Ebenfalls neu eingelegt wurde D 412/ D 411 Nyborg - Basel mit Kurswagen Nyborg - Rom.

Der ab 5. Oktober 1952 gültige Winterfahrplan brachte wenig Veränderungen. F 212/F 211, der „Skandinavien - Italien - Expreß", lief letztmalig über Flensburg und wurde ab der folgenden Sommerfahrplanperiode über Gedser - Großenbrode geführt.

Infolge der Indienststellung des neuen DB-Fährschiffes „Deutschland" konnte am 15. Mai 1953 mit der Trajektierung von Reisezügen auf der Fährstrecke Großenbrode Kai - Gedser begonnen werden, was die Verbindung Hamburg - Kopenhagen erheblich verkürzte und zu einer Reduzierung der Anzahl der über Flensburg laufenden internationalen Schnellzüge führte. Die Zahl der Reisenden im grenzüberschreitenden Verkehr ging merklich zurück. Zum Vergleich: 1953: 583 250 Reisende, 1958: 324 389 Reisende

Der Sommerfahrplan vom 17. Mai 1953 brachte einige Änderungen. Es verkehrten weiterhin 17 Züge Richtung Hamburg: sieben Schnellzüge, vier Städteschnellverkehrs- und sechs Personenzüge. Der „Nord - West - Expreß" D 172/D 171 verkehrte letztmalig über Flensburg und wurde im nächsten Sommerfahrplan über die Fährverbindung Gedser - Großenbrode gelegt. Der früher als D 74/D 73 bezeichnete Nachtzug Nyborg - Basel SBB erhielt einen neuen Zuglauf Kopenhagen - Nyborg - Hamburg-Altona, die neue Zugnummer D 140/D 139, den Namen „Hamburg - Expreß" und führte Kurswagen Nyborg – Rom und Schlafwagen Kopenhagen – Hamburg-Altona mit. Der Eilzug E 962 wurde in S 940 umgezeichnet und hatte im Kursbuch den Hinweis „LS", ein D-, E- oder

Im März 1954 hatte die beim Bw Hamburg-Altona beheimatete dreizylindrige Schnellzuglok 03 1008 ihre Rückleistung gen Süden in Form eines schweren internationalen Schnellzuges mit überwiegend ausländischem Wagenpark am Haken (vermutlich handelt es sich um den „Nord - Expreß" F 12). Der Zug befindet sich unmittelbar vor der Einfahrt in den Bahnhof Flensburg-Weiche. Aufnahmestandpunkt ist das Überführungsbauwerk des Personenzuggleises Flensburg – Padborg, von dem aus am Horizont die Silhouetten von St. Nikolai, der Feldmühle und dem hölzernen NDR-Sendemast erkennbar sind. Links verläuft das Gütergleis Flensburg Alter Bahnhof – Flensburg-Weiche. Hinter der Lok laufen ein neuer DB Eilzugwagen der Gattung BC4ymg, ein französischer AB, ein Schürzenwagen, ein Gepäckwagen Pw4ü 35, ein CIWL - Speisewagen sowie fünf CIWL - Schlafwagen.
Foto: Walter Lops **Sammlung Gerhard Nowc**

Im Januar 1954 trafen nochmals Spätheimkehrer im Bahnhof Flensburg ein, die im Bahnsteigtunnel fotografiert wurden.
Foto: Armin Otto Scheich sh:z-Archiv

S-Zug mit modernen Leichtbauwagen und kurzen Reisezeiten.[142] In diesem Sommerfahrplan kam als D 16/D 15 erstmalig nach 1939 wieder der „Nord - Pfeil" mit dem Zuglauf Frederikshavn - Fredericia - Flensburg - Hamburg-Altona zum Einsatz, der in der Sommersaison Kurswagen von Nyborg nach Wien, Ventimiglia und Paris mitführte.

Mit Beginn des Winterfahrplans ab dem 4. Oktober 1953 verkehrte F 192, der „Skandinavien - Holland - Expreß", letztmalig über Flensburg und wurde wie zuvor F 212/F 211 ab der folgenden Sommerfahrplanperiode über Gedser - Großenbrode geführt. In der Nordrichtung lief der Express aber nach wie vor über Flensburg.

Nach einem Staatsbesuch in der Bundesrepublik verließ der äthiopische Kaiser Haile Selassie am 14. November 1954 Deutschland mit dem Ziel Stockholm. Die neueste Diesellok der DB, die V 200 001 läuft mit dem Sonderzug im geschmückten Bahnhof Flensburg ein. Der rote Teppich ist bereits ausgerollt und der Chef des Protokolls, Baron von Herwarth, wird den Kaiser nach 10-minütigem Halt in Flensburg offiziell verabschieden. Zahlreiche Flensburger haben sich auf der Brücke Schleswiger Straße versammelt.
Foto: Armin Otto Scheich sh:z-Archiv

Ein beim Bw Husum beheimateter Vorserien-Triebwagen der Baureihe VT 95 auf der Strecke Flensburg – Husum kurz vor Flensburg-Weiche im Januar 1955.
Foto: unbekannt
Sammlung Eckhard Klein

bespannte D 140/D 139 der „Hamburg - Expreß". Der Zuglauf dieses letztmalig verkehrenden Schnellzuges mit Schlafwagen Kopenhagen - Hannover war Kopenhagen - Hamburg-Altona. Der „Nordpfeil", zuvor noch DT 146/DT 145 wurde als

Als der Sommerfahrplan zum 23. Mai 1954 in Kraft trat, waren damit wieder wichtige Änderungen verbunden. Durch die Einführung von DT 144/ DT 143, eines Schnelltriebwagens, wurde der „Hamburg - Expreß" ersetzt.[143] Als Ersatz für den „Skandinavien - Holland - Expreß" wurde D 148/D 147 mit dem Zuglauf Nyborg - Flensburg - Hamburg Hbf eingelegt. Der „Nord - Pfeil" wurde nunmehr als DT 146/DT 145 bezeichnet. Anstelle des ehemaligen D 412 lief jetzt der Saisonzug D 312 Nyborg - Paris Nord mit Kurswagen nach Port Bou. ET 948 war eine deutliche Angebotsverbesserung und bot mit einer Abfahrtszeit um 20.31 Uhr noch eine schnelle Spätverbindung Richtung Süden. Täglich gab es 15 Verbindungen gen Süden.

Die Winterperiode ab 3. Oktober 1954 brachte wenige Änderungen. Für DT 144/ DT 143 lief wieder der lok-

Blick von der Brücke Schleswiger Straße auf den Betrieb im Bahnhof Flensburg am 22. Juli 1956: 50 1453 bespannt den P 2614 nach Neumünster und links steht der aus den beiden VT 33 224, VT 33 225 und zwei VS 145 gebildete E 854 nach Kiel bereit.
Foto: Ulrich Montfort

Zwei DSB - Triebwagen litra Mo bringen im September 1956 den dänischen Teil des DT 144 bis Flensburg, aufgenommen zwischen Padborg und Flensburg.
Foto: Walter Lops Sammlung Gerhard Nowc

Beamte des Bundesgrenzschutzes führten den Passkontrolldienst im grenzüberschreitenden Verkehr in den Zügen durch.
Foto: unbekannt Sammlung Karl Heinz Schönfeld

D 146/D 145 gefahren, außerdem war das Schnellzugpaar D 312/D 311 entfallen.

Mit dem Sommerfahrplan vom 22. Mai 1955 gab es insgesamt 16 Verbindungen in jeder Richtung. D 144/D 143 wurde wieder als Triebwagenzug eingesetzt. F 12/F 11 war der einzig verbliebene Express mit dem Zuglauf Kopenhagen - Paris Nord.[144]

38 1426 steht im Sommer 1956 vor einem Personenzug mit einem vierachsigen Oberlicht-Bahnpostwagen aus den dreißiger Jahren, zwei preußischen Abteilwagen, zwei „Donnerbüchsen" (ABi und Bi) und einem Packwagen der Gruppe 23 abfahrbereit nach Neumünster.
Foto: William Erik Dancker-Jensen

Hochbetrieb im Bahnhof Flensburg, Sommer 1956. Links kehrt eine Güterzuglok BR 50 aus Hamburg-Eidelstedt zurück. In der Mitte wartet die Personenzuglok BR 38 1426 mit ihrem aus preußischen Abteilwagen und „Donnerbüchsen" bestehenden Personenzug nach Neumünster auf Ausfahrt. Rechts steht ein Schnellzug nach Hamburg-Altona mit der 03 066 abfahrbereit.
Foto: William Erik Dancker-Jensen

Im Winterfahrplan vom 2. Oktober 1955 lief wieder D 140/D 139, der „Hamburg - Expreß" mit Schlafwagen Kopenhagen - Hamburg.[145]

Zum Fahrplanwechsel 29. September 1957 wurde der Triebwagen D 142/D 141, „København - Expreß" neu eingelegt. In der Nord-Süd-Richtung verließ D 142 Flensburg um 20.30 Uhr und erreichte ohne Halt nach 2 Stunden und 1 Minute Hamburg Hbf. Dieser Zug war nur für Auslandsreisende zugelassen und wurde bereits ab dem 21. Oktober über die Fähre Gedser - Großenbrode gefahren.

Zum Sommerfahrplan ab dem 29. Mai 1960 entfiel der Triebwagenfrühzug D 144/D 143 und wurde durch den „Kattegat - Express" D 150/D 149 ersetzt.

Die ganze Familie reist im Juli 1957 mit der Bahn in den Urlaub und steigt in einen genieteten Eilzugwagen B4yw.
Foto: Armin Otto Scheich sh:z-Archiv

Mitarbeiter der Gepäckaufbewahrung im Bahnhof Flensburg bei Ausgabe von Koffern im Juli 1957.
Foto: Armin Otto Scheich sh:z-Archiv

Freudige Begrüßung an der Sperre im Juli 1957. Flensburg ist Grenzbahnhof, auf einer dreisprachigen Tafel wurden die Reisenden in Deutsch, Dänisch und Englisch darauf hingewiesen, mindestens 10 Minuten vor Abfahrt in der Zollabfertigung zu erscheinen, ansonsten bestand keine Gewähr für die rechtzeitige Mitnahme.
Foto: Armin Otto Scheich
sh:z-Archiv

„Bitte einsteigen in den Nord - Expreß!", in den F 11 nach Kopenhagen. Der Zug war besonders in der Ferienzeit gut frequentiert. Im Juli 1957 nutzten noch viele Reisende diese Verbindung, das „Wirtschaftswunder" hatte eingesetzt und die Menschen fuhren wieder verstärkt mit dem Verkehrsmittel Eisenbahn in den Urlaub.
Foto: Armin Otto Scheich
sh:z-Archiv

Auf dem Flensburger Auslandsbahnsteig erteilt der Aufsichtsbeamte im Juli 1957 den Abfahrauftrag für den F 11 „Nord - Expreß" nach Kopenhagen. Reisende des CIWL - Schlafwagens beobachten den Beamten.
Foto: Armin Otto Scheich
sh:z-Archiv

Flensburger 50er liefen lange Zeit im internationalen F-Zugdienst. Ende der fünfziger Jahre hat 50 1746 den F 12 von Padborg bis Flensburg gebracht und hält mit dem Zug im „Zollausland".
Foto: Walter Hollnagel / DB Sammlung Gerd Neumann

Der Verkaufswagen der Bahnhofsgaststätte macht guten Umsatz. Ende der fünfziger Jahre hält der Zoll ein wachsames Auge an der Sperre zum Auslandsbahnsteig.
Foto: Walter Hollnagel / DB Sammlung Gerd Neumann

Service für den Kunden wurde groß geschrieben: Mit einem Verkaufswagen versorgte die Bahnhofsgaststätte Ende der Fünfziger Jahre die Reisenden des D 148 Nyborg - Hamburg am Bahnsteig mit Reiseproviant. Der Zug besteht aus DB 26m-Wagen der Gruppe 53.

Foto: Walter Hollnagel / DB — Sammlung Gerd Neumann

Für die durchgehende Bespannung des DT 144/DT 145 „Nordpfeil" bis Hamburg hatte die DSB einige Triebwagen der litra Mo mit Dreilicht-Spitzensignal ausgerüstet, die sogenannten „Hamburg-Wagen". Hier verläßt der DT 145 „Nordpfeil" um 1956, bespannt mit zwei Mo, den Bahnhof Flensburg in Richtung Norden.

Foto: Karl-Julius Harder — Sammlung Eckhard Klein

Selbst ein kleines Mädchen fasziniert der Anblick eines die Steigung zur Peelwatt-Brücke heraufdonnernden Eilzuges nach Kiel, der von der Neumünsteraner 38 1551 befördert wird. Links sind die Anlagen des Bw Flensburg gut zu erkennen. Die Aufnahme entstand im Sommer 1959.
Foto: Herbert Lewin

Ein Eilzug mit der Flensburger 38 3287 steht im Sommer 1962 abfahrbereit nach Kiel; die Wagengarnitur besteht aus einem Behelfsgepäckwagen MD4ie und alten vierachsigen Eilzug- und Schnellzugwagen. Rechts neben der Brücke befindet sich das Gebäude des Betriebs-, Maschinen- und Verkehrsamtes der DB.
Foto: William Erik Dancker-Jensen

Im Sommer 1960 wartete die Neumünsteraner 38 1655 vor dem Eilzug E 566 (Flensburg - Goslar) auf Ausfahrt Richtung Kiel. Teile des Bahnsteiges war von den Eisenbahnern mit Rosen bepflanzt worden.
Foto: Heinz Hansen

Der „Kattegat – Express" hatte den Zuglauf Frederikshavn - Hamburg-Altona und führte Schlafwagen und zusätzlich Autotransportwagen mit. Er war ein in der Sommerperiode verkehrender Saisonzug.

Mit dem Winterfahrplan vom 2. Oktober 1960 wurde die Triebwagenverbindung mit D 144/D 143 wieder aufgenommen. D 144 erreichte erstmals den Bahnhof Hamburg-Altona in einer Fahrtzeit von weniger als zwei Stunden. Weitere Änderungen gab es nicht.

Der Winterfahrplan vom 30. September 1962 glich bis auf die veränderten Fahrzeiten des Triebwagenzugpaares D 144/D 143 dem vorhergehenden Sommerfahrplan. Am Ende dieser Fahrplanperiode, am 25. Mai 1963, war der F 12/F 11, der „Nord – Express", letztmalig in Flensburg.[146] Der F 12

Am 25. Januar 1962 war Josephine Baker mit drei Kindern auf der Durchreise nach Norden im Schlafwagen des „Nord - Express".
Foto: Armin Otto Scheich sh:z-Archiv

Expräsident Dwight D. Eisenhower vertritt sich am 24. Juli 1962 während eines kurzen Aufenthaltes auf dem Bahnhof Flensburg die Beine. Er war mit dem „Nord - Expreß" unterwegs nach Kopenhagen.
Foto: Armin Otto Scheich
sh:z-Archiv

wurde ab dem 26. Mai über die erstmalig am 14. Mai 1963 von Hochseefährschiffen der DB und DSB befahrene Vogelfluglinie geführt. Damit war die Ära der großen Express-Züge in Flensburg zu Ende.

Die Zahlen des grenzüberschreitenden Verkehrs schienen die Befürchtungen, dass Flensburg in einen toten Winkel geraten würde, zu bestätigen:

Die Eröffnung der Vogelflugline über den Fehmarnbelt bewirkte 1963 den Laufwegwechsel des „Nord - Expreß". Die Flensburger Lok 50 2598 erreicht am 25. Mai 1963 letztmalig mit dem F 12 „Nord - Expreß", aus Padborg kommend, den Flensburger Bahnhof. Damit endete gleichzeitig der Fernzugeinsatz dieser eigentlich für Güterzüge entwickelten Dampflokbaureihe.
Foto: Armin Otto Scheich **sh:z-Archiv**

Anzahl der Reisenden über Bahnhof Flensburg

1961:	418 110	Reisende
1962:	397 759	Reisende
1963:	339 120	Reisende
1964:	277 898	Reisende
1965:	295 707	Reisende

Der „Nord - Expreß" Kopenhagen - Paris hält am 25. Mai 1963 mit seinen CIWL - Schlafwagen letztmalig in Flensburg.
Foto: Armin Otto Scheich
sh:z-Archiv

Ausfahrt des letzten „Nord - Expreß" F 12, geführt von der 03 213 des Bw Hamburg-Altona am 25. Mai 1963. Die Bahn- und Grenzschutzbeamten winken zum Abschied. Ab diesem Datum fuhren keine internationalen Fernschnellzüge mehr über Flensburg.
Foto: Armin Otto Scheich **sh:z-Archiv**

Der ab 26. Mai 1963 gültige Sommerfahrplan bot den Flensburgern dann folgendes werktägliche Zugangebot:

Zugangebot in Richtung Süden

Zug	*Abfahrt*	*Ziel / Name / Laufweg*
D 150	4.30 Uhr	„Kattegat- Express" (Frederikshavn - Hamburg)
P 2646	5.38 Uhr	nach Rendsburg
E 860	6.32 Uhr	nach Hamburg Hbf über Bad Oldesloe
P 2676	7.20 Uhr	nach Jübek
E 854	7.35 Uhr	nach Hamburg-Altona
E 862	9.06 Uhr	nach Neumünster
D 152	10.25 Uhr	nach Hamburg (Odense - Hamburg)
P 2648	11.45 Uhr	nach Rendsburg
D 148	12.38 Uhr	nach Hamburg (Aalborg - Hamburg)
P 2654	13.41 Uhr	nach Neumünster
E 778	16.18 Uhr	nach Braunschweig
D 146	17.16 Uhr	„Nordpfeil" (Frederikshavn - Hamburg)
P 2660	17.32 Uhr	nach Neumünster
P 2662	18.55 Uhr	nach Schleswig
D 100	19.38 Uhr	nach Bonn
P 2664	19.54 Uhr	nach Rendsburg
E 858	20.37 Uhr	nach Hamburg-Altona
Sonntagabend verkehrten		
P 2666	21.00 Uhr	nach Rendsburg
P 2674	23.43 Uhr	nach Schleswig

Passkontrolle für Skandinavienreisende im Bahnhof Flensburg Ende der sechziger Jahre.
Sammlung Pressestelle Bundesgrenzschutzamt Flensburg, Klaus Peter Heldt

Als Ersatz für den „Nord - Express" F 12/F 11 war in dieser Fahrplanperiode mit D 148/D 147 ein Tageszug Aalborg – Hamburg eingeführt worden.

Zum Sommerfahrplanwechsel am 31. Mai 1964 fuhr erneut der „Kattegat – Express" D 150/D 149. Der aus Aalborg kommende D 392/D 391, ehemals

113c Flensburg – Niebüll und zurück — Am 2. I. Verkehr wie an †

km	BD Hamburg / Zug oder Fahrt Nr	601	1308	605		609		1310 2.		611	613		615	617	619	1320 2.		621	627	623 □	1326 2.
	Kiel Hbf 114d. 2113/75 ab	...	...	...	...	✕5.00	...	✕7.51	...	7.00	9.40	...	10.00	✕10.54	...	✕10.54	...	12.45	...	14.49	14.49
0,0	**Flensburg** 113a ab	...	✕6.36	6.46	...	✕8.16	...	✕ 9.33	...	† 9.56	✕11.56	...	†12.56	✕13.16	...	✕13.33	...	✕15.06	...	b16.36	✕16.37
—	Flensburg ZOB	...	}	6.40	...	8.10	...	}	...	9.50	11.45	...	12.50	13 10	✕13.15	}	...	15.00	...	16.30	}
3,3	Flensburg Weiche 113a	...	6.41	}	...	}	...	9.40	...	}	}	...	}	}	}	13.40	...	}	...	}	16.43
9,0	Handewitt	...	6.48	7.00	...	8.32	...	9.48	...	10.12	12.12	...	13.12	13.32	}	13.47	...	15.22	...	16.52	16.50
11,0	Unaften	...	|	7.03	...	8.35	...	×9.51	...	10.15	12.15	...	13.15	13.35	}	×13.50	...	15.25	...	16.55	|
14,8	Wallsbüll	...	7.03	7.07	...	8.39	...	9.57	...	10.19	12.19	...	13.19	13.39	}	13.57	...	15.29	...	16.59	16.58
18,9	Schafflund	...	7.08	7.12	...	8.44	...	10.03	...	10.24	12.24	...	13.24	✕13.44	13.44	14.03	...	15.34	...	17.04	17.03
25,2	Sprakebüll	...	7.16	}	...	}	...	10.11	...	}	}	...	}	an	}	14.11	...	}	...	}	17.11
28,8	Achtrup	...	7.21	}	...	}	...	10.17	...	}	}	...	}	...	}	14.17	...	}	...	}	17.16
32,1	Leck	✕6.20	7.27	7.40	...	9.05	...	10.23	...	10.45	12.45	...	13.45	...	14.05	14.22	...	15.55	†16.40	17.25	17.21
39,5	Lindholm 112	}	7.37	}	...	}	...	10.32	...	}	}	...	}	...	}	14.32	...	}	}	}	17.30
43,9	**Niebüll** 112. 112p an	✕6.38	✕7.42	7.58	...	✕9.26	...	✕10.38	...	†11.06	✕13.06	...	†14.06	...	✕14.26	✕14.38	...	✕16.16	†17.00	b17.46	✕17.35
	Westerland (Sylt) 112 an	...	...	9.24	...	...	...	11.18	...	12.23	14.41	...	15.35	...	15.35	15.35	...	...	..	19.08	19.08

BD Hamburg / Zug oder Fahrt Nr	631	1330 2.		633 □	635		637	641	
Kiel Hbf 114 d. 2113/75 ab	...	✕16.41	...	17.49	b18.35	...	19.55	19.55	...
Flensburg 113 a ab	18.36	✕18.59	...	b19.56	21.10	...	†22.20	e0.00	...
Flensburg ZOB	18.30	}	...	19.50	21.00	...	22.10	23.50	...
Flensburg Weiche 113 a.	}	19.08	...	}	} ②	...	}	} ③	...
Handewitt	18.52	19.15	...	20.12	21.22	...	}	0.10	...
Unaften	18.55	×19.18	...	20.15	21.24	...	}	0.12	...
Wallsbüll	18.59	19.24	...	20.19	21.27	...	}	0.16	...
Schafflund	19.04	19.30	...	20.24	21.31	...	}	0.20	...
Sprakebüll	}	19.38	...	}	}	...	}	}	...
Achtrup	}	19.43	...	}	}	...	}	}	...
Leck	19.35	19.48	...	20.45	21.55	...	22.55	0.40	...
Lindholm 112	}	19.57	...	}	}	...	}	}	...
Niebüll 112. 112 p an	19.56	✕20.03	...	b21.06	22.16	...	†23.11	e0.56	...
Westerland (Sylt) 112 an	†21.23	✕21.11	...	...	23.55	...	23.55	...	...

km	BD Hamburg / Zug oder Fahrt Nr	1305 2.	602		604	606		130
	Westerland (Sylt) 112 ab	...	...	...	6.10	...		7.0
0,0	**Niebüll** 112. 112 p ab	✕6.21	✕6.20	...	6.50	✕7.20	...	✕8.0
4,4	Lindholm 112	6.27	}	...	}	}	...	8.0
11,8	Leck	6.38	6.40	...	7.05	✕7.40	...	8.1
15,1	Achtrup	6.42	}	...	}	an	...	8.
18,7	Sprakebüll	6.47	}	...	}	...	...	8.
25,0	Schafflund	6.55	7.09	...	}	...	...	8.
29,1	Wallsbüll	7.01	7.14	...	7.23	...	...	8.
32,9	Unaften	7.06	7.18	...	|	...	...	}
34,9	Handewitt	7.09	7.21	...	7.28	...	...	8.
40,6	Flensburg Weiche 113a.	7.18	}	...	}	...	...	8.
—	Flensburg ZOB an	}	7.45	...	7.45	...	...	}
43,9	**Flensburg** 113 a an	✕7.22	✕7.37	...	...	...	...	✕9.
	Kiel Hbf 114 d. 2113/75 an	✕9.27	✕9.27		10.39		...	11.

Fahrplantabelle Flensburg - Niebüll aus dem Amtlichen Kursbuch, Nordwestdeutschland, Winterfahrplan 27.9.1964 - 29.5.1965. Auf der Strecke Flensburg - Niebüll ist der konkurrierende Bus bereits im Kursbuch enthalten.

Mit dem aus dänischen Eilzugwagen bestehenden E 950 fährt die 50 545 am 16. August 1967 in den Bahnhof Flensburg aus Richtung Padborg ein.
Foto: Detlef Schikorr

D 148/D 147, wurde jetzt über Hamburg hinaus bis Köln verlängert.[147]

Zum Sommerfahrplan vom 28. Mai 1967 erhielt der „Kattegat – Express“ die neue Zugnummer D 920/D 919. Parallel zu D 920/919 kam mit D 154/ D 153 jetzt der Schnelltriebwagen auch im Sommer zum Einsatz. Aus D 152/D 151 wurden D 930/D 929, D 392/D 391 wurden zu D 940/D 939, D 146/ D 147 „Nordpfeil“ erhielten die Zugnummer D 960/D 959 und D 100/D 99 wurden zu D 600/ D 599, bei ansonsten gleicher Fahrplanstruktur.

Am 12. April 1968 verläßt die DSB MY 1144 Flensburg mit einem Schnellzug Richtung Padborg.
Foto: Karl-Friedrich Seitz

Sorgfältig prüfen Pass- und Zollbeamte Ende der sechziger Jahre im fahrenden Zug die Papiere der Reisenden im grenzüberschreitenden Verkehr.
Sammlung Pressestelle Bundesgrenzschutzamt Flensburg, Klaus Peter Heldt

V 200 044 vom Bw Hamburg-Altona erreicht am 12. April 1968 mit einem Eilzug den Bahnhof Flensburg, rechts das Stellwerk „Fw".
Foto: Karl-Friedrich Seitz

Als einzige Änderung im Winterfahrplan vom 29. September 1968 gab es die Umbenennung des Zugpaares D 600/D599 Flensburg – Bonn in D 592/ D591, im Sommerfahrplan 1969 erhielt das Zugpaar Aalborg – Flensburg – Köln die neue Zugnummer D 338/D 339.

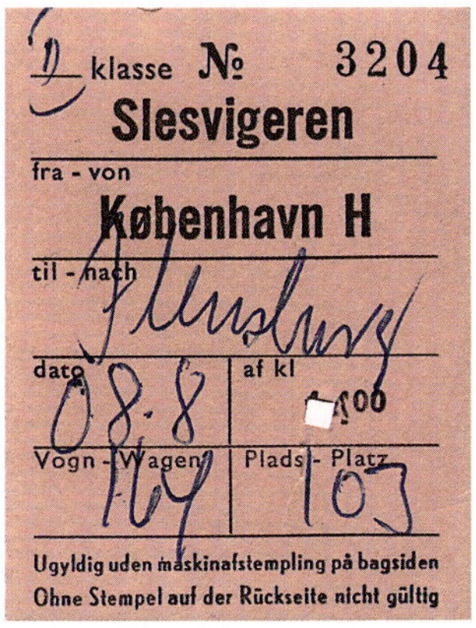
klasse № 3204
Slesvigeren
fra - von
København H
til - nach
dato
af kl
Vogn - Wagen
Plads - Platz
Ugyldig uden maskinafstempling på bagsiden
Ohne Stempel auf der Rückseite nicht gültig

Am 31. Mai 1970 führte die DSB den neuen direkten Schnellzug „Slesvigeren" Flensburg - Kopenhagen ein, hier seine Jungfernfahrt ab Flensburg.
Foto: Armin Otto Scheich sh:z-Archiv

Bis 1971 veränderte sich an der Grundstruktur des Zugangebotes, abgesehen von marginalen Veränderungen, nur wenig. Veränderungen gab es auch wieder bei den Zugnummern der Eil- und Personenzüge. Mit dem Sommerfahrplan vom 31. Mai 1970 ergab sich durch den Flensburg um 19.18 Uhr erreichenden E 2196 „Slesvigeren" eine schnelle Verbindung mit der dänischen Hauptstadt Kopenhagen.

Fahrkartenkontrolle im Mai 1969 am Ende des Bahnsteigtunnels mit ungewöhnlichem Personalaufwand. Eine Aktion gegen Schwarzfahrer? Normalerweise war nur das Sperrenhaus besetzt.
Foto: Armin Otto Scheich sh:z Archiv

Personal des Passkontrolldienstes und dänische Polizeibeamte vor dem Dienstgebäude auf dem Auslandsbahnsteig des Flensburger Bahnhofs.
Foto: Kurt Boljahn Sammlung Eckhard Klein

Allgemeine Tendenzen im Reisezugverkehr

Zwischen 1958 und 1963 entwickelte sich der Personenverkehr unterschiedlich. Der Nahverkehr (Berufsverkehr) ging wegen der fortschreitenden Motorisierung und vielleicht auch wegen der ungünstigen Lage des Bahnhofs zur Innenstadt zurück. Dagegen nahm die Zahl der Fernreisenden, insbesondere der Urlaubsreisenden, zu. Auch die sonntäglichen Ausflugszüge nach Westerland und Dagebüll (mit Anschluss nach Wyk auf Föhr und Wittdün auf Amrum) erfreuten sich großer Beliebtheit.

Bei der DB wirkte sich die voranschreitende Umstellung von Dampf- auf Dieselbetrieb auch in Flensburg aus. Moderne Diesellokomotiven der Baureihen V 200, V 160 und Schnelltriebwagen der Bau-

012 105 macht sich am 1. Juni 1971 mit dem D 960 „Nordpfeil" auf den Weg nach Hamburg. Bemerkenswert war, dass in einem internationalen Schnellzug einige Nahverkehrswagen, genannt „Silberlinge", mitliefen.
Foto: Detlef Schikorr

reihe VT 08/12 vom Bw Hamburg-Altona und V 100 vom Bw Flensburg begannen Anfang der sechziger Jahre, die Dampflokomotiven zunächst im Reisezugverkehr nach und nach abzulösen und auch die Reisezeiten zu verkürzen. Zwischen Hamburg und Flensburg beispielsweise auf zwei Stunden und drei Minuten.

Nach anfänglichen Rückgängen im Fahrgastaufkommen bewiesen die seit 1965 zu verzeichnenden Zuwächse, dass sich der Verkehr wieder eingependelt hatte; denn die Fahrgäste von und nach Jütland und westlich des großen Belts fuhren nach wie vor über Flensburg. Hinzu kam, dass Fährverbindungen von Jütland (Hirtshals und Frederikshavn) nach Schweden und Norwegen diese Route wieder attraktiver machten und außerdem die Verbindung Aalborg - Hamburg als Tagesverbindung ab Sommerfahrplan 1964 bis Köln verlängert wurde.

Empfangsgebäude Flensburg-Weiche mit der Unterführung des Ochsenweges. Hinter dem Gebäude liegt das Stellwerk „Wo". Zustand um 1970.
Foto: Kurt Boljahn Sammlung Eckhard Klein

Die ölgefeuerte 012 092 hat am 22. Mai 1971 soeben den Flensburger Bahnhof verlassen und beschleunigt in Höhe Wilhelminental den „Nordpfeil" unter großer Dampfentwicklung. Links liegt noch das dritte Gleis nach Flensburg-Weiche.
Foto: Detlef Schikorr

Die Sonderfahrkarten an bestimmten Tagen in Planzügen nach Kiel und Hamburg erfreuten sich steigender Beliebtheit. Die ab Oktober 1964 eingeführte Regelung für private Reisen Bundeswehrangehöriger ließ den Militärverkehr stark ansteigen.

Aufgrund von Rationalisierungsmaßnahmen wurden im Jahre 1964 die Gleisanlagen im Bahnhof Flensburg umgestaltet und dabei 23 Weichen eingespart. Außerdem mussten die Bahnsteige 1967 den immer länger werdenden Zügen angepaßt werden.

Im Reisezugverkehr fuhren 1967 in Flensburg täglich insgesamt 39 Züge in die Richtungen Dänemark, Hamburg, Kiel und Niebüll ab und ebenso viele kamen an, 1968 steigerte sich die Zahl auf 41.

Auf der Strecke Flensburg - Kiel wurde 1968 die Geschwindigkeit nach umfangreichen Vorarbeiten auf 80 km/h erhöht. Zum Fahrplanwechsel im Juni 1969 folgte die Strecke Wallsbüll - Lindholm, der Gleisabschnitt Flensburg-Weiche bis Wallsbüll jedoch nach einem Gleisumbau erst im November 1973.

6.3 Die Entwicklung im Güterverkehr

Bei der Güterabfertigung Flensburg wurde 1947/48 eine Kraftverkehrsstelle eingerichtet, die den Fernverkehr mit Eisenbahn - Lastzügen, später auch den örtlichen Verkehr mit Zustellfahrzeugen regeln sollte.

Der Bahnhof Flensburg-Weiche war der verkehrsreichste Grenzübergangsbahnhof in Norddeutschland. Zwei Fahrdienstleiterstellwerke, ein Ablaufstellwerk und ein Wärterstellwerk gewährleisteten den Betriebsablauf mit einer Kapazität von etwa 1000 Wagen in 24 Stunden. Das Grundarbeitsprinzip des Rangierbahnhofs beruhte auf dem Ablaufberg, über den ankommende Züge in 18 Richtungsgleise zerlegt und dort neu gebildet wurden. An den Betriebsleistungen waren 130 Mitarbeiter beteiligt. Zur Güterabfertigung Flensburg-Weiche gehörten 70 Eisenbahner und zur Zollabfertigung 32 Zollbeamte.

Ein im März 1946 von einer Dampflok der Baureihe 57 beförderter langer Güterzug aus Flensburg passiert im März 1946 das Hp 2 zeigende Einfahrtsignal von Padborg. Foto: William Erik Dancker-Jensen

Eine spezielle Verkehrsleistung der frühen Nachkriegszeit waren Milchzüge, die Milchflaschen zur Versorgung amerikanischer Truppen in Deutschland und Österreich transportierten. In Flensburg-Weiche wurden die Flaschen aus dänischen Lastkraftwagen in besondere Kühlwagen der Eisenbahn umgeladen.

„DENMARK - AUSTRIA - MILK-SERVICE". Ausgehend vom Bahnhof Flensburg-Weiche wurden die amerikanischen Besatzungstruppen auf der Schiene mit dänischer Milch versorgt. In Flensburg-Weiche wurden die Milchflaschen aus Dänemark vom Lkw auf die Kühlwagen der Bahn umgeladen. Im Sommer 1948 wird ein noch in „Kriegsgrau" gestrichener Kühlwagen der Gattung Ths 42 für die Fahrt gen Süden beladen. Foto: unbekannt Sammlung Karl Heinz Schönfeld

Dänische Lastkraftwagen der Firma A. P. Kloster lieferten die Milch an, die direkt oder über eine Rampe in die bereitgestellten Kühlwagen umgeladen wurde (Februar 1953).
Foto: Armin Otto Scheich sh:z-Archiv

Kontrolle der versandfertigen Milchladung eines Kühlwagens der Gattung Ths 42 im Februar 1953. Im Sommer 1945 begann die Milchversorgung der amerikanischen Einheiten. Noch im Juli 1954 wurden wöchentlich 500 000 Milchflaschen verladen.
Foto: Armin Otto Scheich sh:z-Archiv

Bereitstellung des Leergutes im Sommer 1948 für den Rücktransport mit dem Lastkraftwagen.
Foto: unbekannt Sammlung Karl Heinz Schönfeld

Von 1947 bis 1952 wechselten fast zwölf Millionen Flaschen mit dänischer Milch von der Straße auf die Schiene. Aus 16 bis auf den letzten Winkel gefüllten Wagen bestand der „Milchzug", der seinen Namen bei den Eisenbahnern noch viele Jahre nach Versiegen des Milchstromes behielt. Er fuhr sechsmal die Woche in 28 Stunden bis Salzburg, wobei er unterwegs einige Zwischenstationen versorgte.

Auch der Viehtransport war in dieser Zeit bedeutend. Oft waren täglich bis zu 120 Wagen abzufertigen. Jedes einzelne Tier musste tierärztlich untersucht werden. Die Viehrampe wurde regelmäßig mit Hilfe des Dampfes aus einer Dampflok gereinigt. Viele Eisenbahner erinnern sich auch noch an die Fischwagen. Forellen in Spezialbehältern aus Dänemark,

Pferdetransport in einem Güterwagen der Gattung Gms 39. Dieser Wagen wurde über den Marshall-Plan finanziert und stammt aus tschechischer Fertigung.
Foto: Walter Hollnagel / DB Sammlung Gerd Neumann

Speditionspersonal im Februar 1953 in Flensburg-Weiche beim Umschlag von Stückgütern in einen Gmhs 35 Güterwagen. Die Zollbediensteten sind mit Zollbeschau und Ausfuhrabfertigung des für den Weitertransport nach Skandinavien vorgesehenen Stückgutes beschäftigt.
Foto: Armin Otto Scheich
sh:z-Archiv

Der wirtschaftliche Aufschwung der noch jungen Bundesrepublik bescherte dem Staat doppelte Einnahmen. Einerseits stiegen das Frachtaufkommen und damit die Erlöse der Deutschen Bundesbahn in dieser Zeit Jahr für Jahr stark an, zum anderen füllten die erhobenen Zölle den Staatshaushalt in nicht unbeträchtlicher Weise. Die notwendige Grenzabfertigung führte zu einem oftmals nicht unbeträchtlichen Ladungsstau in den Grenzbahnhöfen und verzögerte Transporte. Rampe in Flensburg-Weiche.
Foto: Armin Otto Scheich
sh:z-Archiv

Blick Richtung Norden vom Wasserturm am Ablaufberg auf den Eingangsbezirk des Rangierbahnhofs Flensburg-Weiche im Jahre 1954. Rechts das Stellwerk „Wm", links daneben unterqueren die Gleise nach Husum und Niebüll, vom Personenbahnhof kommend, die Gütergleise in einem Tunnel und oben links erkennt man andeutungsweise die Anlagen des alten Bw Flensburg-Weiche.
Foto: unbekannt
Sammlung Eckhard Klein

Blick vom Wasserturm am Ablaufberg Richtung Süden auf den Ausgangsbezirk des Rangierbahnhofs Flensburg-Weiche im Jahre 1954. Hier wurden die Züge nach Süden gebildet. Vorne das Stellwerk „Wr" neben dem drei Güterzugbegleitwagen abgestellt sind. Davor das Kompressorhaus mit Druckbehälter für die Bremsprüfanlage. Rechts die Viehrampe, an der eine Lok der Baureihe 94 rangiert, dahinter die Güterabfertigung. Ganz links die Hauptgleise Flensburg – Hamburg.
Foto: unbekannt Sammlung Eckhard Klein

94 715 rangiert am 20. Januar 1955 in winterlicher Umgebung am „Alten Bahnhof" auf der östlichen Hafenbahn. Rechts ein Wasserkran für die Lok-Wasserversorgung.
Foto: Armin Otto Scheich sh:z-Archiv

Winterstimmung am „Alten Bahnhof" auf dem Dammgleis. Ein Übergabezug mit drei Kühlwagen und einer Lok der Baureihe 94 fährt am 20. Januar 1955 nach Flensburg-Weiche. Rechts das Gebäude des alten „Staatsbahnhofs".
Foto: Armin Otto Scheich sh:z-Archiv

die auf dem Weg nach Belgien, Italien und in die Schweiz waren, erhielten aus den Lokwasserkränen frisches Wasser und das Lok- und Rangierpersonal für gute Behandlung ein Trinkgeld. Der internationale Güterverkehr wies in den Jahren 1954 bis 1958 steigende Tendenz auf. Das Schwergewicht des Ladungsverkehrs lag in Flensburg-Weiche, das des Stückgutverkehrs in Flensburg, wohin 1952 die internationale Stückgutumladung verlagert worden war. Die Mechanisierung des Ladegeschäfts machte durch den Einsatz von Gabelstaplern, Box- und Flachpaletten erhebliche Fortschrit-

Am Abend des 29. Juni 1955 ereignete sich im Rangierbahnhof Flensburg-Weiche ein schweres Zugunglück, von dem die Lokomotive 41 002 und ihr Zug mit dem begleitenden Personal betroffen waren. Der von Hamburg kommende Eilgüterzug Eg 5109 entgleiste bei der Einfahrt in das Gleis 10 des Bahnhofs. Ursache war ein wegen Materialermüdung herausgebrochenes Schienenstück der Einfahrweiche in Gleis 10. Lokführer und Heizer konnten im letzten Augenblick abspringen und blieben unverletzt. Als Armin Otto Scheich die Szenerie in eindrucksvollen Fotos festhielt, war das Feuer aus 41 002 schon herausgerissen, die wie ein waidwunder Drache fauchend auf der Seite lag. Aus der Lok entwich nach wie vor Restdampf. Im Hintergrund sind die aufgestellten Wagen des Zuges erkennbar, der mit seiner gesamten trägen Masse die Lokomotive tief ins Schotterbett drückte. Dort wirkte sie wie ein Prellbock, so dass die ersten der nachfolgenden Wagen von den über 1000 Tonnen Gewicht des Zuges zerdrückt wurden.
Foto: Armin Otto Scheich sh:z-Archiv

Die zertrümmerten und senkrecht aufgesteilten ersten Wagen am 29. Juni 1955. Zur damaligen Zeit liefen in den Güterzügen noch besetzte Güterzugpackwagen. Auch der Zugführer konnte rechtzeitig abspringen, brach sich jedoch ein Bein.
Foto: Armin Otto Scheich sh:z-Archiv

In der Nacht und am folgenden Tag liefen die Aufräumarbeiten auf Hochtouren. Der noch in der Nacht in Marsch gesetzte 75 t - Kran der BD Hamburg war am 30. Juni 1955 mit der Bergung von 41 002 beschäftigt. Die Maschine hat sich tief ins Schotterbett gebohrt. Der Tender hängt gerade im Krangeschirr.
Foto: Armin Otto Scheich sh:z-Archiv

41 002

Abbildung oben:
Mit wehender Signalfahne begleitet ein Rangierer im März 1957 den Zug mit der Lok 57 1726 vorbei an parkenden Autos an der Fördebrücke.
Foto: Armin Otto Scheich
sh:z-Archiv

Abbildung links:
38 1444 in den fünfziger Jahren mit einem Güterzug aus Padborg kommend zwischen Harrislee und Flensburg-Weiche bei km 170,7.
Foto: unbekannt
Sammlung Eckhard Klein

Abbildung rechts:
Fahrdienstleiterstellwerk „Wo" in Flensburg-Weiche mit Ausfahrt nach Flensburg. Hinten die Gebäude des ehemaligen Bw. Von links: Wasserturm, Verwaltung, Ringlokschuppen und Güterwagenausbesserung. Zustand 1956.
Foto: DB Sammlung Gerd Neumann

Abbildung gegenüberliegende Seite:
Mit der Wucht von über 1000 Tonnen und dem Eigengewicht hat sich die im Bw Hamburg-Eidelstedt beheimatete Vorserienlok 41 002 in die Bettung gebohrt. Die Lok wurde Jahre später 1967 beim Bw Flensburg ausgemustert.
Foto: Armin Otto Scheich sh:z-Archiv

Die 57er wurden gegen Ende ihrer Dienstzeit zunehmend für Rangierarbeiten eingesetzt. Hier die 57 1331 am 22. Juli 1956 mit einem Übergabezug an der Hafen-Ostseite. Im Hintergrund sind auf dem westlichen Fördeufer die Werftanlagen erkennbar.
Foto: Ulrich Montfort

Durchgehender Betrieb im Rangierbahnhof: Die Güterabfertigung Flensburg-Weiche bei Nacht im Dezember 1957.
Foto: Armin Otto Scheich
sh:z-Archiv

Im Januar 1959 wurde letztmalig ein Pferdegespann für den Abtransport der Fracht von der Güterabfertigung eingesetzt.
Foto: Armin Otto Scheich sh:z-Archiv

An der Hafen-Westseite wird Ende Mai 1957 aus einem französischen Kesselwagen „Brennwein" aus der Champagne in Holzfässer abgefüllt und mit hauseigenem Pferdegespann zur Spirituosenfabrik gefahren. Links das Kompagnietor, rechts der Turm der Marienkirche.
Foto: Armin Otto Scheich sh:z-Archiv

An einem Frosttag um 1960 hat eine Rangierlok der Baureihe 94 die Steigung von der Güterabfertigung Flensburg soeben bewältigt. Vorne das Gleis nach Kiel. Links das Fahrdienstleiterstellwerk „Fo", hinten rechts das Bahnpostamt.
Foto: Helmut Witek Sammlung Gerhard Nowc

Die Flensburger Güterabfertigung am 12. September 1959 von der Bahnmeisterei aus gesehen.
Foto: Ole Iskov

te. Die Stationierung eines Großbehälter-Zustellfahrzeugs um 1955 verbesserte den „Von Haus zu Haus" - Verkehr.

Im internationalen Güterverkehr wirkte sich die „Vogelfluglinie" derart aus, dass nur noch Wagenladungen und Stückgut von und nach Jütland und Fünen, etwa 60% des vorherigen Aufkommens, über Flensburg und Flensburg-Weiche liefen. Flensburg-Weiche blieb auch 1964 ein Knotenpunkt des europäischen Güterverkehrs mit 20 Haupt- und 68 Nebengleisen, sowie 199 Weichen bei einer Gleislänge von 54,8 km und 26 Hauptsignalen.

38 1090 rangiert am 2. Juni 1960 auf dem Dammgleis in Höhe des ZOB.
Foto: Armin Otto Scheich

sh:z-Archiv

Im Jahre 1967 konnten durch einen größeren Umbau diese Gleisanlagen zweckmäßiger gestaltet und dabei 34 Weichen eingespart werden. Erstmals standen im Winter 1967/68 an mehreren Weichen Propangasheizungen zur Verfügung, um sie eis- und schneefrei zu halten. Im Bahnhof Flensburg waren im Winter 1969/70 erst einige Weichen damit ausgerüstet, der Rest erhielt 1978 Weichenheizungen.

Als technische Neuerung für Flensburg wurde am 23. April 1968 der Straßenroller-Verkehr eingeführt. Mit einem vielrädrigen Tiefladeanhänger konnten nun

Verladung eines „Von Haus zu Haus" Behälters im Februar 1963 auf einen Bundesbahn-Lkw an der Hafen-Westseite.
Foto: Armin Otto Scheich
sh:z-Archiv

50 493 ist im Juni 1964 mit ihrem Güterzug in Padborg angekommen und wird soeben abgekuppelt. Interessant sind die beiden DSB- Formsignale, von denen eines sogar auf einer Signalbrücke montiert ist.
Foto: Erik J. Hellesen

Die Flensburger 41 026 verläßt Mitte der sechziger Jahre mit einem schweren Güterzug den Rangierbahnhof Flensburg-Weiche in Richtung Hamburg-Eidelstedt.
Foto: unbekannt
Sammlung DEVK Flensburg

Magirus-Straßenfahrzeug der Deutschen Bundesbahn für den Transport „Von Haus zu Haus“ Behältern in den sechziger Jahren.
Foto: Armin Otto Scheich
sh:z-Archiv

Blick auf die Güterabfertigung, das Bahnpostamt und das östliche Gleisvorfeld des Personenbahnhofs um 1970.
Foto: unbekannt
Stadtarchiv Flensburg
Fot XIVb 3.613 F48a

Eine Culemeyer-Zugmaschine befördert am 27. Juli 1970 auf dem Straßenroller einen voll beladenen Interfrigo-Kühlwagen aus Frankreich von der Hafen-Westseite zu einem Kunden ohne Gleisanschluß. Dieser Kundendienst wurde am 23. April 1968 eingeführt.
Foto: Horst Volkmann Sammlung Gerhard Nowc

Im Industriegebiet Süd wurde Ende 1969 ein Stammgleis gebaut. Es zweigt von der Strecke nach Padborg ab. Erster Anschließer im April 1970 war die Firma H.G. Dethleffsen (Bommerlunder). Es folgten 1971 die Firmen Ullrich und G.W.Müller. Die Anbindung war kein Erfolg. Bommerlunder wechselte als erste Firma wieder zur Straße, die anderen folgten später.
Foto: Armin Otto Scheich sh:z-Archiv

Die mit einem Kabinentender ausgerüstete 50 2923 hat am 2. Februar 1967 mit dem Ng 9917 nach Padborg den Flensburger Personenbahnhof verlassen. Auf dem oberen Foto ist links schemenhaft der Nikolaikirchturm zu erkennen, in der Mitte sieht man die Kieler Strecke. Auf der unteren Abbildung hat 50 2923 gerade die Triebwagenhalle des Bahnbetriebswerkes passiert, vor der zwei V 60 abgestellt sind. Rechts ist die KFZ-Garage sichtbar.
Fotos: Erik J. Hellesen

Ausblick des Heizers einer Rangierlok am 21. Juli 1970 auf die Güterabfertigung Flensburg, für die damals eine eigene Rangierkolonne erforderlich war.
Foto: Holger Kaufhold

Kunden ohne Gleisanschluss die Güterwagen auf der Straße zugeführt werden. Im neuen Industriegebiet Süd begann der Bau eines Stammgleises, erster Anschließer war die Firma Dethleffsen (Bommerlunder). Die Güterverkehrsanlagen am „Alten Bahnhof" wurden 1969 verwaltungstechnisch Flensburg-Weiche angegliedert.

Am 27. August 1970 wurde die Strecke von Flensburg-Weiche zum Hafen in eine Nebenbahn mit einer Höchstgeschwindigkeit von 60 km/h umgewandelt.

Damals waren am Hafen noch 10 Privatgleisanschlüsse vorhanden. Auf der Westseite wurden regelmäßig die Alte Werft (Fahrzeugwerke Nord), die Firmen Christian Holm, Redlefsen, Hertie sowie die Neue Werft, Gaswerk, Kraftwerk und der Seegrenzschlachthof bedient. Die Hafenbahn diente vorrangig dem Ladungs- und Umschlagverkehr. Reisezüge verkehrten nur in Ausnahmefällen als Sonderzüge für den Schiffsverkehr zur Fördebrücke.

Auf der Ostseite verfügte die Stadt Flensburg über mehrere Anschlussgleise. Ferner führte ein Anschlussgleis als Nebenanschluss der Stadt Flensburg zum Marinestützpunkt Mürwik. Auf diesem Gleis wurden vierteljährlich anläßlich des Marinestellenwechsels Truppentransporte nach Mürwik durchgeführt.

Als Zusatzanlagen waren vorhanden:

Die letzte Fahrt einer beim Bw Flensburg beheimateten Streckendampflok vor einem Güterzug endete am 6. März 1971 in Flensburg-Weiche. Ein trauriges Gesicht machte eigentlich nur die Lok. Die Mitarbeiter freuten sich auf die neue Zeit mit Diesellokomotiven.
Foto: Hentzschel **Sammlung Gerhard Nowc**

1. Ostseite:
- vier Freiladegleise für 40 Wagen
- zwei Gleise für Umschlagverkehr
- sieben Gleise für den Rangierbetrieb
- eine Abfüllstelle für Benzin aus Kesselwagen
- zwei stellgebührenpflichtige Ladegleise u.a. für die Firmen Steckhahn & Peters, Gebr. Rossen und Rotermund (Kaischuppen)
- ein ortsfester Bockkran mit 10 t Tragfähigkeit

2. Westseite
- fünf öffentliche Ladestellen für 33 Wagen
- ein stellgebührenpflichtiges Gleis für die Firmen Weide und Holm & Molzen.

6.4 Bahnbetriebswerk und beheimateter Fahrzeugpark

Nach Kriegsende nutzte man den Lokschuppen der ehemaligen Betriebswerkstätte Nordschleswigsche Weiche der KPEV erneut kurze Zeit als Werkstatt. Der während des Krieges auf 10 Lok angestiegene Bestand der Gattung pr. T 9^3 sank zum 31. Dezember 1946 auf zwei Exemplare, die aber erst im Jahre 1949 abgezogen wurden. Auch die pr. G 8^1 (Baureihe 55^{25-56}) verließ nach Kriegsende die Eisenbahndirektion Hamburg, 1950 ist für Flensburg bereits keine Lok mehr im Bestand.

Nach dem Zweiten Weltkrieg kamen mehrere ehemalige Diesellok der Wehrmacht als Baureihe V 20 in den Flensburger Bestand. Erste Flensburger Verbrennungsmotorlok war die von Mai 1945 bis zum Dezember 1946 hier stationierte V 20 039, welche heute noch am Schönberger Strand ihren Dienst versieht, und der ab 1951 bis 1959 weitere V 20 folgen sollten. Als letzte V 20 verließ die seit dem 1. Juli 1953 in Flensburg geführte V 20 032 am 14. April 1959 wie zuvor ihre Schwesterlokomotiven das Bw in Richtung Lübeck. Der P 8 Bestand belief sich nach Ende des Zweiten Weltkrieges am 31. Dezember 1946 auf 13 Stück, am Jahresende 1949 wurden 10 P 8 nachgewiesen.

Als erste Fahrzeuge der DB-Nachkriegsgeneration bekam das Bw Flensburg am 18. Mai 1950 den VT 95 902 und am 23. Juni 1950 den VT 95 906 zur Erprobung zugewiesen, gab jedoch schon zu Beginn des Winterfahrplans 1950/51 beide Schienenomnibusse an das Nachbar-Bw Husum ab. Während des Sommerfahrplans bediente ein Plan-Triebwagen im Eilzugdienst die Strecke nach Kiel und von Kiel über Rendsburg zurück nach Flensburg.

Von Ende 1950 bis ins Frühjahr 1953 gaben vier 300 PS starke, für eine Höchstgeschwindigkeit von 90 km/h ausgelegte VT 50 100 - VT 50 103 mit Mitteleinstieg ein kurzes Intermezzo in Flensburg.

Dampflokbestand des Bw Flensburg Mitte 1950

BR	*Loknummer*					
38	1426	1610	1849	2043	2334	
	3318	3489	3590	3726	4628z	= 10
50	696	716	1036	1131	1135z	
	1163	1227	1444	1453	1581	
	1621	1746	2006	2458	2626	
	2628	2634	2951	2961		= 19
52	1105z	2508z	4868z	5528z		= 4
56	421					= 1
57	1281	1424	1437	1726	1786	
	1822	2146	2176	2376	2957	
	3145	3455				= 12
58	2688z	2706z				= 2
86	087					= 1
Gesamtbestand						= 49

Bis April 1959 waren die ehemaligen Wehrmachts-Diesellok, von der DB als V 20 bezeichnet, im Bw Flensburg beheimatet. Sie fuhren u.a. auf den Strecken nach Niebüll und Kiel und versahen Rangierdienst. Hier ist das Personal der V 20 030, links Lokführer Fritz Krüger, am 28. Mai 1955 beim Rangieren zu sehen.
Foto: Armin Otto Scheich sh:z-Archiv

Hilfszuggerätewagen 700 011 Hmb am 8. September 1948 im Bahnbetriebswerk Flensburg.
Foto: Walter Hollnagel / DB Sammlung Gerd Neumann

Betriebsarbeiter ergänzen die Sandvorräte einer Lok der Baureihe 50 an der Besandungsanlage des Bw Flensburg im Jahre 1952.
Foto: unbekannt Sammlung Eckhard Klein

Der zum Hilfszug Flensburg gehörende Mannschaftswagen 700 174 Hmb am 8. September 1948 im Bahnbetriebswerk Flensburg.
Foto: Walter Hollnagel / DB Sammlung Gerd Neumann

1952 warten Schnellzuglokomotiven der Baureihe 03 in der Nachmittagsonne auf ihre Rückleistung. Für die in Hamburg-Altona beheimateten, noch mit den großen Wagner-Windleitblechen ausgerüsteten Lokomotiven war, Flensburg Wende-Bw. Bemerkenswert sind die blankgeputzten Kesselbänder der 03 200.
Foto: unbekannt Sammlung Eckhard Klein

Für die pr. T 16[1] (Baureihe 94^{5-17}) liegen Stationierungsdaten ab Juni 1952 vor. Zu diesem Zeitpunkt waren sechs Lok im Bw beheimatet. Noch am 1. Oktober 1953 waren sieben pr. G 10 (Baureihe 57^{10-35}) in Flensburg stationiert, die 1957 abgegeben wurden. Ihre Leistungen bestanden gegen Ende ihrer Einsatzzeit in Flensburg aus Übergabezügen (Üg) nach Padborg, Schleswig und Husum sowie Leistungen auf der Flensburger Hafenbahn.

Als Ersatz für die VT 50 erhielt das Bw Flensburg ab 1954 Triebwagen der Baureihe VT 33 zugewiesen, die bis Anfang der 60er Jahre zum Einsatzbestand zählten. Vom Bw Hamburg-Altona kamen zunächst VT 33 106 und VT 33 202. Mit VT 33 215, 218, 225, 227 und 231 gelangten weitere Triebwagen

Eine Doppeleinheit der dieselelektrischen Triebwagen VT 33, die bis Anfang der 60er Jahre zum Einsatzbestand des Bw Flensburg gehörten, fährt um 1955 Richtung Kiel. Links hinten sind mehrere Dampflok abgestellt, vorne sind Reisezugwagen zu sehen, darunter auch alte preußische Schnellzugwagen mit Oberlichtreihen.
Foto: unbekannt **Sammlung Eckhard Klein**

Ein von 38 1426 geführter Personenzug mit Nachkriegspostwagen und „Donnerbüchsen" erreicht Schleswig im Sommer 1956.
Foto: William Erik Dancker-Jensen

dieser Gattung in die Fördestadt. Während ihrer Stationierung in Flensburg übernahmen die VT 33 Leistungen auf dem gesamten schleswig-holsteinischen Netz und bewährten sich bis zum Schluss. Der ab 2. Juni 1957 gültige Umlaufplan war für sechs Triebwagen mit einer durchschnittlichen Laufleistung von 440 km/Tag aufgestellt worden. Planmäßig liefen die Flensburger VT 33 Kiel, Neumünster, Eutin sowie Heiligenhafen an und querten Schleswig-Holstein als küstenverbindende Bäderzüge zwischen Büsum und Neustadt.

Im Frühsommer 1954 kamen für ein Jahrzehnt drei zuvor in Husum stationierte V 36 an die Förde. Ab 2. Juni 1957 bestand für drei V 36 und zwei V 20 ein Umlaufplan, in dem die V 36 plantäglich 199 km zurücklegten, bei einer maximalen Tagesleistung von 303 km/Tag. Flensburger V 36 waren auch im Personenzugdienst Flensburg - Niebüll bis September 1961 im Einsatz.

Die Flensburger Lok der Baureihe 50 erzielten in den 50er Jahren hohe Laufleistungen, die auch überregional Beachtung fanden. Ab dem 23. Mai 1954 bestand für sechs Lok der Baureihe 50 ein Umlaufplan mit einer durchschnittlichen Laufleistung von 546 km/Tag, mit der das Bw innerhalb des DB-Bereiches zunächst die führende Position für diese Baureihe übernahm.[148] Der Umlaufplan für den Sommerfahrplan 1955 sah ab 22. Mai 1955 für sechs Maschinen eine durchschnittliche Laufleistung von 524 km/Tag vor, womit das Bw Flensburg nunmehr die Spitzenposition auf dem gesamten Güterzugsektor für den DB-Bereich erlangte und noch vor den 41ern der Bw Göttingen P und Fulda lag.[149] Auch 1956 konnte diese Position mit einem für sechs Lok aufgestellten Umlaufplan gehalten werden, der durchschnittliche Laufleistungen von 533 km/Tag vorsah.[150] Kein deutsches Bahnbetriebswerk war zu dieser Zeit im Güterzugdienst, bezogen auf die durchschnittliche dienstplanmäßige Laufleistung, leistungsfähiger als Flensburg. Personal und Maschinen wurden ex-

und Ausbesserungskosten im Bw Lok Nr 50 1444

1	2	3	4	5	6	7	8	9	10	11	12	13	14	15
Jahr und Monat	Die Lok war im Betrieb	betriebsfähig kalt abgestellt	schadhaft in Ausbesserung im RAW	schadhaft in Ausbesserung im Bw	wartete auf Aufnahme	von Ausbesserung zurückgestellt	Von den Abstelltagen der Spalten 3-7 sind anrechnungsfähig	Leistung im Monat Mio Lokleistungs-tkm (mit 3 Bruchstellen)	Leistung im Monat Lokomotiv-km	Lok-km seit der letzten HU oder ZU	Ausbesserungskosten im Bw seit der vorausgegangenen HU, ZU oder Indienststellung in RM im Monat	in RM insgesamt	Kohlenverbrauch auf 1000 Lok-km	Gesamtkohlenverbrauch je Monat t
	Tage													
Übertrag:	201	6		10		24	40			80236		14279		1217,25
November	27	3					3	8030	10928	91164	1746	16025	16,05	175,40
Dezember	27	3		1			4	8057	11467	102631	2117	18142	15,72	180,30
Jan 1954	22	1		4	4		9	5356	7239	109870	1794	19936	16.53	119,70
Februar	9		15		4		19	3041	4263	114133	474	20410	17,40	74.20
März	30			1			1	9933	12478	126611	1458	21868	14,43	180,10
April	28			1		x 1	2	7889	10696	137307	1908	23776	14,49	155,00
Mai	28	1		2			3	7506	10941	148248	1843	25619	14,32	156,70
Juni	5				25		25	1571	2247	150495	230	25849	12,10	27,20
Juli	13		17		1		18	3371	5215	155710	107	25956	14,72	76,80
Aug.	27			4			4	6785	10768	166478	1506	27462	14,50	156,20
Sept.	25			5			5	4336	7381	173859	1355	28817	17,62	130,10
Oktober	27			3		x 1	4	6715	9853	183712	1803	30620	17,53	172,80
November	27			2		x 1	3	4813	7577	191289	1329	31949	19,11	144,80
Dezember	21	2	2	4	2		10	3406	5935	197224	2519	34468	20,38	121,00
Jan. 1955	11		20				20	3381	4957	202181	159	34627	15,51	76,90
Februar	26			2			2	9264	12560	214741	1298	35925	15,63	196,30
März	29	1		1			2	10515	14726	229467	1660	37585	15,72	231,50
April	29	1					1	8481	12635	242102	2539	40124	13,75	173,70
Mai	30			1			1	8929	13393	255495	1838	41962	14,57	195,20
Juni	28	2					2	8637	12318	267813	1454	43416	14,56	179,40
Juli	29			2			2	7275	10118	277931	2441	45857	16,13	163,20

Auszug aus dem Betriebsbuch (Betriebsbogen) der Dampflokomotive 50 1444 für den Zeitraum Anfang 1954 bis Mitte 1955. Verzeichnet sind Leistungen und Verbrauch.Bemerkenswert sind die für eine Güterzuglokomotive außerordentlich hohen momoatlichen Laufleistungen der Lok, die im Monat März 1955 mit 14726 km einen absoluten Höhepunkt aufweisen. Diese Leistungen beruhen auf ausgefeilten Umlauf- und Dienstplänen, dem guten Pflege- und Unterhaltungszustand der Lok und auf besonders qualifiziertem Personal.
Sammlung Holger Kaufhold

13 Jahre nach ihren Maximalleistungen stand der Neumünsteraner Lokführer Heinz Hansen am Regler der Lokomotive 50 1444, die von Flensburg aus große Teile Schleswig-Holsteins befuhr.
Foto: Heinz Hansen

trem gefordert. Die Flensburger 50er, die planmäßig F 11/12 und D 147/148 auf der kurzen Strecke Flensburg - Padborg bespannten, erbrachten in der BD Hamburg die größten Laufleistungen: im Dezember 1956 insgesamt 135 616 km entsprechend 286 km/Betriebstag und im Dezember 1958 121 311 km entsprechend 272 km/Betriebstag.

Nach 39 Jahren verließ 38 2093 am 12. November 1956 das Bw. Diese Lok war im Jahre 1917 Flensburgs erste pr. P 8 gewesen und wurde unter der Betriebsnummer „Altona 2455" in Flensburg-Weiche in Dienst gestellt, womit sie eine der am längsten in der Fördestadt beheimateten Lok gewesen sein dürfte.

1959 konnten die Lehrlinge, die bei Prüfungen vor der Handwerkskammer immer mit überdurchschnittlichen Leistungen aufwarteten, eine großzügig angelegte neue Lehrwerkstatt beziehen. Viele von

Fahrzeugbestand des Bw Flensburg am 29. September 1957

BR	*Loknummer*					
38	1090	1242	1263	1277	1354	
	1397	1426	1444			= 8
50	320	545	612	1036	1100	
	1276	1444	1453	1581	1605	
	1740	1746	2458	2626	2628	
	2762	2923	2961			= 18
56^2	275	473	533	763	886	= 5
94	715	838	896	952	1228	= 5
VT 33	106	215	218	224	225	
	227	231				= 7
V 20	030	032	033			= 3
V 36	202	220	223			= 3
Kö	0052	4275				= 2
Gesamtbestand						= 51

56 473 ist eine mit Laufachse versehene pr. G 8.1 und steht im Sommer 1958 im Bw Flensburg. Links im Bild ist das Kesselhaus zu sehen.
Foto: Karl-Julius Harder
Sammlung Joachim Lawrenz

Am 28. Juni 1958 bringt die 38 1242 eine Übergabe nach Flensburg-Weiche. Oben das Ämtergebäude der DB.
Foto: Hans de Herder

Das Bw Flensburg um 1958. Aufgenommen vom Wasserhochbehälter des bahneigenen Wasserwerkes, das die Wasserkräne im Bahnhof und Bw versorgte. Rechts die Triebwagenhalle, dahinter der Ringlokschuppen mit 20 Ständen. In der Mitte befindet sich der Schornstein des Heizwerkes. Links sieht man die Abstellgleise für die Reisezugwagen und das Stellwerk „Fa", neben dem eine Diesellok der Baureihe V 200 vom Bw Hamburg-Altona auf Ausfahrt zum Bahnhof wartet.
Foto: Eckhard Klein

ihnen wurden tüchtige Handwerker, Werkmeister und Lokomotivführer im eigenen Betrieb. Kurz darauf konzentrierte man die Lehrlingsausbildung in Hamburg, Neumünster, Lübeck und Glückstadt. Die Werkstatträume übernahm die Anlagengruppe für ihre Bauschlosser und Elektriker und Handwerker der Indusi-Gruppe (induktive Zugsicherung). Später zog hier die Kantine ein und das Büro des C-Gruppenleiters (Lok-Instandsetzung).

1961 waren noch alle in der Tabelle aufgeführten VT 33 in Flensburg beheimatet, aber in den nächs-

Fahrzeugbestand des Bw Flensburg am 28. Mai1961

BR	Loknummer					
24	006	025	029	053	060	= 5
38	1183	1992	2324	2330	2873	= 5
50	320	612	910	1444	1605	
	1746	2458	2626	2923	2961	= 10
94	564	715	838	891	896	
	1120	1228	1276			= 8
V 36	201	220	223			= 3
VT 33	106	215	224	225	227	
	231					= 6
Gesamtbestand						= 37

38 1183 Anfang der sechziger Jahre am Hochbunker des Bw Flensburg. Im Hintergrund der Dampfkran.
Foto: Karl-Julius Harder Sammlung Eckhard Klein

Das Bw Flensburg etwa 1960. Links der Betriebsbahnhof, daneben das Dampfheizwerk für die Reisezugwagenvorheizung. In der Mitte die Triebwagen-Halle, davor ein VT 33, daneben ein VT 12 und drei weitere VT 33. Das helle Gebäude ist die 1959 fertiggestellte Lehrwerkstatt. Nach Ende der Lehrlingsausbildung zogen hier die Kantine und die C-Gruppe (Lokinstandsetzung) ein. Von der Drehscheibe geht es in den Ringlokschuppen und zu den Dampflokbehandlungsanlagen.
Foto: unbekannt **Sammlung Eckhard Klein**

ten Jahren gab man die bewährten Fahrzeuge nach Braunschweig und Bielefeld ab. Mit dem Wechsel von VT 33 215, der die Triebwagenhalle im Mai 1963 als letzter in Richtung Bielefeld verließ, endete die fast 20 Jahre andauernde Epoche eigenständiger Triebwagenunterhaltung in Flensburg.

Seit dem Frühjahr 1959 bis zum Sommer 1962 waren zuvor in Kiel und Lübeck beheimatete Lok der BR 24 in Flensburg stationiert, die z.T. auch von Flensburg aus noch in ihren bisherigen Umläufen fuhren. Die frühen 60er Jahre waren geprägt von einem Wechsel der bisher beheimateten Gattungen. Zusammenhängend mit der Ausmusterung von Triebfahrzeugen wegen Überalterung begann auch für das Bw Flensburg ein Strukturwandel größeren Umfangs. Mit der Abgabe der VT 33, der 24er und der P 8 wurde innerhalb kurzer Zeit die Unterhaltung von drei Baureihen aufgegeben, die lange Zeit das Rückgrat des Personenzugverkehrs gewesen waren. 1962 verdrängten die neu stationierten Diesellok der Baureihe V 100 die letzten pr. P 8 und mit 38 1992 verließ am 7. Mai 1963 die letzte in Flensburg unterhaltene pr. P 8 und letzte Personenzug-Dampflokomotive das Bw. Im Herbst des Jahres 1963 war der Triebfahrzeugbestand auf unter 30 Stück so ausgedünnt, dass von einer bevorstehenden Schließung ausgegangen werden

Die Drehscheibe des Bw Flensburg wird im Juni 1960 vom Drehscheibenbauzug der BD Hamburg (Bw Hamburg-Wilhelmsburg) repariert und im Rahmen einer Hauptuntersuchung in allen Teilen aufgearbeitet. Deshalb können die Betriebslok nicht im Ringlokschuppen abgestellt und gewartet werden. Notwendige Reparaturen müssen im Freien durchgeführt werden.
Foto: Armin Otto Scheich
sh:z-Archiv

24 074 ist im Mai 1960 auf einem Stumpfgleis neben dem Lokausfahrgleis abgestellt.
Foto: Karl-Julius Harder
Sammlung Joachim Lawrenz

Am 13. Januar 1964 übernahm Flensburg V 60 360, 361 sowie 367 und vom 3. Mai 1965 bis zum 27. Mai 1967 war auch die zuvor in Husum beheimatete V 60 276 in der Fördestadt stationiert.

musste. Insbesondere herrschte Mangel an Personenzuglok, was die BD Hamburg zu einer kurzzeitigen Stationierung von Neumünsteraner und Harburger 38er im Bw Flensburg veranlasste. Zum April 1965 wurden auch die restlichen vier pr. T 16[1] nach Hamburg-Wilhelmsburg abgezogen.

Als Ersatz für zuvor abgegebene Dampflok erhielt Flensburg zwischen Oktober 1962 und Februar 1963 sechs V 100^{10} aus Hamburg-Harburg sowie am 19. Oktober 1962 mit V 100 1085 erstmalig eine Neulieferung. Im Dezember 1962 sowie Januar und Februar 1963 folgten die neu angelieferten Maschinen V 100 1101-1103. Die V100^{10} wurden auf fast allen Nebenbahnstrecken und teilweise auch auf den Hauptbahnen eingesetzt. Die Maschinen liefen Niebüll, Padborg, Eckernförde, Kiel, Lübeck, Lüneburg, Neumünster sowie Hamburg an. Ende 1967 umfasste der Flensburger Bestand die 11 Lok V 100 1080-1087 und 1101-1103.

Fahrzeugbestand des Bw Flensburg am 31. Mai 1964

BR	*Loknummer*					
41	002	019	043	059	084	
	085	089	090	098	158	
	167	235	248			= 13
50	320	493	710	907	910	
	993	1301	1444	1553	1605	
	1643	1746	1849	2321	2427	
	2458	2598	2923	2961		= 19
94	564	899	1120	1228	1276	= 5
V 60	360	361	367			= 3
V 100	1085	1086	1087	1101	1102	
	1103					= 6
Gesamtbestand						= 46

Neben der Verdieselung durch die V 100 hatte auch die voranschreitende Elektrifizierung der DB Auswirkungen auf den Flensburger Lokbestand, da hierdurch Lok der Baureihe 41 in Hamburg-Eidelstedt freigesetzt und im Norden konzentriert wurden. Ab 1. Dezember 1963 war Flensburg Heimatdienststelle und Auslauf-Bw für 41 002, 019, 043, 059, 084, 085, 098 und 167. Letzter Zugang war am 4. März 1968 die 41 049. Im Zeitraum von fast sechs Jahren waren insgesamt 31 kohlegefeuerte Maschinen dieser Gattung hier stationiert und erbrachten in ihren Umläufen beachtliche Leistungen.

Von Flensburg-Weiche bis Hamburg-Eidelstedt wurden u. a. TEEM 5540, Sg sowie Dg bespannt und bis Bremen und Hannover-Linden gefahren. Letztmalig bestand ab 26. Mai 1968 ein Zweitagesumlauf für die Baureihe 41. Als letzte Flensburger Lok der

Die 41 019 mit Neubaukessel 1965 auf dem Ausschlackkanal des Bw Flensburg. Links der Lokstreusandsilo mit dem Füllschlauch. Rechts häuft sich die aus der Rauchkammer entfernte Lösche.
Foto: Rudolf Staehler

An einer Dampflok, wie hier der 41 019, gibt es viele gleitende Teile, von den Treib- und Kuppelstangen bis hin zum Steuerungsgestänge. Deren Lager müssen während der Fahrt zuverlässig mit Schmieröl versorgt werden. Am Ende jeder Fahrt prüft der Heizer die Ölstände und ergänzt Öl nach Bedarf.
Foto: Iver Andreas Schiller

Die Stillstandzeiten der Reisezugwagen werden im September 1966 für die Innenreinigung genutzt. Nach festgelegten Intervallen steigert sich der Reinigungsaufwand.
Foto: Armin Otto Scheich sh:z-Archiv

Fahrzeugbestand des Bw Flensburg am 26. Juni 1969

BR	*Loknummer*					
041	323z					= 1
050	023	058	259	296	599	
	701	710z	907	993		= 9
051	023	426z	435	444	449	
	581	806				= 7
052	429	522z	590	598	619z	
	626	848z	923z	961z		= 9
094	110	308	378			= 3
211	014	044	045	046	047	
	054	055	056	057	058	
	059	080	091			= 13
260	273	274	275	277	278	
	283	285	286	287	360	= 10
332	123					= 1
333	049					= 1
Gesamtbestand						= 54

Baureihe 41 wurde die 41 323 am 10. Juli 1969 ausgemustert.[151]

Ende der 60er Jahre erfolgten etliche Ausmusterungen von Flensburger Dampflokomotiven der Baureihe 50. Ausgemustert wurden 1965 eine, 1966 vier, 1967 zehn, 1968 sechs, 1969 vier und 1971 nochmals drei Lok der Baureihe 50. Der Flensburger 211 (bisher V 100^{10}) -Bestand erhöhte sich von Ende 1967 bis Mitte 1969 von 11 auf 13. Wegen Lokmangels wurden am 1. Juni 1969 094 110, 094 308 und 094 378 dem Bw Flensburg zugeteilt und im Rangierdienst im Bahnhof, für die Übergabe Richtung Eckernförde sowie für den Rangierdienst in Kiel eingesetzt.

Infolge der Aufgabe der Dampflokunterhaltung beim Bw Husum am 29. September 1969 wurden die dort stationierten 15 Lokomotiven der Baureihe 050 – 053 nach Flensburg umbeheimatet, u. a. die mit einem Wannentender ausgerüstete 50 3139.[152]

Anfang der 70er Jahre vollzog sich der Strukturwandel beim Bw Flensburg endgültig. 050 296 war

094 378 und eine weitere 094 warten am 11. Oktober 1969 vor der Drehscheibe auf ihren Einsatz. Als Rangierlok haben sie sich viele Jahre bewährt. Links das Dampfheizwerk für die Reisezugwagen-Vorheizung.
F oto: Detlef Schikorr

Die Dampflok-Behandlungsanlagen des Bw Flensburg gegen Ende der Dampflokbeheimatung am 13. September 1970. Der fahrbare Ardelt-Dampfgreiferkran links sorgt sowohl für das Entladen der Kohlenwagen in die drei Kohlenbansen mit 3000 m³ Fassungsvermögen als auch für das Füllen der Schütten im Hochbunker. Vorne und im Gleis der Ausschlackkanal und die Löschegruben. Dahinter einer von zwei Wasserkränen. Hinten im Bild die Peelwattbrücke.
Foto: Herbert Stemmler

Am Ende einer langen Fahrt nach Eidelstedt werden bei der 050 023 am 5. August 1970 Kohlen und Wasser ergänzt, die noch heiße Schlacke in den Schlackenkanal entleert und die Flugasche aus der Rauchkammer entfernt. Hinter dem Kohlenhochbunker zeigt sich der Ausleger des Dampfkrans. Rechts die vollen Kohlenbansen.
Foto: Holger Kaufhold

die letzte planmäßig eingesetzte Streckendampflok. Am 6. März 1971 beförderte sie den Ng 17 382 von Süderbrarup nach Flensburg-Weiche. Schließlich endete nach 117 Jahren die Ära eigenständiger Dampflokunterhaltung in der Fördestadt, als die beiden preußischen Maschinen 094 308 und die erst einen Monat zuvor überstellte 094 086 Flensburg am 12. August 1971 Richtung Hamburg-Rothenburgsort verließen. Schlusspunkt war die Ausmusterung der pr. T 16^1 094 378 am 9. September 1971, mit der das Bw Flensburg „dampffrei" wurde.[153]

Die 050 296 kehrt am 6. März 1971 von ihrer letzten Fahrt mit dem Ng 17 382 (Süderbrarup – Flensburg-Weiche) ins Bw Flensburg zurück. Damit endete nach 137 Jahren die Unterhaltung von Streckendampflokomotiven im Bw Flensburg. Die Mitarbeiter haben mit Aufschriften ihre Gefühle ausgedrückt.
Foto: unbekannt
Sammlung Eckhard Klein

Nach 1.180.000 km Laufleistung bricht die Lok 050 296 am 6. März 1971 aus dem Ringlokschuppen zur letzten Fahrt einer im Bahnbetriebswerk Flensburg beheimateten Streckendampflok auf.
Foto: unbekannt **Sammlung Frank Garbe**

7 Zentrum der Diesel-Zugförderung in Schleswig-Holstein - Deutsche Bundesbahn (1971 - 1993)

Das Ende der Dampflokunterhaltung im Bw Flensburg im September 1971 stellte eine Zäsur in der Eisenbahngeschichte Flensburgs dar. Die schon im Frühjahr 1970 eingeleitete Umstellung auf neue Streckendiesellok wurde kontinuierlich fortgesetzt. Deshalb baute die Deutsche Bundesbahn aufgrund der beharrlichen Initiativen der engagierten Flensburger Eisenbahner das Bw Flensburg während der folgenden zwei Jahrzehnte zu einem bedeutenden Stützpunkt der Diesel-Zugförderung aus. Um dies zu erreichen, wurden erstmals nach Abschluss des Neubaus der Triebwagenhalle im Jahr 1935 am Standort Flensburg beachtliche Investitionen in die Bahninfrastruktur vorgenommen.

7.1 Veränderungen an den Bahnanlagen und bei den Dienststellen. Besondere Ereignisse

Die allgemeine Tendenz zur Neuordnung von Dienststellen zu wirtschaftlicheren Einheiten begann in Flensburg beim Bau- und Signaldienst. Der Signaldienst, bisher immer ein Teilbereich der Bahnmeistereien, wurde verselbständigt. Am 1. September 1974 wurde die Signalmeisterei (Sigm) Flensburg gegründet. Sie übernahm das Gebäude der Bahnmeisterei (Bm) Flensburg, die gleichzeitig in der Bm Flensburg-Weiche aufging. Diese erhielt zum 1. Mai 1979 eine neue Organisationsform. Alle Bahnmeistereien wurden aufgelöst und je Betriebsamtsbezirk zu einer Groß-Bm zusammengefasst. Die neue Bm Flensburg hatte fünf Baubezirke mit insgesamt 110 Mitarbeitern, davon 64 in Flensburg: Flensburg Nord, Flensburg Süd, Rendsburg, Eckernförde und Hochbau Flensburg. Die neue Organisationsform im Fernmelde- und Signaldienst hielt sich nicht lange. Die Signalmeisterei Flensburg und die Gruppe Signaldienst der Bm Husum wurden zum 1. Juni 1978 zur Nachrichtenmeisterei (Nm) Husum vereinigt.

Das für die westliche und östliche Hafenbahn zuständige Stellwerk Fhf am 7. Oktober 1984. Foto: Frank Garbe

Im Zuge der Konzentration legte man im Bereich des Güterverkehrs die beiden Verkehrsdienststellen Güterabfertigung (Ga) Flensburg-Weiche und Ga Flensburg mit Sitz in Flensburg am 1. Januar 1976 zusammen. Die neue Ga hatte 106 Mitarbeiter, davon 30 in Flensburg-Weiche. Der nächste Schritt war die Auflösung der internationalen Umladestelle für Stückgut, die am 1. Januar 1976 nach Hamburg-Altona verlagert wurde. Das hatte erstmals im Flensburger Raum auch personelle Konsequenzen. Schließlich gliederte man am 1. Oktober 1977 auch noch den Bahnhof Flensburg-Weiche dem Bahnhof Flensburg an. Die neue Gemeinschaftsdienststelle hatte 270 Mitarbeiter, davon 90 in Flensburg-Weiche und 67 im Fahrdienst als Zugbegleitpersonal. Alle Flensburger Dienststellen beschäftigten nach dem Stand vom Mai 1979 insgesamt 788 Mitarbeiter.

Der nun erweiterte Betriebsamt-Bezirk reichte jetzt auf der Kieler Strecke bis südlich von Gettorf, Richtung Lindholm bis westlich von Leck, Richtung Neumünster bis südlich von Bokel und zwischen Rendsburg und Kiel bis westlich von Schülldorf. Im Zuge der Neuordnung der Ämterebene wurde das Maschinenamt Flensburg am 31. Dezember 1976 aufgelöst. Flensburg gehörte seitdem zum Maschinenamt Lübeck.

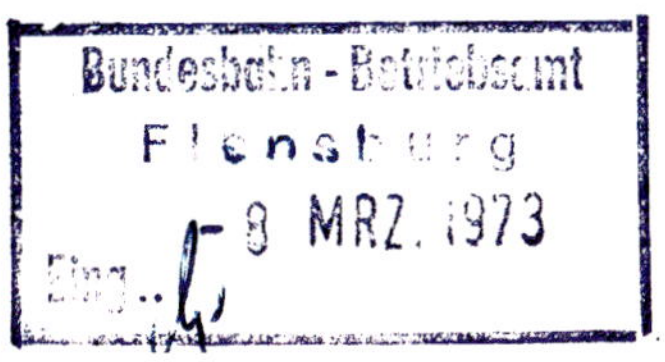

Das Stellwerk „Wo" in Flensburg-Weiche, aufgenommen im Sommer 1993.
Foto: Frank Garbe

Mit der Einweihung der zum Reisezentrum umgestalteten Fahrkartenausgabe am 16. Juni 1983 hatte die DB in Flensburg den Schritt vom „Abfertigen" zum „Bedienen" der Kunden getan. Verkauf und Beratung fanden direkt am Tresen statt und nicht mehr an Schaltern mit trennenden Glasscheiben. Die modernen und großzügigen Räume konnten ohne tiefgreifende Veränderungen der historischen Bausubstanz gestaltet werden. Im Jahr 1982 wurden über 162 000 Fahrkarten verkauft. Auch der alte Fahrkartendrucker gehörte der Vergangenheit an, an dessen Stelle trat der Computer.

Eine Neuerung technischer Art kam mit dem Zugbahnfunk (ZBF) am 15. August 1978 auf der Strecke Flensburg – Hamburg. Alle Lokomotiven waren in einer Sonderaktion mit Funkanlagen und die Strecke in funktechnisch günstigen Abständen mit Sendern ausgestattet worden. Seither ist die Sicherheit wesentlich gesteigert worden und die zuständige „ZBF-Zentrale" kann durch Notruf alle Züge in ihrem Bereich gleichzeitig über Gefahrensituationen informieren und umgekehrt auch der Lokführer die Zentrale.

125 Jahre nach Eröffnung der ersten Strecke von Flensburg nach Tönning begingen die Flensburger Eisenbahner 1979 dieses Jubiläum mit einer großen Fahrzeugschau an der Schiffbrücke und vielen Attraktionen. Am 6. und 7. Oktober gab es eine Fahrzeugschau mit einem Querschnitt moderner Schienenfahrzeuge, Zugfahrten im Lübecker Doppelstockwagen zum Betriebswerk, einen Sonderzug der Freunde des Schienenverkehrs Flensburg (FSF) zu den Stadtwerken und Führerstandsmitfahrten auf einer Diesellok der BR 218. Ein Sonderpostamt und der historische „Adler-Zug" rundeten das mit viel Engagement der Eisenbahner durchgeführte Jubiläum ab.

1981 wurden die Reisezughalte in Flensburg-Weiche und Barderup, sowie auf der Kieler Strecke in Kiel-Hassee, Kronshagen, Suchsdorf und Fahrtoft eingestellt.

Mit Ablauf des 3. Dezember 1981 wurde auch das Betriebsamt Flensburg aufgelöst, seine Aufgaben übernahm das Betriebsamt Husum. Das Ämtergebäude an der Schleswiger Straße wurde vom Bundesgrenzschutz bezogen.

1984 feierte die Stadt Flensburg ihr 700 - jähriges Jubiläum, an dem sich die örtlichen DB-Dienststellen am 6. und 7. Oktober 1984 beteiligten. Erneut waren viele Eisenbahner bereit, Betrieb und Technik an zwei Tagen der offenen Tür der Öffentlichkeit zu zeigen. Mit dem Sonder-IC „Nordertor", der mit Stadtpräsidentin Ingrid Groß und Vertretern aller Ratsfraktionen als Ehrengäste nach Tarp fuhr, dem Pendelbetrieb mit einem historischen Triebwagen des Vereins FSF zum Bahnbetriebswerk, der großen Fahrzeugschau im Bw, mit der Besichtigungsmöglichkeit der neuen Werkstatthallen und weiteren Exponaten und Aktionen belegten Flensburgs Eisenbahner erneut die Attraktivität und Leistungsfähigkeit ihres Verkehrsmittels.

Die Freunde des Schienenverkehrs Flensburg verfügen über einen großen Park skandinavischer Fahrzeuge. Am Abend des 16. Mai 1982 stand die schwedische Dampflok B 1266 im Bw Flensburg vor dem Lokschuppen.
Foto: Detlef Schikorr

Im Zuge der Neuordnung der regionalen Leitungsebene versuchte die DB, klare Verantwortungs- und Zuständigkeitsbereiche zu schaffen und Mehrfachunterstellungen zu vermeiden. Aufgrund einer weiteren Neuorganisation wurden alle Ämter mit Ablauf des 30. September 1986 aufgelöst und dafür Regionalabteilungen der Bundesbahndirektion eingerichtet. Das Bw Flensburg gehörte ab 1. Oktober 1985 zur Regionalabteilung Husum. Auch der Verkaufsdienst wurde hiervon beeinflusst. Die vier Generalvertretungen wurden ebenfalls aufgelöst und dafür ab dem 1. Juli 1987 je eine Generalvertretung für den Personen- und Güterverkehr an den Standorten Hamburg und Kiel eingerichtet.

Das jahrelange Bemühen um die Erhaltung des Bahnhofs Flensburg-Weiche für die in der Briesenkaserne stationierten Soldaten fand im August 1987 ein gutes Ende, als DB und Bundeswehr einen Vertrag über die Erhaltung der Bahnsteiganlagen abschlossen. Die Bahn reparierte, die Bundeswehr bezahlte. Von der Verwirklichung eines Bahnsteiges innerhalb der Briesenkaserne nahm man aus Kostengründen Abstand.

Mit Wirkung vom 1. Juli 1989 wurde die erst am 1. Mai 1979 eingerichtete Groß - Bahnmeisterei (Bm) Flensburg als selbständige Dienststelle aufgelöst und der Bm Husum zugeordnet.

Strecke Flensburg - Niebüll

Auf der Strecke Flensburg-Weiche - Lindholm betrug die Höchstgeschwindigkeit seit 1969 80 km/h. Am 31. Mai 1981 wurde der Personenverkehr auf dieser Strecke wegen zu geringer Auslastung der Züge eingestellt. Die Bedienungsfahrten für den Wagenladungsverkehr auf den Teilabschnitten Lindholm - Leck und Sprakebüll - Flensburg-Weiche erfolgten weiterhin. Seitens einiger Politiker wurde im Juni 1981 eine Reaktivierung der Strecke durch die Nordfriesischen Verkehrsbetriebe (NVAG) erörtert. Die NVAG hielt das grundsätzlich für möglich, brachte aber ihrerseits den Wunsch nach einer Weiterführung ihrer Triebwagen zum ZOB in die Diskussion ein.

Nach Um- bzw. Rückbau der Signalanlagen im Bahnhof Leck wurde, wie schon zwischen Flensburg-Weiche und Leck, am 25. November 1981 auch auf dem Streckenabschnitt Leck - Lindholm der Zugleitbetrieb eingeführt, der aber bereits ab dem Fahrplanwechsel vom 3. Juni 1984 wieder aufgehoben wurde. Zeitgleich wurde der Abschnitt Sprakebüll - Leck für den Regelbetrieb gesperrt.

Ein durchgehender Zugbetrieb durfte nur in Ausnahmefällen und auf besondere Anordnung ausgeführt werden. Auf den verbleibenden zwei Stichstrecken Flensburg-Weiche - Sprakebüll und Lind-

218 125 war im Mai 1981 mit dem N 5725 aus Niebüll auf der Fahrt nach Flensburg kurz vor dem Tunnel Flensburg-Weiche angelangt. Wenige Tage später wurde der Personenverkehr auf der Strecke Flensburg - Niebüll eingestellt. Foto: Frank Garbe

holm - Leck wurde auf das Zugmeldeverfahren verzichtet, weil auf jeder Teilstrecke jeweils nur ein Zug verkehrte. Die Gesamtstrecke blieb unbefristet bestehen und musste oberbaumäßig für ein Befahren mit 30 km/h Höchstgeschwindigkeit erhalten werden.

Für die Strecke Niebüll - Flensburg gab es 1986 Reaktivierungsideen, nun seitens des Bundes für Umwelt und Naturschutz Deutschland, wobei auch das NVAG-Projekt, bis zum ZOB fahren zu wollen, berücksichtigt wurde.

Am 27. Mai 1990 wurde die Strecke von Flensburg-Weiche nach Lindholm dauerhaft gesperrt. Wenn später vereinzelt auf dieser Strecke noch Zugfahrten erfolgten, dann nur mit Ausnahmegenehmigung.

7.2 Die Entwicklung im Reisezugverkehr

220 022 übernahm im Frühjahr 1971 den D 930 in Flensburg zur Weiterfahrt nach Hamburg. Im Hintergrund ist noch die DSB- Diesellok der litra MZ zu sehen, die den dänischen Teil dieses Zuges von Nyborg gebracht hatte.
Foto: Gerd Greul Sammlung Frank Garbe

Zugangebot auf der Hauptstrecke

Das Zugangebot auf der Hauptstrecke nach Hamburg umfaßte im Sommer 1971 folgende Schnellzüge:

- D 1130/D 1131 „Kattegat-Express" Frederikshavn Havn - Flensburg - Hamburg Hbf (Saisonzug); mit Liegewagen
- D 1230/D 1231 Flensburg - Hamburg (im Ausschluß mit D 1230/D 1231)
- D 334/D 335 Nyborg - Flensburg - Hamburg Hbf
- D 332/D 333 Aalborg - Flensburg - Köln mit DSB-Speisewagen Aalborg - Flensburg und DB-Halbspeisewagen Flensburg - Köln (DSG)
- D 330/D 331 „Nordpfeil/Nordpilen" Frederikshavn Havn - Flensburg - Hamburg Hbf mit DSB-Speisewagen
- D 638/D 639 Flensburg - Bonn mit Kurswagen nach Köln (über Wuppertal)
- E 830/E 831 Flensburg - Mönchengladbach; Wochenendzugpaar, E 830 mit zwei Liegewagen für DSB-Reisebüro Fredericia – Bologna.

Die ersten neuen Flensburger Großdiesellokomotiven gehörten zur Baureihe 215. Am 27. Mai 1972 ist die noch mit einem Dampfkessel für die Zugheizung ausgerüstete 215 147 gerade mit einem Zug aus dem Süden in Flensburg eingetroffen.
Foto: Kurt Boljahn Sammlung Eckhard Klein

Es fuhren außerdem noch werktags sechs Personenzugpaare nach Jübek, Rendsburg bzw. Neumünster und sechs Eilzugpaare nach Neumünster bzw. Hamburg.

Zusätzlich verkehrten im grenzüberschreitenden Verkehr nach Dänemark die Zugpaare:

- E 954/E 933 Tinglev - Flensburg
- E 53/E 52 „Slesvigeren" Kopenhagen - Flensburg
- E 950/E 955 Nyborg - Flensburg.

1972 blieb das Angebot nahezu unverändert.

Die Baureihe 218 wurde als Universallokomotive schnell zum Rückgrat der Reisezugförderung. Knapp 14 Tage nach ihrer Anlieferung am 10. Mai 1971 steht die 218 103 am 22. Mai 1971 im Bw Flensburg.
Foto: Detlef Schikorr

Zur Entlastung des D 331 wurde im Sommer der D 10331 Hamburg - Aalborg eingelegt, der in den folgenden Jahren unter wechselnden Zugnummern z.T. bis Aarhus oder Frederikshavn verkehrte.[154]

Zum Sommerfahrplan 1973 wurde bei der DB als Ergänzung zum IC-Netz die neue Zuggattung „DC" eingeführt. Das waren Schnellzüge, die außerhalb des Kernnetzes (sog. B-Netz) als Zubringer zu den InterCity-Zügen eingerichtet wurden. Ab Flensburg verkehrte zunächst nur das Wochenendzugpaar DC 825 (Mo)/DC 828 (So) „Förde-City" über Kiel nach Hamburg-Altona. Dieses Zugpaar wurde aber bereits zum 29. Mai 1976 wieder eingestellt.

Im Winterfahrplan 1974/1975 erhielt auch DC 1938 die neue Bezeichnung und den zusätzlichen Namen „Wiking-City", der später auch den Schnellzügen D 330/331 und 334/335 sowie einigen Eilzügen zugeordnet wurde. Auch diese Bezeichnungen hielten sich nur bis zum Winterfahrplan 1977/1978.

Die stetige Zunahme der Familienheimfahrten der im nördlichen Schleswig-Holstein stationierten Bundeswehrangehörigen machte den Einsatz weiterer Entlastungszüge ins Ruhrgebiet erforderlich. So wurde im September 1973 D 630 nach Köln-Deutz

Am Abend des 10. Januar 1977 stand 218 103 mit einer weiteren 218 in Doppeltraktion vor dem N 4271 nach Kiel (über Süderbrarup - Eckernförde) auf Gleis 6 im Bahnhof Flensburg abfahrbereit. Die Doppeltraktion war umlaufbedingt, die beiden Lokomotiven werden am Folgetag den aus 13 Wagen bestehenden D 538 (Kiel Hbf - Köln Hbf) von Kiel nach Hamburg-Altona zu befördern haben. Auf Gleis 4 ist der Nto 4294 nach Niebüll zu erkennen, an dem einzelnen VT 798 ist der planmäßige Expressgutwagen nach Westerland/Sylt angehängt, noch mit zwei Petroleumlampen als Zugschlusssignal.
Foto: Volker Siewke

Die DSB MZ 1424 verließ am 2. Juli 1977 mit dem D 339 den Bahnhof Flensburg in Richtung Dänemark. Zwei Gleise dahinter fuhr der 613 616 aus dem Bw zum Bahnhof. Im Hintergrund sind Rathaus und Nikolaikirche erkennbar.
Foto: Volker Siewke

Der Schnellzug D 335 (Hamburg Hbf – Fredericia) wies zwischen Hamburg und Flensburg die kürzeste Fahrzeit (1 Stunde 55 Minuten für 181 km) aller damaligen Fernverkehrszüge auf. Nach dem Lokwechsel in Flensburg übernahmen DSB-Lokomotiven der Reihe My diesen Zug zur weiteren Beförderung nach Jütland. Am Abend des 26. Juni 1977 zog die My 1137 den D 335 nahe der Abzweigstelle Friedensweg.
Foto: Volker Siewke

218 191 und eine weitere 218 mit dem Saisoneilzug E 3185 „Sylter Welle" von Westerland nach Kiel im Gegenlicht der untergehenden Sonne am 26. Juni 1977 in Handewitt-Langberg. Auch heute verkehrt dieser Zug noch saisonal, wenn auch nicht mehr über Flensburg - Leck, sondern über Jübek - Rendsburg. Auf der Relation Flensburg – Westerland/Sylt wurde dieser Zug gerne von der Lokleitung Flensburg zur Überführung von Lokomotiven benutzt, daher die nicht umlaufbedingte Doppeltraktion.
Foto: Volker Siewke

und D 632 nach Düsseldorf neu eingelegt. In der Gegenrichtung verkehrte neu D 1235 von Köln nach Flensburg über Kiel mit Kurswagen nach Flensburg über Rendsburg.

Mitte der siebziger Jahre wurden im Fahrplanangebot lediglich kleine Anpassungen vorgenommen. Insbesondere die Entlastungszüge erhielten von Zeit zu Zeit neue Zugnummern und verkehrten aufgrund der auf die Belange der Bundeswehr abgestimmten Halte in Flensburg-Weiche und Tarp z.T. erst ab Neumünster oder Hamburg als Schnellzug. Ab Sommerfahrplan 1977 lief das Schnellzugpaar D 638/D 639 ab/bis Kiel.[155]

Zur Verbesserung der Wochenendverbindungen wurde das Angebot der zusätzlichen Züge 1979 neu strukturiert. Im Winter 1979/80 verkehrten nun zusätzlich an den Wochenenden in Richtung Ruhrgebiet vier Zugpaare. D 1734 nach Köln erhielt den Zugnamen „Ruhr-Express". In der Gegenrichtung brachte an Sonntagen D 1731 als „Förde-Express" die Soldaten in ihre Standorte zurück.

Foto nächste Doppelseite:
218- Hochburg Flensburg: 218 192 und eine weitere 218 warten am 23. Mai 1981 vor dem Eilzug nach Kreiensen auf Ausfahrt, während 218 172 mit einem angekommenen Zug in den Betriebsbahnhof fährt. Auf diesem Foto ist auch das Ämtergebäude oben rechts gut zu sehen.
Foto: Frank Garbe

DB
218 172-5

DB
218 192-3

218 326 abfahrbereit vor E 2873 nach Kreiensen über Kiel - Uelzen - Braunschweig im Mai 1980 in Flensburg. Dieser Eilzug führte sogar noch Kurswagen nach Wiesbaden mit.
Foto: Frank Garbe

Im Sommer 1980 erhielt Flensburg Anschluß an das IC-Netz, wenn auch nur mit einem Wochenendzugpaar. IC 1630/IC 1616 „Seeadler" Flensburg - Köln bzw. Koblenz - Flensburg ersetzte D 1734/D 1731. Die Abfahrt war freitags und die Ankunft montags. Neben einem klimatisierten 1. Klasse-Wagen war in dem Zugpaar zur gastronomischen Versorgung auch ein ehemaliger TEE-Barwagen (ARD105/106) eingereiht. Im Winterfahrplan 1980/81 ergänzte IC 1516 „Seelöwe" Köln - Flensburg das Angebot.

Am 22. Juni 1981 wartete die Flensburger 218 181 mit einem Postwagen auf Ausfahrt nach Süden. Links war die Oberbauprüfdraisine 14 1001 der BD Hamburg abgestellt.
Foto: Frank Garbe

Zum Sommerfahrplan 1981 wurde ein zusätzliches Zugpaar nach Dänemark eingelegt. E 3616 nahm in Neumünster Kurswagen aus D 924 von Hamburg auf, die in Flensburg auf E 127 nach Nyborg übergingen. In der Gegenrichtung führte der abendliche E 3645 Kurswagen Nyborg - Hamburg.

Der E 3645 wurde bis zum Ende des Winterfahrplans 1980/1981 mit einem Triebwagen der Baureihe 612/613 ge-

Der von dem Schienenbus 798 792 (VT 98) gefahrene N 4619 aus Husum über Jübek hielt am 26. Mai 1981 in Flensburg-Weiche auf der Fahrt nach Flensburg.
Foto: Frank Garbe

fahren, der am Schluß einen Postwagen nach Hamburg mitführte. Der Postwagen lief zunächst noch bis Ende des Winterfahrplans 1983/84 im lokbespannten E 3645 weiter, bis die Deutsche Bundespost die Postbeförderung von und nach Flensburg auf die Straße verlagerte.

Hamburg über Kiel mit Wagendurchlauf nach Köln entfiel ebenso wie das IC Zugpaar 1630/1616. D 332/ D 333 fuhr nur noch bis Aalborg.

Mit Einführung der D 1934/D 1935 verkehrten nun an den Wochenenden fünf Entlastungszugpaare

Mit dem Sommerfahrplanabschnitt 1982 wurden die Triebwagen der Baureihe 612/ 613 vom Bw Hamburg-Altona zum Bw Braunschweig umbeheimatet und durch lokbespannte Züge (BR 212, 218) ersetzt. Die Triebzüge fuhren bisher überwiegend im Eilzugverkehr von Hamburg nach Flensburg und Kiel, bis Neumünster in Doppel- z. T. auch in Dreifachtraktion, dann getrennt zu den Zielbahnhöfen. Sie bedienten aber auch die Strecke Flensburg - Kiel Hbf.In dieser Fahrplanperiode lief D 924 von Hamburg nach Flensburg durch, so dass die Rangierarbeiten in Neumünster entfallen konnten. E 3533 nach

Als in Eilzügen noch Expressgut befördert wurde: Der Gepäckraum des als E 3637 nach Hamburg-Altona fahrenden Triebwagens 613 613 wurde am 26. April 1982 in Flensburg mit Gepäck und Expressgut beladen.
Foto: Frank Garbe

in Richtung Hamburg - Rhein/Ruhr. Zwei Jahre später standen bereits sechs Zugpaare zur Verfügung.

Im Sommer 1983 erreichte D 1338 „Kattegat-Express" zwischen Flensburg und Hamburg Hbf eine Reisezeit von 1Stunde 48 Minuten. Trotz Elektrifizierung und Ausbau der Strecke in weiten Teilen auf 160 km/h erreicht der schnellste Zug im Jahr 2004 (EC 275) nur eine Reisezeit von 1 Stunde 53 Minuten.

Ab Sommerfahrplan 1984 verlor der „Kattegat-Express" seinen Namen und fuhr wegen zurückgehender Nachfrage nur noch zwischen Flensburg und Hamburg als D 923, 1986 erfolgte eine weitere Herabstufung zum Eilzug E 3607. D 332/D 333 fuhr ab Sommer 1985 nur noch bis Aarhus.

Das Land Schleswig-Holstein und die Deutsche Bundesbahn trafen im April 1985 eine Vereinbarung über die ÖPNV-Bedienung im Land. Die DB sicherte für 10 Jahre (bis 1995) die Schienenbedienung für den Personenverkehr unter anderem auf den Strecken Hamburg - Flensburg und Kiel - Flensburg zu.

Diese Vereinbarung wurde ab Sommerfahrplan 1987 auf der Strecke nach Neumünster umgesetzt und die ÖPNV-Bedienung auf Regionalschnellverkehr umgestellt. Dabei wurde das Angebot um bis zu 20 % erhöht. Außerdem wurde vereinbarungsgemäß begonnen, die Züge in einem annähernden Taktfahrplan zu betreiben. Es gab nun keine Nahverkehrszüge mehr, sondern nur noch Regionalschnellbahnen (RSB) nach Neumünster, die anfangs mit von der BR 218 bespannten Wendezügen und später von den neu angelieferten Triebwagen der Baureihe 628² gefahren wurden. Um die Fahrzeiten der RSB zu verkürzen, wurden die Reisezughalte in Eggebek, Alt-Duvenstedt, Bokelholm und Bokel gestrichen.[156]

Mit der Einführung des InterRegio-Verkehrs am 25. September 1988 gab es auch für Flensburg spürbare Verbesserungen im Fernverkehr. Mit dem neuen Produkt sollten ergänzend zum IC-Netz vor allem mittlere Reiseweiten im Zweistunden-Takt abgedeckt werden. Jede Linie wurde mit neuen bzw. umgebauten Wagen ausgestattet und verkehrte grundsätzlich in Blockzugbildung. Zwischen dem 1. Klasse-Wagen und der 2. Klasse lief ein Bistro-Wagen mit zusätzlichen 1. Klasse-Plätzen. Als erste Linie wurde die IR-Linie 12 Hamburg - Hannover - Kassel/ Fulda mit zunächst einem Zugpaar nach Flensburg eingeführt.

Ab Sommer 1988 gab es aber bereits ein Vorläuferzug-

Von Flensburg kommend, passiert im Frühjahr 1982 ein Triebwagen der Baureihe 612/613 den Bahnübergang Rüllschauer Weg.
Foto: Gerhard Nowc

„Ausfahrt frei!“ Der Triebwagen 612 506 verläßt am 13. Mai 1982 den Bahnhof Flensburg als N 5651 nach Neumünster.
Foto: Frank Garbe

Im April 1982 passierte ein aus Kiel kommender Triebwagen der Baureihe 612 die Peelwattbrücke.
Foto: Gerhard Nowc

Eine Besonderheit während der letzten Einsatzzeit der Triebwagen der Baureihe 612/ 613 war der an den regulären E 3645 angehängte Bahnpostwagen, den die Kleinlokomotive am 21. Mai 1981 gerade an den 913 612 rangiert hatte.
Foto Frank Garbe

Die Baureihe 212 war lange Zeit im Nahverkehr Richtung Kiel eingesetzt. Am 28. August 1982 steht 212 245 vor dem aus „Silberlingen" gebildeten N 4255.
Foto: Frank Garbe

Am 30. August 1982 fuhr 212 043 mit dem N 4287 nach Kiel aus. Rechts warten 218 112 und eine weitere 218.
Foto: Frank Garbe

Nach dem Abzug der Triebwagen der Baureihen 612/613 aus Hamburg-Altona übernahmen lokbespannte Züge deren Leistungen. Hier verließ der aus Umbauwagen der Gattung Byg/BDyg gebildete Personenzug N 4255 am 19. Juli 1982 den Bahnhof Flensburg in Richtung Kiel. Zuglok war die 212 031 des Bw Lübeck. Im Hintergrund das Bahnpostamt mit davor abgestellten deutschen und dänischen Postwagen.
Foto: Frank Garbe

Zuglaufschild des Kurswagens Wiesbaden - Flensburg, der in Uelzen an den „Heckeneilzug" E 2872 Kreiensen - Braunschweig - Uelzen - Lübeck - Flensburg angehängt wurde. Aufgenommen am 6. August 1982 in Flensburg.
Foto: Sven Ullrich

paar. Mit D 1681 konnte nun ohne Umsteigen die hessische Barockstadt Fulda über Hannover - Göttingen - Kassel erreicht werden. In der Gegenrichtung verkehrte D 1580 zwischen Kassel und Flensburg. Da noch nicht ausreichend umgebaute IR-Wagen zur Verfügung standen, wurden vorerst noch herkömmliche Schnellzugwagen eingesetzt. Ab Herbst 1988 wurde das Zugpaar mit dem neuen IR-Wagenmaterial einschließlich Bistro-Cafe ausgestattet und lief von nun an als InterRegio.

Die internationalen Züge D 330 bis D 335 fuhren mit neuen Zugnummern weiter als D 430 bis D 435 und der grenzüberschreitende Verkehr nach Dänemark wurde mit acht Verbindungen erheblich

Der Deutschlandfunk übertrug am 19. Mai 1984 im Rahmen der Sendung „Treffpunkt Bahnhof" einen Beitrag aus Flensburg. Am Bahnsteig interviewte der Moderator den Bahnhofsvorsteher Brodersen und einen dänischen Kollegen.
Foto: Frank Garbe

Am 8. Mai 1984 fuhr der DSB „Lyntog" MA 462 eine Sonderleistung nach Hamburg. Hier aufgenommen kurz nach der Ausfahrt in Flensburg bei Wilhelminental. Diese Triebwagen waren sehr selten in Flensburg zu sehen. Sie versahen aber planmäßig u.a. den Schnellverkehr Sonderburg - Tinglev - Kopenhagen.
Foto: Detlef Schikorr

Betrieb an allen Bahnsteigen zur 700 - Jahr-Feier der Stadt Flensburg. Ein Zug mit Quick-Pick-Wagen kam am 7. Oktober 1984 aus Hamburg an. Am Mittelbahnsteig wartete der Sonder-IC „Nordertor" auf Ausfahrt. Die Köf sollte einen Wagenpark zum Abstellbahnhof bringen.
Foto: Frank Garbe

aufgewertet. Auch die Wochenendzüge in Richtung Nordrhein-Westfalen bekamen neue Zugnummern

Ab 28. Mai 1989 wurde IR 1580 durch IR 1774 ersetzt, der von Konstanz am Bodensee quer durch die Republik über Karlsruhe - Frankfurt und Hannover bis nach Flensburg durchfuhr und dabei knapp 1130 km zurücklegte. Zum Winterfahrplan wurde das Angebot aufgrund des zunehmenden Aufkommens an Bundeswehrfamilienheimfahrten weiter ergänzt und den Bedürfnissen der Soldaten angepaßt.[157]

Mit Aufnahme des ICE-Verkehrs und der durchgehenden Inbetriebnahme der Neubaustrecken Hannover - Würzburg und Mannheim - Stuttgart für 250 km/h und der Ausbaustrecken für 200 km/h am 2. Juni 1991 wurde der Schienenpersonenfernverkehr der Bundesrepublik in vielen Relationen deutlich beschleunigt und völlig neu konzipiert. Dabei vergrößerte die DB auch das Angebot an IR-Verbindungen. Flensburg wurde nun vierstündlich mit der neuen IR-Linie 12 Flensburg – Hamburg – Hannover - Fulda wie folgt bedient:

IR 2073 Flensburg - Fulda
IR 2075 Flensburg - Fulda
IR 2077 Flensburg - Fulda
IR 2179 Flensburg - Hamburg-Altona
IR 2078 Kassel - Flensburg
IR 2176 Göttingen - Flensburg
IR 2074 Fulda - Flensburg
IR 2072 Fulda - Flensburg

Im internationalen Verkehr entfielen die traditionellen D-Züge 430 bis 435, die durch drei „Jütland-D-Zugpaare" D 370 bis D 375 Fredericia – Hamburg-Altona ersetzt wurden. Durch diese drei D-Zugpaare erhielt Flensburg Fernzugverbindungen in einem Zweistunden-Takt von und nach Hamburg. Auch die

Ein DSB-Triebwagen litra MR befuhr am 6. Januar 1985, einem schönen Wintertag, als E 938 aus Fredericia kommend, die eingleisige Schleife von Padborg und wird um 14.15 Uhr im Flensburger Personenbahnhof eintreffen. Foto: Frank Garbe

Das auf der „Vogelfluglinie" zwischen Puttgarden und Rødby Havn verkehrende Hochseefährschiff „Deutschland" der Deutschen Bundesbahn lag am 15. Juni 1986 im Dock der Flensburger Schiffbau-Gesellschaft.
Foto: Frank Garbe

langjährige Nachtverbindung nach Bonn wurde gestrichen.

Zusätzlich wurde eine neue, umsteigefreie IC-Verbindung von Flensburg nach Kopenhagen eingerichtet. Mit vier Zugpaaren täglich und einer Reisezeit unter fünf Stunden nach Kopenhagen war Flensburg nun an das dänische InterCity-Netz angeschlossen. Eingesetzt wurde der neu entwickelte Dieseltriebwagen IC 3. Da die Triebwagen in Bogenfahrten das deutsche Profil überschritten und keine Induktive Zugbeeinflussung hatten, musste kurzfristig eine Ausnahmegenehmigung erteilt werden. Außerdem fuhr noch ein lokbespanntes IC-Zugpaar Arhus - Flensburg, das den Namen „Nordpfeil" übernommen hatte.

Im Wochenendverkehr wurden aufgrund des erweiterten IR-Angebotes nur noch drei Zugpaare ab/bis Flensburg eingesetzt. Auch der D 2544 über Eckernförde nach Köln wurde ausgelegt, in der Gegenrichtung endete die Kurswagenverbindung von Köln über Kiel (E 3506) bereits in Süderbrarup.

Zugführer Gerhard Garbe überwachte am 23. April 1987 das Ausladen von Gepäck auf einen Elektrokarren der Gepa Flensburg.
Foto: Frank Garbe

218 119 bespannte am 11. Juni 1986 den E 3220 von Kiel nach Flensburg, aufgenommen von der Peelwattbrücke. Links unten ist das Vorsignal für das Einfahrtsignal Flensburg sichtbar.
Foto: Sven Ullrich

Bereits ein Jahr später erhielten die internationalen D-Züge erneut andere Zugnummern und verkehrten zwischen Fredericia und Hamburg als D 272 bis D 277. Das betraf auch die 4 IC-Paare Flensburg - Kopenhagen, die von nun an mit vierstelligen Nummern versehen wurden. Der „Nordpfeil" IC 2934/IC 2951 wurde bis Aalborg verlängert und verkehrte an Samstagen sogar wieder bis Frederikshavn.

1993, dem letzten Jahr der „Deutschen Bundesbahn", ergaben sich weitere Änderungen im Fernverkehr. Endziel der meisten IR der Linie 12 war nun Göttingen, nachdem Fulda mit mehreren ICE- und IC-Linien ausreichend bedient wurde. Erstmalig konnte man ab 23. Mai 1993 von Flensburg aus auch mit einem IR direkt die neuen Bundesländer erreichen. IR 2077 fuhr über Göttingen hinaus bis Erfurt und hielt u. a. in Kassel, Bebra und Eisenach. Im internationalen Verkehr nach Dänemark wurden die Endziele in Jütland wieder weiter in den Norden Dänemarks verlagert und damit an die Tradition der vergangenen Jahre angeknüpft. D 276/D 275 fuhr von Hamburg über Flensburg - Fredericia bis Frederikshavn, D 274/D 277 bis Aarhus.

Entwicklung des Zugangebots auf der Strecke Flensburg – Kiel

In größerem Umfang investierte die DB in die Strecke Flensburg - Kiel. Das alte telefonische Zugmeldeverfahren wurde nach Verkabelung von Fernmelde- und elektrischen Anlagen durch Streckenblock ersetzt. Bahnübergänge erhielten Blinklichter und Halbschranken, andere wurden ersatzlos aufgelassen.

Aufgrund der bereits erwähnten Vereinbarung zwischen dem Land und der DB vom April 1985 wurde die ÖPNV-Bedienung auf Regionalschnellverkehr umgestellt sowie Triebwagen der BR 628^2 bestellt. Mit diesen neuen Triebwagen sollte ein Fahrplan im Stundentakt nach Kiel eingerichtet werden. Sollte sich die Erwartung, innerhalb von drei Jahren nach dessen Einführung eine bessere Nutzung des Angebots zu erreichen, nicht erfüllen, würde die Bedienung wenig genutzter Bahnhöfe überprüft und auf den schwach belasteten Strecken Husum - Jübek und Eckernförde - Flensburg der Schienenverkehr durch eine nachfragegerechte Verkehrsbedienung ersetzt werden. Die Prognosen erfüllten sich in vollem Umfang.

Zur Vorstellung der ersten Triebwagen der Baureihe 628[2] für den Regionalschnellverkehr auf der Strecke Flensburg - Kiel fand am 26. April 1987 in Süderbrarup das „Fest der Bahnen und Busse" statt. Im Mittelpunkt des Geschehens standen die neuen Triebwagen 628 203 und 628 201, die dem Anlaß entsprechend geschmückt waren.
Foto: Detlef Schikorr

1986 entwickelte auch die Stadt Flensburg Vorstellungen über einen Personenzugverkehr in die Innenstadt. Am ZOB sollte eine Haltestelle für Triebwagen aus Kiel und Hamburg angelegt werden. Das Problem war, dass die Züge aus Kiel etwa in Höhe der Feldmühle hätten halten müssen, um die Richtung zu ändern. Deshalb sei die Realisierung völlig offen, obwohl auch die DB die Pläne wohlwollend begrüßte.

Vertreter von DB und Stadt hatten die Bahnanlagen am ZOB im August 1986 besichtigt und dabei festgestellt, dass ohne weiteres wieder ein zweites Gleis verlegt werden könnte. Außerdem wäre Platz für eine Bahnhofs-Plattform und für eine Treppe zum ZOB. Größtes Problem war es, eine Geldquelle für die Verwirklichung dieser Idee zu finden.

Nachdem vor der Vereinbarung von April 1985 über die ÖPNV-Bedienung immer wieder sogar die

Am 25. April 1987 machte sich MZ 1442 mit dem D 331 auf den Weg nach Padborg. Die Aufnahme entstand auf Höhe des Betriebswerkes.
Foto: Wolfgang Stengel

Am 7. Mai 1989 war 218 261 mit dem E 3651 Richtung Süden unterwegs und passierte gerade Wilhelminental.
Foto: Hark Neumann

Stilllegung der Kieler Strecke im Raume stand, rollte seit Herbst 1986 schließlich, richtungsweisend für das Bundesgebiet, die Regionalschnellbahn (RSB) im Stundentakt zwischen Flensburg und Kiel, noch mit Wendezügen und bespannt mit Lok der BR 212. Die Fahrpläne von Bahn und Bus wurden aufeinander abgestimmt, die Empfangsgebäude, besonders in Rieseby, Süderbrarup und Sörup umgestaltet. Die Zugzahlen wurden Richtung Kiel - Flensburg von 12 auf 18 und in der Gegenrichtung von 13 auf 17 erhöht. An den Bahnhöfen entstanden Parkplätze für die Fahrzeuge der Pendler, die auf die Bahn umsteigen wollten. Zur Erhöhung der Reisegeschwindigkeit wurden die Halte in Neuwittenbek, Altenhof, Lindaunis, Mohrkirch, Winderatt und Husby aufgelassen. Das Modellprojekt wurde zum Frühsommer auf weitere Strecken Schleswig-Holsteins ausgedehnt. Für die Regionalschnellbahn Flensburg - Kiel zeichnete sich in der ersten Zeit eine Steigerung der Fahrgastzahlen um rund zehn Prozent ab. Ziel war eine Steigerung nach drei Jahren um 20 Prozent.

Nach Genehmigung durch das Bundesverkehrsministerium war für insgesamt 41 km (von 81 km) der Strecke Kiel - Flensburg die zulässige Höchstgeschwindigkeit auf bis zu 120 km/h festgesetzt worden. Seit dem 28. September 1986 verkehrten die Züge mit bis zu 100 km/h und ab Fahrplanwechsel 1987/88, nach Abschluss weiterer Baumaßnahmen, mit bis zu 120 km/h.

Am 26. April 1987 wurden die ersten drei Triebwagen der Baureihe 628[2] der DB auf der Regionalschnellbahn Kiel - Flensburg mit einem Festakt und Bahnhofsfest unter Beteiligung des DB Vorstandsvorsitzenden Gohlke in Süderbrarup vorgestellt. Mit zwei Sonderzügen kamen Ehrengäste, u. a. der Minister für Wirtschaft und Verkehr des Landes Schleswig-Holstein, Dr. Biermann und der Präsident der Bundesbahndirektion Hamburg, Heise. Ein Mitglied einer Angeliter Trachtengruppe taufte den neuen Triebwagen mit „Angler Muck" auf den Namen „Schleswig-Holstein". Die Flens-burger Freunde des Schienenverkehrs richteten mit ihren dänischen Triebwagen Pendelfahrten zum Bahnbetriebswerk Flensburg ein und fuhren mit dem Dampfzug zwischen Kappeln und Süderbrarup. Über 10 000 Besucher kamen zum „Fest der Bahnen und Busse".

Die DSB MY 1129 hatte am Abend des 21. Juli 1989 die Wagen des DSB „Ferieexpress" Aarhus - Kufstein nach Flensburg gebracht und wurde für die Rückfahrt nach Dänemark vorbereitet. Der Lokführer hat schon die Schlussscheiben auf die Lampen geschoben. Am Bahnsteig konnten sich die Ferienreisenden am Verkaufswagen der Bahnhofsgaststätte mit Proviant eindecken.
Foto: Frank Garbe

Ab diesem Datum wurden die RSB zwischen Flensburg und Kiel fast ausschließlich von den neuangelieferten Triebwagen der BR 628[2] gefahren, lediglich einige Züge in Tagesrandlage verkehrten als Wendezüge mit BR 218.

Im Oktober 1987 bereitete man einen Übergangstarif Bahn/Bus auf der Strecke Kiel – Flensburg vor, der versuchsweise die Integration beider Verkehrsmittel abrunden sollte.

Der „Regionalfahrplan 91 Schleswig-Holstein" bewirkte, dass die Bahnanschlüsse Flensburgs an das Umland und an den Fernverkehr erheblich verbessert wurden. Triebwagenverbindungen im Stundentakt vom frühen Morgen bis Mitternacht erweiterten das Zugangebot von Kiel über Flensburg nach Jübek. Erstmals wurde im Regionalverkehr ein flächendeckender Taktfahrplan mit

Im Dezember 1989 waren die Witterungsverhältnisse so schlecht, dass 218 den Triebwagen der Baureihe 628 Vorspann leisten mussten. 218 177 ist gerade mit einer Schwesterlok und dem regulären 628 in Flensburg eingetroffen.
Foto: Hark Neumann

Am 2. Juli 1990 brachte die 212 269 einen Rekruten-Sonderzug zum Marinestützpunkt Flensburg-Mürwik. Die Aufnahme entstand an der Hafen-Ostseite auf Höhe des ehemaligen Kreisbahnhofs.
Foto: Hark Neumann

Die 240 003, eine dieselelektrische Drehstrom-Neubaulok der MaK Kiel, war auf DB-Strecken in der Erprobung. Hier stand sie am 16. Februar 1991 auf Gleis 10 des Bahnhofs Flensburg mit den Reisezugwagen, an die der aus Norden kommende Teil des D 430 angekuppelt wird. Mit ihrer Leistungsstärke und einer Höchstgeschwindigkeit von 160 km/h wäre sie eine gute Alternative zur Elektrifizierung gewesen, die für Flensburg bisher keine Vorteile gebracht hat.
Foto: Sven Ullrich

Verknüpfung der Linien angeboten. Dies hatte Modellcharakter für die neue Strategie der DB.

InterRegio
Konstanz-Singen-Offenburg
Karlsruhe-Heidelberg-Darmstadt
Frankfurt-Gießen-Kassel
Göttingen-Hannover-Hamburg
Flensburg

Am 11. Juli 1991 zogen 218 110 und eine Schwesterlok den IR 2075 Flensburg - Fulda bei Neuholzkrug südwärts.
Foto: Wolfgang Stengel

Die neuen DSB IC 3 Triebwagen MFA 5043 + 5067 + 5034 passierten am 18. September 1993 als IC 2934 nach Kopenhagen bei der Ausfahrt aus Flensburg das markante Reiterstellwerk „Fo".
Foto: Sven Ullrich

Einstellung des Reisezugverkehrs auf der Strecke Flensburg - Niebüll

798 792 kurz vor der letzten Fahrt nach Niebüll am 31. Mai 1981 in Flensburg.
Foto: Frank Garbe

Auf der Strecke Flensburg – Niebüll waren die Reisezüge wegen des Bus-Parallelverkehrs zuletzt immer geringer ausgelastet. Es verkehrten bis zur Einstellung des Reisezugverkehrs am 31. Mai 1981 auf dieser Strecke noch sechs Zugpaare, davon fünf mit Schienenbussen. Der Saison-Eilzug Kiel - Westerland, der zwischen Flensburg und Niebüll nur in Flensburg-Weiche und Leck hielt, fuhr bereits im September 1980 zum letzen Mal. Nach der Einstellung des Reisezugverkehrs zwischen Flensburg und Niebüll weitete die Firma Autokraft ihren bisherigen Busverkehr weiter aus.

Ab 1984 wurde die Strecke noch mehrmals im Jahr mit Sonderzügen der FSF von Kappeln nach Westerland/Sylt bzw. Dagebüll befahren, letztmalig im Jahr 1998.

7.3 Die Entwicklung im Güterverkehr

Mit der Einführung des Zugleitbetriebes (eine vereinfachte Form des Nebenbahnbetriebes) auf der Strecke von Flensburg-Weiche zum Hafen im Oktober 1972 war die niedrigste Wertigkeit der historischen Strecke erreicht. Zugleiter war der Fahrdienstleiter des Bahnhofs Flensburg-Weiche (Stellwerk Wo). Vor Ort am Hafen verblieb ein örtlicher Aufsichtsbeamter, dessen Aufgaben sich auf den Aufsichtsdienst in den

Im Sommerfahrplan 1977 wurde auf den Hafengleisen in Flensburg noch an Werktagen in zwei Schichten rangiert. Im sog. „Zugleitbetrieb" wurde dabei zunächst die Strecke von Flensburg-Weiche zum „Alten Bahnhof" an der Schiffbrücke (heute: ZOB) befahren, danach sind die Kaianlagen an der Förde sowie diverse Anschlüsse bedient worden. Im Juli 1977 stellte die 260 367 am Ostufer der Flensburger Förde die abendliche Übergabe nach Flensburg-Weiche zusammen. Foto: Volker Siewke

Die 260 277 rangierte am 10. Juni 1981 mit Schüttgutwagen in Wallsbüll an der Strecke Flensburg - Niebüll. Danach hat sie diese Wagen als Ng 69085 von Wallsbüll nach Flensburg-Weiche befördert. Hinten stehen Kesselwagen für das Bundeswehr-Tanklager.
Foto: Volker Siewke

beiden Hafenseitenbereichen beschränkten. Zur Abwicklung des Rangierbetriebs kamen überwiegend Triebfahrzeuge der Baureihe 260/360 später auch Köf (332/333) sowie 212 und vereinzelt auch 218 zum Einsatz. Zwischen dem Nordtor der Neuen Werft und der Bauwerft wurde der Flensburger Schiffbaugesellschaft (FSG) vertraglich gestattet, Rangierfahrten mit eigenen Triebfahrzeugen und zwei Werksgüterwagen sowie eigenem Rangier- und Triebfahrzeugpersonal durchzuführen. Die Höchstgeschwindigkeit der Rangierfahrten betrug 5 km/h.

Begegnung zwischen Jübek und Eggebek am 27. Februar 1981: So sah der Lokführer der 260 360 die Strecke und den entgegenkommenden Güterzug mit der 218 171.
Foto: Volker Siewke

Die vierteljährlich verkehrenden Züge nach Mürwik zum Marinestellenwechsel dienten dem Austausch der Marinesoldaten zwischen den einzelnen Ausbildungsstandorten. Ziele der Züge waren u.a. Wilhelmshaven, Brake (Unterweser) und Westerland (Sylt). Je nach Aufkommen wiesen die Sonderzüge beachtliche Zuglängen auf. Im Marinestützpunkt waren bis zu 15 Reisezugwagen zugelassen. Dies erforderte je eine Lok an der Spitze und am Schluß des Zuges, in den letzten Jahren im Regelfall eine 218 bzw. 260/360. Die Züge verkehrten noch bis 1990.

Das letzte Stück Erinnerung an alte Zeiten, die Güterabfertigung „Alter Bahnhof," verschwand im August 1975. Zur Beschleunigung und Vereinfachung des Rangierbetriebes wurde 1973 der Bahnhof Flensburg-Weiche mit einer Rangierfunkanlage ausgestattet. Die Rangierer erhielten tragbare „Teleport VI-Geräte".

Auch im Güterzugverkehr gab es zum 1. Januar 1976 ein neues Konzept, das des Knotenpunktsystems. Die Bedienung kleinerer Bahnhöfe, Anschlussstellen usw. im Nahbereich sollte von einer Stelle - dem Knoten - erfolgen. Der Knotenbahnhof war Flensburg-Weiche. Er verteilte und sammelte die Güterwagen, die von einem Rangierbahnhof kamen bzw. nach dorthin gingen. Die Bezeichnung „Rangierbahnhof" trugen also nur wenige hierzu bestimmte Bahnhöfe, die durch schnellfahrende Güterzüge miteinander verbunden waren.

Mit dem Fahrplanwechsel Sommer 1979 wurden die Aufenthaltszeiten der Güterzüge erheblich gekürzt, um die Kunden schneller bedienen zu können. Diese Beschleunigung erreichte man in einer konzertierten Aktion. In Süd-Nord-Richtung übernahm der Rangierbahnhof Maschen südlich von Hamburg einen Teil der Zugbildungsarbeiten. In Flensburg-Weiche war im wesentlichen nur ein Betriebsaufenthalt zum Abhängen der für den Knoten Flensburg bestimmten Wagen erforderlich. Die übrigen Aufgaben übernahm der Nachbarbahnhof Padborg. In Nord-Süd-Richtung fuhren die Züge ohne besondere Behandlung bis Flensburg-Weiche durch und wurden hier in verkürzter Zeit abgefertigt.

Da es in Flensburg keine Aufträge mehr gab, wurde der Container-Zustelldienst mit Pa-Mittelcontainern auf Straßenfahrzeugen Ende März 1980 eingestellt.

Anfang der 80er Jahre plante die DB für den Rangierbahnhof Flensburg-Weiche und den Personenbahnhof Flensburg Investitionen in Millionenhöhe. Bis 1988 sollten die mechanischen Stellwerke durch ein elektronisches Drucktasten - (Dr) Stellwerk ersetzt werden. Nach Inbetriebnahme des neuen Rangierbahnhofes Maschen verlor Flensburg-Weiche einen Teil seiner Aufgaben, so dass die Gleisanlagen dementsprechend verkleinert werden konnten. Zunächst wurden sieben Gleise der so genannten Ordnungsgruppe nahe dem Bockkran und weitere sieben Richtung Süden stillgelegt. Hierdurch konnten auch 25 Weichen eingespart werden. Ende 1981 gab es eine Projektstudie einer Eisenbahnfährlinie mit dem Zielhafen Klaipeda (Memel), bei dem neben Travemünde und Kiel auch Flensburg als Ausgangshafen diskutiert wurde. Immerhin bereiste im Dezember 1981 eine sowjetischen Delegation Flensburg. 1985 schied Flensburg zugunsten Travemündes aus dem Bewerberkreis aus.

Nachdem bereits zum Winterfahrplan 1980/81 erstmals mit der direkten Zugbildung von Maschen nach Padborg auch alle Grenzbehandlungsaufgaben von Flensburg-Weiche nach dort übertragen waren, wurden nun auch in der Gegenrichtung zum Jahresfahrplan 1981/82 vier durchgehende Züge eingesetzt und damit die Fahrzeit verkürzt. Da nun der Bahnhof Padborg die Züge bildete, entfiel in Flensburg-Weiche die „Bergbehandlung", d.h. die Zugneubildung über den Ablaufberg. Trotzdem betrug die Aufenthaltszeit immer noch 120 Minuten.

Mit Beginn des Sommerfahrplans Ende Mai 1981 wurde eine neue Verbindung des Lkw-„Huckepackverkehrs" mit der „Rollenden Landstraße" zwischen Flensburg-Weiche und Bochum-Langendreer aufgenommen. Der Zug beförderte täglich 14 bis 16 Lastzüge. Der neu eingesetzte Wagentyp mit extrem niedriger Ladefläche und einer Länge von 18,6 m gestattete die Verladung von Last- und Sattelzügen. Für das Lkw-Fahrpersonal wurde ein Liegewagen mitgeführt. Damit hatten nun auch Spediteure aus dem nördlichen Schleswig-Holstein und Dänemark die Möglichkeit, Lastwagen per Bahn in das Industriezentrum der Bundesrepublik zu transportieren.

An einem kalten Wintertag, dem 15. Januar 1982, war die 218 180 mit ihrem Güterzug auf dem Weg von Padborg nach Flensburg-Weiche und hat soeben das Vorsignal für das Hauptsignal an der Abzweigstelle Friedensweg erreicht.
Foto: Franz-Hermann Brodersen

218 155 fuhr mit ihrem Durchgangsgüterzug (Dg) auf dem Weg von Padborg nach Flensburg-Weiche am 2.Juli 1983 durch die Flensburger Marienhölzung. Dieser Streckenabschnitt wird auch „Schwarze Eisenbahn" genannt.
Foto: Sven Ullrich

Dieses Angebot hielt sich aber nicht lange, die „Rollende Landstraße" stellte ihren Betrieb zwischen Flensburg-Weiche und Bochum-Langendreer bereits nach gut sieben Jahren am 22. September 1988 wieder ein. Die Betreiberin, die „Kombiverkehr", begründete die Einstellung mit einer zu geringen Auslastung. Hierfür sei ausschlaggebend gewesen, dass es für dänische Spediteure inzwischen deutlich freizügigere Bestimmungen im Transportgeschäft auf der Straße gab und die Nachfrage aus dem Flensburger Raum nicht ausreichte.

212 326 auf der Hafen-Westseite in Höhe Museumshafen am 19. August 1987. Die Lok ist zu den Fahrzeugwerken Nord unterwegs, um dort einige mit Bundeswehr-Fahrzeugen beladene Güterwagen abzuholen.
Foto: Frank Garbe

Im Zusammenhang mit Rationalisierungsmaßnahmen begannen ab 15. März 1984 die Vorarbeiten für die endgültige Außerbetriebnahme des bereits stillgelegten Ablaufstellwerkes „Wr" in Flensburg-Weiche. Außerdem wurden zahlreiche bereits stillgelegte Signale, Weichen und Gleise zurückgebaut. Geplant war, das Stellwerk „Abzw Friedensweg" durch Schaffung von zwei eingleisigen Streckengleisen von Flensburg-Weiche / Flensburg Richtung Harrislee zu ersetzen.

Im Winterfahrplanabschnitt 1985/86 wurde Flensburg-Weiche als Umschlagbahnhof für den Container-Huckepackverkehr eingerichtet. Der Um-

Die „Rollende Landstraße" hinter Holzkrug . Am 15. Juni 1986 ging der zu diesem Zeitpunkt noch gut mit Lkw ausgelastete Zug auf die Reise nach Bochum-Langendreer.
Foto: Frank Garbe

schlag erfolgte mit einem von der Firma Kombiverkehr bereitgestellten mobilen Gerät. Es konnten Wechselbehälter bis 7,5 m Länge umgeladen werden.

Im Januar 1986 beschloss der Gemeinderat von Bov (Dänemark), zu der auch der Ortsteil Padborg gehört, den geplanten Containerterminal im Nordosten des Ortsteils zu platzieren. An der Gesellschaft hielt die DSB 40%.

Da dieser „Container-Huckepackverkehr" fast ausschließlich von dänischen Spediteuren in Anspruch genommen wurde, einigten sich die DB und DSB darauf, die Verladeanlagen nach Padborg zu verlegen. Deshalb wurde die erst am 21. Januar 1986 in Betrieb genommene Verladeanlage in Flensburg-Weiche mit der Eröffnung des Containerterminals in Padborg am 3. März 1986 wieder geschlossen.

Am 16. September 1987 fand auf Einladung der DSB eine Besprechung zur Vorbereitung der gemeinsamen wagentechnischen Untersuchung von zunächst drei Güterzügen in Padborg statt. Es sollten ab Fahrplanwechsel, dem 27. September 1987,

Am 31. August 1988 wurden die Niederflurwagen für die „Rollende Landstraße" in Flensburg-Weiche beladen. Über kurze Rampen fuhren die Lkw auf den Zug, zu dem auch der rechts sichtbare Liegewagen für die Lkw-Fahrer gehörte.
Foto: Frank Garbe

Nach der Verlagerung der Zugbildungsaufgaben nach Padborg verblieb für das örtliche Aufkommen nur noch ein Güterzug, vor dem am 14. Juli 1989 die Lok 218 183 den Bahnhof Flensburg-Weiche Richtung Rbf Maschen verließ. Foto: Hark Neumann

zwei deutsche Wagenmeister in Padborg eingesetzt werden. Wegen der noch hohen Mängelquote von 10% (angestrebt wurden 1%) waren „Beobachtungszüge" gemeinsam von DB- und DSB - Mitarbeitern zu untersuchen. Diese Maßnahme war als Lern- und Informationsphase für das dänische wagentechnische Personal gedacht.

Ab dem 28. Mai 1989 wurden in der Durchgangs-Fernrelation Güterzüge (Dg) mit einer Höchstgeschwindigkeit von 100 km/h gefahren. Für Züge im Nahbereich (Ng) wurde die Höchstgeschwindigkeit generell auf 90 km/h angehoben.

Nach einer seit Mai 1988 laufenden Erprobungsphase wurde nun die Realisierung der Verkürzung des Grenzaufenthaltes von Güterzügen in einem Pilotverfahren eingeleitet. Drei ausgewählte Güterzüge der Nord-Süd-Richtung wurden in Padborg ab 27. Mai 1990 von DB-Mitarbeitern so behandelt, dass sie in Flensburg-Weiche keinen nennenswerten Aufenthalt hatten. Hierdurch ergab sich ein Zeitgewinn für die Abfahrt der Züge Richtung Süden von bis zu 75 Minuten. Ziel war, ab 1. Januar 1991 alle Aufgaben in Padborg als Zugbildungsbahnhof für den grenzüberschreitenden Güterverkehr zu konzentrieren. Bei einer Feierstunde am 3. Januar 1991 in Padborg unterzeichneten Vertreter beider Bahnen das neue Grenzabkommen und mit dem Durchtrennen eines über die Schienen gespannten Bandes durch eine Lok war Padborg gemeinsamer deutsch/dänischer Gemeinschaftsbahnhof geworden. Nach Ablauf der Pilotphase wurden dort alle Grenzbehandlungsaufgaben konzentriert.

Mit Wirkung vom 1. Januar 1993 traten die Dänischen Staatsbahnen für den Grenzübergang Padborg der Vereinbarung zwischen den Bahnen („Sechservereinbarung") über die technische Übergabeuntersuchung an Güterwagen im grenzüberschreitenden Verkehr bei. Damit entfielen an dieser Grenze grundsätzlich die wagentechnischen Eingangsuntersuchungen und die mit dieser Aufgabe bisher verbundenen Arbeitsplätze.

7.4 Die Schneekatastrophen 1978/1979

Selten wurden Menschen und Material derart strapaziert wie im so genannten „Schneekatastrophenwinter" 1978/79. Deshalb soll hier aus der Sicht Flensburger Eisenbahner, ohne Anspruch auf Vollständigkeit, darüber berichtet werden, als Anerkennung für oft unglaubliche Leistungen.

Der Jahreswechsel kündigte sich mit Witterungsverhältnissen an, wie sie schlimmer kaum jemand in Erinnerung hatte. Schon in den Abendstunden des 28. Dezember 1978 machten sich die ersten Behinderungen durch Schneeverwehungen bemerkbar, als nach ununterbrochenem Schneefall bei Sturm die Temperaturen unter 0 ° C sanken. Der Klimaschneepflug des Bw Flensburg hatte seinen ersten Einsatz nach Lindholm.[158]

Am 29. Dezember verstärkte sich der Schneesturm. Nachmittags musste die Drehscheibe im Bw aufgegeben werden, weil sich die Schneemassen nicht mehr mit den vorhandenen Kräften aus der Grube entfernen ließen.

In der Betriebsküche gingen die Vorräte zur Neige, da wegen der Inventur zum Jahreswechsel der Bestand reduziert worden war. Hinzu kam, dass das Küchenpersonal die Dienststelle nicht mehr erreichen konnte. Die Bundeswehr lieferte 50 EPA-Verpfle-

Die Situation in Flensburg spitzte sich zu. Das Gleis 10 am 31. Dezember 1978. Die Schneeverwehungen drohten das Bahnsteigdach zu erreichen. Seit dem 29. Dezember war die Strecke nach Kiel blockiert und am 30. Dezember musste der Betrieb nach Neumünster aufgegeben werden. Foto: unbekannt Sammlung Eckhard Klein

gungspakete, die aber als Gemeinschaftsverpflegung weniger geeignet waren. Daraufhin wurden Lebensmittelgeschäfte in Bahnhofsnähe angerufen und zwei Geschäftsinhaber erreicht. Mit Handschlitten schafften Mitarbeiter die Vorräte zum Bahnhof und auf einer Lok in das Betriebswerk.

Am 29. Dezember überschlugen sich auf der Kieler Strecke die Ereignisse:

- Eilzug E 3168 (VT 612/613) fuhr sich in einer Schneewehe in Rieseby fest und wurde mit einer Lok freigeschleppt.
- Nahverkehrszug N 4261 (VT 612/613) musste in Rieseby stehen bleiben und schneite sehr schnell ein.
- Nahverkehrszug N 4254 (VT 612/613) hatte sich in der südlichen Einfahrt von Rieseby festgefahren. Bei dem Versuch, ihn frei zu schleppen, riss die VT-Einheit auseinander. Ein Teil musste stehen bleiben. Damit war der Streckenabschnitt Rieseby – Eckernförde gesperrt.
- Eilzug E 3177 (VT 612/613) wurde mit Vorspannlok gefahren. Am nördlichen Einfahrvorsignal von Rieseby blieb er in einer Schneewehe stecken und die Vorspannlok fiel mit Motorschaden aus. Der Zug schneite sehr schnell ein.

In Flensburg stellte man einen Bergezug mit drei Lok BR 218 und zwei Reisezugwagen zusammen. Eine Lok wurde in Süderbrarup an den Schluss gesetzt. Vier Lokführer und ein Zugführer machten sich auf eine abenteuerliche Reise, die später von den zum Bw Flensburg gehörenden Lokomotivbetriebsinspektoren Gerhard Schlünsen und Anton Kurpiela in einem Bericht eindrucksvoll beschrieben wurde:

„Kurz vor Winderatt wirds noch schlimmer, wir verlieren enorm an Geschwindigkeit. Ab Sörup wird uns mulmig, von links schlagen Leitungsdrähte an die Lok, von rechts herabhängende Zweige. Es knallt fürchterlich. Wir haben Angst vor umgestürzten Leitungsmasten. Ich bitte die Kollegen, in Hockstellung zu gehen, falls ein Fenster zu Bruch geht. In Fahrtoft fahren wir mit Vollast in die Schneewehen

„Weiße Hölle" im östlichen Landesteil. Dort waren die Schneeverwehungen am verheerendsten. Die Strecke Flensburg - Kiel war extrem betroffen. Hier ein zwischen Gettorf und Eckernförde festsitzender Triebwagen der Baureihe 612/613. Foto: unbekannt Sammlung Eckhard Klein

Gezeichnet von den Witterungsverhältnissen kamen die Lok 218 127 und eine Schwesterlok nach einem Schneeschleudereinsatz Anfang Januar 1979 zurück in das Heimat-Bw Flensburg.
Foto: Eckhard Klein

hinein und verlieren rapide an Geschwindigkeit. Ein Gefühl, als halten uns Gummiseile. Jetzt 25 km/h, der Schnee schießt über die Lok hinweg - wir werden schneller. Dann hinter Lindaunis in das gesperrte Gleis. Anhaltspunkte fehlen. Wir schieben eine Unmenge Schnee vor uns her und entdecken das Vorsignal, jetzt auch die Schlußleuchte des VT. Bremsen ist gar nicht nötig. Der Zug kommt ca. 20 m vor dem Hindernis zum Stehen. Der Schneesturm tobt mit unverminderter Gewalt. Der Zugführer steigt als erster von der Lok. Er versinkt im Schnee, er ist weg, einfach weg! Über freies Feld suchen wir uns einen Weg zum VT."

An Abschleppen war nicht zu denken. Unter schwierigsten Bedingungen, bei stockfinsterer Nacht und tobenden Schneesturm, wurden die Reisenden von den Zugpersonalen geborgen und übernommen.

„Wir fahren los und kommen gut aus dem Bahnhof. Wir kennen unsere Strecke, gleich muß das Kommando Vollast kommen, aber der Zug wird wunderbar weich abgebremst. Endstation, hier in Fahrtoft? Von vorne kommt die Meldung, irgendwo im Zug geht die Luft aus der Bremsleitung weg. Ein Verlassen des Führerstandes war nicht möglich. Es gelingt, mit allen Luftpressern den Leitungsdruck zu halten. Unvorstellbar, welche Schneemassen hier liegen. Zurück Richtung Lindaunis. Langsam setzt sich der Zug in Bewegung bis zur zweiten Schranke. Dann ein neuer Anlauf – wir sind durch. Unbeschreiblicher Jubel über das Zugbahnfunkgerät. Jetzt läuft es besser, nach Winderatt runter fast von alleine. Dann, nach zwei durchfahrenen Schneewehen ein Schlingern und Stampfen des Führerstandes. Was ist das? Egal, Schnellbremsung! Das vordere Drehgestell steht nicht mehr auf den Schienen."

Die Lok wird abgekuppelt, und der Zug mit den Reisenden fährt mit zwei Lok zurück nach Sörup. In Sörup fällt der Aufsichtsbeamte fast in Ohnmacht, als der Zug unangemeldet zurückkommt. Nun müssen die Fahrgäste versorgt werden. Das Technische Hilfswerk wird alarmiert und bringt Verpflegung, später auch Dieselkraftstoff für die Lok, damit der Zug geheizt werden kann. Es sind harte Tage für alle - bis man sie am 2. Januar 1979 mit dem Hubschrauber ausfliegt.

„Und plötzlich stand ich mit meiner entgleisten Lok um 1.00 Uhr nachts bei km 66,2 im freien Feld mutterseelenallein und harrte der Dinge, die da kommen sollten. Ich hatte ja noch zwei Schnitten und etwas Kaffee."

Noch in der Nacht versuchten Schneepflug und Hilfszug zur entgleisten Lok zu kommen. Hinter Maasbüll hob eine hohe Schneewehe den Schneepflug an. Hierbei wurde er beiseite gedrückt und um die eigene Achse gedreht. Die Lok (218) landete auf der anderen Seite im schneegefüllten Graben. Zum

Bis zum Bahnhof Sörup kam der Evakuierungszug durch. Dann war auch hier endgültig kein Weiterkommen. Rechts vor der 218 116 Lokbetriebsinspektor Gerhard Schlünsen.
Foto: unbekannt Sammlung Gerhard Schlünsen

Gefährliches Ende einer Dienstfahrt! Noch in der Nacht zum 30. Dezember 1978 wollte der Hilfszug des Bw Flensburg mit Klima-Schneepflug vorweg die vor Winderatt entgleiste Lok bergen. Doch hinter Maasbüll war der Schnee zu hoch und zu fest. Schneepflug und Lok 218 185 entgleisten und kollidierten zusätzlich mit dem Einfahrtsignal.
Foto: Eckhard Klein

Glück wurde niemand verletzt, aber die Strecke Flensburg - Kiel war nun endgültig gesperrt.

„Morgens um 8.30 Uhr hörte ich über Funk die vertraute Stimme eines Kollegen aus Sörup. Ich sollte die Lok sofort verlassen und mich nach Winderatt durchschlagen, da das Wetter immer schlechter wurde und keine Hilfe zu erwarten sei. Den Motor ließ ich weiterlaufen, meldete mich über Funk ab und machte mich auf den Weg, immer die Telegrafenmasten im Auge, um nicht vom Kurs abzukommen. Etwa 50 Minuten brauchte ich für einen Kilometer. Die Schrankenwärterin von Winderatt schlug die Hände über dem Kopf zusammen bei meinem Anblick."

Ein Reisender, als Soldat langjähriger Disziplinarvorgesetzter, schrieb später an die Bundesbahndirektion: *„Diese Männer zeigten ein Maß an Initiative, Einsatzfreude und Hilfsbereitschaft, das wohl kaum zu überbieten ist. Ich habe mir derartige Mitarbeiter immer gewünscht. Sie können wahrlich stolz auf diese Leute sein."*

Mit zwei 75 t - und 45 t - Eisenbahnkränen konnten die Hindernisse bis zum 4. Januar 1979 weggeräumt und anschließend die stark beschädigten Schienen wieder repariert werden. Am 5. Januar morgens fuhr wieder der erste Zug nach Kiel.

Die Unfallstelle an der Kieler Strecke hinter Maasbüll. Ein Bergepanzer der Bundeswehr verschwenkte die Lok zur Seite. Ohne die Hilfe der Soldaten wäre alles noch schlimmer gewesen. Mit Bundeswehrhilfe wurde neben dem Gleis zunächst eine Fläche ausgehoben und die Lok mit zwei Eisenbahnkränen dort abgesetzt. Nachdem das schwer beschädigte Gleis repariert war, hoben die beiden Kräne die Lok am 3. Januar 1979 wieder auf das Gleis. Erst am 5. Januar konnte wieder ein Zug Richtung Kiel fahren.
Fotos: Eckhard Klein

Auf der Hauptstrecke Flensburg - Rendsburg musste am 30. Dezember morgens der Betrieb eingestellt werden, als sich am Haltepunkt Barderup ein Triebwagen der BR 612/613 festgefahren hatte. Abschleppversuche schlugen fehl. Auf dem Führerstand einer Lok der BR 212 wurden die Fahrgäste im Pendelverkehr nach Flensburg gebracht. In den Wartesälen von Rendsburg und Flensburg sammelten sich viele Reisende, die nicht auf eine längere Ausbleibezeit eingerichtet waren. In Rendsburg stand auch inzwischen der D 331, mit vielen Reisenden aus Hamburg kommend. Eine Weiterfahrt war nicht zu verantworten.

Um 18.30 Uhr erreichte die erste Schneeschleuder aus dem Süden Deutschlands Flensburg. Nach kurzer Einweisung machte sich um 20.00 Uhr eine Mannschaft des Bw Flensburg auf den Weg nach Rendsburg, wo das Gleis keine Spur der vorangegangenen Räumfahrt mehr zeigte. 18 Stunden später (!) waren sie mit angehängtem D 331 wieder zurück und brachten die dänischen Reisenden in einer sechsstündigen Fahrt noch weiter nach Padborg. Abends um 23.00 Uhr wiederholte eine neue Mannschaft die Fahrt im Schneckentempo. In Schleswig wurden die Reisenden von der über Zugbahnfunk informierten Bundeswehr mit warmem Essen versorgt. Als der Zug nach 16 Stunden am 1. Januar 1979 abermals in Flensburg eintraf, hatte sich der Schneesturm gelegt, und der von der Schleuder freigekämpfte Weg verwehte nicht mehr. So konnte der Betrieb abends wieder eingleisig und am nächsten Tag zweigleisig aufgenommen werden.

Am 26. Januar 1979 und 3. Februar gab es, besonders auf der Kieler Strecke, wieder heftige Verwehungen, die den Zugverkehr erheblich behinderten und sogar zum Ausfall einiger Züge führten. Doch es sollte noch schlimmer kommen. Am 12. Februar kündigte sich dann der zweite Schneesturm an. Durch die vorhandenen nicht abgetauten alten Schneewehen begünstigt, war die Strecke an vielen Stellen in kurzer Zeit wieder verweht. Diesmal mit Schneehöhen um fünf Meter. Es ist unmöglich, die Dramatik aller Situationen nachzuvollziehen, den bis zur Erschöpfung gehenden Einsatz vieler Eisenbahner wirklichkeitsnah zu beschreiben. Zwei Beispiele sollen den oft verzweifelten Kampf mit den Naturgewalten und die Bemühungen um die Weiterführung des Betriebes demonstrieren.

Am 14. Februar 1979 war die Schneeschleuder mit Personal des Bw Flensburg auf der Fahrt von Kiel über Neumünster zurück zu ihrem Ausgangspunkt Flensburg. In Aspe wurde der D 331 (Hamburg ab 9.20 Uhr) angehängt und bis Rendsburg mitgenommen. Eine Reservemannschaft übernahm die Schneeschleuder. Die alte Mannschaft stieg in den Reisezug, der nun voranfahren sollte, um die Fahrt zu beschleunigen. Auch in Schleswig wurde die Reihenfolge nicht geändert, da eine Stunde zuvor ein Gegenzug durchgekommen war. Der Zug bestand aus zwei Lok der BR 218 und sechs Wagen mit rund 300 Reisenden. Bei starkem Schneetreiben, Sturm mit einer Windstärke von 8 bis 9 und Frost unter -10 ° C passierte es hinter Schuby: Aus einer Geschwindigkeit von 70 km/h blieb der Zug in einer Schneewehe stecken. Alarmmeldung über Zugbahnfunk. Das Zugpersonal versuchte, sich mit Zuglaufschildern als Schaufelersatz zu helfen, aber das nützte nichts. Zwei Hilfslok wurden losgeschickt und 30 Bundeswehrsoldaten, die eigentlich einem nur 1000 m weiter im Nachbargleis steckenden Akkutriebwagen helfen sollten. Um 19.15 Uhr waren sie am bedrängten Zug. Vier Lok versuchten es, aber nichts rührte sich. Wieder schaufelten die Mannschaften und es gab neue Anfahrversuche - es ging nicht. Alle vier Lok versuchten nun, ohne Zug freizukommen - erneut blieb derErfolg aus. Jetzt versuchte man es einzeln, schließlich waren drei Lok frei, an die vierte machte sich die Bundeswehr. Mit dem inzwischen angeforderten Schneepflug versuchten die drei Lokomotiven solange im Pendelbetrieb, die Strecke freizuhalten. Um 21.30 Uhr ein neuer Anlauf mit allen vier Lokomotiven. Wieder bewegte sich der Zug keinen Meter. Die Kupplungen waren bis zum Zerreißen gespannt. Ein letzter verzweifelter Versuch, nun zunächst 200 m rückwärts, dann gelang es mit aller Kraft vorwärts zu kommen. Um 23.45 Uhr war das Abenteuer in Flensburg zu Ende.

„Alpine Verhältnisse" im Norddeutschen Flachland. Der Schnee war meterhoch verweht. Nachdem die Schneefräsen tätig waren konnte 218 171 bei Mohrkirch wieder die Kieler Strecke befahren.
Foto: unbekannt **Sammlung Eckhard Klein**

Wieder musste auf allen Strecken ab Flensburg der Betrieb eingestellt werden. Am 15. Februar wurde beschlossen, in einer genau geplanten Aktion Rendsburg mit einem Reisezug zu erreichen. Um 14.00 Uhr ging es los. Hinter der Schneeschleuder eine Lok 218, dann vier Reisezugwagen, am Schluss wieder eine Lok zum Schieben oder für den Rückzug. Ohne Vorankündigung kamen mühelos 200 Reisende zusammen. Sie wurden vorgewarnt: Es würde eine lange Fahrt werden. Um 16.00 Uhr war Eggebek erreicht. Der Klimaschneepflug pendelte im Blockabstand hinter dem Zug, um die geräumte Strecke freizuhalten. Das gelang zunächst bis Tarp, im zweiten Anlauf bis Eggebek. Die Schneeschleuder meldete über Zugbahnfunk vor Schuby eine etwa 200 m lange Schneewehe zwei Meter hoch bei starkem Schneetreiben. Und dann: der Antrieb streikte! Eine Kupplung ließ sich nicht mehr einrücken. Alles zurück ? Es folgten bange Minuten. Die Mannschaft konnte den Schaden beheben, es ging weiter! Nun kamen Bedenken auf, ob der nachfolgende Schneepflug durch die engen Schneekanäle kommen würde, denn wohin mit der weißen Pracht? Man riskierte es und hatte Erfolg. Zwischen 19.00 und 20.00 Uhr war Schleswig erreicht. Da nun die freizuhaltende Strecke für den Schneepflug zu lang geworden war, wurde in Flensburg der erste Pendelzug zusammengestellt. Zwei Wagen, vorne und hinten je eine Lok der Baureihe 218. Gemeinsam weiteten sie den Aktionsradius immer weiter aus, bis ein weiteres Lokgespann erforderlich wurde. Nach Mitternacht war es geschafft, die Schneeschleuder hatte mit ihrem Zug Rendsburg gegen 0.30 Uhr erreicht. Und die Pendelzüge sorgten dafür, dass die Strecke nicht wieder verwehte. Am nächsten Tag konnten wieder Reisende befördert werden. Zwar noch unregelmäßig, aber man fuhr. Der Pendelverkehr weitete sich Freitagvormittag bis Neumünster aus und am Sonntagnachmittag konnte der Betrieb wieder auf durchfahrende Züge umgestellt werden.

Das Schlimmste war vorbei. Menschen und Material waren extrem strapaziert worden, viele Lokomotiven nicht mehr einsatzfähig. Die Schneemassen lagen zum großen Teil noch auf den Strecken. Von den zehn DB-Schneeschleudern waren sieben im norddeutschen Raum eingesetzt, dazu die eigenen Schneepflüge. Alleine die Mannschaften des Bw Flensburg hatten insgesamt 62 Räumeinsätze mit Ausbleibezeiten zwischen 12 und 24 Stunden hinter sich.

7.5 Die Elektrifizierung der Strecke Flensburg – Hamburg

Bereits im Jahre 1908 entschloss sich die KPEV zur Erprobung des elektrischen Betriebes auf Vollbahnstrecken und wählte dazu u. a. die Strecke Altona - Kiel als Flachlandstrecke aus. Dieser Plan scheiterte am Einspruch der preußischen Heeresleitung, woraufhin die Strecke Dessau - Bitterfeld gewählt wurde.

Schon seit 1960 wurde die Elektrifizierung von Strecken in Schleswig-Holstein untersucht. Eine Realisierung scheiterte bis dahin an einer Deckungslücke zwischen den Kosten der Elektrifizierung und den nach betriebswirtschaftlichen Grundsätzen von der DB selbst zu finanzierenden Investitionen.

Im Jahre 1975 machten sich die Dänischen Staatsbahnen Gedanken über eine Elektrifizierung der Hauptstrecken wie z.B.: Kopenhagen - Fredericia - Padborg. Im Juli 1978 wurden die Überlegungen konkreter. Die Planung sah die Elektrifizierung des Fernstreckennetzes bis 1990 vor. Die Verbindung mit Deutschland über Padborg sollte 1995 elektrisch befahrbar sein.

Am 26. Mai 1994 erfolgte der erste Rammschlag für die Elektrifizierungsarbeiten im Bereich des Betriebsbahnhofes.
Foto: Eckhard Klein

Mit einer Elektrifizierung der Bundesbahnstrecken in Schleswig-Holstein wäre nach den Worten des parlamentarischen Staatssekretärs im Bundesverkehrsministerium bis zum Jahr 2000 nicht zu rechnen. Er könne auch keine Nachteile für das Land erkennen, sagte er im April 1980 vor der Landespressekonferenz Schleswig-Holstein.

Bei einer Verkehrskonferenz im Januar 1983 mit Landes- und Bundespolitikern forderte der damalige Landesverkehrsminister Westphal, dass die Bundesbahn nicht daran festhalten solle, zwischen Hamburg und der Grenze zu Dänemark eine „Diesel-Insel" bestehen zu lassen. Der parlamentarische Staatssekretär im Bundesverkehrsministerium, Schulte, sah dagegen für die nächste Zeit keine Elektrifizierung zwischen Hamburg und Flensburg. Auch der verkehrspolitische Sprecher der SPD-Landtagsfraktion, Uwe Gunnesson, warnte vor „sachunkundigen" Forderungen nach einer sofortigen Elektrifizierung der Bahnstrecken in Schleswig-Holstein. Sie sei zu damaliger Zeit nicht nur unwirtschaftlich und nicht zu finanzieren gewesen, sondern hätte auch eine Vielzahl qualifizierter Arbeitsplätze, wie zum Beispiel im Bahnbetriebswerk Flensburg, gefährdet.

Arbeiten an der Fahrleitung an Gleis 1 im Flensburger Bahnhof am 20. September 1994.
Foto: Wolfgang Stengel

Nach einer umfangreichen Wirtschaftlichkeitsuntersuchung der Bundesbahndirektion Hamburg aus dem Jahre 1986 war jedoch die Elektrifizierung keiner einzigen Strecke in Schleswig-Holstein betriebswirtschaftlich vernünftig.

In einer Pressekonferenz im Frühjahr 1987 sagte der Vorstandsvorsitzende der Deutschen Bundesbahn, Reiner Gohlke: *„Der entscheidende Impuls für ein großes Vorhaben der Bahn in Schleswig-Holstein wird aus Dänemark erwartet. Das Nachbarland hat beschlossen, eine Eisenbahnbrücke über den Großen Belt zu bauen und in diesem Zusammenhang die Strecke von Norden her bis Padborg zu elektrifizieren. Wenn das kommt, werden wir verlängern. Mit der Landesregierung ist vereinbart worden, die Möglichkeiten zur Elektrifizierung u. a. der Strecke Hamburg - Flensburg zu untersuchen. Güterzüge von und nach Norden werden dann über Flensburg fahren."*

Die SPD-Landtagsfraktion und der SPD-Europaabgeordnete luden am 20. Juli 1987 Mitglieder des Folketing (Dänemark) und des Reichstags (Schweden) zu einer Verkehrskonferenz nach Flensburg ein. Man war der Meinung, dass durch die feste Verbindung über den Großen Belt ab 1992 ein Großteil des internationalen Güterverkehrs über Padborg - Flensburg gehen würde. Folketing-Abgeordnete rechneten mit einem Zuwachs von rund 500% und man war bestrebt, so schnell wie möglich die Elektrifizierung der Strecke bis zur Grenze zu erreichen.

Auf eine Resolution der Flensburger Ratsversammlung über die Elektrifizierung der Strecke Hamburg - Flensburg antwortet der Präsident der Bundesbahndirektion Hamburg am 10. August 1988 u. a.: *„Große Investitionen - wie auch die Elektrifizierung von Strecken - müssen einen positiven Beitrag zum Wirtschaftsergebnis der DB liefern. Diese entscheidende Bedingung wird nach den Ergebnissen der bisher durchgeführten Untersuchungen mit einer Elektrifizierung der Strecke Hamburg - Flensburg nicht erfüllt. Da aus Sicht der Bundesbahndirektion Hamburg für diese Strecke keine Baukostenzuschüsse zu erwarten sind, werden in meinem Hause keine Überlegungen darüber angestellt. Im übrigen sei darauf hingewiesen, dass mit Dieselbetrieb ein nachfragegerechtes Leistungsangebot auf dieser Strecke erbracht wird. Eine bloße Umstellung auf elektrische Traktion ohne wesentliche Verbesserung der Streckeninfrastruktur wird deshalb keine nennenswerte Qualitätssteigerung zur Folge haben."*

Auch der Bundesminister für Verkehr antwortete der Stadt zum selben Thema u. a.: *„Die Ergebnisse der von der DB schon 1986 durchgeführten Untersuchungen sprechen aus wirtschaftlichen Gründen eindeutig für einen Weiterbetrieb der Dieseltraktion. Eine Umstellung auf der Strecke Hamburg - Flensburg und Neumünster - Kiel mit einem Aufwand von rd. 500 Millionen DM sei nur vertretbar, wenn von dritter Seite ein Zuschuss von 250 Millionen DM zur Verfügung gestellt wird. Die Landesregierung hat inzwischen einen entsprechenden Antrag an die Kommission der Europäischen Gemeinschaft formuliert."*

Auf Drängen Schleswig-Holsteins gab das Bundesverkehrsministerium 1987 bei der Beratergruppe Verkehr und Umwelt (BVU) eine gesamtwirtschaftliche Studie in Auftrag. In dieser Studie wurde für das Vorhaben mit einem volkswirtschaftlichen Nutzen-Kosten-Verhältnis zwischen 3,9 und 5,8 ein positiver Beitrag zum Wirtschaftergebnis prognostiziert. Daraufhin stellte die DB im Juli 1990 eine Projektgruppe auf, die auf dieser Grundlage die relevanten Daten so aufbereiten sollte, dass eine abschließende Entscheidung möglich wurde. Der Vorstand der DB kam am 17. Dezember 1990 zu dem Ergebnis: „Eine Elektrifizierung der Strecken ist technisch und betrieblich machbar. Die Kosten betragen 514 Millionen DM. Hierfür ist ein Baukostenzuschuss von 264 Millionen DM erforderlich."

Der Haushaltsausschuss des Bundestages forderte nun die Bundesregierung auf, noch aus dem Etat 1991 Mittel für die Elektrifizierung der Bahnstrecken Hamburg - Flensburg und Hamburg - Kiel bereitzustellen. Mit dieser Entscheidung wurde ein jahrelanges Tauziehen um die Finanzierung dieser Maßnahme beendet. Die Gesamtkosten von zirka 520 Millionen DM wurden zwischen Bund, Land und DB aufgeteilt. 150 Millionen DM wollte Schleswig-Holstein vor dem Hintergrund einer - ohne elektrifizierte Hauptstrecken - befürchteten Abkoppelung Schleswig-Holsteins vom modernen Leistungsangebot der DB laut Vertrag vom 20. August 1991 übernehmen, 256 Millionen DM die Bahn.[159] Die fehlenden 114 Millionen DM stellte der Bund zur Verfügung. Diese Summe enthielt für einige Abschnitte auch die Kosten für die vorgesehene Erhöhung der Streckenhöchstgeschwindigkeit auf 160 km/h. Da die DSB ihre elektrifizierten Strecken, anders als in Norwegen, Schweden und in der Bundesrepublik, mit 25 kV, 50 Hertz betreibt, würde also in Padborg weiterhin ein Lokwechsel fällig, solange keine Zweisystemlokomotiven vorhanden waren. Mit dem Bau der Oberleitung sollte 1992 begonnen, der elektrische Zugbetrieb nach Vorgabe der Hauptverwaltung der DB zum Fahrplanwechsel im Herbst 1994 aufgenommen werden.

Der Sonderzug zur Eröffnung des elektrischen Betriebes von Neumünster nach Flensburg am 3. März 1996 kurz vor Flensburg.
Foto: Holger Kaufhold

Die kritischen Betrachtungen eines Abteilungsleiters der Bundesbahndirektion Hamburg, unter anderem zu den Folgen für die Arbeitsplätze beim Betriebswerk Flensburg, wies ein Sprecher der Landesregierung als „haltlose Spekulationen" zurück. Nicht alle Diesellok würden abgeschafft, auch E-Lok müssten gewartet werden.

Was indessen kein Flensburger Eisenbahner glaubte und im Schreiben der BD Hamburg an die Hauptverwaltung vom 23. November 1990 bereits festgeschrieben war,

- die Auflassung der Instandhaltung von Diesellok und Reisezugwagen ,
- die Auflösung des Bw Flensburg als selbständige Dienststelle

bestätigte sich dann nach Aufnahme des elektrischen Betriebes: eine Lokbehandlung bzw. Wartung der Elektrolok fand am Standort Flensburg nicht statt.Daran konnten auch die Bemühungen des Bundestagsabgeordneten Wolfgang Börnsen durch Schreiben an den Bundesminister für Verkehr und den Präsidenten der Bundesbahndirektion Hamburg vom 2. September 1991 nichts mehr ändern. Auch die Initiativen der Mitarbeiter mit Unterstützung ihrer Gewerkschaft und ein Schreiben des „Bund der Steuerzahler" Schleswig-Holstein vom 30. Oktober 1991 an die BD Hamburg brachten keinen Erfolg.

Am 3. November 1992 wurden im Bahnhof Bordesholm Gründungs- und Maststellarbeiten für den ersten Mast der Elektrifizierung in Schleswig-Holstein ausgeführt. Gemeinsam hatten Schleswig-Holsteins Minister, Dr. Thomas, und DB-Vorstandsmitglied, Prof. Dr. Häusler, den ersten Rammschlag ausgelöst. Damit begann nach gut einem Jahr intensiver Planungsarbeit jetzt die Umsetzung vor Ort. Rund 210 Streckenkilometer mussten elektrifiziert werden, dafür waren annähernd 7000 Masten erforderlich. Darüber hinaus plante die DB in Neumünster, Flensburg und Kiel moderne elektronische Stellwerke. In Flensburg-Weiche wurde bereits seit dem 1. Dezember 1992 auf dem Gelände des Rangierbahnhofs der Bau eines modernen Stellwerks vorbereitet.

Im Zuge der Elektrifizierungsarbeiten bzw. des Stellwerkneubaus wurden auch die Gleisanlagen im

Bahnhof Flensburg den geänderten Erfordernissen angepasst. Dabei wurde eine Weichenverbindung zwischen den Gleisen 6 und 9 gebaut, um ein Umsteigen am selben Bahnsteig zwischen den Zügen der Strecke Kiel - Flensburg und Hamburg - Flensburg - Padborg zu ermöglichen. Gleichzeitig wurde der Mittelbahnsteig mit den Gleisen 7 und 8 für den Personenverkehr stillgelegt, das Gleis 8 entfernt, und die Zufahrt zum Betriebsbahnhof vereinfacht. Dies hatte zur Folge, dass der Betriebsbahnhof und das Bw nur noch über eine einzige Weiche mit dem Streckengleis nach Padborg verbunden ist.

Die Elektrifizierung der Strecke nach Flensburg hatte mit den Abschnitten Jübek - Tarp (18. Januar 1993), Tarp - Flensburg-Weiche (1. Februar 1993) und Flensburg-Weiche - Flensburg und im Bahnhof Flensburg (11. Oktober 1993) begonnen. Die DB hatte zusammen mit den bauausführenden Firmen den 31. Juli 1994 für die Fertigstellung festgelegt.

Zwischenzeitlich wurde der DB durch Beschluss des Oberverwaltungsgerichts Schleswig vom 30. Dezember 1993 auf Antrag des Landesnaturschutzverbandes untersagt, in Schleswig-Holstein vor Beendigung des Planfeststellungsverfahrens weiter zu elektrifizieren. Seit Januar 1994 ruhten alle Arbeiten. In einem beschleunigten Verfahren wurde die Genehmigung jetzt nachgeholt. Nach fast fünfmonatiger Zwangspause liefen die Arbeiten in Flensburg wieder. Vor dem Gerichtsbeschluss standen bereits 75 der 500 vorgesehenen Masten im Bereich Flensburg.

Die letzte Lücke in der Oberleitung der Strecke Hamburg - Flensburg wurde am 13. November 1995 in Schuby geschlossen und am 12. Dezember 1995 begann im Bahnhof Flensburg-Weiche die erste Testfahrt mit zwei Elektrolokomotiven bis Jübek. Auf der gesamten elektrifizierten Strecke von Neumünster bis Flensburg fuhr am 16. Dezember 1995 die erste Ellok. Die Testfahrt verlief reibungslos.

Die Bahnstromversorgung im nördlichen Schleswig-Holstein ist insofern außergewöhnlich, als Strom aus dem 50 Hz - Landesnetz entnommen und in Jübek, in Bahnstrom (15 kV, 16 2/3 Hz) transformiert, in die Fahrleitung eingespeist wird.

Am 3. März 1996 um 16.15 Uhr rollte der erste von der Elektrolokomotive 120 128 gezogene Sonderzug in den Bahnhof Flensburg. In Anwesenheit von DB-Vorstandsmitglied Münchschwander hielt Ministerpräsidentin Heide Simonis eine Rede. Weil noch Ellok fehlten, wurden etwa bis zum Fahrplanwechsel im Juni weiterhin Diesellok bis Neumünster

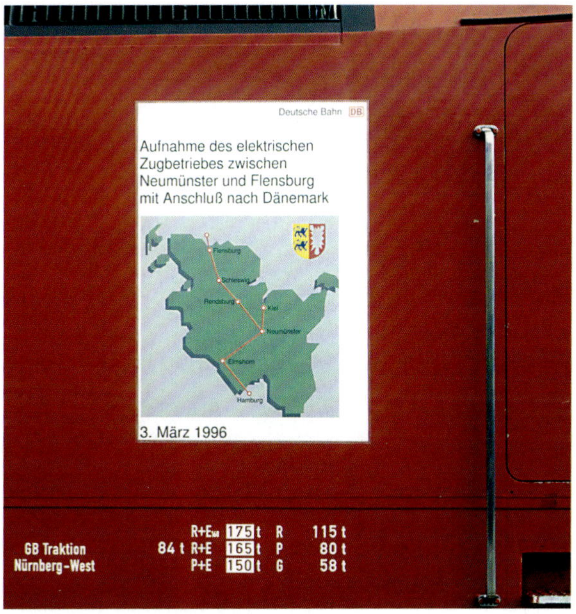

Mit dieser Folie verkehrte 120 128 am Eröffnungstag des elektrischen Betriebes.
Foto: Sven Ullrich

eingesetzt. Vereinzelt waren die Züge aber auch schon mit Ellok bespannt. Die Vorteile des elektrischen Betriebes, die Fahrzeitverkürzungen um rund 20 Minuten durch Umfahrung von Altona sowie die Geschwindigkeitserhöhung auf 160 km/h, wurden erst zum Fahrplanwechsel Anfang Juni 1996 wirksam.

Der erste von der Ellok 120 109 gezogene InterRegio 2186 der DB nach Fredericia wurde am 2. Juni 1996 in Flensburg festlich empfangen. Eine Zugbegleiterin durchschnitt unter dem Beifall der Reisenden ein Band in den Schleswig-Holstein-Farben. In Padborg erwartete den Zug ein „großer Bahnhof" mit Musik und Reden. 120 109 hatte hierzu eigens an den Seitenwänden eine überdimensionale Folie bekommen, die auf den ersten elektrischen IR nach Dänemark hinwies.

Die InterRegio-Züge wurden von Juni 1996 bis April 1997 von der Ellok-Baureihe 120 bespannt, nach Erneuerung der Rendsburger Hochbrücke übernahm die sechsachsige InterCity Lok der Baureihe 103 planmäßig die Beförderung dieser Züge, bis diese im Juni 2001 von der Baureihe 101 abgelöst wurde.

Den Güterverkehr übernahmen bei Aufnahme des elektrischen Betriebes Ellok der Baureihe 140, nach der Verstärkung der Rendsburger Hochbrücke durften auch die sechsachsigen Ellok der BR 151 und 155 (ex DR 250) nach Flensburg fahren. Der planmäßige Einsatz der Reichsbahn-Loks endete 1999. Seither wurden die Güterzüge von den Neubau-Ellok der BR 145 und 152 befördert und seit 2003 fährt fast ausschließlich die BR 185. Ab und zu läßt sich noch eine 152 sehen, eine Rarität ist heute das Auftauchen einer Lok der BR 140 vor einem Güterzug im nördlichen Schleswig-Holstein.

Im Regionalexpress-Verkehr (RE) verkehrten bis Ende Mai 2000 Dieseltriebwagen der Baureihe 628^{2-4} unter dem Fahrdraht bis Neumünster, bis diese durch Wendezüge mit Ellok der Baureihen 110 und 141 ersetzt wurden. Seit dem Fahrplanwechsel im Dezember 2003 werden diese Wendezüge von Ellok der Baureihe 112 bespannt.

7.6 Bahnbetriebswerk und beheimateter Fahrzeugpark

Modernisierung der Werkstättenanlagen

Nachdem das Bw Flensburg keine Dampflok mehr beheimatete, wurde Flensburg regulär lediglich noch von einer, den D 330 „Nordpfeil" bespannenden, Altonaer Dampflok der Baureihe 012 (01^{10} Öl) als Wende-Bw angelaufen. Kaum ein Jahr später verließ unter großer Anteilnahme der Bevölkerung der letzte planmäßig mit einer Dampflok bespannte Zug den Bahnhof Flensburg. Mit der dreizylindrigen 012 082 des Bw Hamburg-Altona als Zuglok des D 330 endete am 27. Mai 1972 die Dampflokepoche im nördlichsten Bw Deutschlands endgültig. Eine große Menschenmenge hatte sich auf dem Bahnsteig und der Schleswiger Straßenbrücke eingefunden, um dieses Ereignis mitzuerleben. Die Lok war liebevoll mit Girlanden geschmückt und der Vorstand des Maschinenamtes Flensburg würdigte in einer kleinen Ansprache die Leistungen der Dampflokomotiven und ihrer Personale. Unter den Klängen des Eisenbahn-Blasorchesters Padborg verließ der Zug unter ständigen Pfeifsignalen den Bahnhof.

Im Bw Flensburg hatten Mitarbeiter und Eisenbahnfreunde am 27. Mai 1972 die 012 082 festlich geschmückt. Nun wartete sie auf ihren letzten Auftritt als Zuglok des D 330 nach Hamburg. Links die Dieselkraftstoffbehälter mit Pumpstation für die modernen Nachfolger, die Diesellokomotiven.
Foto: unbekannt **Sammlung Eckhard Klein**

Die Tatsache, dass im Raum Hamburg keine neuen Arbeitskräfte für die DB zu gewinnen waren, Schleswig-Holstein aber über ein hohes Potenzial an Fachkräften verfügte, führte zu der Grundsatzentscheidung, die Beheimatung von Streckendiesellokomotiven aus dem Ballungsraum Hamburg (Bw Hamburg-Altona) nach Flensburg und Lübeck zu verlagern.

Die Umstellung von einem reinen Dampflok-Bw zu einer Diesellokdienststelle war schwer und voll schmerzlicher Erfahrungen. Das galt besonders für die Werkstatt und das Stofflager. Aber auch viele Lokomotivführer mussten umlernen und das im Eiltempo bei zunehmendem Personalmangel. Die arbeitslosen Heizer fuhren noch eine Zeitlang als Beimann bei Güterzügen mit. Der langjährige Werkstattmittelpunkt am Ringlokschuppen mit den inzwischen zum Teil veralteten und meist überflüssigen Einrichtungen verlagerte sich nun in das als Triebwagenschuppen gebaute, zur Diesellokhalle umfunktionierte Gebäude. Das Stofflager war für die Vielzahl der nun vorzuhaltenden Ersatzteile und Tauschteile zu klein. Es wurde in Eigenhilfe zur Arbeitsfähigkeit erweitert. Durch die zahlreichen Neueinstellungen ab Mitte 1970 als Nachwuchs für die Lokführerlaufbahn aber auch als Handwerker und Betriebsarbeiter machte sich akuter Platzmangel bei den Sozialräumen bemerkbar. Außerdem hatte die alte Zeit einen „dampflokgrauen" Gesamteindruck hinterlassen. Es blieb gar nichts anderes übrig, als mit eigenen Kräften anzupacken, zu renovieren und die Gebäudenutzung den neuen Aufgaben anzupassen. Für die bisherige Diesellokunterhaltung hatte der kleine Werk-

Die alte und die neue Zeit begegneten sich am 27. Mai 1972, als der D 330 zum letzten Mal von einer Dampflok gezogen wurde.
Foto: Gerhard Nowc

stattanbau mit Werkmeisterbüro und Sozialraum ausgereicht. Nun blieb keine andere Wahl, als das mittlere Grubengleis zur Hälfte abzudecken und auf der so gewonnenen Fläche Werkbänke aufzustellen. Wahrlich keine ideale Lösung für moderne Diesellok, jede 2,5 Millionen DM wert. Der zuständige Kontrolleur der Zentralstelle für den Werkstättendienst (ZW) bezeichnete die Werkstatt als „Dorfschmiede". Wo blieb die Planung ? Ein Entwurf aus den Jahren 1970/71 sah den großzügigen Ausbau der Dienststelle unter Konzentrierung aller Bw-Teile an der Keimzelle des Dieselbetriebes, der alten Triebwagenhalle vor. Als die Kosten von fünf bis sechs Millionen DM bekannt wurden, wanderte das Projekt auf die Warteliste. So ließ es sich nicht vermeiden, auch noch die alten Werkstattstände eins bis drei im Ringlokschuppen zu reaktivieren sowie eine ganze Anzahl anderer Stände z. B. für Heizungsprüfungen und die Reinigung der Lokomotiven. Aus dem Mopedschuppen wurde eine Werkstatt für Unterhaltung von Teilen der induktiven Zugsicherung. Die alte Lehrwerkstatt kam noch einmal als Werkzeugausgabe zu Ehren. Eine Ölwechselanlage, die das Füllen und Entleeren von Motorschmieröl und Getriebeöl über ein zentrales Leitungssystem gestattete, war neben der Diesellokhalle fertig geworden und sorgte für Arbeitserleichterung. Firmenmonteure der „Motoren und Turbinen Union Friedrichshafen" (MTU) standen anfangs den eigenen, noch unerfahrenen und deshalb stark geforderten Handwerkern hilfreich zur Seite.

Die als Diesellokhalle genutzte Triebwagenhalle des Bw Flensburg im Oktober 1981 vor dem Umbau. Im kleinen Anbau befanden sich früher das Werkmeister-Büro, eine Werkstatt und Sozialräume. Auf dem rechten Gleis stehen Ersatzradsätze. Die Behälter an der Stirnseite dienten der Motor- und Getriebeölversorgung. Links ist schon der 1976 errichtete neue Werkstattanbau zu sehen.
Foto: Eckhard Klein

Die Werkstattsituation war auf die Dauer unhaltbar. Es gelang schließlich, die zuständigen Stellen davon zu überzeugen, dass auch Teillösungen ein Fortschritt sein konnten. Als die Bundesregierung

Grundsteinlegung für die Kran-Hebebockhalle am 26. November 1982. Für die Mitarbeiter des Bw Flensburg war das ein bedeutender Tag; denn die Neubauten sollten die Zukunft der Dienststelle sichern. Während des schlechten Wetters diente der Hilfszuggerätewagen als Regenschutz für die Blaskapelle des Bw Kiel.
Foto: Hans-Joachim Günter

zeitgleich ein Investitionsprogramm auflegte, begann im November 1975 die Errichtung des 39 m langen und 12 m tiefen Werkstattanbaues nach den vorhandenen Unterlagen der Planung von 1971. Ein weiterer Schwachpunkt war das zu kleine und weit von der Werkstatt entfernt gelegene Vorratslager. Der Neubau des nach modernsten Gesichtspunkten entworfenen Lagers begann 1978 neben dem Werkstattneubau.

Die DB führte nun Untersuchungen für eine Konzeption des maschinentechnischen Dienstes durch. Diesmal nicht als Klausurarbeit, sondern unter Mitwirkung der betroffenen Stellen. Natürlich gab es heftige Kämpfe hinter den Kulissen; denn einer der drei Unterhaltungsstellen - Bw Hamburg-Altona, Bw Lübeck, Bw Flensburg - würde es an den Lebensnerv gehen. Im Juni 1976 wurde das Ergebnis in einer umfangreichen Dokumentation bekannt gegeben. Flensburg war nun endgültig als Heimatdienststelle für bis zu 70 Diesellok und 110 Reisezugwagen etabliert. Auch die Aufgaben, die bisher das Bw Hamburg-Altona zentral erledigt hatte - Tausch von Großbau-

Blick über das moderne Bw Flensburg am 3. August 1988. Rechts der neue Werkstatt- und Lageranbau. Dahinter das Kantinengebäude mit Büro der C-Gruppe. Die Gleise 57, 58, 59 führen in die 1985 sanierte ehemalige VT-Halle. Mit Gleis 56A beginnt der 1984 fertiggestellte Neubauteil für Reisezugwagen- und dahinter für die Diesellokinstandsetzung. Hinter dem Ringlokschuppen das Gebäude der Lokleitung und B-Gruppe. Daneben die neue (1981/82 errichtete) Reisezugwagen-Innenreinigungsbühne und Fahrzeug-Außenwaschanlage. Ein VT 628 hält neben den Diesel-Vorratsbehältern mit Pumpanlage. Links ist der Betriebsbahnhof mit abgestellten Reisezugwagen sichtbar.
Foto: Christian Pirschler

teilen wie Motor, Getriebe, Drehgestelle - und die dem Bahnbetriebswerk viel Mehrarbeit und Leerfahrten einbrachten, sollten künftig in Flensburg erledigt werden. Nun gab es eine Neufassung des Entwurfs von 1970/71 mit all den Erkenntnissen der zurückliegenden Zeit. Mitarbeiter des Bw Flensburg waren hieran mit einem eigenen Entwurf maßgeblich beteiligt, so dass eine außerordentlich schwierige Meinungsbildungsphase schon im März 1979 mit einem Entwurfsheft abgeschlossen werden konnte.

Bis 1981 war alles, was für die Dampflokbehandlung notwendig gewesen war, einschließlich der Bekohlungsanlage und des Kohlenbansens, demontiert. Gestiegene Umweltstandards erforderten 1975 den Bau einer dem Stand der Technik entsprechenden Abwasserreinigungsanlage.

Nachdem die Entscheidung für den Bestand des Bw gefallen war, investierte die DB Anfang der 80er Jahre wieder in ihr nördlichstes Betriebswerk. 1981/82 erhielt das Bw Flensburg eine moderne Zugvorheizanlage, eine Reisezugwagen-Innenreinigungsbühne und eine neue Bürstenwaschanlage, in der auch Lokomotiven von außen und von unten gereinigt werden konnten.

Eine ökonomische Wartung und Reparatur der stark angestiegenen Anzahl der in Flensburg beheimateten Triebfahrzeuge war unter den bisherigen Umständen nur eingeschränkt möglich. Deshalb wurde ein Neubau- und Sanierungsvorhaben genehmigt. Die Grundsteinlegung für das Gesamtprojekt erfolgte am 3.September 1982. Das Richtfest für die 2,9 Millionen DM teure neue Diesellokhalle, eines in Stahlkonstruktion errichteten, 12 m hohen und 40 m langen Neubaus, fand am 31. August 1983 statt, die Inbetriebnahme im Februar 1984. Der als Ausbesserungshalle genutzte ehemalige Triebwagenschuppen wurde saniert und am 23. Dezember 1985 in Betrieb genommen. Auf allen Gleisen standen für die Arbeiten an den Lokomotiven Arbeitsbühnen auf zwei Niveaus zur Verfügung. Das neue Fristengleis war auch für Wagen vorgesehen und hatte deshalb eine Achssenke. Mit dem 16 t -Laufkran und den vier 25 t - Hebeböcken war es nun möglich, Großbauteile wie Motoren, Getriebe und Drehgestelle zu tauschen. Mit einer zentralen Schmieröl-

anlage konnte man an allen Ständen das Motorschmieröl der Lokomotiven wechseln. Für sichere Dacharbeiten gab es einen Dacharbeitsstand. Für die sanierte Diesellokhalle wurde von der BD Hamburg eine Abgasabsauganlage geplant und vom AW Neumünster gebaut. Hierbei handelte es sich um die erste wirklich funktionierende (weil unmittelbar über den Abgashutzen der Lok wirkende) Absauganlage der DB, die in die entsprechenden Planungsblätter als „System Flensburg" einging.

Das Bahnbetriebswerk Flensburg war seit jeher für den strukturschwachen Raum ein wichtiger Arbeitgeber gewesen. Die Entwicklung der Mitarbeiterzahlen nach dem Zweiten Weltkrieg kann der folgenden Tabelle entnommen werden:

Die neue Kran-Hebebockhalle am 2. Januar 1984, kurz vor der Inbetriebnahme. Links ein Fristenstand mit Arbeits- und Seitengruben, Arbeitsbühne und Dacharbeitsstand. Mit dem Laufkran werden Motor und Getriebe aus der Lok 218 169 gehoben.
Foto: Eckhard Klein

Zahl der Mitarbeiter des Bahnbetriebswerkes Flensburg 1946 - 1995

Jahr	1946	1956	1960	1965	1970	1975	1980	1985	1987	1988	1991	1995
Mitarbeiter	405	467	429	387	304	351	301	283	470*	443*	437*	263*

*) Personalstärke der Dienststelle Bw Flensburg mit der dazugehörigen Außenstelle Husum

Beheimatete Lokomotiven

Als Ersatz für die abgegebenen Dampflok erhielt das Bw Flensburg im Februar 1970 erstmalig die mit Dampfheizanlagen ausgerüsteten Diesellok der Baureihe 215. Vorbote der neuen Lokgeneration war am 8. Februar 1970 die werkneue 215 047. Im Mai 1971 erreichte der Bestand kurzzeitig die Maximalanzahl von 24. Das kurze Gastspiel der Baureihe 215 im Norden endete bereits drei Jahre später am 23. August 1973 mit der Abgabe von 215 146 an das Bw Ulm, da die Zentrale Transportleitung (ZTL) entschieden hatte, diese Baureihe an einer Stelle zu konzentrieren.

Blick vom Heizwerkschornstein auf die Ringlokschuppenanlage mit Drehscheibe. Rechts das Verwaltungsgebäude. Zustand Sommer 1977.
Foto: Eckhard Klein

Am Abend des 10. Januar 1977 standen nicht weniger als 16 betriebsfähige Lok der Baureihe 218 im Lokschuppen des Bw Flensburg, durchweg in optimalem technischen wie optischen Zustand. Unter ihnen die 218 112, eine Lokomotive der ersten Bauserie, die von 1971 bis 1993 beim Bw Flensburg beheimatet war.
Foto: Volker Siewke

Mit der Entwicklung der Baureihe 218 stand dem Betriebsmaschinendienst nun auch eine Lok mit elektrischer Zugheizung zur Verfügung. Nach Abschluss der Erprobung an den Vorserienlok in den Jahren 1969 und 1970 erhielt das

Foto rechte Seite:
Die Flensburger Bahnanlagen aus der Luft (Sommer 1983). Unten stehen Wagenparks an der neuen Innenreinigungsbühne und daneben wird eine Wagengarnitur von außen gewaschen. Neben der alten Triebwagenhalle sind bereits die großen Hebebockfundamente der neuen Halle zu erkennen. In der Mitte die Diesel-Vorratsbehälter. Am oberen Bildrand ist der Bahnhof und rechts daneben die Güterabfertigung sichtbar.
Foto: Friedrich M. Schreiber

Als erste Lok des Bw Flensburg erhielt die 218 104 einen Anstrich nach dem neuen „orientroten" Farbkonzept der DB. Hier sehen wir die Maschine frisch lackiert vor dem ebenfalls neuen Schriftzug „DB Betriebswerk Flensburg" am 10. April 1988. Foto: Michael Klein

Bw Flensburg am 28. April 1971 mit 218 101 die erste Serienlok der Baureihe 218 zugewiesen und übernahm die Pilot-Funktion in der Wartung dieser Lok. Ende 1971 waren insgesamt 24 Lok dieser Baureihe in Flensburg beheimatet. Als Ersatz für die Abgänge der Baureihe 215 kamen 1972 weitere Lok der Baureihe 218 (102 - 104 und 106 - 130) aus Hamburg-Altona und 218 105 aus Regensburg nach Flensburg, so dass Ende 1972 mit 218 101 - 130 insgesamt 30 Lok dieser Baureihe im Norden stationiert waren. Die Gesamtanzahl erhöhte sich durch die Zugänge von 218 171 - 174 und 218 177 - 187 bis zum 1. Juli 1976 auf insgesamt 44.

Ausgelöst durch die Neuzugänge an 218 endete der Einsatz der V 100^{10} (211) in Flensburg nach über einem Jahrzehnt. Durch die erhöhte Anzahl an Lok der Baureihe 218 waren nunmehr „typenreine" Instandsetzung und Umläufe möglich, wenngleich die großen Diesellok manchmal unausgelastet eingesetzt werden mussten. Während es im Frühjahr 1973 noch einen Höchststand von insgesamt 16 V 100 gab, wechselten am 9. April 1973 mit 211 014 und 084 die ersten Maschinen zum Bw Bielefeld. Ende 1973 war der Bestand auf acht 211 gesunken. Am 25. Mai 1974 verließen die restlichen 211 das Bw Flensburg nach Kornwestheim (211 044-046) sowie nach Hamburg-Altona (211 047, 054 - 056).

Die mit dem Motor 12 V 956 TB 10 ausgerüsteten Maschinen der Baureihe 218 bereiteten dem Werkstättendienst durch konstruktive Mängel an den Nockenwellen mit Ventilbrüchen als Folgeschäden anfangs Schwierigkeiten. Dann lag der Schwerpunkt der Motorschäden bei Kolbenfressern durch Bruch des ersten Kolbenringes. Die Ursachenforschung für diese Schäden erfolgte in Zusammenarbeit mit dem Bundesbahnzentralamt, dem Ausbesserungswerk Bremen und der BD Hamburg und führte im Beobachtungszeitraum 1974 - 1976 zu etlichen Modifikationen und nachfolgend einer normalen Schadhäufigkeit. Anfang 1975 traten Getriebeprobleme auf, die durch Änderung der Empfindlichkeit des Schleuderschutzes bewältigt wurden. Trotz dieser unter hohem Arbeitseinsatz der Flensburger

Drei 218 präsentierten sich im Sommer 1989 vor der Diesellokhalle (v.r.n.l..) in den verschiedenen Unternehmensfarben: 218 110 im neuesten „orientrot", 218 164 in „türkis-beige" der siebziger Jahre und 218 123 in der roten Ursprungslackierung.
Foto: Hans-Joachim Günter

Belegschaft schließlich gelösten Probleme erfüllten die Lok der Baureihe 218 die Erwartungen hinsichtlich der Betriebstüchtigkeit, sie waren beispielsweise trotz der Anfangsschwierigkeiten immer noch weniger schadanfällig als andere Dieseltriebfahrzeuge.

Die zahlenmäßig am stärksten in Flensburg vertretene Baureihe 218 wurde im Winterfahrplan 1976/77 bis nach Hannover eingesetzt. Im Sommer 1978 benötigte das Bw Flensburg 41 Lok der Baureihe 218 mit einer durchschnittlichen Laufleistung von 601 km/Tag. Mit der Reduzierung des Lok-Parks des Bw Hamburg-Altona kamen dessen 218 ab dem 1. Oktober 1978 nach Flensburg. Die gestiegene Anzahl von Doppeltraktionen vor Schnell- und Güterzügen und IC-Leistungen Richtung Norden zum Sommerfahrplan 1979 bedingte einen Mangel an Lok der Baureihe 218. Von Anfang bis Mitte 1979 erhielt das Bw Flensburg die mit dem französischen Pielstick-Motor ausgerüsteten, zuvor in Lübeck stationierten 218 195 - 197 und 218 323 - 327, die jedoch bereits Mitte 1980 nach Lübeck rückgeführt wurden.

Fahrzeugbestand des Bw Flensburg am 31. Dezember 1980

BR	*Loknummer*					
218	**101**	**102**	**103**	**104**	**105**	
	106	**107**	**108**	**109**	**110**	
	111	**112**	**113**	**114**	**115**	
	116	**117**	**118**	**119**	**120**	
	121	**122**	**123**	**124**	**125**	
	126	**127**	**163**	**164**	**165**	
	166	**167**	**168**	**169**	**170**	
	171	**172**	**173**	**174**	**175**	
	176	**177**	**178**	**179**	**180**	
	181	**182**	**183**	**184**	**185**	
	186	**187**	**188**	**189**	**190**	
	191	**192**	**193**	**194**		**= 59**
260	**273**	**274**	**275**	**277**	**278**	
	279	**283**	**284**	**285**	**286**	
	287	**360**	**364**	**367**		**= 14**
Gesamtbestand						**= 73**

Während des Jahres 1983 erreichte der Flensburger 218-Bestand mit 73 Lok seinen bisherigen Höchststand. Ab 28. Mai 1983 gehörten erneut Lok der Baureihe V 100, diesmal V 100^{20}, nunmehr als BR 212 bezeichnet, zum Flensburger Bestand, die mit Wendezügen die Husumer 515 - Leistungen übernahmen. Flensburger 212 wickelten den Reisezugverkehr auf den Strecken Flensburg - Kiel, Heide - Büsum, Husum - St. Peter Ording und Husum - Jübek - Rendsburg - Kiel ab. Die Flensburger 218 188 war im Juli 1984 mit 18 916 km die DB-Diesellok mit der höchsten Monats-Laufleistung und während des Winterfahrplans 1984 kamen die 218 in einem 45-tägigen Umlauf mit durchschnittlich 616 km/Tag mit dem „Goslarer Eilzug" planmäßig bis in den Harz.

Das Bw Flensburg übernahm am 1. März 1986 den kompletten Fahrzeugbestand des aufgelösten Bw Husum, das fortan als Außenstelle fungierte. Wegen der Einführung der „Regionalschnellbahn" Kiel - Flensburg zum 28. September 1986 stieg der Bedarf der BR 212 nochmals auf 15 Maschinen an.

Die 69 zu Beginn des Sommerfahrplans 1986 in Flensburg beheimateten 218 befuhren die Strecken Flensburg - Hamburg Hbf, Flensburg - Kiel - Lübeck - Lüneburg, Kiel - Neumünster - Hamburg, Kiel - Rendsburg - Husum, Hamburg - Westerland, Hamburg - Lübeck und Hamburg - Büchen. Während des Monats April 1987 erreichte die Flensburger 218 159 eine Laufleistung von 17 037 km und im August 1987 die 218 155 eine Laufleistung von 18 841 km.

Die vermehrte Stationierung neuer VT 628^2 im Frühjahr 1987 in Kiel verdrängte die Flensburger 212 aus ihren Plänen, so dass die DB am 31. Mai 1987 die Unterhaltung der Baureihe 212 in Flensburg einstellte und die restlichen Lok zum Bw Lübeck verlegte.

Die Flensburger 218 105 erreichte im Juli 1989 eine Laufleistung von 19 377 km. Im Winterfahrplan 1989/90 setzte Flensburg im Gebiet der BD Hamburg 43 Lok der Baureihe 218 mit durchschnittlichen Laufleistungen von 669 km/Tag ein.

In der Nacht vom 5. auf den 6. Juni 1990 ereignete sich ein folgenschwerer Rangierunfall im Bereich des Betriebswerkes Flensburg. Die Zuglok einer leeren IR-Garnitur drückte den letzten Wagen über die Reisezugwagenreinigungsanlage hinaus in die Drehscheibengrube, wobei die quer stehende Drehbühne bis zur Funktionsunfähigkeit eingedrückt wurde. Fünf 218, zwei 212 und eine 360 waren hierdurch auf ihren Ständen blockiert. Der BD Hamburg bot dieser Vorfall einen willkommenen Anlass zur Stilllegung der Drehscheibe, deren Königsstuhl bei der unglücklichen Rangierfahrt nicht in Mitleidenschaft gezogen worden war. Obwohl es Alternativlösungen gegeben hätte, entschied sich die BD Hamburg wegen der inzwischen beschlossenen Elektrifizierung für eine Aufgabe der Drehscheibe. Die bauliche Unterhaltung beschränkte sich hiernach auf die ersten drei Stände und den rückwärtigen Werkstattanbau.

Wagenbestand des Bw Flensburg So 1975 - Wi 1990/91

Gattung	*So 75*	*Wi 75*	*So 76*	*Wi 76*	*So 77*	*Wi 77*	*So 78*	*Wi 78*	*So 79*	*Wi 79*	*So 80*	*Wi 80*	*So 81*	*Wi 81*	*So 82*	*Wi 82*
ABm/Bm	37	60	38	54	31	46	35	51	50	79	64	64	60	70	96	115
BDm	-	3	4	4	3	4	4	4	4	3	3	4	-	-	-	-
Dm/MD	4	4	3	3	2	2	3	3	3	3	1	1	1	1	1	1
Bcm	-	-	-	-	3	3	3	3	-	-	-	-	10	10	13	13
Bn(rz)	18	27	14	33	20	26	25	36	16	27	26	26	26	23	7	7
Büe	19	20	18	18	16	16	15	13	9	9	9	8	14	14	-	-
Am	-	-	-	-	-	-	-	-	-	-	19	19	19	19	-	-
ABy/Ay/By	-	-	-	-	-	-	-	-	-	-	-	4	4	10	7	1
Summe	**78**	**114**	**77**	**112**	**75**	**97**	**85**	**110**	**82**	**121**	**122**	**126**	**134**	**147**	**124**	**137**

Gattung	*So 83*	*Wi 83*	*So 84*	*Wi 84*	*So 85*	*Wi 85*	*So 86*	*Wi 86*	*So 87*	*Wi 87*	*So 88*	*Wi 88*	*So 89*	*Wi 89*	*So 90*	*Wi 90*
ABm/Bm	105	106	117	138	116	130	109	125	103	114	94	105	104	111	84	87
BDm	-	-	-	-	-	-	-	-	-	-	-	-	-	-	-	-
Dm/MD	1	1	1	1	1	1	1	1	-	-	-	-	-	-	-	-
Bcm	13	14	9	9	9	8	9	9	9	7	5	3	-	-	-	-
Bn(rz)	7	7	7	7	3	3	3	3	3	3	3	3	-	-	-	-
Büe	-	-	-	-	-	-	-	-	-	-	-	-	-	-	-	-
Am	-	-	-	-	-	-	-	-	-	-	-	-	-	-	-	-
ABy/Ay/By	1	4	12	17	19	14	4	4	2	2	2	1	1	-	-	-
Summe	**127**	**132**	**150**	**172**	**148**	**156**	**126**	**142**	**117**	**126**	**104**	**112**	**105**	**111**	**84**	**87**

So = Sommerfahrplanperiode Wi = Winterfahrplanperiode

„Explosive Stimmung im Bw Flensburg. Eisenbahner drohen mit Streik" titelte „Flensborg Avis" am 5. September 1991. Die Belegschaft fürchtete wegen der Elektrifizierung um ihre Arbeitsplätze. Völlig zu Recht - wie sich hinterher leider herausstellte.
Foto: Friedrich M. Schreiber

Mitte 1990 erreichte der Flensburger 218-Bestand für einen Zeitraum von fast zwei Jahren mit 75 Lok einen absoluten Höchststand. Die Flensburger Reisezugwagenbeheimatung endete hingegen im Sommer 1991 und die nach Flensburg eingesetzten IR-Wagen wurden fortan in Kassel beheimatet.

Seit 1992 setzte eine Umbeheimatung von Lok der Baureihe 218 zum Bw Lübeck ein. Der planmäßige Einsatz der Schienenbusbaureihe 798 in der Außenstelle Husum des Bw Flensburg endete schließlich am 22. Mai 1993. Mit der Abgabe von 798 818, 998 170 und 998 891 am 3. und 4. Juli 1993 nach Gießen hörte nach fast 60 Jahren die Triebwagen-Unterhaltung im Bereich des Bw Flensburg auf. Durch die Elektrifizierungsarbeiten auf der Kursbuchstrecke 131 Richtung Dänemark kam es am Jahresanfang 1993 zu einem erhöhten Bedarf an Lok der Baureihe 360 (V 60).

8 Quo vadis? - Deutsche Bahn AG (1994 – 2004)

Zum 1. Januar 1994 wurden die Deutsche Bundesbahn und die Deutsche Reichsbahn vereinigt, privatisiert und in eine Aktiengesellschaft überführt. Sie firmiert als „Deutsche Bahn AG". Die Behördenstruktur sollte durch klare unternehmerische Strukturen ersetzt werden.

Um kundenorientiert und unternehmerisch auf dem Markt agieren zu können, wurde die Deutsche Bahn AG in neun Geschäftsbereiche aufgeteilt. Statt der bisher selbständigen Dienststellen gibt es nun Niederlassungen und Zweigniederlassungen bzw. Werke.

8.1 Veränderungen an den Bahnanlagen und bei den Dienststellen. Besondere Ereignisse

1994 gab es Überlegungen, die 1926/27 erbauten Gebäude des Bahnhofes mit seinen spätexpressionistischen Bestandteilen in seiner einheitlich kompletten Bauweise, mit Reiterstellwerk, den beiden Stellwerken, der Eilgut- und Güterabfertigung und dem Verwaltungsgebäude an der Schleswiger Straße unter Denkmalschutz zu stellen. Die Bemühungen scheiterten und die einmalige Chance, ein geschlossenes Ensemble der Reichsbahn-Architektur aus der Weimarer Zeit inklusive der zugehörigen Anlagen des Betriebsbahnhofes zu erhalten, wurden seitens des Landesamtes für Denkmalpflege nur zum Teil genutzt. Lediglich einzelne Bauwerke, nicht aber die Einrichtungen des Bahnbetriebswerkes, ohne die der Betrieb unvorstellbar ist, sind nach dem schleswig-holsteinischen Denkmalschutzgesetz in das Denkmalbuch für die Kulturdenkmale aus geschichtlicher Zeit eingetragen worden.[160]

Am 23. April 1995 nahm das neue, für eine Summe von 45 Millionen DM erbaute, von zwei Rechnern gesteuerte, „Elektronische Stellwerk" „Ff" in Flensburg-Weiche den Betrieb auf. Mit diesem monitorüberwachten Stellwerk (ESTW) werden Zug- und Rangierfahrten auf einer Streckenlänge von 50 km überwacht. An das System sind 51 Weichen, 64 Signale und drei Bahnübergänge angeschlossen. Durch dieses neue Stellwerk wurden je drei Stellwerke in Flensburg und Flensburg-Weiche, das an der Abzweigstelle Friedensweg und die in Harrislee und Husby überflüssig. Bis auf die unter Denkmalschutz stehenden Stellwerke „Fo" und „Fw" im Bahnhof Flensburg wurden alle anderen Stellwerke abgerissen.

Im August 1996 wurde auf der Bahnstrecke Flensburg-Weiche - Lindholm der Gleiskörper ausgewechselt. Die Arbeiten begannen in Unaften mit einem neu entwickelten Umbauzug, der das Auswechseln von Schienen und Schwellen in einem Arbeitsgang ausführte. Finanziert wurde das Vorhaben angeblich vom Bundesverteidigungsministerium. Diese Arbeiten führten aber nicht zu einer Wiederinbetriebnahme der Strecke. Nachdem einige Sonderzüge Kappeln - Flensburg - Niebüll - Dagebüll die Strecke befahren hatten, kam im Herbst 1998 wieder das „Aus".

Am 23. April 1995 ging das neue „Elektronische Stellwerk" (ESTW) „Ff" in Flensburg-Weiche in Betrieb. Es ersetzte neun alte Stellwerke im Raum Flensburg. Foto: Eckhard Klein

Das für die südliche Bahnhofsausfahrt zuständige Stellwerk „Fw" am 21. April 1995, wenige Tage vor seiner Außerbetriebsetzung.
Foto: Detlef Schikorr

Die Strecke ist derzeit nicht befahrbar, weil nach Ausbau der Weiche zur ehemaligen Briesenkaserne keine neuen Schienen verlegt worden sind. Es klafft eine etwa zwei Meter lange Lücke zwischen den Gleisen.

Bis zum 30. August 1998 war die DB AG auf der Suche nach Kaufinteressenten für die Strecke Flensburg - Lindholm, andernfalls wollte man beim Eisenbahnbundesamt die Einstellung des Betriebes und der Infrastruktur beantragen. Hintergrund der Entscheidung war die Auflassung des bisher bedienten Betriebsstoffdepots der Bundeswehr in Wallsbüll. Um ein Entfernen der Schienen zu verhindern, hatte die Landesregierung mit der Deutschen Bahn einen „Trassensicherungsvertrag" bis zum Jahr 2002 abgeschlossen. Darin hatte sich das Land verpflichtet, jährlich 110 000 DM für den Erhalt der Gleise und die Funktionsfähigkeit der Bahnübergänge an die Bahn zu zahlen.

Nachdem eine Untersuchung zur Reaktivierung des Schienenverkehrs auf der Strecke Flensburg - Niebüll ergeben hatte, dass die Personenbeförderung mit der Eisenbahn wirtschaftlich nicht mehr möglich war, kamen Schnellbusse zum Einsatz.

Mit dem Ausbau der Weiche am ZOB im Dezember 1999 wurde das Gleis zur Ostseite des Hafens stillgelegt. Die DB AG begründete dies mit zu geringer Nutzung. Vor 145 Jahren begann hier das Eisenbahnzeitalter für Flensburg, 1881 ergänzt durch die „Kieler" Bahnanlagen. Ein Stück Flensburger Eisenbahngeschichte war endgültig verschwunden.

Seit Dezember 1999 liefen die Vorbereitungen für die „maritime Umgestaltung" des Tunnels unter den Bahnsteigen im Bahnhof nach Ideen Flensburger Uni-Studenten. Mit ihrem Konzept „Meerflair" versetzten die Studenten Reisende in die Rolle von Schiffspassagieren. An zahlreichen Objekten erfuhren Besucher Wissenswertes über Flensburg. Arbeitsbeginn war März 2000. Auch das alte Bahnsteigsperrenhäuschen, das in Deutschland vermutlich mittlerweile einmalig sein dürfte, wird zeitweise für Ausstellungen und Präsentationen genutzt. Hier sei noch kurz erwähnt, dass zwei baugleiche Sperrenhäuschen in den sechziger Jahren entfernt wurden. Das noch vorhandene Sperrenhäuschen wurde noch bis Mitte der siebziger Jahre zur Fahrkartenkontrolle genutzt.

Mit dem neuen „Elektronischen Stellwerk" „Ff" in Flensburg-Weiche änderte sich auch die Signaltechnik. Die Formsignale wurden durch Lichtsignale ersetzt. Hier waren noch die Form-Ausfahrtsignale des Bahnhofs Flensburg in Betrieb, die neuen Lichtsignale standen vor der Inbetriebnahme. Hinten das Stellwerk Fw.
Foto: Eckhard Klein

„Der Norden hält Anschluss". Unter diesem Titel diskutierten am 19. Juli 2000 Bahnexperten des Landes Schleswig-Holstein, der DB AG und der DSB über die Chancen Schleswig-Holsteins und der Nordregion, trotz der Streichpläne der Deutschen Bahn AG, den Anschluß an den Fernverkehr nicht zu verlieren. In diesem Zusammenhang schlug die Stadt Flensburg den Bau eines neuen Fernbahnhofs in Flensburg-Weiche vor, unter Verzicht auf die große Gleisschleife im Süden der Stadt. Das würde, zusammen mit der Beseitigung weiterer Engpässe, die Fahrzeit auf der Bahnstrecke Hamburg - Flensburg - Dänemark deutlich verringern und wäre Voraussetzung für den Einsatz attraktiver Züge zwischen Hamburg und Kopenhagen. Der heutige Bahnhof sollte nach den Vorstellungen des Stadtplaners ausschließlich dem Nahverkehr dienen.

Zum 75-Jahr-Jubiläum des Flensburger Bahnhofs im Dezember 2002 wurden zum wiederholten Mal Pläne bekannt, den Bahnhof an seinen ursprünglichen Platz am ZOB-Gelände zurückzuverlegen. Schon in den nächsten Wochen sollten Experten ein Gutachten erstellen, wie die komplizierte Führung der Bahntrassen erfolgen kann. Auch die „Landesweite Verkehrs-Service-Gesellschaft" (LVS) hielt den über 75 Jahre alten Beschluss, den Bahnhof auf dem zugeschütteten Mühlenteichgelände zu bauen, in seiner Konsequenz für falsch. Deshalb war im Landes-Nahverkehrsplan als Ziel genannt, den Bahnhof wieder am ZOB anzulegen. Probleme bereitete die Bahnlinie Kiel - Flensburg, über deren Einbindung verschiedene Varianten diskutiert wurden.

Eine Variante: vor der Einmündung in den Bahnhof wird das Gleis der Kieler Bahn beim alten Bahnpostgebäude auf die Straße verschwenkt und in Höhe der alten Eilgutabfertigung Richtung Stadt weiter geleitet. Es führt dann am Hallenbad vorbei, durch die Bahnhofstraße und wird in Höhe Einmündung Helenenallee in das hinter dem Deutschen Haus entlang führende Gleis der Hafenbahn eingefädelt.

Ein konkreteres Planungsstadium für einen Bahnhof am ZOB wurde im Juni 2003 durch eine Studie der Deutschen Eisenbahn Consult GmbH, einer Tochter der DB AG, erreicht. Neben den bereits bekannten Varianten gab es nunmehr weitere Trassenideen, so z.B. für Züge aus Kiel die Einbindung über den Peelwatt und die Husumer Straße ins Wilhelminental. Noch einfacher sei es, wenn die Züge aus Kiel und Dänemark einfach den bisherigen Bahnhof durchfahren, kurz in Wilhelminental halten und rückwärts in Richtung ZOB fahren würden. Man könne aber auch einfach mehr Busse zwischen ZOB und Bahnhof pendeln lassen. Die Kostenfrage blieb offen. Im Oktober 2003 fasste der Planungschef der Stadt Flensburg die Studie so zusammen: „Der Bahnhof ist technisch machbar und wirtschaftlich sinnvoll". Das Ergebnis sei ziemlich eindeutig, weitere Details waren der Öffentlichkeit nicht zugänglich.

Die DSB Triebwagen litra MR stellten lange Zeit die Verbindung zwischen Dänemark und Flensburg her. Hier der MRD 4274 / MR 4074 am 12. Mai 1994 als RE 4340 bei Harrislee. Foto: Sven Ullrich

8.2 Die Entwicklung im Reisezugverkehr

Im Fahrplanjahr 1994/95 gab es im Fernverkehr nur geringfügige Fahrzeitenanpassungen. Der sonntags verkehrende D 1831 Köln - Flensburg wurde durch IC 935 „Kranich" ersetzt.

Im Nahverkehr verkehrten werktags auf der Strecke nach Neumünster in der Zeit von 4.14 Uhr bis 22.18 Uhr insgesamt 12 Regionalschnellbahnen (RSB) mit Anschluss nach Hamburg-Altona, größtenteils im Zweistundentakt. In der Gegenrichtung waren es 10 RSB. Außerdem fuhren noch neun RSB von Kiel über Flensburg nach Schleswig durch, die dann nach kurzem Aufenthalt nach Kiel zurückfuhren.

Erst der Jahresfahrplan 1995/96 brachte wieder größere Veränderungen mit sich. Das IR-Angebot wurde auf einen Zweistundentakt verdichtet, so dass zwischen Flensburg und Hamburg nun täglich bis sieben Zugpaare (zum Teil mit neuen Zugnummern) zur Verfügung standen. Die internationalen D-Züge 272 bis 277 Hamburg - Flensburg - Jütland konnten damit entfallen. Sie waren aufgrund ihres veralteten Wagenmaterials (Abteilwagen der DSB und DB) nicht mehr zeitgemäß und passten nicht mehr in das InterRegio-Konzept. Das komplette Fernverkehrsangebot zeigt folgende Übersicht:

IR 2083	Flensburg - Hamburg
IR 2183	Fredericia - Flensburg - Hannover
IC 932 (Fr)	Flensburg - Köln „Seemöwe"
IR 2085	Flensburg - Hannover
D 1732 (Fr)	Flensburg - Köln
IR 2185	Frederikshavn - Flensburg - Göttingen „Nordpfeil"
D 1738 (Fr)	Flensburg - Düsseldorf
IR 2087	Flensburg - Hannover
IR 2089	Flensburg - Hannover
IR 2187	Aarhus - Flensburg - Hannover
D 1739 (So/Mo)	Köln - Flensburg mit Kurswagen nach Süderbrarup über Kiel
IR 2186	Göttingen - Flensburg - Aarhus
IR 2086	Hannover - Flensburg
IR 2184	Hannover - Flensburg - Frederikshavn „Nordpfeil"
IR 2084	Hannover - Flensburg
IR 2082	Hannover - Flensburg
IR 2182	Hannover - Flensburg
IR 2680	Hamburg-Altona - Flensburg
D 1733 (So/Mo)	Köln - Flensburg
IC 935 (So/Mo)	Köln - Flensburg

Bei den internationalen Zügen verkehrten in der Regel nur 4 bis 5 Wagen (einschließlich BistroCafe) weiter nach Jütland. Die restlichen Wagen verblie-

Der Paradezug der DSB, IC3 MFA 5210, war am 16. April 1995 als Lt (IC 940) auf der Fahrt von Padborg nach Flensburg. Die Aufnahme entstand beim Bahnübergang Harrislee Nord.
Foto: Sven Ullrich

Der Fahrdraht war schon über dem Gleis gespannt. Doch noch sind Diesellok im Einsatz. 218 108 überquerte mit ihrem Zug im Winter 1995 die Brücke über den Ochsenweg in Flensburg-Weiche. Links sind noch die Anlagen des alten Bw Flensburg-Weiche zu erkennen.
Foto: Frank Garbe

ben in Flensburg und wurden dem nächsten IR Richtung Hamburg wieder beigestellt.

Bis Ende September 1995 fuhren noch alle Fernzüge über Hamburg-Altona.

Schleswig-Holstein hatte im Dezember 1995 als erstes Bundesland Bahnen und Busse in einer Holding zusammengefasst. Die neue „Landesweite Verkehrsservicegesellschaft" wollte ihren Kunden bei günstigen Preisen besser abgestimmte Fahrpläne und Anschlüsse bieten, sowie Transportleistungen ausschreiben und den Zuschlag an den Anbieter erteilen, der das beste Angebot abgegeben hatte. Gleichzeitig sollten durch den Zusammenschluss des Regionalbereichs der Bahn AG und des Busunternehmens Autokraft die Betriebskosten gesenkt werden. Von dem Geld, das der Bund für die Regionalisierung des Schienenverkehrs zur Verfügung stellte, erhielt die DB AG 1996 und 1997 jeweils 187 Millionen DM, um damit den Standard zu verbessern.

Nachdem bereits zum Jahreswechsel die DSB alle Nahverkehrstriebwagen von der Strecke nach Flensburg zurückgezogen hatte, fuhr auch der dänische Paradezug IC 3 zum Fahrplanwechsel Ende Mai 1996 vorläufig zum letzten Mal nach Flensburg. Unterschiedliche Sicherheitssyteme beider Bahnverwaltungen behinderten den freizügigen Einsatz dieses Triebwagens und beendeten damit diese Verbindung.

Die offizielle Aufnahme des elektrischen Betriebes nach Dänemark erfolgte mit dem Fahrplanwechsel am 2. Juni 1996, so dass gleichzeitig die

Am 16. April 1995 war die DSB MZ 1404 mit dem dänischen Zugteil des D 275 an der Abzweigung Friedensweg Richtung Flensburg unterwegs. Die Elektrifizierungsarbeiten hatten bereits begonnen.
Foto: Sven Ullrich

Im Dezember 1996 schaute der Weihnachtsmann auf dem Führerstand der „Märklin-Weihnachtslok" 120 129 vorbei, die einen InterRegio nach Hamburg bespannte.
Foto: Frank Garbe

Baureihe 218 vor Fernzügen in Flensburg der Vergangenheit angehörte und der Lokwechsel nach Padborg verlagert wurde. Das Zugpaar IR 2083/2082 wurde über Hildesheim - Goslar bis Bad Harzburg verlängert und erhielt den Zugnamen „Harz". Damit konnten die Flensburger den Harz wieder ohne Umsteigen erreichen, nachdem die direkte Eilzugverbindung über Kiel - Lüneburg 1986 eingestellt worden war. Außerdem wurde Hildesheim Ziel einiger InterRegios. Im internationalen Verkehr fuhren noch zwei Zugpaare über Padborg hinaus bis Aarhus bzw. Frederikshavn. Zwei Zugpaare wurden über Flensburg bis Padborg verlängert, wo Anschluss in Richtung Fredericia bestand. Ferner veröffentlichte die DB die ohnehin zwischen Flensburg und Padborg verkehrenden Leerzüge in den Fahrplänen, so dass grenzüberschreitend zusätzlich drei IR-Züge angeboten wurden. Weiterhin setzte die DB sechsmal am Tag Regionaltriebwagen nach Padborg ein, um die Verbindungen nach Dänemark zu verbessern. Im Entlastungsverkehr entfiel ein Schnellzugpaar nach Köln. Der freitags verkehrende IC „Seemöwe" fuhr nun unter neuer Zugnummer IC 930 und dem neuen Namen „Silbermöwe" nach Köln.

Das Kieler Verkehrsministerium schrieb durch die LVS am 18. März 1997 europaweit zunächst vier Bahnstrecken, darunter Kiel - Flensburg, aus. Man erwartete vor allem eine höhere Qualität für den Fahrgast.

Mit der Inbetriebnahme der festen Großen Belt-Querung Nyborg - Korsør am 1.Juni 1997 verlagerten DB und DSB neben dem Güterverkehr ab 28.September 1997 auch den internationalen Nachtreiseverkehr von der Vogelfluglinie auf die Route Hamburg - Flensburg - Kolding - Odense - Großer Belt - Kopenhagen. Darüber hinaus verkehrten die Reisebüro-Sonderzüge („DSB Ferieexpress" und „Skiløberen") von Kopenhagen nach Österreich von nun an ebenfalls über Flensburg.

Das Fahrplanangebot der Nachtzüge umfaßte EuroNight (EN) 233/232 „Nord-Express" Kopenhagen - Flensburg - Hamburg - Köln - Aachen und EN 483/482 „Hans Christian Andersen" Kopenhagen - Flensburg - Hamburg - Würzburg - München. Die EN wurden ausschließlich mit modernisierten Doppelstockschlafwagen, Liegewagen und Sitzwagen gebildet.

Im IR-Verkehr wurden wieder drei durchgehende Verbindungen nach Jütland angeboten. Ein neuer Zugname wurde für IR 2087/2186 vergeben, der feierlich am 31.Mai 1997 von Flensburgs stellvertretender Stadtpräsidentin Winkelmann auf den Namen „Flensburger Förde" getauft wurde. Bei dieser Gelegenheit mahnte Frau Winkelmann die dringend notwendige Sanierung des Flensburger Bahnhofs an.

Eine Neuerung war auch die montägliche Frühleistung IC 1073 nach Hamburg-Altona, bei der es sich im Prinzip nur um eine ausgenutzte Leerfahrt handelte. Da in Flensburg während der Woche keine Reisezugwagen mehr technisch behandelt werden konnten, wurden die Entlastungszüge jeweils von Hamburg-Langenfelde nach Flensburg zu- bzw. rückgeführt. Mit Ablauf des Jahresfahrplans wurden auch die ursprünglich speziell für die Bundeswehrangehörigen der Briesen-Kaserne eingerichteten (nicht veröffentlichten) Halte der Wochenendschnellzüge in Flensburg-Weiche aufgehoben, nachdem die Kaserne schon längere Zeit geschlossen war.

Seit Januar 1998 bot die DBZugBus ihren Kunden im Nahverkehr in ganz Schleswig-Holstein für den Start in den Tag frischen Kaffee, Brötchen und

Der erste mit einer elektrischen Lokomotive bespannte Zug nach Padborg war am 2. Juni 1996 der InterRegio 2186 mit der Zuglok 120 109, aufgenommen vor dem Stellwerk „Fo". Die Zuglok war mit einer speziellen Folie, die auf das Ereignis hinwies, versehen.
Fotos: Sven Ullrich

Lokwechsel im Grenzbahnhof Padborg: Am 18. August 2000 war die deutsche Ellok 103 137 soeben von ihrem InterRegio abgekuppelt worden, den die links wartende dänische Diesellok MZ 1419 für die Weiterfahrt nach Fredericia übernahm. Foto: Sven Ullrich

Zeitungen, das Frühstück in der Bahn, an. Auf der Strecke Kiel - Flensburg bekamen die Fahrgäste diesen Service bereits montags bis freitags in den ab 5.40 Uhr pendelnden Zügen angeboten.

Im Fahrplan 1998/98 änderte sich die Anzahl der IR-Zugpaare nicht. Lediglich die Endziele Hannover, Hildesheim und Bad Harzburg wurden zum Teil getauscht oder aus Umlaufgründen geändert. Neu war eine Direktverbindung von Stralsund nach Flensburg, die im Winter 1998/99 aufgrund von Bauarbeiten auf Ribnitz-Damgarten West beschränkt wurde. Da auch im Nachbarland Dänemark der Fernverkehr weitgehend vertaktet und fast ausschließlich mit Triebzügen durchgeführt wurde, beschlossen DSB und DB, die IR-Verbindungen nur noch bis Fredericia zu führen.

IR 2089/2088 Flensburg - Hannover bekam den Zugnamen „Schlei" und ab Sommer 1999 IR 2083/2084 Flensburg - Bad Harzburg den Namen „Nordfriesland".

Neben diversen Verschiebungen im Laufweg der IR-Züge wurde IC 1073 aus Tarifgründen als D-Zug zurückgestuft. Da für zwei Nachtzüge das Potenzial nicht ausreichte, entfiel EN 232/233 Kopenhagen - Köln. Die Verbindung wurde aber weiterhin als Kurswagen im EN 483/482 nach Bonn-Bad Godesberg angeboten, der außerdem auch einen Schlaf- und Liegewagen nach Stuttgart führte.

Die erste Ausschreibung von Bahnstrecken in Schleswig-Holstein wurde im März 1998 entschieden. Fünf Bewerber hatten Angebote abgegeben. Die Deutsche Bahn verlor einen Teil ihrer Strecken an die Deutsche Eisenbahngesellschaft (DEG), der Tochtergesellschaft eines französischen Mischkonzerns. Die ebenfalls ausgeschriebene Strecke Kiel - Flensburg verblieb bei der Deutschen Bahn AG.

Die vier Bahnlinien des so genannten „Nord-Netzes" sind am 9. Juni 1999 mit der Vertragsunterzeichnung endgültig vergeben worden. Die DBZugBus wollte ab September 2000 zwischen Kiel und Flensburg neue Leichttriebwagen mit größerer Beschleunigung, Klimaanlage, Panoramafenstern und behindertengerechten Toiletten von der Firma Alstom LHB in Salzgitter einsetzen.

Ab 15. Oktober 1999 wurde D 13095 nach Berlin eingelegt, der bereits ab Flensburg verkehrte und sofort von Wochenendpendlern und Soldaten gut angenommen wurde. Damit war die Fördestadt erstmals direkt mit der Hauptstadt Berlin verbunden. In der Gegenrichtung konnte sonntags mit D 13096 (später D 13106) die Rückreise angetreten werden. Das Wagenmaterial dieses Zugpaares bestand zunächst ausschließlich aus ehemaligen Wagen der Deutschen Reichsbahn, in der 2. Klasse kamen die typischen grün/elfenbein lackierten Bom zum Einsatz, in der 1. Klasse ein Amz in InterRegio-Farben. Während der EXPO 2000 wurden die Züge der IR-Linie 12 Flensburg - Hannover bis Kassel und zum Teil bis Friedberg (Hessen) verlängert.

Im Entlastungsverkehr wurde der Schnellzug nach Berlin in die Fahrplanmedien aufgenommen und verkehrte als D 2731. Die Gegenleistung D 2730 bekam wegen höherer Nachfrage den Laufweg Berlin - Kiel. IC 1134/1135 erhielten aufgrund des nicht mehr zeitgemäßen Wagenmaterials (Bm 235) ebenfalls die Produktbezeichnung „D", bereits ab Juni 2001 erfolgte für beide Zugpaare aber wieder eine Aufwertung zum IR. Das Fahrplanangebot im Sommer 2000 ist der Tabelle rechts zu entnehmen.

Nach Ende der Expo verkehrten alle IR ab 5. November 2000 wieder bis Hannover, Hildesheim oder Göttingen. Die durchgehende Verbindung nach Bad Harzburg wurde wegen geringer Nachfrage aus dem Angebot genommen.[161]

D 1139	Flensburg - Hamburg-Altona
IR 2083	Flensburg - Hannover Messe/Laatzen „Nordfriesland"
IR 2181	Fredericia - Flensburg - Kassel-Wilhelmshöhe
IR 2183	Fredericia - Flensburg - Bad Harzburg
D 1134	Flensburg - Köln „Kranich"
D 2731	Flensburg - Berlin Ostbahnhof
IR 2087	Flensburg - Kassel-Wilhelmshöhe „Schlei"
IR 2185	Fredericia - Flensburg - Kassel-Wilhelmshöhe „Nordpfeil"
IR 2089	Flensburg - Friedberg (Hess.) „Flensburger Förde"
IR 2187	Fredericia - Flensburg - Kassel-Wilhelmshöhe
EN 483	Kopenhagen - Flensburg - München mit Kurswagen nach Bonn-Bad Godesberg und Stuttgart „Hans Christian Andersen"
EN 482	München - Flensburg - Kopenhagen mit Kurswagen von Bonn-Bad Godesberg und Stuttgart „Hans Christian Andersen"
IR 2186	Kassel-Wilhelmshöhe - Flensburg - Fredericia „Nordpfeil"
IR 2088	Friedberg (Hess.) - Flensburg „Flensburger Förde"
IR 2184	Bad Harzburg - Flensburg - Fredericia
IR 2086	Hannover Messe Laatzen - Flensburg „Schlei"
IR 2182	Kassel-Wilhelmshöhe - Flensburg - Fredericia
IR 2180	Kassel-Wilhelmshöhe - Flensburg - Fredericia
IR 2084	Bad Harzburg - Flensburg „Nordfriesland"
D 1135	Köln - Flensburg „Kranich"

Nach dem Abzug der Triebwagen der BR 628² von der Strecke Flensburg – Kiel im November 2000 hatte die BR 218 mit einem Wendezug deren Leistungen bis zum Einsatz der neuen Triebwagen der BR 648 übernommen. Hier verläßt die 218 490 mit ihrem Reisezug im Januar 2001 den winterlichen Bahnhof Flensburg in Richtung Kiel.
Foto: Frank Garbe

Die neue und die alte Technik begegneten sich im Januar 2001. Während die Ellok 145 009 auf dem Stumpfgleis auf neue Aufgaben wartete, verließ die Diesellok 218 494 mit einem Regionalexpresszug den Bahnhof Flensburg in Richtung Kiel.
Foto: Frank Garbe

Ein InterRegio, geführt von der einzigen verkehrsroten 103, der 103 233, passierte im Januar 2001 auf der Fahrt nach Padborg das unter Denkmalschutz stehende Flensburger Reiterstellwerk „Fo".
Foto: Frank Garbe

Im Rahmen einer kleinen Feierstunde wurde am 3. März 2001 der Verkehr auf der Strecke Flensburg - Kiel von neuen Triebwagen des Typs LINT 41 der Fa. Alstom (DB-Baureihe 648) übernommen. Hier verläßt die erste planmäßige Triebwageneinheit, bestehend aus den Triebwagen 648 003 und 648 002, den Bahnhof Flensburg.
Foto: Detlef Schikorr

Der Triebwagen 628 217 hatte am 13. September 2002 außerplanmäßig die Leistung des RE 35088 von Neumünster nach Flensburg übernommen und fuhr nun zum Tanken ins Bw Flensburg.
Foto: Detlef Schikorr

Rechtzeitig zum Fahrplanwechsel wurden am 5. November 2000 die Bahnhöfe Flensburg-Weiche, Husby und Suchsdorf wieder in Betrieb genommen. 19 Jahre lang war der Bahnhof Flensburg-Weiche für den allgemeinen Personenverkehr geschlossen, es hielten nur noch Züge für Soldaten der Briesenkaserne. Da die Deutsche Bahn AG das alte Bahnhofsgebäude verkauft hatte, gelangen die Fahrgäste heute durch einen Seiteneingang zum Bahnsteig.

Seit dem 3. März 2001 wird die Strecke Flensburg - Kiel fast ausschließlich von den neuen Triebwagen der BR 648, Gattung LINT 41 der DBZugBus, planmäßig befahren, in Verkehrsspitzen mit Doppeleinheit.

IR 2731 erhielt im Jahresfahrplan 2001 auch wieder eine Gegenleistung von Berlin Ostbahnhof nach Flensburg und bekam den Namen „Albatros“. Im internationalen Verkehr nach Fredericia wurde das Angebot von vier auf drei Zugpaare reduziert und auch Hildesheim war auf direktem Weg nicht mehr erreichbar. Zu IC-Ehren kam Flensburg noch einmal für kurze Zeit mit IC 1087 „Rottaler Land“ nach Passau Hbf, der samstags um 4.34 Uhr die Fördestadt verließ. Diese Leistung entstand aber mehr zufällig aus Umlaufgründen und orientierte sich weniger an der Nachfrage.

Das Niveau der Bahnverbindungen zwischen Flensburg und den Städten Jütlands stieg langsam wieder. Ab 10. Juni 2001 setzten die Dänischen Staatsbahnen wieder zweimal am Tag ihre Paradezüge IC 3 zwischen der Fördestadt und Aarhus ein.

Dafür drohte sich das Zugangebot im Fernverkehr Richtung Süden rapide zu verschlechtern, denn die DB AG wollte zum Fahrplanwechsel am 15. Dezember 2002 den seit 1988 bestehenden InterRegio-Verkehr (Fredericia) - Flensburg - Hamburg - Hannover ersatzlos streichen.

Ohne eine Alternative zur Zuggattung InterRegio wäre der Flensburger Raum fast vom Schienen-Fernverkehr abgekoppelt gewesen, denn ab 15. Dezember 2002 sollten nur noch zwei EuroCity Paare, der EC 174/75 Prag - Flensburg - Aarhus mit einem tschechischen Wagenpark und der EC 274/275 Hamburg - Flensburg - Aarhus mit DSB IC 3 sowie die Wochenend- IC 2289/2670 nach Chemnitz und IC 2600 nach Köln Flensburg als Züge des Fernverkehrs anlaufen.

Dem letzten InterRegio, den die DB AG mit dem Fahrplanwechsel aus dem Angebot strich, bereiteten Mitarbeiter der Bahn auf dem Flensburger Bahnhof am 14. Dezember 2002 einen würdigen Abschied mit Trauerkranz und anderen Utensilien. Mit der Aufgabe des InterRegio- Verkehrs nach Flensburg wurde auch die Meldestelle für Lokführer und Zugbegleiter geschlossen, so dass über 30 Eisenbahner neue Aufgaben, zum Teil weitab von ihrem Heimatort, übernehmen mussten.

FLEX

Die von der DB AG selbst gerissene Lücke füllte nun die neue Privatbahn FLEX AG mit ihrem neuen „Flensburg-Express“. Hinter dem Betreiber stand die Norddeutsche Nahverkehrsgesellschaft (NNVG). Der „Flensburg - Express“ sollte von Padborg nach Hamburg zunächst mit etwa 20 Jahre alten, aber zumindest äußerlich aufgearbeiteten 2. Klasse Wagen (Bomz) der ehemaligen Deutschen Reichsbahn fahren. In der 1. Klasse kamen klimatisierte ehemalige DB-Wagen (Avmz) zum Einsatz. Für das leibliche Wohl standen von der DB übernommene klimatisierte IC-Speisewagen (ARmz) zur Verfügung. In der kurzen Zeit nach Auftragserteilung durch das Land sei

Im Februar 2002 machte der ICE-Triebwagen 406 003 etwa zwei Wochen lang Versuchsfahrten auf der Strecke Neumünster - Flensburg. Es sollte das Verhalten des Triebwagenzuges bei Orkan untersucht werden. Hier fährt der 406 003 nach einer solchen Versuchsfahrt am 20. Februar 2002 am Stellwerk „Fw“ vorbei in den Bahnhof Flensburg ein. Foto: Detlef Schikorr

Freitags gegen 11.00 Uhr kam in Flensburg ein Leerreisezug an, der in den Sommer- und Wintermonaten mit drei Lokomotiven bespannt war. Je eine Lok war für den IR 1134 nach Köln und den IR 2731 nach Berlin bestimmt, die dritte sollte den „DSB Feriexpress" von Padborg nach Österreich übernehmen. Am 28. Juni 2002 waren dies die Touristik-Lok 103 220, die Schnellfahrlok 101 040 und 101 046. Der lange Zug war vor dem Reiterstellwerk „Fo" zum Halten gekommen und wird jetzt rangiert.
Foto: Detlef Schikorr

es für die FLEX AG nicht möglich gewesen, neue Wagen zu kaufen oder umzubauen.

Mit einer gemieteten Siemens-Lok vom Typ ES 64 U2 „Taurus" startete der „Flensburg-Express" am 15. Dezember 2002 zu seiner Jungfernfahrt, an Bord als Ehrengast der Verkehrsminister des Landes, Dr. Bernd Rohwer. Als besonderen Service konnte man die Fahrkarte ohne Aufschlag während der Fahrt im Zug lösen. Sieben gestrichene InterRegios wurden durch acht „FLEX" ersetzt.

Die Züge des „Flensburg-Express" fuhren von morgens 6.16 Uhr bis abends 20.16 Uhr im Zweistundentakt in Flensburg ab und erreichten Hamburg Hbf nach einer Fahrzeit von 2 Stunden und 2 Minuten. In der Gegenrichtung erreichte der erste „Flensburg-Express" des Tages aus Hamburg Hbf die Fördestadt um 8.43 Uhr, der letzte um 22.43 Uhr. Auch in dieser Richtung galt der Zweistundentakt.

Die Regionalbahn Schleswig- Holstein, ein DB-Tochterunternehmen, versah den Nahverkehr zwischen Flensburg und Neumünster. In der Zeit von morgens 4.05 Uhr bis nachts 0.05 Uhr setzte sie 12 Regionalbahnzüge (RB) ein, die meisten mit Anschluss nach Hamburg Hbf. Von 5.05 Uhr bis 21.05 Uhr verkehrten sie im Zweistundentakt im Wechsel mit dem „Flensburg-Expreß", so dass man in dieser Zeit stündlich nach Hamburg Hbf fahren konnte. In der Gegenrichtung war die Anzahl der RB annähernd gleich, auch hier wurde im Wechsel mit dem „Flens-

Der „Flensburg-Express" - „FLEX" - ersetzte ab 15. Dezember 2002 den InterRegio. Die Dispo-Lok ES 64 U2 - 019 mit einer „FLEX"-Garnitur vor der Betriebsaufnahme am 1. Dezember 2002 im Bw Flensburg.
Foto: Sven Ullrich

Der „FLEX" machte sich bereit, die Aufgaben des DB- InterRegios zu übernehmen. Am 13. Dezember 2002 warten im Bw Flensburg die mit „FLEX"- Beschriftung versehenen Dispolok vom Typ „Taurus" ES 64 U2 - 023, ES 64 U2 - 021 und die schweiz-taugliche ES 64 U2 - 099 mit den dazugehörenden Wagengarnituren auf ihren Einsatz. Links im Bild sieht man noch die Wagen eines der letzten InterRegios.
Foto: Detlef Schikorr

Am 17. Oktober 2003 passiert der FLX 84 127 mit ES 64 U2 - 099 und einer „FLEX"-Wagengarnitur in Flensburg-Weiche die Bredstedter Straße Richtung Süden. Foto: Detlef Schikorr

burg-Express" Flensburg im Stundentakt von Hamburg Hbf erreicht.

Auf einer Pressekonferenz in Hamburg zog der Vorstand der FLEX AG am 13. Mai 2003 eine Bilanz der ersten hundert Tage und gab sich mit den vorläufigen Zahlen hoch zufrieden. Die Fahrgastzahlen des InterRegio der Deutschen Bahn, den die DB AG wegen Unwirtschaftlichkeit aus ihrem Angebot gestrichen hatte, wurden vom „Flensburg Express" seit seinem Start um etwa 20 % übertroffen. Die Vorbereitungszeit war zu kurz, um optimales Wagenmaterial zu beschaffen. Aber man wollte sofort nach dem Ende des InterRegio ein Ersatzangebot auf die Schiene stellen, um das Abwandern von Fahrgästen zu verhindern. Das sei gelungen. Nun würde die FLEX AG sieben Millionen Euro für die intensive Aufarbeitung der 24 eingesetzten Wagen im DB-Werk Neumünster investieren.

Trotz der optimistischen Berichte vom Mai musste die FLEX AG am 12. August 2003, acht Monate nach der Betriebsaufnahme, Insolvenz anmelden. Ein Grund sei die ungeklärte Situation der Einnahmeaufteilung zwischen den beteiligten Verkehrsunternehmen gewesen. Dazu kamen hohe Reparaturkosten für die ehemaligen DR-Wagen. Insgesamt reichte die Kapitalausstattung nicht, um diese Durststrecke durchzustehen. Der Geschäftsführer der LVS, Bernhard Wewers, sagte: "Das Konzept ist gut, wir möchten, dass der FLEX weiter fährt". Das sei auch das Ziel des Insolvenzverwalters. Auch das Wirtschaftsministerium in Kiel erklärte, ihm sei an der Bedienung der Strecke Hamburg - Flensburg gelegen. Erstaunliches hörte man von der DB AG, die pikanterweise verlauten ließ, nachdem man sich freiwillig aus diesem Feld zurückgezogen hatte: „Wir können uns durchaus vorstellen, bei der FLEX-Strecke einzusteigen".

Versuche der FLEX AG, zusammen mit der Karsdorfer Eisenbahngesellschaft (KEG) aus Sachsen-Anhalt, die sich eigentlich auf Gütertransporte über lange Strecken in Deutschland konzentriert hatte, eine Partnerschaft zur Aufrechterhaltung des Verkehrs einzugehen, waren erfolglos.

Am 25. August 2003 taufte der Konzernbeauftragte der Deutschen Bahn AG für Schleswig-Holstein/Hamburg, Rainer Latsch, den ICE (Typ ICE 1) mit der Betriebsnummer 401 002 auf den Namen „Flensburg". Er betonte, die DB wolle gerne mit dem Namen „Flensburg" werben, denn die Reisenden identifizierten sich mit dem Zugnamen erheblich stärker als mit den Namen der Städte an der Strecke. Taufpate war Oberbürgermeister Hermann Stell. Er wünschte sich eine ICE-Verbindung Hamburg - Flensburg - Kopenhagen und erinnerte daran, dass im nächsten Jahr das Jubiläum 150 Jahre Eisenbahn in Flensburg zu feiern sei.

Am 25. September 2003 kündigte der schleswig-holsteinische Verkehrsminister, Bernd Rohwer, in Kiel die Übernahme der bisherigen FLEX- Leistungen auf der Strecke Flensburg - Hamburg durch die private Nord-Ostsee-Bahn (NOB) ab dem 1. November 2003 an. Aus Wettbewerbsgründen erfolgte die Vergabe zunächst nur bis Dezember 2005. Über 60 von 66 Mitarbeitern der insolventen FLEX AG erhielten einen Arbeitsvertrag der NOB.

Seit dem 18. Oktober 2003 liefen bereits modernisierte InterConnex-Wagen in Zügen der FLEX AG mit; denn die NOB gehört zu dem Bahnanbieter Connex des französischen Konzerns Vivendi. Möglich wurde das durch den Rückzug eines Zuges der InterConnex zwischen Köln und Rostock. Ihre Fahrzeuge wartet die NOB ebenfalls als Untermieter der Flensburger „Angeln-Bahn" in der Werkstatthalle des ehemaligen Bahnbetriebswerkes Flensburg der DB AG.

Ohne besondere Feierlichkeiten übernahm die NOB am 1. November die bisherigen FLEX- Leistungen unter dem gut eingeführten Namen „Flensburg-

Express" im gleichen Fahrplan. Allerdings wurde aus Kostengründen auf den Bistro-Wagen verzichtet. Zunächst wurden die NOB - Züge noch von den mit „FLEX"- Beschriftung versehenen Dispolok vom Typ „Taurus" ES 64 U2- 019, 023 und 099 sowie den NOB - Ellok 185 515 und 516 befördert.

Nach der „FLEX"-Insolvenz übernahm am 1. November 2003 die NOB die Verbindung Padborg - Hamburg. Am 28. Februar 2004 stand die Connex-185 516 im Bahnhof Padborg.
Foto: Detlef Schikorr

Zwischenzeitlich fuhren bei der NOB die durch Siemens Dispolok angemieteten ÖBB-Lok 1116 063 und 064 auf der Strecke Flensburg - Hamburg. Derzeit wird der Betrieb auf dieser Strecke von den NOB 185 515 und 185 516 und mehreren angemieteten Siemens-Dispoplok vom Typ „Taurus" bewältigt. Der Wagenpark besteht aus den Connex-Wagen und von EuroExpress angemieteten ehemaligen DB-Schnellzugwagen der Gattungen Bm 234 und ABm 225. Je Zuggarnitur werden neben den vier Connex- Wagen zwei ehemalige DB-Wagen in grüner Lackierung eingesetzt, die gewöhnlich am nördlichen Zugende mitlaufen und inzwischen mit NOB-Aufklebern versehen wurden.

Im Jahresfahrplan 2004 wird Flensburg von folgenden Fernverkehrszügen angefahren:
EC 175/174 Aarhus - Flensburg - Berlin - Prag
EC 275/274 Aarhus - Flensburg - Hamburg Hbf
IC 2289/2670 Flensburg - Chemnitz (Wochenende).[162]

8.3 Entwicklung im Güterverkehr

Seit Jahresbeginn 2001 gehört die einstige Sparte Güterverkehr der Dänischen Staatsbahn zum internationalen Bahn-Güterverkehrsunternehmen „Railion", das von der deutschen DB Cargo und der Gütersparte der Niederländischen Staatsbahnen gegründet wurde. Im Juni 2001 führte diese Fusion auch zu sichtbaren Veränderungen im Bereich der deutsch-dänischen Grenze. Seither ist in dem gemeinsamen Stützpunkt Padborg Dienstbeginn für deutsche und dänische Lokomotivführer, da in Padborg auch DB Cargo-Lok auf ihre nächsten Einsätze warten.

Im Januar 2002 übernahmen die Nordfriesischen Verkehrsbetriebe AG (NVAG) den Güterverkehr von der Deutschen Bahn in der Region, die die Einzelzustellung für unwirtschaftlich erklärt hatte. Im Jahre 2002 bediente das Flensburger Eisenbahnunternehmen „Angeln-Bahn" als Subunternehmer an jährlich 220 geplanten Betriebstagen über Süderbrarup eine Firma in Kappeln und nachts die Bahnhöfe Schleswig, Jübek und Schuby.

Green Cargo, Railion Danmark und DB Cargo setzen seit dem 6. April 2002 dänische Mehrfrequenzlokomotiven der Baureihe EG (Elektro Gods) 3100 im grenzüberschreitenden Güterverkehr zwischen Deutschland und Schweden ein. Damit können Züge ohne Halt zwischen Skandinavien und Deutschland durchfahren und zwei Stunden Grenzaufenthalt sparen. Die Lok hat eine Höchstgeschwindigkeit von 140 km/h und ist mit den Sicherheitssystemen aller beteiligten Bahnen ausgerüstet. Zunächst verbanden in einer Probephase zwei Züge an den Wochenenden das Wirtschaftsgebiet Stockholm über Dänemark nonstop mit Deutschland. Seit 2002 versehen die dänischen EG zusammen mit den deutschen Güterzugloks der Baureihen 185 und 152 den gesamten internationalen Güterverkehr zwischen Padborg und Maschen.

Seit dem 1. Juli 2003 transportierten die Nordfriesische Verkehrsbetriebe AG (NVAG) täglich Container auf der Strecke Padborg - Hamburg. Das Bahn-

Die Elektrifizierung der Strecke nach Padborg war am 3. Juni 1995 noch nicht beendet. Während der Fahrdraht über dem Richtungsgleis nach Padborg schon hing, standen in der Gegenrichtung erst die Masten. Die 218 434 befand sich mit ihrem Güterzug TDg 45713 nach Maschen einen Kilometer vor dem Abzweig Friedensweg.
Foto: Sven Ullrich

140 769 passierte mit einem Güterzug Richtung Padborg am 13. Juli 1997 die Abzweigstelle Friedensweg.
Foto: Sven Ullrich

Am 7. Juli 1995 rangierte die 333 048 vor einem fast musealen Kampnagel-Kran am Harniskai (Hafen-Ostseite). Foto: Sven Ullrich

Eine der letzten grünen Elektrolokomotiven der Baureihe 140 der DB, die 140 848, verließ am Nachmittag des 13. Juni 2001 mit einem kurzen Güterzug den Rangierbahnhof Flensburg-Weiche. Der Zug bestand aus Güterwagen, die in Kappeln sowie in Flensburg beladen worden waren. Foto: Detlef Schikorr

Die neue Güterzuglok 152 136 hatte am Nachmittag des 24. Juni 2001 mit ihrem Güterzug den Rangierbahnhof Flensburg-Weiche verlassen und machte sich auf den Weg nach Maschen. Links im Bild sieht man noch das Ausziehgleis des Rangierbahnhofs.
Foto: Detlef Schikorr

Die 363 631 hatte im Dezember 2001 die Güterwagen vom Nestlé-Werk in Kappeln abgeholt und wartete nun im Flensburger Bahnhof auf die Weiterfahrt nach Flensburg-Weiche.
Foto: Frank Garbe

Am 7. Dezember 2002 hatte die NVAG 203.005, eine modernisierte V 100 der Deutschen Reichsbahn, an der Hafen-Westseite rangiert.
Foto: Frank Garbe

unternehmen stellte die Verladestation in Padborg vor. Dort werden die Container von Lastwagen auf Bahncontainertragwagen umgeladen. Der Vorstandsvorsitzende, Schütz, ging davon aus, dass schon in Kürze 30 Seecontainer auf die Strecke gehen würden. Ein Grund für den Optimismus war die geplante, tatsächlich aber verschobene Einführung der Lkw-Maut in Deutschland, die Gütertransporte über die Autobahn verteuert hätte.

Die NVAG musste ebenfalls am 12. August 2003 Insolvenz anmelden und daher den Güterverkehr nach Kappeln sowie für einen Kunden in Flensburg-Weiche aufgeben. So transportiert jetzt die Deutsche Bahn AG wieder die Wagen zu den Empfängern. Dazu wird planmäßig eine Rangierlok der BR 294 eingesetzt, die Flensburg bisher nur sehr selten erreicht hatte. Am 1. Oktober 2003 musste die NVAG auf Weisung des Insolvenzverwalters den Containerzug von Padborg nach Hamburg und den Müllzug von Flensburg nach Neumünster mangels Rentabilität wieder einstellen.

Seit dem 1. Oktober 2003 haben sich die Staatsbahntochterfirmen DB Cargo, NS Cargo und DSB Cargo zu RAILION zusammengeschlossen um als einheitlicher europäischer Dienstleister für den Güterverkehr aufzutreten.

Mit einer ehemaligen Reichsbahn-V 200 übernahm die Flensburger Angeln-Bahn GmbH Leistungen im Güterverkehr. Im Dezember 2002 steht die Lok vor der ehemaligen Wartungshalle des Betriebswerkes neben der 212 097.
Foto: Frank Garbe

Die NVAG übernahm große Teile des Güterzubringerverkehrs, u. a. zum Nestlé-Werk in Kappeln. Am 16. Juli 2003 stand die NVAG 208 abgestellt im Bahnhof Flensburg. Die Lok (MaK G 1700) wurde 2002 von Vossloh gebaut. Den dahinterliegenden stillgelegten Bahnsteig 2 hatten sich die ersten Pionierpflanzen bereits zurückerobert.
Foto: Sven Ullrich

8.4 Betriebshof und Beendigung der Lokomotivunterhaltung

Mit Gründung der DB AG ergab sich die Einführung einer neuen Organisationsstruktur und Unterteilung in ein Unternehmen mit mehreren Geschäftsbereichen und Gliederung in Regionalbereiche. Das ehemalige Bahn-

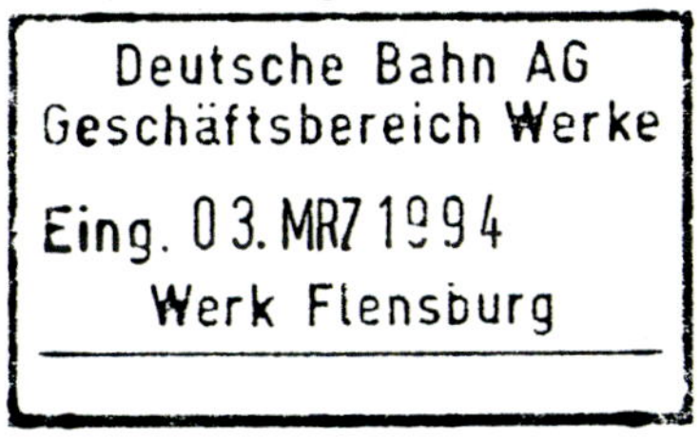

Fahrzeugbestand des Bh Kiel / Est Flensburg am 31.3.1995

BR	*Loknummer*					
218	101	102	103	104	105	
	106	107	108	109	110	
	111	112	113	114	115	
	116	117	118	119	120	
	121	122	123	124	125	
	126	127	167	168	169	
	170	171	172	173	174	
	175					= 36
360	002	007	013	023	240	
	283	284	347	360	368	
	938					= 11
332	019	090	134	249	801	= 5
333	002	003	047	048		= 4
Gesamtbestand						= 56

Am 13. August 1995 waren vor der Lokleitung des Bw die 218 171, 154 und 338 abgestellt. Links warteten 218 116 und 360 368 auf neue Einsätze.
Foto: Holger Kaufhold

Deutsche Bahn AG
Geschäftsbereich Werke
Werk Flensburg
Peelwatt
24941 Flensburg

betriebswerk Flensburg gehörte nunmehr zum Regionalbereich Neumünster, in dem es als Werk Flensburg innerhalb des Geschäftsbereichs (GB) Werke fortgeführt wurde, während die im GB Traktion, Regionalbereich Hamburg zusammengefassten Lokführer und Triebfahrzeuge bestandsmäßig zum Betriebshof (Bh) Kiel (Zweigniederlassung) zählten und Flensburg nunmehr eine Einsatzstelle des Bh Kiel darstellte.

Am 24. September 1995 wurden 218 101 - 123, 127 und 167 - 175 nach Lübeck umbeheimatet. 218 124 und 125 wurden nach Braunschweig verlegt und 218 126 kam nach Hagen. Mit dieser Umstationierung endete nach über 24 Jahren die Beheimatung der Streckendiesellok der Baureihe 218 in Flensburg.

Am 20. August 1995 stand 218 109 für Wartungsarbeiten in der Hebebockhalle.
Foto: Holger Kaufhold

Die Elektrifizierung bedeutete die Einstellung der Fahrzeugunterhaltung am Standort Flensburg, die am 30. Mai 1996 mit der letzten Fristarbeit an der Lok 218 118 endete und mit der Vernichtung von zum Schluss noch 120 vorhandenen Arbeitsplätzen einherging. Über 140 Jahre lang wurden in Flensburg, Deutschlands nördlichstem Betriebswerk, Lokomotiven unterhalten.

Der durch die Aufgabe der Drehscheibe für die DB nutzlose Ringlokschuppen wurde nach 1990 nicht mehr unterhalten und verfiel zusehends. Im Frühjahr

Die Bahnfeuerwehr übernahm wesentliche Teile der betrieblichen Brandbekämpfung. Am 8. Mai 1993 war das Betriebswerk Flensburg Ausrichter der Feuerwehr-Jahrestagung der DB.
Foto: Eckhard Klein

Ende der Triebfahrzeugunterhaltung im Bw Flensburg. Am 30. Mai 1996 wurde in einer Feierstunde die letzte in Flensburg gewartete Diesellok 218 118 verabschiedet.
Foto: Detlef Schikorr

1995 stürzten größere Teile der Dachkonstruktion unter der Last nassen Schnees ein. Der Abriss des 1927 errichteten Lokschuppens erfolgte bis auf die Stände 1 bis 3 Ende Juli/Anfang August 1997. Von einem Tag auf den anderen verschwand im August 1997 ebenfalls das für den Betriebsbahnhof zuständige Stellwerk „Fa".

Im August 1995 waren die Folgen der von der DB eingestellten Bauunterhaltung des Ringlokschuppens unübersehbar. Zwei Jahre später erfolgte der Abriß.
Foto: Holger Kaufhold

8.5 Neue Konzepte und Sachstand 2004

Nach einer Zusammenstellung der Tageszeitung „Die Welt" vom Januar 2004 ist Flensburg in Sachen Wirtschaftswachstum weit zurückgefallen. Im Januar 2004 sah ein Unternehmensberater der DTZ Consulting & Research GmbH eine der Ursachen in der unbefriedigenden infrastrukturellen Anbindung der Region. Sie sei nur unzureichend mit wichtigen Zentren wie Köln, Düsseldorf, Frankfurt oder Berlin verbunden. Wer mit der Bahn nach Flensburg wolle, müsse zumeist in Hamburg und vielfach noch in Neumünster umsteigen. Das sei häufig mit Wartezeiten verbunden.

Am 11. Dezember 2003 schrieb die LVS den Schienenpersonennahverkehr auf der Strecke Hamburg - Flensburg - Padborg („Flensburg-Express") für den Zeitraum ab Dezember 2005 europaweit aus. Der neue Betreiber wird den Verkehr bis Ende Dezember 2014 übernehmen. Durch Vergabeentscheidung des Verkehrsministeriums, die der Minister Dr. Bernd Rohwer am 10. Juni 2004 bekannt gab, ging die Strecke Hamburg - Flensburg - Padborg an die DB Regionalbahn Schleswig-Holstein, die die Leistungen des „Flensburg-Express" mit modernisierten InterRegio-Wagen übernehmen wird. Am 24. Juni 2004 erklärten die Mitbewerber AKN und NOB ihren Verzicht auf Widerspruch gegen die Vergabe an die DB Regionalbahn Schleswig-Holstein, so dass die Vergabe rechtswirksam ist.

Die Zukunft des Schienenverkehrs zu Beginn des 21. Jahrhunderts ist schwer zu prognostizieren. Ob und in welchem Umfang die Eisenbahn Akzeptanz beim Privat- und Geschäftskunden erreicht, ist von vielen Faktoren abhängig. Der geplante Börsengang mit der damit einhergehenden Diversifizierung in verschiedenste Geschäftsbereiche hat eher zu einer Destabilisierung des ganzheitlich zu verstehenden „Systems Eisenbahn" geführt. Einige dieser Vorgänge haben die verbliebenen Eisenbahner in nicht unwesentlichem Maße demotiviert.

Im Jubiläumsjahr 2004 werden die nach Flensburg führenden Züge von folgenden Triebfahrzeugen gefahren:

Padborg - Flensburg - Hamburg
- EC 174/175, EN 482/483 mit BR 101
- EC 274/275 mit DSB IC 3
- IC 2289/2670 Flensburg – Chemnitz mit BR 112
- NOB - „Flensburg – Expreß" NOB 185 515 und 516, Dispolok ES 64 U2 „Taurus"
- RB-Züge Flensburg - Neumünster mit BR 112
- Güterzüge nach Maschen Rbf mit BR 152, 185, Railion DK EG 3101 - 3113.

Flensburg - Kiel
- RB-Züge mit LINT 41 BR 648, z. T. als Doppeleinheit
- RB 11 209 Flensburg - Kiel Hbf - Hamburg Hbf mit BR 218
- CB-Zug Kiel-Meimersdorf - Flensburg-Weiche mit BR 294 (nach Bedarf).

Die NOB hat den „FLEX"-Verkehr übernommen. Am 24. Juli 2004 kam die Dispo-Lok ES 64 U 2 - 035 vor dem „Flensburg-Express" FLX 88181 Padborg - Hamburg Hbf zum Einsatz. Der Zug steht an Gleis 2 unter der Brücke Schleswiger Straße.
Foto: Holger Kaufhold

9 Anhang

9.1 Abkürzungsverzeichnis

Alt	Altona (Direktionsabkürzung)
Ast	Außenstelle
Bf	Bahnhof
Bh	Betriebshof
Bm	Bahnmeisterei
BR	Baureihe
Bw	Bahnbetriebswerk
CIWL	Compagnie Internationale des Wagon-Lits et des Grands Express Européens (Int. Schlafwagengesellschaft)
D	Schnellzug (Zuggattung)
DB	Deutsche Bundesbahn (1949 – 1993)
DB AG	Deutsche Bahn Aktiengesellschaft (ab 1994)
DBZugBus	Holding aus DB Regionalbahn Schleswig-Holstein GmbH und AUTOKRAFT GmbH
DC	Zubringerzug zum IC-Netz (Zuggattung)
DFDS	Det Forenede Dampskibs-Selskab (Reederei)
Dg	Durchgangsgüterzug (Zuggattung)
DM	Deutsche Mark
DR	Deutsche Reichsbahn
DRG	Deutsche Reichsbahn-Gesellschaft
DSB	Danske Statsbaner (Dänische Staatsbahn)
Dst	Dienststelle
DT	Schnelltriebwagen (Zuggattung)
E	Eilzug (Zuggattung)
Ega	Eilgutabfertigung
Est	Einsatzstelle
F	Fernschnellzug (Zuggattung)
EC	EuroCity (Zuggattung)
EN	EuroNight (Zuggattung)
G	Güterzuglokomotive (Gattungsbezeichnung)
Ga	Güterabfertigung
GA SL-FL	Gemeinschaftsarchiv des Kreises Schleswig-Flensburg und der Stadt Schleswig, Schleswig
GB	Geschäftsbereich
GmP	Güterzug mit Personenbeförderung
Hbf	Hauptbahnhof
Hz	Hertz
IC	InterCity (Zuggattung)
ICE	InterCityExpress (Zuggattung)
IR	InterRegio, Zug zwischen regionalen Zentren (Zuggattung)
KEFE	Kiel - Eckernförde - Flensburger Eisenbahn - Gesellschaft
KED	Königliche Eisenbahndirektion
km/h	Kilometer pro Stunde
K.P.E.V.	Königlich Preußische Eisenbahn-Verwaltung
kV	Kilovolt
LAS	Landesarchiv Schleswig-Holstein, Schleswig
Lkw	Lastkraftwagen
LVS	Landesweite Verkehrsservicegesellschaft Schleswig-Holstein mbH
m	Meter
MITROPA	Mitteleuropäische Schlaf- und Speisewagen-Aktiengesellschaft
N	Nahverkehrszug (Zuggattung)
Ng	Nahgüterzug (Zuggattung)
NESN	North of Europe Steam Navigation Company

NOB	Nord - Ostsee - Bahn (Unternehmen mit Sitz in Kiel, Betriebsaufnahme 5. November 2000)
NSE	Nordschleswigsche Eisenbahn
NVAG	Nordfriesische Verkehrsbetriebe AG
ÖPNV	Öffentlicher Personennahverkehr
P	Personenzug (Zuggattung) / Personenzuglokomotive (Gattungsbezeichnung)
pr.	preußische
PS	Pferdestärke
P.St.E.V.	Preußische Staatseisenbahnverwaltung
Rbf	Rangierbahnhof
RfB	Reichsbevollmächtigter für Bahnaufsicht
RSB	Regionalschnellbahn (Zuggattung)
S	Schnellzuglokomotive (Gattungsbezeichnung)
S	Städteschnellverkehrszug (Zuggattung)
SE	Schleswigsche Eisenbahn
Sg	Schnellgüterzug (Zuggattung)
SHLB	Schleswig-Holsteinische Landesbibliothek, Kiel
sh:z	Schleswig-Holsteinischer Zeitungsverlag GmbH
SNCB	Société Nationale des Chemins de fer Belges
SNCF	Société Nationale des Chemins de fer Français
SSE	Südschleswigsche Eisenbahngesellschaft (Frederik VII. Südschleswigsche Eisenbahn)
ST	Städteschnellverkehrs-Triebwagen (Zuggattung)
T	Tenderlokomotive (Gattungsbezeichnung)
t	Tonne
TEEM	Internationaler Schnellgüterzug (Zuggattung)
Vbf	Verschiebebahnhof
VT	Verbrennungstriebwagen
z	von der Ausbesserung zurückgestellt
ZOB	Zentraler Omnibusbahnhof
ZVDE	Zeitung des Vereins Deutscher Eisenbahnverwaltungen
£	Pfund Sterling

9.2 Zeittafel

1837	(16. Januar) Erste Erwähnung eines Eisenbahnprojektes Flensburg – Husum - Tönning
1844	(18. September) Eröffnung der Strecke Altona - Kiel
1845	(18. September) Inbetriebnahme der Strecke Neumünster - Rendsburg
1852	(September) Konzession an Peto zum Bau einer Eisenbahn Flensburg - Tönning
1854	(4. Oktober) Betriebseröffnung und (25. Oktober) offizielle Einweihung der „Frederik VII. Südschleswigschen Eisenbahn" Flensburg - Husum - Tönning mit Abzweig Ohrstedt - Rendsburg
1855	Streckenführung der Flensburger (Pferde)- Hafenbahn wird genehmigt
1855	Fertigstellung des Bahnhofgebäudes in Flensburg („Englischer Bahnhof")
1857	Die Englische Brücke wird gebaut
1858	(2. Juni) Eröffnung der Zweigbahn Schleswig - Klosterkrug
1864	(15. April) Nordschleswigsche Weiche - Rothenkrug provisorisch eröffnet
1865	(20. März) Süd- und Nordschleswigsche Eisenbahn werden zur Schleswigschen Eisenbahngesellschaft
1868	(15. April) Inbetriebnahme Bahnhof „Nordschleswigsche Weiche" anstelle Bahnhof Holzkrug
1869	(29. Dezember) Inbetriebnahme der Abkürzungsbahn Eggebek - Schleswig
1870	(1. Januar) Die Altona-Kieler Eisenbahngesellschaft übernimmt den Betrieb der SE
1881	(1. Juli) Betriebsaufnahme der KEFE-Strecke zwischen Eckernförde und Kiel
1881	(21. Dezember) Betriebsaufnahme der KEFE-Strecke zwischen Eckernförde und Flensburg
1882	(23. Oktober) Kreistagsbeschluss für eine Schmalspurbahn Flensburg - Glücksburg - Kappeln
1883	Die Englische Brücke wird abgebrochen
1884	(24. Januar) Gründung der Königlichen Eisenbahndirektion Altona
1884	(1. Oktober) Einweihung des neuen Bahnhofs („Staatsbahnhof")
1885	(23. Februar) Verstaatlichung der Schleswig-Holsteinischen Eisenbahnen

1885	(1. Juni) Die „Nordkurve", Verbindung Nordschleswigsche Weiche zum Bahnhof ist fertig
1885	(20. August) Das Teilstück Flensburg - Glücksburg der Kreisbahn geht in Betrieb
1886	(1. Juli) Abschnitt Glücksburg - Kappeln der Kreisbahn in Betrieb genommen
1889	(1. Oktober) Die Strecke Flensburg - Lindholm - Niebüll wird eröffnet.
1894	Das Bw Nordschleswigsche Weiche wird am Nordende erweitert (Lokschuppen mit 12 Ständen)
1901	(12. Dezember) Eröffnung der meterspurigen Kleinbahn Flensburg - Satrup
1902	(1. Juni) Die Kleinbahn Satrup - Rundhof geht in Betrieb
1903	(18. Mai) Verstaatlichung der Kiel - Flensburger Eisenbahn
1909	(vermutlich) Zweigleisiger Ausbau der Strecke „Staatsbahnhof" - „Nordschleswigsche Weiche"
1911-15	Umbau der Kreisbahnstrecke Flensburg - Kappeln (zum Teil Neutrassierung)
1914	Erweiterung Bw „Nordschleswigsche Weiche" auf 31 Stände
1914	(1. Oktober) Umbenennung des Bf „Nordschleswigsche Weiche" in Flensburg-Weiche
1914	Mit Baubeginn an den Brücken über die Husumer-, Schleswiger- und Eckernförder Landstraße wird die Verlegung des Bahnhofs zum Mühlenteichgelände eingeleitet, unterbrochen durch den Krieg bis 1919
1920	(16./17. Juni) Der Betrieb im abgetretenen Nordschleswig wird von der DSB übernommen
1921	Neubau des Empfangsgebäudes in Flensburg-Weiche
1925	(22. September) Elektrischer Oberleitungsbetrieb zwischen Flensburg und Glücksburg
1926	(2. November) Strecke Flensburg - Löwenstedt - Husum wird eröffnet
1927	(1. Dezember) Einweihung des neuen Personenbahnhofs Flensburg, der Eilgüterabfertigung und des Bw
1928	(15. Mai) Strecke Löwenstedt - Bredstedt wird eröffnet
1928	(Mai) Bw Flensburg erhält seine ersten Reichsbahn - Einheitslok 64 027 bis 64 032
1931	(31. Dezember) Der alte „Staatsbahnhof" wird Deutschlands erster Zentraler Omnibusbahnhof
1934	(31. März) Einstellung des elektrischen Vorortbetriebes nach Glücksburg
1934	(1. September) Die neue Güterabfertigung wird in Betrieb genommen
1935	Neubau im Bw Flensburg: 50 m lange Triebwagenhalle mit drei Untersuchungsgruben
1935	(19. Februar) Bw Flensburg erhält den Triebwagen VT 137 074 und weitere VT
1936	Verlegung der Zoll- und Passabfertigung von Harrislee nach Flensburg
1938	(31. Oktober) Endgültige Betriebseinstellung der Kreisbahnstrecke Flensburg - Satrup - Rundhof
1942	(1. Juni) Das Luftgaukommando XI schließt einen Vertrag für einen Gleisanschluss zum Flugplatz
1942	(2. November) Einstellung des Betriebes Löwenstedt - Bredstedt
1952	(11. August, 2. November, 30. November) Schrittweise Einstellung des Kreisbahnbetriebes Kappeln - Gelting, Gelting - Nübelfeld, Nübelfeld - Streichmühle
1953	(14. März, 31. März) Einstellung des Restbetriebes Streichmühle – Langballig - Flensburg
1955	(März) Der alte „Staatsbahnhof", jetzt ZOB, wird abgebrochen
1955	(Mai) Lok der BR 50 des Bw Flensburg halten mit 524 km/Tag die Spitzenposition bei der DB
1959	(30. Mai) Personenverkehr Flensburg - Husum, Güterverkehr Wanderup - Husum eingestellt
1963	(25. Mai) Der letzte „Nord-Expreß" verlässt Flensburg
1963	(ab 1. Dezember) Flensburg wird Heimatdienststelle und Auslauf-Bw für Dampflok BR 41. Als Ersatz für abgegebene Dampflok erhält das Bw Flensburg Diesellok V 100
1968	(23. April) Einführung des Straßenrollers für Güterwagenzustellung auf der Straße
1968	Auf der Strecke Flensburg - Kiel wird die Geschwindigkeit auf 80 km/h erhöht
1970	(31. Januar) Güterverkehr zwischen Wanderup und Flensburg eingestellt
1970	(Februar) Bw Flensburg erhält Diesellok der BR 215
1971	(6. März) Fahrt der letzten beim Bw Flensburg beheimateten Streckendampflok
1971	(28. April) Bw Flensburg erhält die erste Serienlok der Baureihe 218
1971	(9. September) Ausmusterung der letzten Dampflok 094 378. Flensburg ist dampffrei
1972	(27. Mai) Letzte planmäßige Abfahrt eines Zuges (D 330) nach Hamburg mit einer Dampflok
1974	(25. Mai) Die letzte Lok BR 211 verlässt das Bw Flensburg
1975	(August) Güterabfertigung in den „Kieler Anlagen" wird geschlossen
1976	(1. Januar) Zusammenlegung der Güterabfertigungen Flensburg und Flensburg-Weiche
1976	Die „VT-Halle" des Bw Flensburg wird um einen Werkstattanbau erweitert
1977	(1. Oktober) Zusammenlegung der Bahnhöfe Flensburg und Flensburg-Weiche
1978	(15. August) Auf der Strecke Flensburg - Hamburg wird der Zugbahnfunk eingeführt
1979	(4. Oktober) 125 Jahre Eisenbahn in Flensburg, große Fahrzeugschau am Hafen

1980	(März) Zustelldienst der Pa-Mittelcontainer auf der Straße wird eingestellt
1981	(31. Mai) Der Reisezugbetrieb zwischen Flensburg-Weiche und Lindholm wird eingestellt
1982	Ab Sommerfahrplan werden Triebwagen 612/613 durch lokbespannte (218) Züge ersetzt
1982	(Mai) Im Bw Flensburg werden die Innenreinigungsbühne und Außenwaschanlage fertig
1983	(Juni) Einweihung der zum Reisezentrum umgestalteten Fahrkartenausgabe Flensburg
1984	(3. Juni) Flensburg-Weiche - Lindholm: Streckenabschnitt Sprakebüll - Leck stillgelegt
1984	Bw Flensburg, Neubau der Kranhalle und des vierten Werkstattgleises.
	Das Land Schleswig-Holstein und die DB treffen eine Vereinbarung über die ÖPNV-Bedienung.
	Sanierung der alten Triebwagenhalle von 1935 des Bw Flensburg
1986	(1. März) Bw Husum mit Stützpunkt Westerland (Übersetzverkehr) wird Außenstelle des Bw Flensburg
1986	(Winterfahrplan) Die Regionalschnellbahn Flensburg - Kiel fährt im Stundentakt
1986	(28. September) Höchstgeschwindigkeit der Strecke Flensburg - Kiel 100 km/h
1987	(26. April) Die bundesweit ersten Triebwagen VT 628^{2} auf der Regionalbahn Flensburg - Kiel
	(Fahrplanwechsel) Höchstgeschwindigkeit der Strecke Flensburg - Kiel 120 km/h
1988	(22. September) Die Rollende Landstraße stellt Betrieb zwischen Flensburg und Neumünster ein
	(25. September) Flensburg wird an das InterRegio-Netz der DB angeschlossen
1990	(3. Januar) Grenzübereinkommen. Padborg wird deutsch/dänischer Gemeinschaftsbahnhof
1991	„Fahrplan 91": Neubaustrecken 200 km/h, Regionalfahrplan Schleswig-Holstein im Stundentakt, IR-Linie 12 ab Flensburg zunächst im 4-Stundentakt, dazu drei Jütland-D-Züge
	Neue Verbindung von Flensburg nach Kopenhagen mit dänischem IC 3
1991	Die Bundesregierung stellt Mittel fur die Elektrifizierung Hamburg - Kiel/Flensburg bereit
1991	(Sommer) Im Bw Flensburg endet die Reisezugwagenbeheimatung
1992	(3. September) Im Bahnhof Bordesholm wird der erste Fahrleitungsmast aufgestellt
1993	(1. Januar) Die DSB tritt der „Sechservereinbarung" bei. An der Grenze entfallen die wagentechnischen Untersuchungen an Güterzügen
1993	(11. Oktober) Die Elektrifizierung im Bahnhof Flensburg beginnt
1994	(1. Januar) Die Deutsche Bundesbahn wird privatisiert und heißt „Deutsche Bahn AG"
1995	(Dezember) Als erstes Land gründet Schleswig-Holstein die „Landesweite Verkehrsservicegesellschaft"
1996	(3. März) um 16.15 Uhr rollt der erste mit einer Ellok (120 128) gezogene Zug in den Bahnhof Flensburg
1996	(30. Mai) Die letzte Fristenlok der BR 218 verlässt die Werkstatt. Das Bw Flensburg wird aufgelöst
1996	(1. Juni / 2.Juni) Der IC 3 der DSB fährt zum vorerst letzten Mal nach Flensburg. Aufnahme des elektrischen Betriebes nach Padborg mit dem InterRegio 2186
1997	(18. März) Der Verkehrsminister des Landes schreibt europaweit zunächst vier Strecken aus
1998	(März) Ergebnis der Ausschreibung: die DB AG behält die Strecke Flensburg - Kiel
1998	Bis August soll die Strecke Flensburg-Weiche - Lindholm verkauft oder endgültig stillgelegt werden
1999	(Dezember) Mit Ausbau der Weiche wird das Gleis zur Hafen-Ostseite stillgelegt
2000	(19. Juli) Die Stadt Flensburg schlägt den Neubau eines Fernbahnhofs in Flensburg-Weiche vor
2000	(5. November) Die Bahnhöfe Flensburg-Weiche und Husby gehen wieder in Betrieb
2001	(3. März) Erstmals fährt der neue Triebwagen LINT 41 der DBZugBus von Flensburg nach Kiel
2002	(2. Januar) Die NVAG übernimmt den Güterverkehr der DB AG in der Region
	(6. April) Probeweise wird eine dänische Mehrfrequenzlok von Stockholm nach Hamburg eingesetzt
2002	(14. Dezember) Der letzte aus dem Angebot der DB AG gestrichene InterRegio verlässt Flensburg. Die Lücke füllt die „FLEX AG" mit dem „Flensburg - Express" (FLEX)
2003	(Juni) Die Pläne für einen Bahnhof am ZOB werden nach einer Studie der DEC konkreter
2003	(1. Juli) Die Nordfriesischen Verkehrsbetriebe fährt täglich einen Containerzug Padborg - Hamburg
2003	(12. August) Insolvenzantrag der FLEX AG und NVAG
2003	(1. November) Übernahme der Leistungen der FLEX AG durch die NOB
2004	(27. Februar) Für den Betrieb des so genannten „Flensburg-Express" zwischen Hamburg und Padborg haben die AKN AG, die DB Regionalbahn Schleswig-Holstein GmbH, die NOB GmbH und die Bietergemeinschaft Hamburger Hochbahn AG/Niedersachsenbahn GmbH Angebote abgegeben. (10. Juni) Verkehrsminister Dr. Bernd Rohwer gibt bekannt, dass die DB AG (Regionalbahn Schleswig-Holstein GmbH) den Zuschlag für den Schienenpersonennahverkehr auf der Strecke Hamburg - Flensburg - Padborg ab Dezember 2005 für neun Jahre erhalten soll

9. 3 Danksagung

Der besondere Dank der Autoren für geleistete Hilfestellung verschiedenster Art gilt folgenden Personen und Institutionen:
Arkivet ved Dansk Centralbibliotek for Sydslesvig, Flensburg
Bundesgrenzschutzamt Flensburg, Klaus-Peter Heldt
Danmarks Jernbanemuseum, Odense
Freunde des Schienenverkehrs Flensburg e.V.
Frank Garbe, Friedberg
Garnet Hofmann, Kiel
Gemeinschaftsarchiv des Kreises Schleswig-Flensburg und der Stadt Schleswig, Schleswig
Helmuth Hinze, Hamburg
Hermann Hoyer, Hamburg
Industrie- und Handelskammer zu Flensburg, Flensburg
Adalbert Juretzka, Flensburg
Dorette Kaufhold, Kiel
Dr. Wolfgang Kieslich, Berlin
Volkmar Kubitzki, Berlin
Dirk Kupfer, Padborg
Kunstindustriemuseum, Kopenhagen
Mathias Lauter, Dormagen
Joachim Lawrenz, Lübeck
Landesarchiv Schleswig-Holstein, Schleswig
Detlev Luckmann, Bovenden
Gerd Neumann, Glückstadt
Gerhard Nowc, Flensburg
Markus Oddey, Kiel
Ole Nørregaard Pedersen, Ullerslev
Dr. Renate Paczkowski, Kiel
Thorwald Peters, Flensburg
Gerhard Schlünsen, Neumünster
Prof. Dr. Bernd Rohwer, Kiel
Schleswig-Holsteinische Landesbibliothek, Kiel
sh:z Schleswig-Holsteinischer Zeitungsverlag GmbH, Flensburg
Dr. Broder Schwensen, Flensburg
Stadtarchiv Flensburg
Städtische Museen, Flensburg
Rudolf Staehler, Gettorf
Elfriede Steen, Busdorf
Martin Stertz, Berlin
Herbert Stemmler, Rottenburg
Marc Wilken, Kiel

9.4 Bildnachweise

Die Urheber bzw. Herkunftsquellen oder privaten Bildeigner der in diesem Buch wiedergegebenen Original-Abbildungen sind im Untertext der Bilder jeweils vermerkt. Die Autoren danken an dieser Stelle ausdrücklich allen privaten und institutionellen Bildgebern, ohne deren großzüges Entgegenkommen diese Publikation nicht möglich gewesen wäre. Sollten hier nicht genannte Dritte Rechte an den in dieser Schrift wiedergegebenen Original-Bildern geltend machen, bitten wir diese, sich zwecks Klärung an den Verlag zu wenden.

9.5 Archivalien und private Sammlungen

Archivalien

Ehemalige Bundesbahndirektion Hamburg, Bücherei
Danmarks Jernbanemuseum Odense, Fotobestand
Gemeinschaftsarchiv des Kreises Schleswig-Flensburg und der Stadt Schleswig, Schleswig
Fotobestand XC 3.8.1.2
Schleswig-Holsteinische Landesbibliothek Kiel, Landesgeschichtliche Sammlung
Landesarchiv Schleswig-Holstein, Schleswig, Abt. 309 und Abt. 320 Flensburger Kreisbahn
Stadtarchiv Flensburg, Bücherei-Bestand XIII Bü 4034-1: Städt. Verwaltungsberichte
Stadtarchiv Flensburg, Fotobestand XIV Fot
Städtische Museen Flensburg, Fotobestand
Arkivet ved Dansk Centralbibliotek for Sydslesvig Flensburg, Billedarkiv

Private Sammlungen

Sammlung Frank Garbe, Friedberg
Sammlung Holger Kaufhold, Kiel
Sammlung Eckhard Klein, Flensburg
Sammlung Volkmar Kubitzki, Berlin
Sammlung Joachim Lawrenz, Lübeck
Sammlung Karl Wilhelm Lönneker, Flensburg
Sammlung Gerd Neumann, Glückstadt
Sammlung sh:z / Armin Otto Scheich, Flensburg

9.6 Literaturverzeichnis

[Anonym]: Chr. Hansen's jun. Idee einer Flensburg - Husum - Tönninger - Eisenbahn. – (Flensburg 1837)

[Anonym]: Dienst-Reglement für König Frederik des Siebenten Süd-Schleswigsche Eisenbahn – (Flensburg 1854)

[Anonym]: Opening of the Royal Danish Railway. – The Illustrated London News, No. 711, Saturday, November 11, 1854 (London 1854) S. 463 - 468

BD Wuppertal [Hrsg.]: Bundesbahndirektion Hamburg 1 : 300 000. Ausgabe A². – (Wuppertal Mai 1956)

Bombe, Helmuth: Zur Geschichte der Schleswig-Holsteinischen Eisenbahnen, insbesondere ihrer Lokomotiven. – (Kiel 1956) [Manuskript Schleswig-Holsteinische Landesbibliothek]

Bohljahn, Kurt; Harbeck, Hermann; Klein, Eckhard; Wegner, Hans: Die Eisenbahn in Flensburg 1854 bis 1979. – (Freiburg 1979) [Bohljahn ist bibliographisch richtig, korrekter Autorenname ist: Boljahn]

Blank, Heinrich: Gottlieb Bindesbøll und Julius Tholle. Zwei dänische Architekten in Flensburg und ihre Bauherren. – Nordelbingen **46** (Heide 1977) S. 11 - 35

Bruun-Petersen, Jens & Poulsen, John: Internationale tog via Jylland. – (Smørum 2002)

Comité der Flensburg – Husumer Eisenbahn [Hrsg.]: Prospectus betreffend die Flensburg – Husumer Eisenbahn, dargelegt von dem zur Förderung der Eisenbahn-Anlage erwählten Comité in Flensburg. – (Flensburg 1841)

Eisenbahn-, Post- und Dampfschiff-Coursbuch. Nr. **5** 1860. – (Berlin 1860)

Gesellschaft für Flensburger Stadtgeschichte [Hrsg.]: Flensburg. Geschichte einer Grenzstadt. – (Flensburg 1966)

Hedrich, Otto: Die Entwicklung des schleswig-holsteinischen Eisenbahnwesens. – (Kiel 1915)

Kaufhold, Holger: Das Bw Flensburg. – In: Fuhrmann, Matthias [Hrsg.]: Deutsche Bahnbetriebswerke. – **14.** Ergänzungslieferung (München 1996) S . 1 - 24

Königlich Preußische Landes-Aufnahme [Hrsg.]: Topographische Karte 1 : 25 000 – Blatt Eggebek, 1879; Blatt Flensburg, 1879; Blatt Hollingstedt, 1879; Blatt Jübek, 1879; Blatt Kropp, 1879; Blatt Viöl, 1880; Blatt Schleswig, 1879. (Berlin)

Königlich Preußische Landes-Aufnahme [Hrsg.]: Topographische Karte 1 : 25 000 – Blatt Flensburg, Ausgabe 1902 (Berlin)

Königliche Eisenbahn Direction Altona [Hrsg.]: Uebersichtskarte des Eisenbahn-Directions-Bezirks Altona 1 : 600 000 – (Altona 1895)

Kuhrt, Emil: Bau und Betrieb der schmalspurigen Kreis-Eisenbahn Flensburg-Kappeln. – (Flensburg 1887)

Kupfer, Dirk: „Ein Stück Angler Romantik geht vorbei." Die Flensburger Kreisbahn 1885 – 1953. – In: Schartl, Matthias [Hrsg.]: Schiene – Straße – Schiff. 100 Jahre Verkehrsbetriebe des Kreises Schleswig-Flensburg. – (Schleswig 2001) S. 77 - 98

Overmann: 80 Jahre Eisenbahnen in Schleswig – Die Reichsbahn **10** (Berlin 1934) S. 1074 – 1079

Overmann: Die Eisenbahnen Schleswig-Holsteins bis zur Verstaatlichung. - Archiv für Eisenbahnwesen (1938) S. 49 – 86

Parbøl, E. L.: Jernbanerne i krigen 1864. – (København 1964)

Rambusch, Hartwig H. A.: En gammel Jernbanemands Erindringer. – (København 1916)

Reichsamt für Landesaufnahme [Hrsg.]: Meßtischblatt 165. Flensburg (Süd) [Topographische Karte 1 : 25 000] – Ausgabe 1931 (Berlin)

Reichsbahndirektion Altona [Hrsg.]: 50 Jahre Eisenbahndirektion Altona. 1884 – 1934. – (Altona 1934)

Reichsbahndirektion Altona [Hrsg.]: Geschichtliche Entwicklung des Netzes der Reichsbahndirektion Altona 1842 - 1933 – (Altona 1934)

Steen, Uwe: Friedrich Brandt. Ein Pionier der Photographie in Schleswig-Holstein. – (Heide 1989)

Tellkampf: Erbauung des Hafen-Bollwerkes am Bahnhofe zu Flensburg. – Zeitschrift des Architekten- und Ingenieur-Vereins für das Königreich Hannover, Bd. **XXX** (Hannover 1884) S. 109 - 116.

Trap, J. P.: Statistisk-topographisk Beskrivelse af Hertugdømmet Slesvig. – (København 1864)

Zeitungen, Periodika:
Diverse Ausgaben von
Flensburger Tageblatt, Flensburger Nachrichten, Slesvigland, Amtliches Kursbuch,
Zeitung des Vereins Deutscher Eisenbahnverwaltungen

Darüber hinaus verwandte Literutur ist unter 9.7 zitiert.

9.7 Nachweise / Anmerkungen

1 Zur verkehrlichen Entwicklung Schleswig-Holsteins: FROHRIEP, MONIKA: Vom Postwagen zur Eisenbahn. Kleine Verkehrsgeschichte Schleswig-Holsteins im 19. Jahrhundert. – (Heide 1998).

2 KÜSTER, CHRISTIAN et al.: „Schienen zum Fortschritt". 150 Jahre Eisenbahn in Schleswig-Holstein. Veröff. d. Landesarchivs Schleswig-Holstein **38** (Schleswig 1994) S. 10.

3 Ges. f. Flensburger Stadtgeschichte [Hrsg.]: Flensburg. Geschichte einer Grenzstadt. – (Flensburg 1966) S. 280.

4 Einen Abriss des Reisens mit der Postkutsche in Schleswig-Holstein gibt SAGER, WILHELM: Hoch auf dem gelben Wagen. Reisen mit der Post im 19. Jahrhundert. – Schleswig-Holstein: 3/2002 S. 11 - 15.

5 VOIGT, CHRISTIAN: Das Verkehrswesen in Flensburg in den letzten 100 Jahren. – Flensburger Nachrichten Nr. 280, 30.11.1927 (Flensburg 1927).

6 Christian Hansen, eigentlich Christen Hansen, wurde am 13.9.1804 in Ribe geboren und starb am 15.1.1872 in Kopenhagen. Seit Februar 1826 arbeitete er bei P. N. Hansen in Flensburg und wurde 1845 Hafenschreiber in Flensburg.

7 Kjøbenhavnsposten Nr. 254, 15.9.1839 (Kopenhagen 1839) S. 1.

8 OVERMANN: 80 Jahre Eisenbahnen in Schleswig – Die Reichsbahn **10** (1934) S. 1074.

9 MAYER V., ARTHUR: Geschichte und Geographie der Deutschen Eisenbahnen (Berlin 1891) S. 497.

10 THESTRUP, POUL: Dampen binder Danmark sammen. På Sporet 1847 – 1997. Bind I Til 1914. – (Odense 1997) S. 98 - 104 behandelt die Aktivitäten Peto´s in Dänemark, die Entstehungsgeschichte der Südschleswigschen Eisenbahn, deren Betrieb in der ersten Zeit und gibt Hinweise auf den prunkvollen Königswagen der Gesellschaft.

11 Nordischer Courier - Altonaer Nachrichten vom 8.1.1853.

12 Nordischer Courier - Altonaer Nachrichten vom 27.11.1853.

13 Flensburger Zeitung Nr. 232 vom 4. Oktober 1854.

14 Die Schreibweise differiert. Im Betriebs-Reglement vom September 1855 (LASH Abt. 309 Nr. 16099) und im Fahrplan vom 1. Juni 1864 (LASH Abt. 309 Nr. 16099) lautet die Bezeichnung „König Frederik VII. Süd-Schleswigsche Eisenbahn". Das Dienst-Reglement von 1854 gilt für die „König Frederik des Siebten Süd-Schleswigsche Eisenbahn". Das Bahn-Polizei-Reglement von 1854 gilt für die „König Frederik des VII^{ten} Südschleswigsche Eisenbahn". Ein Memorandum von Louth an Olsen vom 7. August 1862 trägt den offiziellen Briefkopf „KING FREDERIK THE VII. SOUTH SLESVIG RAILWAY".

15 PULS, DIRK: 100 Jahre Eisenbahn in Schleswig – Flensburger Tageblatt 2.10.1954 (Flensburg 1954).

16 OVERMANN: 80 Jahre Eisenbahnen in Schleswig – Die Reichsbahn **10** (1934) S. 1075. Anderes Datum: 23. Januar 1856 in: REICHSBAHNDIREKTION ALTONA [Hrsg.]: 50 Jahre Eisenbahndirektion Altona. 1884 – 1934. – (Altona 1934) S. 13; Fußnote 2.

17 BLANK, HEINRICH: Gottlieb Bindesbøll und Julius Tholle. – Nordelbingen **46** (Heide 1977) S. 11 - 35.

18 Die Architekturgeschichte wesentlicher Bauwerke der Südschleswigschen Eisenbahn und auch des Englischen Bahnhofs wird behandelt bei ERLANDSEN, HELGE & HAUGSTED, IDA: Fredriksberg Bånegard og Jernbanearkitekturen 1844 - 1864 – (København 2002) S. 25 - 29.

19 WILDE, LUTZ [Bearb.]: Stadt Flensburg. – Denkmaltopographie Bundesrepublik Deutschland. Kulturdenkmale in Schleswig-Holstein, Band **2** – (Neumünster 2001) S. 29.

20 LAPP, GÜNTER: F. J. von Moltke, Postmeister. - Schriften der Gesellschaft für Flensburger Stadtgeschichte **20** (Flensburg1969).

21 Copienbuch der Schleswigschen Eisenbahn vom 13.11.1864 (Stadtarchiv Flensburg).

22 Vertrag Königliche Eisenbahndirektion Altona und Magistrat der Stadt Flensburg vom 12.6.1885.

23 Nordischer Courier - Altonaer Nachrichten vom 8.10.1857.

24 Tellkampf: Erbauung des Hafen-Bollwerkes am Bahnhofe zu Flensburg. – Zeitschrift des Architekten- und Ingenieur-Vereins für das Königreich Hannover, Bd. **XXX** (Hannover 1884) S. 109 - 116. Tellkampf macht über die „Englische Brücke" folgende Angaben (S. 116): Länge 309 m, Fläche 1904 m^2, Gleislänge 820 m. Er bemerkt, dass die Rangierarbeiten nur mit Pferden und nicht mit den für diesenZweck zu schweren Lokomotiven durchgeführt werden durften. Als Abbruchjahr findet sich die Angabe 1881/82.

25 1860 begann H. H. A. Rambusch in der SSE-Betriebswerkstätte Flensburg eine Maschinenlehre. Die Verhältnisse aus der davor liegenden Zeit sind ihm wahrscheinlich von Mitarbeitern überliefert worden bzw. er kannte sie aus eigener Anschauung – sein Vater war Stationsvorsteher in Klosterkrug. Er bekam im Zuge seiner Ausbildung in Flensburg einen guten Überblick über den Betrieb sowie vieles, was mit der Südschleswigschen Eisenbahn zusammenhing und verließ die Stadt spätestens zu Beginn des Krieges von 1864 Richtung Nordjütland. Seine Überlieferungen bilden eine geschlossene, äußerst kenntnisreiche zeitgenössische Darstellung eines später in hohen Leitungsfunktionen eingesetzten Eisenbahners. Er veröffentlichte seine beruflichen Erinnerungen, fortgeschrieben bis ins Jahr 1882, nach seiner Pensionierung im Jahre 1916.

26 Seit 1862 wird in der „Zeitung des Vereins Deutscher Eisenbahnverwaltungen" (ZVDE) darüber diskutiert, ob die Aufmerksamkeit der Lokomotivführer darunter leiden könnte, wenn die Führerstände Überdachungen, Seiten- und eine Vorderwand erhielten, wegen der dann doch sehr relativen Bequemlichkeit. Erst 1865 wurde der seitlich geschlossene und bedeckte Führerstand allgemein eingeführt. (ZVDE, 1876, S. 563).

27 Die Kurve der Passagierzahlen geht in den kälteren Monaten stets abwärts und erreicht um den Jahreswechsel ihren Tiefststand (nach den Geschäftsberichten 1870 – 1883 von 45 000/65 000 Reisenden im Juli auf 25 000/45 000 im Februar). Ab 1862 wurde das Heizen durch Aufstellen von eisernen Öfen in den Wagen besorgt oder man schob in die Polster der ersten und zweiten Klasse Wärmflaschen, die entweder mit heißem Wasser oder aber mit heißem Sand gefüllt waren. Diese Beheizung hatte den Nachteil, dass Wärmflaschen oftmals erneuert werden mussten. Es war aber kaum Zeit dazu auf den Stationen, so dass die Beheizung nicht immer klappte.

28 Für die 9,40 Meilen zwischen Flensburg und Tönning mit Halt auf allen Stationen benötigten die Morgen- und Abendzüge 2 Stunden und 20 Minuten einschließlich 10 Minuten Aufenthalt in Oster-Ohrstedt. Die Zweigbahn für die 5,5 Meilen von Ohrstedt bis Rendsburg benötigte 1 Stunde 22 Minuten.

29 Louth war der „General Manager" der Bahngesellschaft.

30 Die Geschichte der Eisenbahn in Schleswig ist ausführlich dokumentiert in: Bischoff, Malte: Klosterkrug – Friedrichsberg – Altstadt. Von der Last und Lust, mit dem Zug von und nach Schleswig zufahren (1854 – 1990). – Beiträge zur Schleswiger Stadtgeschichte **35** (Schleswig 1990) S. 62 – 100.

31 Nordischer Courier - Altonaer Nachrichten vom 12.10.1850.

32 Bahnakten der Stadt Flensburg vom 30.3.1861 (Stadtarchiv Flensburg).

33 Bahnakten der Stadt Flensburg vom 29.3.1862 (Stadtarchiv Flensburg).

34 Copienbuch der Schleswigschen Eisenbahngesellschaft vom 3.10.1864 (Stadtarchiv Flensburg).

35 Copienbuch der Schleswigschen Eisenbahngesellschaft vom 26.12.1866 (Stadtarchiv Flensburg).

36 Herzbruch: Die Bahnhöfe der Nordschleswigschen Eisenbahn. - Zeitschrift des Architekten- und Ingenieur-Vereins für das Königreich Hannover , Bd. **XV**, (Hannover 1869) S. 366 – 372 .

37 Copienbuch der Schleswigschen Eisenbahngesellschaft vom 16.01.1867 (Stadtarchiv Flensburg).

38 Zeitung des Vereins Deutscher Eisenbahnverwaltungen Nr. **27** (1864).

39 Bram, Eskild: Schleswigs Bahnen in Krieg und Frieden. – Slesvigland. – Heft **3** (Flensburg 1980) S. 52 - 54:
„Die Bedingungen für einen Rückzug zu Fuß waren die schlechtesten. Beißender Nordwind direkt ins Gesicht, Glatteis und Schneetreiben. ... Erst gegen Morgen kamen die ca. 30 000 erschöpften Soldaten in Quartier in Flensburg. ... Warum nahmen sie nicht den Zug? ... Natürlich hatte der Obergeneral

Christian de Meza nicht übersehen, daß eine Eisenbahn für die Evakuierung zur Verfügung stand. Aber im Rückzugsplan war nur daran gedacht, die Kanonen zu retten. Die Soldaten hingegen sollten marschieren und, wenn nötig, sich vorwärts kämpfen. ... Nach einem 5-stündigen Kriegsrat am Abend des 4.2. beschloß das Oberkommando, die Danewerkstellung mit 35.000 Mann zu räumen. Gleichzeitig wurden 4 Wagenreihen mit 7 Lokomotiven und 84 Wagen angefordert. .... Aber von da an geschah, in der allgemeinen Verwirrung, ein Mißverständnis nach dem anderen. Die Intendantur glaubte, daß das Artilleriekommando das nötige ordnete und umgekehrt. Die Eisenbahnleitung war auch nicht gewandt. Sie ging als zivile, neutrale Partei in die Sache. Das Militär war ein Kunde wie alle anderen, die eine Fahrkarte lösten oder einen Frachtbrief ausfüllten. ... Während des Krieges ging die dänische Regierung einen Kontrakt mit der Gesellschaft um Fracht mit Vorräten für die Danewerkstellung ein, aber es fehlte eine militärische Transportbehörde als Verbindungsglied, besonders auf dem Bahnhof in Flensburg. Das Resultat war, daß der Versorgungszug zur planmäßigen Zeit abging, gleichgültig, ob die Wagen beladen waren oder nicht. Dadurch kamen Züge dazu leer in beide Richtungen zu fahren. So auch unter dem Rückzug. Es glückte auf Grund von Fehlern und Mißverständnissen nicht, die Festungsartillerie von ca. 150 Stück zu retten. ... Züge, die nicht beladen waren, fuhren leer an den Stellungen, an denen die Leute alles bereit hatten, vorbei. ...".

40 Overmann: 80 Jahre Eisenbahnen in Schleswig – Die Reichsbahn **10** (1934) S. 1076.

41 Die Streckenführung des stillgelegten Zweiges Oster-Ohrstedt – Klosterkrug ist detailliert dargestellt bei Hübner, Ulrich: Die Kong Frederik VII. – Südschleswigsche Eisenbahn. – In: Hahne, Peter Ludwig [Hrsg.]: Eider, Treene und Schlei. – (Schleswig 1987) S. 90 – 102.

42 Overmann wie Anmerkung [40] S. 1077.

43 Overmann wie Anmerkung [40] S. 1078.

44 Mayer v. wie Anmerkung [9] S. 499.

45 Eisenbahnakten der Stadt Flensburg vom 19.4.1866 (Stadtarchiv Flensburg).

46 Kein geringerer, als Edmund Heusinger von Waldegg, einer der bedeutendsten europäischen Eisenbahntechniker seiner Zeit, befasste sich 1879 in einem kurzen Aufsatz mit dem Projekt für einen neuen Zentralbahnhof auf dem Excerzierplatz. Heusinger von Waldegg, Edmund: Projekt zu einem Centralbahnhofe in Flensburg. - Zeitschrift des Architekten- und Ingenieur-Vereins für das Königreich Hannover , Bd. **XXV** (Hannover 1879) S. 156 – 158. Heusinger von Waldegg beschreibt die schon damals schwierige Situation an der Fördespitze folgendermaßen: „Endlich wurde der Bahnhof aus Rücksicht für den Seeverkehr so nahe an den Hafen gerückt, dass derselbe schon längst dem Bedürfnisse nicht mehr genügt und große Unannehmlichkeiten in den Betriebsverhältnissen hervorruft. So wird beispielsweise beim Rangieren die in der Bahnhofslinie liegende, sogenannte Englische Brücke, ein früher in den Hafen zu Umladezwecken eingebautes Holzgerüst, mit benutzt, dessen Erneuerung mit der Zeit nothwendig geworden ist; außerdem wird dabei eine Hauptverkehrsstraße der Stadt gekreuzt. Es muss daher als vollständig unthunlich erscheinen, in diesen Bahnhof noch neue Linien einzuführen." Heusinger von Waldegg beklagt sich weiter über die „unvermeidliche Agitation", die seinen Plänen in Flensburg entgegengebracht wurde.

47 Boljahn, Kurt: Entstehungsgeschichte der Eisenbahnen in Angeln. - Jahrbuch des Heimatvereins der Landschaft Angeln (Flensburg 1981) S. 141.

48 Seit Dezember 1997 steht die Klappbrücke unter Denkmalschutz.

49 Damit ein Fahrzeitenvergleich möglich ist, sind im folgenden immer die Zeiten der Verbindung Flensburg – Rendsburg und fallweise Flensburg – Altona angegeben. Von Flensburg gingen Strecken in verschiedene Richtungen. Das Zugangebot wird jedoch nur für die Hauptstrecke nach Hamburg Richtung Süden detaillierter dargestellt.

50 Bruun-Petersen, Jens & Poulsen, John: Internationale Tog via Jylland. – (Smørum 2002) S. 7.

51 In der Zeitung des Vereins Deutscher Eisenbahnverwaltungen ist auf S. 591 des Jahrgangs 1868 nach Eröffnung der Strecke Fredericia - Aarhus folgender durchgehender Personenzug angegeben: Ab Holstebro 5.45 Uhr bzw. Randers 8.55 Uhr, ab Flensburg 17.40 Uhr und Ankunft in Altona um 21.40 Uhr.

52 REICHSBAHNDIREKTION ALTONA [Hrsg.]: 50 Jahre Eisenbahndirektion Altona. 1884 – 1934. – (Altona 1934) S. 13.

53 Die Lokomotiven 2 bis 5 wurden später in 1Bt umgebaut. Lok 7 wurde als C an die Eastern Counties Railway geliefert. Lok 8^I war eine von Stephenson in Newcastle 1845 für die Norfolk Railway gebaute C, die als Baulokomotive eingesetzt wurde und später an die Great Eastern Railway ging. Die Lokomotiven 12 und 13 wurden für die Böhmische Westbahn geliefert. Lok 14^I war eine 1B und wurde von den Canada Works, Birkenhead geliefert. Die Lokomotive 14^II wurde später in eine 1Bt umgebaut. Die Lokomotiven 19 – 21 wurden 1877 in 1B umgebaut. Lok 1 bis 6 und 9 bis 10 besaßen Drehgestelle und wären als 2´B zu bezeichnen.
Zur Lokomotivgeschichte der Südschleswigschen Eisenbahn gibt es umfangreiche Ausarbeitungen bei BOMBE, HELMUTH: Zur Geschichte der Schleswig-Holsteinischen Eisenbahnen, insbesondere ihrer Lokomotiven. – (Kiel 1956) Kapitel Schleswigsche Eisenbahn S. 4 – 10. Fotos und technische Angaben finden sich in BAY, WILLIAM: Danmarks Damplokomotiver. – (1977) S. 49 – 56.

54 Geschäftsbericht der Schleswigschen Eisenbahn AG vom 30.April 1866.

55 HERZBRUCH, J.: Verbesserter Schneepflug auf den Schleswigschen Bahnen. - Zeitschrift des Architekten- und Ingenieur-Vereins für das Königreich Hannover , Bd. **XIV** (Hannover 1868) S. 190.

56 KUHRT, EMIL: Bau und Betrieb der schmalspurigen Kreis-Eisenbahn Flensburg-Kappeln. - (Flensburg 1887) S. 12.

57 MAYER V., ARTHUR: Geschichte und Geographie der Deutschen Eisenbahnen, (Berlin 1891) S. 1169.

58 KUHRT wie Anmerkung [56] S. 108.

59 PAAP, D.: Die Kleinbahnen des Landkreises Flensburg heute und vor 30 Jahren. - Zeitschrift für Kleinbahnen (April 1920) S. 116 f.

60 ŽEŽULA: Im Bereiche der Schmalspur. (Sarajevo1893) S. 109.

61 KUHRT wie Anmerkung [56] S. 39.

62 ŽEŽULA wie Anmerkung [60] S. 109.

63 DÜRING, EWALD: Flensburger Kreisbahn. – In: MACHEL, WOLF-DIETGER [Hrsg.]: Neben- und Schmalspurbahnen in Deutschland. - **37.** Ergänzungslieferung (München 2002) S. 6.

64 KUPFER, DIRK: „Ein Stück Angler Romantik geht vorbei." Die Flensburger Kreisbahn 1885 - 1953. – In: SCHARTL, MATTHIAS [Hrsg.]: Schiene - Straße - Schiff. 100 Jahre Verkehrsbetriebe des Kreises Schleswig - Flensburg. - (Schleswig 2001) S. 87.

65 BOHLJAHN, KURT; HARBECK, HERMANN; KLEIN, ECKHARD; WEGNER, HANS: Die Eisenbahn in Flensburg 1854 bis 1979. – (Freiburg 1979) S. 92.

66 BOHLJAHN wie Anmerkung [65] S. 98.

67 LÖTTGERS, ROLF: Die Benzoltriebwagen der Allgemeinen Elektricitäts-Gesellschaft (AEG/NAG) 1907 - 1928. – Jahrbuch für Eisenbahngeschichte **16** (Karlsruhe 1984) S. 27, S. 34 – 41.

68 Zur Geschichte der DWK Triebwagen T 3 und T 4 vergleiche LÖTTGERS, ROLF: Die Triebwagen der Deutschen Werke Kiel – (Lübbeke 1988) S. 100 - 102.

69 DÜRING wie Anmerkung [63] S. 14.

70 HÜBENER: Benzintriebwagen. Bewährung und Einfluß auf den Betrieb. – Verkehrstechnik (1930) S. 521.

71 T 1 wurde 1953 an die AG Ruhr - Lippe - Eisenbahnen, Soest, verkauft und lief dort als T 4.

72 T 2 wurde 1953 an die Kleinbahn Hoya - Syke - Asendorf, Hoya (VGH), verkauft und lief dort als T 67.

73 T 3 wurde 1953 an die Steinhuder Meer-Bahn, Wunstorf, verkauft und lief dort als T 53.

74 T 4 wurde 1953 an die Kreisbahn Emden - Pewsum – Greetsiel, Emden, verkauft und lief dort als T 54.

75 BOHLJAHN wie Anmerkung [65] S. 98.

76 DÜRING wie Anmerkung [63] S. 15.

[77] KUPFER wie Anmerkung [64] S. 91.

[78] GESLLSCHAFT FÜR FLENSBURGER STADTGESCHICHTE [Hrsg.]: Der Landkreis Flensburg 1867 - 1974. Ein preußischer Landkreis in Schleswig-Holstein. – Schriften der Gesellschaft für Flensburger Stadtgeschichte Nr. **30** Teil 2 (Flensburg 1991) S. 83.

[79] Slesvigland. - 04/1990 (Flensburg 1990) S. 102.

[80] TELLKAMPF: Erbauung des Hafen-Bollwerkes am Bahnhofe zu Flensburg. – Zeitschrift des Architekten- und Ingenieur-Vereins für das Königreich Hannover, Bd. **XXX** (Hannover 1884) S. 109 - 116.

[81] Bis 1978 verkehrte noch wöchentlich ein Viehwagen mit Schweinen von Niebüll nach Germersheim. Kurios war, dass dieser Wagen von Niebüll nach Flensburg an den mittäglichen Schienenbus angehängt wurde.

[82] KLINGER, KARL-HEINZ: Hundertjähriges Bestehen der Eisenbahnstrecke Flensburg-Weiche - Leck - Lindholm. - Jahrbuch des Heimatvereins Schleswigsche Geest (1989) S. 172-173.

[83] BROMANN-SCHMIDT, HORST: Die Bahnposten des Postamtes Flensburg. - Post- und Fernmeldegeschichte zwischen Nord- und Ostsee - Heft 2 (1981) S. 242.

[84] Im wesentlichen wurden Verwaltungsberichte der Stadt Flensburg und Beiträge der DB hierzu ausgewertet (Stadtarchiv Flensburg).

[85] OVERMANN: 80 Jahre Eisenbahnen in Schleswig – Die Reichsbahn **10** (Berlin 1934) S. 1075.

[86] BRUUN-PETERSEN, JENS & POULSEN, JOHN: Internationale Tog via Jylland. – (Smørum 2002) S. 8.

[87] wie Anmerkung [86] S. 10.

[88] Frühzug 551 verließ Flensburg um 4.57 Uhr und war um 8.17 Uhr in Altona (Zug 31). Zug 755 fuhr um 7.20 Uhr ab und traf um 8.56 Uhr in Rendsburg ein. Um 8.15 Uhr verließ Zug 21 die Fördestadt und war bereits um 9.22 Uhr in Rendsburg. Zug 751 mit durchlaufenden 1. - 4. Klassewagen Flensburg - Hamburg fuhr um 9.28 Uhr ab, hielt aber erst um 11.20 Uhr in Rendsburg. Zug 553 fuhr um 12.10 Uhr aus dem Flensburger Bahnhof ab und war um 13.53 Uhr in Rendsburg. Um 15.24 Uhr fuhr Zug 555 ab, der durchlaufende 1.- 4. Klassewagen Flensburg - Hamburg mitführte und in Rendsburg um 17.11 Uhr einlief. Der Schnellzug 25, der Flensburg um 16.36 Uhr verließ, hatte nur noch eine Fahrzeit von 1 Stunde und 8 Minuten nach Rendsburg. Um 19.03 Uhr folgte mit Zug 23 ein weiterer Schnellzug, der um 20.22 Uhr in Rendsburg hielt und in Altona um 22.16 Uhr eintraf. Der letzte Zug 753 verließ Flensburg erst um 21.24 Uhr, hielt um 22.54 Uhr in Rendsburg und war schließlich um 1.08 Uhr in Altona.

[89] Die Züge 551 (mit Schlafwagen Frederikshavn - Hamburg) und 755 verkehrten etwa 10 Minuten früher. Zug 21 erhielt die Zugnummer D 41 (mit Schlafwagen Kopenhagen - Hamburg) und verließ Flensburg um 8.21 Uhr und war nach gut einer Stunde um 9.23 Uhr in Rendsburg. Der Vormittagszug 751 entfiel, dafür wurde jedoch um 11.30 Uhr der Schnellzug D 15 eingelegt, der um 12.32 Uhr in Rendsburg eintraf. Zug 553 verkehrte wie 555 ca. 10 Minuten früher als 1907. Um 16.28 Uhr verließ der nunmehr als Zug 45 bezeichnete Schnellzug den Bahnhof von Flensburg. Um 19.09 Uhr verließ der Eilzug 43 (früher 23) Flensburg, der um 20.28 Uhr Rendsburg erreichte. Der Spätzug 753 blieb von der Abfahrtszeit nahezu unverändert, war aber erst um 1.25 Uhr morgens in Altona.

[90] Der Zug 755 verkehrte um 6.20 Uhr, der von Vamdrup als Personenzug kommende Zug 41 (1. - 3. Klasse) verließ Flensburg als Schnellzug um 7.41 Uhr und erreichte Rendsburg um 8.54 Uhr. Um 10.42 fuhr Zug 553 ab und um 15.13 Uhr Zug 555. Der Flensburg um 18.05 Uhr verlassende Zug 45 war ein Schnellzug mit 1. - 3. Klasse, der um 21.29 Uhr in Altona eintraf. Um 19.48 Uhr machte sich Zug 753 auf den Weg nach Altona.

[91] Geheimes Preußisches Staatsarchiv, Berlin, Rep 93 Abt E Nr. 2659.

[92] preußische Normaltype P 3.

[93] P 1 (ex Altona - Kieler Eisenbahn).

[94] 626 und 627 waren G 1 (ex Berlin - Hamburger Eisenbahn).

[95] preußische Normaltype G 3.

[96] bis auf 846 (eine preußische Normaltype G 3) alles preußische Normaltype T 3.

[97] SCHYMANIETZ, PETER A.: Die Organisation der deutschen Eisenbahnen 1835 – 1975. – (Freiburg 1977) S. 27.

[98] Im Vorfeld der im Landesteil Schleswig durchzuführenden Abstimmungen hatten im Mai 1919 die preußischen Minister Dr. Otto Braun und Dr. Rudolf Oeser Flensburg besucht und zugesagt, dass Preußen die Kosten für den Neubau des Bahnhofs – insgesamt 50 Millionen Mark – übernehmen und außerdem eine neue Bahnverbindung zur Westküste schaffen werde. GESELLSCHAFT FÜR FLENSBURGER STADTGESCHICHTE [Hrsg.]: Flensburg. Geschichte einer Grenzstadt. – (Flensburg 1966) S. 412.

[99] Bahnhofsbuch für den Bahnhof Flensburg-Weiche vom 1.10.1927. In einem Bahnhofsbuch werden die Aufgaben des Bahnhofs und die Zuständigkeiten seiner Mitarbeiter sowie der einzelnen Stellwerke beschrieben.

[100] Architektonische Erläuterungen der 1927 - 1934 errichteten Reichsbahngebäude finden sich bei WILDE, LUTZ [Bearb.]: Stadt Flensburg. – Denkmaltopographie Bundesrepublik Deutschland. Kulturdenkmale in Schleswig-Holstein - Band **2** (Neumünster 2001) S. 586 ff und 598 f..

[101] In den Kursbüchern und Fahrplänen dieser Epoche fahren alle Züge weiterhin nach und aus „Pattburg". Auch auf den Gleisplänen ist „Pattburg" verzeichnet.

[102] Vertrag Reichsbahndirektion Hamburg und Luftgaukommando XI Hamburg vom 1.6.1942.

[103] Das „Zivilarbeiterlager Holzkrugweg Ehemalige Käsefabrik" hatte eine Belegzahl von 40 – 50 Zwangsarbeitern, das „Zivilarbeiterlager Bahnhof/Turnhalle" in Flensburg-Weiche war mit 60 Zwangsarbeitern belegt. Vgl. KÖHLER, NILS & LEHMANN, SEBASTIAN: Lager, Ausländerunterkünfte und Kriegsgefangenenkommandos im Stadt- und Landkreis Flensburg 1939 – 1945 – In: BOHN, ROBERT & DANKER, UWE & KÖHLER, NILS: Der „Ausländereinsatz" in Flensburg 1939 – 1945. - (Bielefeld 2002) S. 87 - 93. In welchem Umfang auch Zwangsarbeiter der anderen in Flensburg bestehenden Lager für die Reichsbahn eingesetzt wurden, lässt sich an Hand der ausgewerteten Literatur nicht erkennen.

[104] PHILLIPSEN, BERND: Der Weg nach Auschwitz begann auch in Flensburg. Jüdische Opfer des nationalsozialistischen Terrorregimes in Flensburg. - Flensburger Beiträge zur Zeitgeschichte **3** – Ausgebürgert. Ausgegrenzt. Ausgesondert. – Opfer politischer und rassischer Verfolgung in Flensburg 1933 – 1945 (Flensburg 1998) S. 236.

[105] KRISTENSEN, HENRIK S.: Eine Station auf dem Weg in die Hölle. Harrislee-Bahnhof und die Deportation dänischer Gefangener aus Frøslev in deutsche Konzentrationslager. – (Flensburg/Aabenraa 2002).

[106] In Flensburg trafen am 2. Mai 1945 300 und am 4. Mai 1945 weitere 150 Häftlinge ein. LUERS, ULF: „Die Toten über Bord geworfen...". KZ-Häftlingstransporte nach Flensburg im April/Mai 1945 – Flensburger Beiträge zur Zeitgeschichte 1 - Verführt. Verfolgt. Verschleppt. Aspekte nationalsozialistischer Herrschaft in Flensburg 1933 -1945 (Flensburg 2003) S. 295 -296.

[107] NØRREGAARD PEDERSEN, OLE: Hvide busser og „ambulancetog". – Tog i tiden 2002. Årsskrift for Danmarks Jernbanemuseum (Odense 2002) S. 16 – 22.

[108] PAUL, GERHARD: „ ... warum muß ich als Verbrecher auf einem Sandhügel sterben?" Opfer der NS-Militärjustiz in und aus Flensburg. – In: Flensburger Beiträge zur Zeitgeschichte **3** – Ausgebürgert. Ausgegrenzt. Ausgesondert. – Opfer politischer und rassischer Verfolgung in Flensburg 1933 - 1945, (Flensburg 1998) S. 143 – 146.

[109] Nach dem 15. Mai 1927 weisen die Kursbuchtabellen erstmalig den Eilzug E 48 auf, der Flensburg um 12.10 Uhr verließ, in Rendsburg um 13.19 Uhr war und um 14.04 Uhr Neumünster erreichte. Dieses war der siebte Zug auf der Relation Flensburg – Hamburg.

[110] Sowohl Zug 956 als auch D 44 verließen Flensburg jetzt später. D 44 verließ Flensburg erst um 7.27 Uhr und erreichte um 8.21 Uhr erstmalig in weniger als 60 Minuten das 63 km entfernte Rendsburg. Auch der um 12.28 Uhr abfahrende E 48 benötigte nur noch 1 Stunde und 1 Minute nach Rendsburg. Der Abendschnellzug mit Speisewagen Flensburg - Hamburg und Kurswagen Frederikshavn - Hamburg D 46 fuhr jetzt um 18.17 Uhr ab.

[111] Zur Geschichte dieser für die DSB wichtigen Verbindung sei auf die Ausführungen bei OUSAGER, STEEN: Krige og fornyelse. På Sporet 1847 – 1997. Bind II 1914 – 1950. – (Odense 1997) S. 255 verwiesen.

[112] In der vorhergehenden Fahrplanperiode war der Zug nach Rendsburg 57 Minuten unterwegs, mit dem ab Hannover im L 12 („Luxuszug") laufenden CIWL – Schlafwagen nur noch 51 Minuten.

[113] Der bis dahin als P 960 bis Neumünster verkehrende Mittagspersonenzug verkehrte ab Sommer 1933 nicht mehr und wurde durch P 958 ersetzt, der bereits um 10.40 Uhr abfuhr und in Rendsburg endete. Der bis dahin mittags laufende Eilzug E 50 wurde in E 44 umbenannt.

[114] D 40 benötigte für die Strecke Flensburg - Rendsburg nur noch 48 Minuten. P 958 wurde auf 9.12 Uhr vorverlegt und wieder bis Neumünster gefahren. Auch der Mittagseilzug E 44 wurde beschleunigt und erreichte Rendsburg schon nach 55 Minuten. P 960 wurde als achter Zug eingelegt und verließ Flensburg um 12.40 Uhr.

[115] Die Fahrplanlage von P 954, der um 6.27 Uhr Richtung Süden abfuhr, blieb fast gleich. Um 8.29 verließ der neu eingelegte E 134 die Fördestadt, um 9.00 Uhr gefolgt von P 958. Als Mittagseilzug fuhr um 12.09 Uhr E 138, genau 20 Minuten vor P 960. Um 14.24 Uhr und 16.26 Uhr folgten mit P 962 und P 966 zwei weitere Personenzüge.

[116] Im Sommer 1936 wurde die Fahrzeit von D 130 etwas gestreckt und die Abfahrtszeit auf 5.10 Uhr vorverlegt. Auch P 954 fuhr geringfügig früher. E 134 wurde sonntags durch den bereits um 7.50 Uhr verkehrenden E 132 ersetzt. E 138 verkehrte nur noch werktags und P 962 wurde durch den geringfügig früher verkehrenden P 964 ersetzt. Neu hinzu kam der Eilzug E 142, der sich um 15.20 Uhr auf den Weg Richtung Süden machte und die Anzahl der Züge auf 12 pro Tag steigerte. Der den „Nord-Expreß"-Schlafwagen mitführende D 144 wurde auf 18.19 Uhr vorverlegt. Der Spät-Eilzug E 146 verließ Flensburg um 20.46 Uhr und bot über D 92 ab Neumünster die Gelegenheit, um 23.16 Uhr in Altona zu sein.

[117] Der erste, um 6.14 Uhr Flensburg verlassende Eilzug erhielt die Nummer E 173 und hatte den Zuglauf Flensburg - Bad Oldesloe. Einige andere Abfahrtszeiten verschoben sich geringfügig zugunsten kürzerer Fahrzeiten Richtung Hamburg. Der nachmittägliche Eilzug E 144 wurde 10 Minuten später auf 15.49 Uhr gelegt und erhielt den neuen Zuglauf Flensburg - Ratzeburg. Ob dies umlaufbedingt eingeführt wurde oder einem tatsächlichen Verkehrsbedürfnis entsprach, ist wohl nicht mehr zu klären.

[118] SCHARF, HANS-WOLFGANG & ERNST, FRIEDHELM: Vom Fernschnellzug zum Intercity. – (Freiburg 1983) S. 44.

[119] wie Anmerkung [111] S. 344.

[120] KOED, JAN: Danmarks Jernbaner i 150 år. – (København 1997) S. 160.

[121] SCHWENSEN, BRODER: „In der Stadt gehen die wildesten Gerüchte um." Der Mai 1945 im Spiegel der Flensburger Stadt-Chronik. – In: Flensburger Beiträge zur Zeitgeschichte 5 – Lange Schatten. Ende der NS-Diktatur und frühe Nachkriegsjahre in Flensburg. – (Flensburg 2000) S. 14.

[122] DEUTSCHE REICHSBAHN-GESELLSCHAFT, REICHSBAHNDIREKTION ALTONA [Hrsg.]: Statistik der Verkehrsleistungen nach Bahnhöfen. Geschäftsjahr 1935. – (Altona 1936).

[123] MAEDEL, KARL - ERNST: S 10^1 - Geschichte der letzten preußischen Schnellzug-Dampflokomotiven (Stuttgart 1972) S. 121.

[124] DÜRING, THEODOR: Schnellzugdampflokomotiven der deutschen Länderbahnen 1907-1922. –(Stuttgart 1972) S. 160.

[125] TROMMER, AAGE: Jernbanesabotagen i Danmark under den anden verdenskrieg. En krigshistorisk undersøgelse. – (Odense 1971).

[126] SCHYMANIETZ, PETER A.: Die Organisation der deutschen Eisenbahnen 1835-1975. – (Freiburg 1977) S. 45, S. 50.

[127] Fahrplan im Britisch besetzten Gebiet. August 1945. – Hamburger Blätter **30** (Hamburg 1983) S. 61 – 62.

[128] Dieser Zug führte Schlafwagen von Stockholm nach Basel SBB und Paris sowie von Kopenhagen nach Amsterdam und Oostende Kai. Zwischen Padborg und Hamm lief ein Speisewagen der CIWL.

[129] Personenzüge verließen Flensburg um 6.02 Uhr, 8.20 Uhr und 15.32 Uhr Richtung Süden. Der um 8.20 Uhr abfahrende P 608 fuhr lediglich nach Neumünster ohne Anschlussmöglichkeiten nach Hamburg und war ausschließlich Reisenden mit Zulassungskarte vorbehalten. Für den Normalbürger blieb nur eine werktägliche Verbindung: der P 602 um 6.02 Uhr, der zweite ohne Zulassungskarte benutzbare P 620 um 15.32 Uhr verkehrte nur Montag, Mittwoch und Freitag.

[130] Das verbleibende Schnellzugpaar D 66/D 61 Flensburg – Hamburg verkehrte nur Dienstag, Donnerstag und Samstag und war als „vorübergehend ausfallend" gekennzeichnet.

[131] FD 192/FD 191 führte im Winter 1947/48 durchgehende Wagen von Kopenhagen nach Amsterdam, Hoek van Holland (darunter einen Schlafwagen) und Paris. In Flensburg wurden ein Speisewagen nach Hoek van Holland sowie ein Gepäckwagen nach Paris beigestellt. Nur auf besondere Anordnung und nur mittwochs und donnerstags verkehrte das Zugpaar D-DU 1697/1696 von Padborg über Flensburg – Hamburg – Bremen nach Jever, DUS 3002/3001 donnerstags von Padborg nach Bremen.

[132] Als erster Zug verließ der täglich verkehrende P 602 nach Neumünster um 5.17 Uhr den Bahnhof. Um 5.56 Uhr folgte E 60, der um 10.00 Uhr Hamburg-Altona erreichte.

[133] FD 276/FD 275 hatte Kurswagen Kopenhagen – Zürich/Luzern, Flensburg - Hamburg-Altona für den innerdeutschen Verkehr, Schlafwagen Kopenhagen - Basel SBB/Luzern, Schlafwagen Stockholm - Zürich sowie einen CIWL- Speisewagen von Nyborg nach Hamburg-Altona.

[134] FD 276/FD 275 führte Kurswagen Kopenhagen - Chur und Rom, Schlafwagen Kopenhagen - Rom, Stockholm - Rom und Kopenhagen – Chur. FD 276 verließ Flensburg um 19.50 Uhr und war ohne Halt fahrend nach 2 Stunden und 27 Minuten in Hamburg Hbf.

[135] Zum Winterfahrplan ab dem 2. Oktober 1949 gab es erneut Veränderungen. FD 192, der immer noch für den innerdeutschen Verkehr gesperrte „Skandinavien - Expreß" verließ Flensburg bereits um 7.11 Uhr und war um 9.38 in Hamburg-Altona. L 12 „Nord - Expreß", ebenfalls noch für den innerdeutschen Verkehr gesperrt, verließ Flensburg um 17.50 Uhr mit Ankunft in Hamburg Hbf um 20.19 Uhr. D 100 (Flensburg – Köln) wurde um 20 Minuten vorverlegt und hatte bis Hamburg-Altona eine längere Fahrtzeit. FD 276, der für den Binnenverkehr gesperrte „Skandinavien - Schweiz - Italien - Expreß" verließ Flensburg um 19.01 Uhr mit Ankunft in Hamburg Hbf um 21.35 Uhr.

[136] E 692 folgte um 5.50 Uhr und der gleichfalls bis Hamburg ohne Halt durchfahrende „Skandinavien - Expreß" FD 192 um 7.03 Uhr. Um 9.16 Uhr fuhr E 964. P 610, P 614 und P 620 verkehrten um 10.07 Uhr, 13.13 Uhr und um 16.24. Der „Nord - Expreß" L 12 hatte um 17.50 Uhr Abfahrt und hielt, bevor er um 20.29 Uhr den Hamburger Hauptbahnhof erreichte, nur in Neumünster. Der bis Hamburg ohne Halt durchfahrende FD 276, der „Skandinavien - Schweiz - Italien - Expreß", fuhr um 19.00 Uhr. Als letzter Zug verließ der ebenfalls bis Hamburg nonstop fahrende FD 172, der von Nyborg nach Hoek van Holland lief, um 21.08 Uhr den Flensburger Bahnhof.

[137] Um 9.16 Uhr wurde E 964 eingelegt, der bis Neumünster lief und dort Anschluss nach Hamburg hatte. P 610 folgte um 10.22 Uhr und endete ebenfalls in Neumünster. Um 13.15 Uhr verließ mit P 614 der nächste Personenzug den Bahnhof nach Neumünster, wo man in einen Eilzug nach Hamburg umsteigen musste. In Neumünster endete auch der um 16.34 Uhr fahrende P 620. Der freigegebene L 12 „Nord - Expreß" verließ Flensburg wie bisher um 17.50 Uhr, hielt bis Hamburg Hbf aber lediglich eine Minute in Neumünster. D 100 verließ Flensburg um 18.28 Uhr und erreichte Hamburg-Altona um 21.49 Uhr. Als dritter abendlicher Schnellzug komplettierte der freigegebene „Skandinavien - Schweiz - Italien - Expreß" FD 276 das Angebot, der um 19.05 Uhr abfuhr und um 21.37 Uhr ohne Zwischenhalt in Hamburg Hbf eintraf. Der Zug hatte Sitz- und Schlafwagen Kopenhagen - Basel sowie Schlafwagen Stockholm - Rom. Letzter Zug aus Flensburg war P 628 nach Rendsburg, der um 20.26 Uhr den Bahnhof verließ.

[138] Außerdem führte der Zug Speisewagen Flensburg - Hoek van Holland und Schlafwagen Kopenhagen - Hoek van Holland.

[139] Der Zug führte Schlafwagen Kopenhagen - Genua und Kopenhagen - Hamburg-Altona sowie Sitzwagen von Kopenhagen nach Hamburg-Altona und von Nyborg nach Rom.

[140] Das Schlafwagenangebot des F 212/F 211 bestand aus vier Relationen: Kopenhagen – Chur, Kopenhagen – Wien, Kopenhagen – Basel und nach Bedarf in der Sommersaison Kopenhagen – Mailand. Für das kulinarische Angebot stand ein Speisewagen der CIWL zwischen Nyborg und Hannover zur Verfügung. F 12/F 11 (ehemals L 12/L 11) „Nord – Expreß" erhielt neu einen durchgehenden Schlafwagen von Oslo über Kopenhagen nach Paris.

[141] Der erste Personenzug verließ als T 938 um 5.57 Uhr Flensburg und wurde über Rendsburg nach Kiel geführt. Um 8.00 Uhr wurde ein werktäglicher Personenzug nach Neumünster eingelegt und um 9.24 Uhr verließ S 964, ein Städteschnellverkehrszug nach Neumünster die Fördestadt. Um 15.25 Uhr hatte mit ST 966 ein Städteschnellverkehrstriebwagen nach Neumünster Abfahrt. D 412 fuhr bis Hamburg ohne Zwischenhalt und hatte bis Hamburg-Altona eine Fahrzeit von 2 Stunden und 20 Minuten. Der Saisonzug D 16 Nyborg - Paris verließ Flensburg um 19.00 Uhr. P 674 fuhr um 19.08 Uhr bis Neumünster und bot die letzte Möglichkeit, Hamburg zu erreichen. Letzter Zug aus Flensburg war um 20.45 Uhr P 628 nach Rendsburg

[142] S 940 lief um 9.25 Uhr in den Hamburger Hauptbahnhof ein. S 964 erhielt die Bezeichnung S 942 und fuhr um 10.16 Uhr, seine Fahrzeit nach Hamburg lag unter 3 Stunden. F 192, der „Skandinavien - Holland - Expreß" wurde auf genau 13.00 Uhr gelegt. Um 13.18 Uhr fuhr jetzt mit S 944 ein weiterer schneller Zug nach Neumünster. ST 946 (früher ST 966) fuhr jetzt um 15.30 Uhr. D 412, Nyborg - Basel SBB, lief mit einer Abfahrtszeit von 16.42 Uhr erheblich früher. Der Zug hielt lediglich in Neumünster und erreichte Hamburg-Altona um 19.13 Uhr. Neu eingelegt wurde der P 620, der Flensburg um 17.11 Uhr verließ und bis Hamburg lief.

[143] DT 144 verließ Flensburg um 4.20 Uhr und war nach nur 2 Stunden und 12 Minuten in Hamburg-Altona. Als nächster Zug fuhr der neue ET 608 über Rendsburg nach Kiel um 5.55 Uhr ab. E 940, ehemals S 940, lief nahezu im alten Plan. Der Hinweis auf die zur Regel werdenden neuen Leichtbauwagen war entfallen. D 148 verließ Flensburg um 13.05 Uhr, war aber erst um 15.43 Uhr im Hamburger Hauptbahnhof. Der ehemalige S 946 entfiel und für ihn wurde um 16.30 Uhr ET 944 nach Neumünster eingelegt. P 620 fuhr einige Minuten später. D 312 verließ Flensburg um 18.39 Uhr. D 100 folgte um 19.16 Uhr und brauchte bis Hamburg-Altona geringfügig unter 3 Stunden.

[144] F 12/F 11 führte in dieser Fahrplanperiode Schlaf- und Sitzwagen Kopenhagen - Oostende, Schlafwagen Oslo - Paris und Stockholm – Paris.

[145] Mit Beginn des Sommerfahrplans ab dem 2. Juni 1957 ergaben sich leichte Fahrtzeitverkürzungen. Der erste Zug, jetzt als Triebwagen D 144, fuhr um 4.10 Uhr und war nach 2 Stunden und 4 Minuten in Hamburg-Altona. Der morgendliche Eilzug, jetzt als E 860 bezeichnet, fuhr wieder um 6.32 Uhr und war bis Hamburg immer noch fast 3 Stunden unterwegs. Der Eiltriebwagen E 862 fuhr jetzt um 9.07 Uhr und war um 10.42 Uhr in Neumünster. F 12 wurde mit einer Abfahrtszeit von 16.01 Uhr deutlich vorverlegt, so dass der Nachmittagseilzug E 856 jetzt auf 16.36 Uhr verlegt wurde.

[146] Der Zug führte in dieser Fahrplanperiode Kurswagen Kopenhagen - Köln - Oostende, Flensburg - Hamburg und Schlafwagen Kopenhagen - Oostende, Stockholm – Paris, sowie einen Speisewagen Nyborg - Osnabrück.

[147] Zum Sommerfahrplan am 30. Mai 1965 verließen die morgendlichen Eilzüge E 854 und E 862 Flensburg etwa 20 Minuten später. Die nachmittägliche Verbindung wurde durch einen neuen Triebwagenzug, den E 878, um 16.07 Uhr gewährleistet. D 100 bekam etwas straffere Fahrzeiten. Der Flensburg um 19.48 Uhr verlassende Schnellzug traf jetzt um 22.16 Uhr in Hamburg-Altona ein. Zum Sommerfahrplanwechsel am 22. Mai 1966 blieb die Struktur weitgehend bestehen. Lediglich der „Nordpfeil" D 146 wurde etwas in den Fahrzeiten gestrafft. Eine weitere Änderung betraf D 100, der eine spätere Abfahrtszeit erhielt und jetzt erst um 20.41 Uhr Flensburg mit Ziel Bonn verließ. Zur angestammten Zeit des D 100 um 19.48 Uhr wurde jetzt der Eilzug E 858, der bereits um 21.37 Uhr in Hamburg-Altona eintraf, eingelegt.

[148] Klingensteiner, Josef & Ebner Ernst: Der Zugförderungsdienst im Fahrplanjahr 1954/55. – Die Bundesbahn **28** (Darmstadt 1954) S. 794.

[149] Klingensteiner, Josef & Ebner Ernst: Der Zugförderungsdienst im Fahrplanjahr 1955/56. – Die Bundesbahn **29** (Darmstadt 1955) S. 672.

150 KLINGENSTEINER, JOSEF & EBNER ERNST: Der Zugförderungsdienst im Fahrplanjahr 1956/57. – Die Bundesbahn **30** (Darmstadt 1956) S. 846.

151 Zum 1. Januar 1968 wurden die Lokomotiven der Deutschen Bundesbahn computergerecht umgezeichnet. Die Dampflokomotiven erhielten eine „0" vor der Betriebsnummer, die Diesellokomotiven eine „2" und die Dieseltriebwagen eine „6". Deshalb wurde z.B. aus der BR 41 die BR 041, aus der BR V 100.10 die BR 211 und aus dem VT 12 die BR 612.

152 EBEL, JÜRGEN U. & WENZEL, HANSJÜRGEN: Die Baureihe 50. Band 2: Deutsche Bundesbahn. – (Freiburg 1988) S. 207.

153 JANSEN, KARL-HEINZ & MELCHER, PETER: Die Lokomotiven der Baureihe 94 und ihr Verbleib. Eine Staionierungsdokumentation. – (Gülzow 1995) S. 122.

154 Mit Ablauf des Sommerfahrplans 1972 endete im D 332/D 333 der Einsatz der Halbspeisewagen (BRym 446) zwischen Köln und Flensburg. Als Ersatz wurden Bufettwagen (BRbu 282/283) mit Selbstbedienung gestellt. Ein Jahr später wurde auch der DSB-Speisewagen im D 330/D 331 „Nordpfeil" zwischen Frederikshavn und Hamburg aufgegeben. Damit endete gleichzeitig der Einsatz der dänischen Speisewagen, die bis zum Schluß von der traditionsreichen CIWL bewirtschaftet wurden. Am letzten Betriebstag, dem 29. September 1973, wurde das CIWL-Personal von vielen Flensburger Eisenbahnern gebührend in Richtung Frederikshavn verabschiedet.

155 Die Relation Flensburg - Bonn mit Kurswagen nach Köln (über Wuppertal) und einem Liegewagen nach Bonn blieb jedoch als Kurswagenverbindung im Eilzugpaar E 838/E 3612 bestehen. Die Umstellung der Kurswagen erfolgte in Neumünster.

156 Die Kurswagenträger E 3647/E 3616 nach Köln/Bonn erhielten ab Sommerfahrplan 1987 neue Zugnummern E 3655/E 3612 und führten keinen Liegewagen mehr.

157 Ab Flensburg verkehrten nun folgende Entlastungszüge:

Freitags:
IC 930 „Seemöwe" Flensburg - Düsseldorf
D 2630 Flensburg - Köln
D 2634 Flensburg - Düsseldorf (mit Kurswagen von Boostedt ab Neumünster)
D 2544 Flensburg - Düsseldorf über Eckernförde
D 2636 Flensburg - Düsseldorf
D 2532 Flensburg - Mönchengladbach
Sonntags:
D 2631 Köln - Flensburg
D 2635 Düsseldorf - Flensburg
D 2531 Mönchengladbach - Flensburg
D 2572 Karlsruhe - Flensburg
D 2533 Köln - Flensburg
D 2535 Köln - Flensburg mit Kurswagen über Eckernförde nach Flensburg (ab Neumünster als E 3506) und Boostedt (ab Neumünster D 2537)

158 Ein nach dem Österreicher Rudolf Klima benannter Schneepflug, der unter anderem das Räumen nach links oder rechts gestattet. [METZELTIN, G.H.: Die Lokomotive. – (Karlsruhe 1971) S. 115]

159 Vorstandsvorlage der Hauptverwaltung der DB zum Projekt ESH (Elektrifizierung Schleswig-Holstein), zur Vorbereitung einer endgültigen Entscheidung über die Elektrifizierung der Strecken Hamburg - Flensburg/Kiel vom 1. November 1990

160 Das Bahnhofsgebäude (9. Oktober 1986), das ehemalige Übernachtungsgebäude (25. November 1994), die Eilgutabfertigung, das ehemalige Bahnpostamt , die Bahnsteiganlagen , das Stellwerk „Fo", das Stellwerk „Fw", die Güterabfertigung, das ehemalige Betriebsamt, die Brücke über die Bahnanlagen Schleswiger Straße und der Bahnhofsvorplatz (31. Januar 1995) wurden zu den genannten Stichtagen nach dem schleswig-holsteinischen Denkmalschutzgesetz in das Denkmalbuch für die Kulturdenkmale aus geschichtlicher Zeit eingetragen.

[161]Der Vollständigkeit halber sei das Nachtzugpaar D 1185/1184 nach Wörgl mit Kurswagen nach Bozen und Schwarzach-St.Veit erwähnt, das im Februar 2000 (und in den folgenden zwei Wintersaisons) an einigen Wochenenden bereits ab Fredericia verkehrte und die starke Nachfrage vor allem der dänischen Wintersportler in die Alpen abdeckte.

[162]Darüber hinaus verkehren folgende Reisebüro-Sonderzüge der DSB:
DZ 13285/13284 „Skiløberen" Kopenhagen - Flensburg - Bludenz (nur im Winter, nur einzelne Wochenenden) und DZ 13289/13288 „Ferieexpressen" Kopenhagen - Flensburg - Hamburg-Altona (nur im Sommer, nur einzelne Wochenenden)

Triebwerksdetail einer abgestellten Lok der Baureihe 41 des Bw Flensburg im Jahre 1965. Im Hintergrund die Peelwattbrücke.
Foto: Rudolf Staehler

Bei der Recherche zu diesem Buch haben die Autoren versucht, das gesamte zugängliche Quellenmaterial einzubeziehen. Wir sehen die Arbeit am Projekt der Eisenbahngeschichte Flensburgs jedoch nicht als abgeschlossen an. Sollte jemand aus dem Leserkreis über weiteres Material (Fotos [jedes hier nicht abgedruckte Foto ist interessant], Fahrpläne, Akten, Betriebsbücher, Aufzeichnungen usw.) verfügen, das die sicherlich bestehenden Lücken füllen könnte, sind wir daran jederzeit interessiert. Wenden Sie sich bitte für diesen Fall an folgende Adresse: Holger Kaufhold, Feuerbachstr. 88, 24107 Kiel. Vielen Dank im Voraus für Ihre Mithilfe.

Verschiebebahnhof Flensburg Weiche (Fw) km 167,341

Stationsmitte: km 0,000 für die Strecke Flensburg-Weiche — Niebüll.
" km 45,502 von Husum.

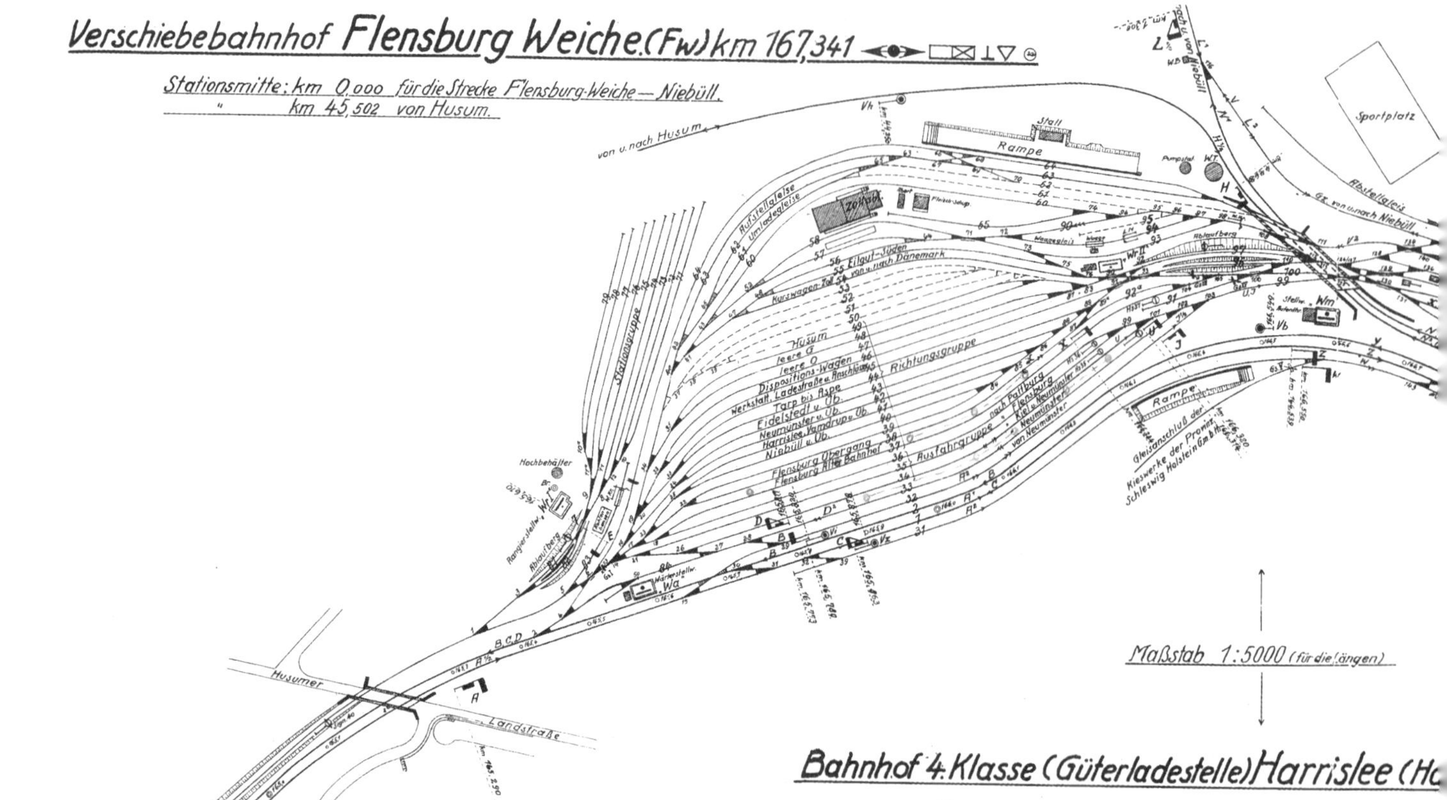

Maßstab 1:5000 (für die Längen)

Bahnhof 4. Klasse (Güterladestelle) Harrislee (Ha

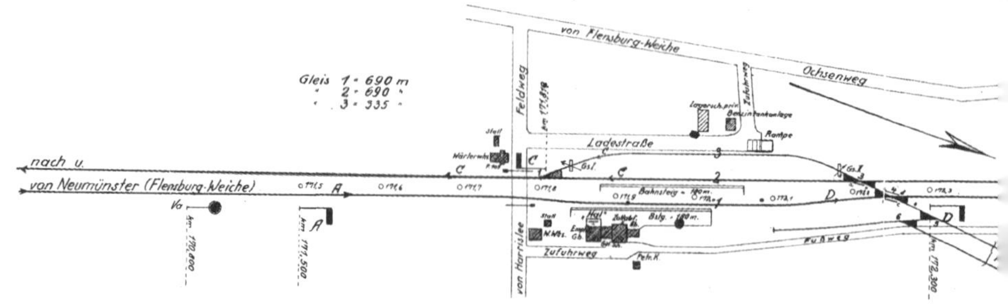